How to Train
the Reasoning Brain

让推理高手绞尽脑汁，让侦探迷直呼过瘾

如何培养推理脑

青蛙王子　宫曙光◎编著

台海出版社

图书在版编目（CIP）数据

如何培养推理脑 / 青蛙王子, 宫曙光编著. -- 北京:
台海出版社, 2016.12
ISBN 978-7-5168-1252-5
Ⅰ.①如… Ⅱ.①青… ②宫… Ⅲ.①智力游戏－通
俗读物 Ⅳ.①G898.2

中国版本图书馆CIP数据核字(2016)第291375号

如何培养推理脑

编　　著：青蛙王子　宫曙光

责任编辑：王　艳　　装帧设计：久品轩
版式设计：曹　敏　　责任印制：蔡　旭

出版发行：台海出版社
地　　址：北京市东城区景山东街20号　邮政编码：100009
电　　话：010－64041652（发行，邮购）
传　　真：010－84045799（总编室）
网　　址：www.taimeng.org.cn/thcbs/default.htm
E － mail：thcbs@126.com

经　　销：全国各地新华书店
印　　刷：固安县保利达印务有限公司
本书如有破损、缺页、装订错误，请与本社联系调换

开　　本：710×960　1/16
字　　数：429千字　　印　　张：27
版　　次：2017年3月第1版　　印　　次：2017年3月第1次印刷
书　　号：ISBN 978-7-5168-1252-5

定　　价：39.80元

前言　骨灰级推理迷必备的私藏书

当你翻开这本书，你将开始一段奇异的旅程。这里有迷雾重重的诡异事件，这里有天衣无缝的杀人阴谋，这里有无法规避的人性盲点，这里有令人叹服的推理智慧……你将和最著名的推理大师一起，面对一个个无法预知的世界。

一个人在一生中，阅读一些情节跌宕、引人入胜、兼具文学性和思想性的推理小故事，不仅可以收获新鲜离奇、快意迭起的阅读感受，领略其迷人的艺术魅力和丰富的思想内涵，其中的天才构思与推理的创意手法，更开启了一段颠覆性的思维开掘与探险历程，十分有利于磨练敏锐的洞察力，提高思考力和判断力，从而受益一生。

开始阅读这本书，你有可能推开智力与人性的另一道门。在所有智力开发及智力项目中，只有侦探故事这种类型最具全功能的开发作用；只有侦探故事最能训练人的观察力、注意力、记忆力、判断力、想象力及创造力；只有侦探故事才能够考察出一个人是否有着超常的头脑；包括语言的数理的空间的世间万事万物的等等机能。

这本书里的故事有古有今，有中有外，既有人们耳熟能详的大侦探、大警官，也有不为人们所知的小侦探、小警官，他们每个人都有着运筹帷幄的智慧、敏锐缜密的逻辑分析能力，掌握多种技能的科学知识、无所不知的百科万事通。面对一个个突发的案件，他们总能最快最准最及时地从层层迷雾中拨云见日，从扑朔迷离的疑案中发现蛛丝马迹，运用自己的超凡本领，使案情真相大白。编者希望能通过这些故事，让读者学到福尔摩斯那样的本领，同时，亦对每个人智力的开发，对每个人智能的提升，以及智慧的形成，能有事半功倍的作用。数百个逻辑推理游戏，让你越玩越好玩。

假设、排除、逆向、迂回、发散、联想、分析、辩证、应变、类比，多种方法寻求真相，发散思维运筹帷幄，开动脑筋创造奇迹。

推理要运用多种思维，比如逻辑思维、谋略思维、科学思维、博物思维，等等。书中每一个游戏都惊险曲折，神秘玄妙，扣人心弦；融知识性、趣味性于一体。犀利的目光，敏锐的职业感觉，超出常人的胆识，严谨的案例分析，精妙的推理分析——每桩案情都让人欲罢不能。助您成为推理高手！

诡计终抵不过推理，真相永远只有一个！

每天玩一个逻辑推理游戏，全面挖掘你的大脑潜能，青少年最爱玩，成长必备读物，最强大脑训练课，新一轮的头脑风暴，你准备好了吗？

目录
Contents

第 1 辑　用逻辑思维玩出推理脑

第 2 辑 用谋略思维玩出推理脑

第 3 辑　用科学思维玩出推理脑

第 4 辑 用博物思维玩出推理脑

第 5 辑　用创新思维玩出推理脑

第1辑
用逻辑思维玩出推理脑

黑格尔说：“逻辑思维是思维中的思维。这种思维的训练，能使人在头脑中得到真正纯粹的思想。”

所谓逻辑思维，是指人们通过对客观事物中的概念、规律、秩序、排列、归类、矛盾等等现象的观察，并对此进行判断、推理和演绎的一种思维活动。这种思维活动存在于生活的方方面面，人们每时每刻无不在进行着逻辑思维。大到科技的发明，小到生活的点点滴滴，可以说，逻辑思维就是人们不可或缺的水、电和阳光。因此，拥有缜密严谨的逻辑思维，是一个现代高智商者必须具备的本领。如果一个人掌握了福尔摩斯那样抽茧剥丝的技能，那这个人无疑就是一个逻辑性很强的人。所以，如果你要成为一个思维敏捷的人，成为一个头脑清晰的人，成为一个思维严密、智力超群的人，成为一个有作为的人，那你就认认真真地跟福尔摩斯学习逻辑思维吧！

当逻辑成为了你的工具之根，你的聪慧之树一定会结出累累硕果。

匿藏赃物的小箱子

夜晚，一个身手矫健的黑影趁门卫换岗的机会，溜进了一家民俗博物馆，盗走了大批的珍宝。

侦探阿密斯接受这个任务后，马不停蹄，迅速地把本市所有的珠宝店和古董店都调查了一遍，但一无所获，没有一点线索。

无奈，阿密斯就找到了大名鼎鼎的探长斯密特向他请教。

“你说，你偷了东西，你会藏到珠宝店或者银行的保险箱里吗？”斯密特探长反问起来。

“哦，我当然不会。”

斯密特探长说：“我说你不必费心了，不要到那些珠光宝气的地方去找，应到那些不起眼的地方走走。”

他们说着话来到了城边的贫民区。阿密斯一脸的疑惑：“这里能找到破案的线索吗？”他表现在脸上，但嘴里没有说。还没有等斯密特探长再说什么，这时，有一个瘦弱的年轻人从身后鬼鬼祟祟地闪了出来。他低声问：“先生，要古董吗？价格很便宜。”

“有一点兴趣。”斯密特探长漫不经心，“带我去看一看。”

只见那个青年人犹豫一下，斯密特马上补充了一句：“我是一个古董收藏家，要是我喜欢的话，我会全部买下来的。”

那人听说是个大客户，就不再犹豫，带着他们走过了一个狭小的胡同，来到一个不大的制箱厂。在这里还有一个青年，在他面前堆满了从 1 到 100 编上数字的小箱子。

等在这里的青年和带路人交谈了几句，就取出了笔算了起来，他写道：“× ＋ 396 ＝ 824。显然，第一个数字应该是 428，他打开 428 号的箱子，取出了一只中世纪的精美金表。忽然，他看见了阿密斯腰间鼓着一块像是短枪，吓得立刻把金表砸向阿密斯，转身就跑。阿密斯一躲，再去追也没有追上，就马上返回了。

斯密特探长立刻对带路人进行了审讯。

“我什么也不知道。”带路人看着威严的警察，“我是帮工的，拉一个客户给我 100 美元。”

“还有呢？”斯密特探长追问。

“我只知道东西放在 10 个箱子里，他说过这些箱子都有联系而且都是四百多号的……”

“联系？”斯密特探长琢磨起来。接着，他发现一个有趣的现象：把 428 这个数字的不同数位换一换位置，就是 824，这就是说，其他的数字也有同样的规律！斯密特探长不用 1 分钟就找到了答案。

斯密特探长是怎样找到答案的呢？

推理分析

斯密特探长根据带路人提供的每个箱子都有联系，而且都是四百多号的情况，发现了其中的内在规律：和的十位上的数字与第一个加数的十位上的数字相同，这就要求个位上的数字相加一定要向十位进 1，1 与第二个加数 396 十位上的 9 相加得整数 10 向百位进 1，所以和的百位上的数字一定是 8，而它的十位上的数字从 0 到 9 都符合条件，因此，藏有赃物的另外 9 个箱子的号码是：408、418、438、448、458、468、478、488 和 498。

孩子是谁的

一天，两位妇女来到了所罗门王跟前。第一个妇女一边抽泣着一边说：“陛下，我和这个妇人住在同一间屋子里，我分娩了。不过，在我生了儿子的第二天，她也生了个儿子。屋子里只有我们两个人，没有其他人。这个妇人的孩子在一天夜里被她自己压死了。她便趁我熟睡时把我的孩子抱了过去，把她那已经压死的孩子放到我的身边。凌晨我起来给孩子喂奶，发现孩子已经死了，我伤心欲绝。等到天亮的时候，我才仔细地端详这个死去的孩子，发现这个孩子并不是我生的！”

第二个妇女也不示弱，立即抢过话头说：“尊敬的陛下，请您不要相信她的鬼话，她的儿子才是死的，我的儿子是活生生的。”

第一个妇女伤心地说：“不，你的儿子才是死的，我的儿子是活的。陛下，你一定要给我做主呀！”

两个妇女就这样在所罗门王面前争执起来。所罗门王看着眼前的两个妇女，想了一会儿，便眉头一皱，计上心来，所罗门王立即吩咐法官拿剑来，并对两个妇女义正辞严地说：“你们不要争吵了，把活着的孩子劈成两半，你们每人一半，这样应该公平了吧！”

“饶恕我吧！陛下，把活着的孩子判给她吧，求您可千万别杀死他！”第一个妇女一听所罗门王如此宣判，连忙哀求道。

第二个妇女却说：“孩子将不归你，也不属于我，劈就劈吧。”

这时，所罗门王却突然宣布道：“不要杀死孩子，把活着的孩子归还给第一个妇女，她就是这个孩子的真正母亲！”

所罗门王听完两位妇女的话，为什么就能马上宣布孩子属于第一个妇女的呢？

推理分析

所罗门王故意说要把孩子劈成两半。按照正常的逻辑，每个孩子的亲生母亲都不会忍心看到自己的孩子被劈成两半，而只有非亲生母亲才能无动于衷，看着如此残忍的事发生。因此，当所罗门王的话一说出口，两个人的表现，让他一下子就判断出孩子是第一个妇女的。

温克小姐的报警答话

在一座幽雅的别墅里，温克小姐正在看电视。突然，一阵凉风“呼”的一声刮了进来。温克小姐抬头一看，平台门开了，随着闪进一个人来，温克小姐“妈呀”一声，跌坐在地上。

“喊什么？再喊我要你的命！”来人说着话，反手将平台门拉上了。他一步步走向温克，温克畏惧地向后挪动着身子。

“别害怕，姑娘，只要不给我添麻烦，我不会伤害你的。”来人坐在了温克小姐的身边。

温克小姐这时才看清了来人的相貌：二十七八岁，身穿一套黑色西装，上面沾满了血污。这不正是刚才电视里播送的通告中，所说的那个抢劫杀人犯吗？温克用手捂住了双眼，心想，今天是没好事了。

歹徒站起来，依次关上房间内所有的门窗，还从奶白色的酒柜里拎出一瓶白兰地，才又坐回到温克的身边。

“你太年轻，太漂亮了，怎么一个人待在家里？”歹徒已经不像刚进屋时那么紧张了，狎昵地望着温克小姐说道。

温克小姐脸色灰白，身体微微抖动着。

“有钱吗？越多越好。”歹徒又贪婪地说道。

温克小姐摇了摇头。

“没钱？值钱的首饰总有吧？”

温克小姐这才嗫嚅地小声说道：“我手上戴的这颗宝石戒指，是妈妈临死时留给我的，请您……”

“少废话。我管你那些！”歹徒一把从温克小姐手上把宝石戒指捋了下来。

突然，外面传来了刺耳的警车声。很快，有人敲响了房门。歹徒惊恐万状，握紧手枪，死死地注视着门口。

敲门声越来越紧，歹徒压低声音对温克小姐说：“快去，告诉他们说你已经脱衣服睡觉了，有事明天再来。”

歹徒用枪顶着温克小姐的后心来到门前。

温克小姐边走边思索着，走到门口用颤抖的声音问道：“谁呀？”

外面的人回答说：“我是刑警斯库尔，请问温克小姐，您这里来过可疑的人吗？”

“当然没有。”温克小姐尽量用平稳的语调说道，“我丈夫刚从华盛顿演出回来，您托他买的东西买到了。可是斯库尔先生，我丈夫已经睡了，您明天再来找他好吗？”

“太感谢了，明天一定来看我的老朋友！不打扰了，小姐晚安。”外面的人走了。

“还真会演戏！”歹徒高兴地抓起酒瓶子，“咕嘟、咕嘟”地喝了起来。

就在这时，平台的门被人踹开了，刑警斯库尔提着枪冲进屋内，喊道“不准动，举起手来！”

歹徒只得举起双手，被斯库尔铐上了手铐。

刑警斯库尔是根据什么断定歹徒就在温克小姐房间里的呢？

推理分析

当斯库尔听温克小姐说自己的丈夫从华盛顿刚刚演出回来时，不禁一愣，因为他知道温克小姐根本没有结婚，也没有丈夫。但是他很快明白了，一定是温克小姐用这句话来暗示她家里来了一个男人，而且就是那个杀人凶犯。

穿睡衣的夫人

在一个寒风凛冽的冬夜，侦探史留斯接到艾丽斯·伯顿的电话，说是她的丈夫被人杀死了，让他立即赶来。

史留斯放下电话，拿起钢笔，在一个小记事本上记下了伯顿夫人的地址。然后穿好衣服，走出公寓大楼，钻进了自己的那台“奔驰”。40分钟后，他赶到了伯顿夫人家里。

伯顿夫人正焦急地等他。史留斯的车一到，她就开门迎了出来。

“怎么才来，急死我了！”伯顿夫人搓着手，满脸不悦之色。

屋子里非常暖和，史留斯跺掉鞋上的雪，摘下围巾、帽子和手套，脱去了厚呢子外套，然后揉了揉冻得有些发酸的鼻子，打量起站在自己面前的这个女人。

伯顿夫人面色红润，身上穿着淡蓝色的条纹睡衣，脚上趿拉着一双厚底拖鞋，金发散乱地披在肩上。

“我丈夫被人杀死了，尸体在楼上。”

“怎么回事儿？”

“我和他看完电视，快到十二点的时候才去睡觉。不知什么时候，我忽然惊醒了，发现我丈夫已经被人杀害，太可怕了！”

“您当时没记住是什么时间吗？”

“没有。”

“可我记住了，您打电话的时间是三点半钟，而现在是四点一刻。”史留斯顿了一下问道，“后来呢？后来您又干了些什么？”

“我打完电话，才发现那扇窗户被人撬开了，凶手准是从那儿进来的。”伯顿夫人说完，用手指了指那扇仍然敞开着的窗户。

史留斯朝那扇敞开的窗户望去，只见凛冽的寒风直往屋子里灌，很快屋子里感到了凉意。史留斯顿有所悟，忙走过去，关上了窗户。然后，他猛地转过身来，冷笑着对伯顿夫人说：

“夫人，我想在警察到来之前，还是请您谈谈事情的真相吧！这方面您是最有权威的。”

伯顿夫人还想抵赖，但看见史留斯那不容置疑的神情，额头上滚落下大颗大颗的汗珠，不得不供出了她杀害亲夫，并伪造现场的真相。

史留斯根据什么判断出伯顿夫人没有说出事情真相呢？

推理分析

史留斯是深夜三点半钟接到伯顿夫人电话的，四十多分钟后才赶到现场。而伯顿夫人声称自己在发现丈夫被害的同时，就发现窗户大开。但是，史留斯赶到现场时，发现伯顿夫人还穿着睡衣，屋子又很暖和，因而判断她并没有说出真相。

愤怒的丈夫

马琳在她豪华的别墅里惨遭杀害，名探哈莱金闻讯后马上赶到现场，并迅速检查了红色地毯上的尸体。尸检完毕后，哈莱金对警长说道：“她是被手枪柄敲击头部而死的，她至少被敲了四五下。”警长莫纳汉点了点头，表示同意哈莱金的判断，然后他在尸体旁捡起了一枝手枪，并小心翼翼地吹去上面的灰尘以便提取指纹。

“我已经给她的丈夫佩奇打了电话，”警长说，“我只说他必须马上赶回家。我讨厌向别人报告噩耗。等一会你来告诉他好吗？”

“好吧。”哈莱金答应着。救护车刚刚开走，惊慌失措的丈夫就心急火燎地闯进门来了。“发生了什么事？马琳在哪里？”“我不得不遗憾地告诉您，她在两小时之前被人杀害了，”哈莱金说，“是您的厨子在卧室中发现尸体并报警的。”

“我在这枪上找不到指纹，”警长用手帕裹着枪走进来对哈莱金说，“看来不得不送技术室处理了。”

佩奇紧盯着裹在手帕中的枪，脸上肌肉抽搐着，显得异常激愤。突然，他激动地抓住警长的手说：“如果能找到那个敲死马琳的凶手，我愿出五万美金重酬。”“省下你的钱吧，”哈莱金冷冰冰地插言道，“凶手我已经找到了！”

推理分析

凶手就是佩奇。假如佩奇是无辜的，他就不可能知道他妻子是被敲死的。他看到了凶器——手枪，本应认为其妻是被枪杀的。

列车上的古董抢劫案

一天清晨，国外某城市博物馆馆长办公室里的电话铃声不停地响着。刚打开门的杰克馆长快步走到桌前，他拿起电话一听，是博物馆的文物管理员琼斯打来的。他在电话里慌乱地说："杰克馆长，不好了，出事啦！今天凌晨，我们遇到了劫匪，您让我和罗蒙押运回来的四件馆藏古董被劫走了！"

杰克馆长听罢，"啊——"地大叫了一声，便跌坐在椅子上。

要知道，这四件古董可是异常珍贵的历史文物呀，如果落到文物贩子的手里可就糟了！

杰克馆长问琼斯："你们现在在哪儿？"

琼斯说："我在火车站站台边的值班岗亭，罗蒙还在车厢里。"

"你们俩先别离开那儿，我马上和斯文森探长过去。"

20 分钟后，杰克馆长和斯文森探长来到现场。琼斯将他俩带到了车厢里。

罗蒙一脸沮丧，狼狈不堪地蜷缩在车厢一角。斯文森探长仔细查看了一遍车厢后，开始听琼斯和罗蒙讲述被劫的经过。

琼斯说："列车还有大约两个小时就要到站时，我忽然听见有人轻轻地敲隔壁车厢的门，过了一会儿又来敲我们这个车厢的门，我便起身去开门。"

"难道你没有问清楚敲门的人是谁，就把门打开了吗？"斯文森探长问。

"当时，我和罗蒙都刚刚醒来，还有点迷迷糊糊。我以为是列车员，根本就没有想到是劫匪。"琼斯继续回忆道，"我一打开车厢门，就冲进来三个蒙面人，他们用枪逼住我们，接着将我们捆在一起，随后把那只装古董的箱子拎起来，关上车厢的门就跑了。"

"我们拼命用脚踢车厢门，直到火车放慢速度后准备进站时，才被人发现。"罗蒙在一旁插话说。

"怎么？劫匪逃走后，你们就没有叫喊吗？"斯文森追问道。

"我们当然叫喊求救了，可是，当时火车运行的声音太大了，没有人听见。"琼斯和罗蒙争先恐后地抢着说道。

"这个案子我已经破了。"斯文森对杰克馆长说，"你去把乘警叫来，就是他们俩和三个蒙面人串通一气，制造了这起列车抢劫案。"

琼斯和罗蒙大叫冤枉。可是，等斯文森说出一番话后，他俩便哑口无言了。

请问：斯文森探长发现了他俩的哪一点破绽，立刻推定他们是共同作案的？

推理分析

他俩说自己呼救和用脚踢门的声音因为火车行进时的声音太大，没有人能听得见，那为什么琼斯却听见了隔壁车厢轻轻的敲门声呢？这显然就是自相矛盾，由此可以断定琼斯和罗蒙是在编造谎言。

牙病患者之死

伊曼纽尔医生是一位著名的牙医。一天，他正准备为病人唐纳德的右下齿取出齿模时，忽然诊所的后门被悄悄地打开了，出现了一只戴着手套、握着手枪的手。手枪射出了两发子弹，唐纳德当场丧命。

“我们已经找到了一名嫌疑犯，”警官吉恩一小时后这样对朗波侦探讲，“电梯管理员在枪击发生前不久，带了一个紧张的男人上了 15 楼——伊曼纽尔医生便是在这层楼五间诊所中的一间执业。根据描述，这个人很像加百列。”

“加百列现在是在假释期间，”警官继续说，“我在他的公寓里逮到了他。我想审问他在假释期间所犯的任何一件小过错。”

加百列被带了进来，他生气地问道：“这是怎么回事？”

“你最近见过伊曼纽尔医生吗？”警官问。

“没有啊，怎么了？”

“唐纳德不到两个小时前在伊曼纽尔医生的诊所里被人用枪打死了。”

“我整个下午都在睡觉啊。”

“一名电梯管理员说他在枪击发生前不久，带了一个人上 15 楼，而这个人的模样很像你。”

“怎么可能是我呢？”加百列吼道，“长得像我的人很多。自从进了监狱，我就不曾接近过任何一家牙医诊所。我敢打赌，这位伊曼纽尔不曾见过我，你们又能证明什么？”

“够了。”朗波侦探忽然打断他的话说，“我已经足够送你去蹲监狱了！

朗波侦探凭什么说这句话呢？

推理分析

虽然加百列宣称不曾见过伊曼纽尔医生，可是却又知道这位医生是位牙医，这便露出了马脚。

照片的证明

星期天，警官佛兰西带着妻子和儿子到伦敦市内公园游玩。九点三十分，晴朗的天空突然下起大雨。他们赶紧跑到亭子里去躲雨。

雨停了的时候，他们正要继续游玩，手机铃响了。佛兰西拿起手机，里面响起了珍妮小姐的声音：“佛兰西吗？思得利城 38 号发生了一起杀人案，局长让你赶快到现场。”“好吧！”佛兰西放下手机，习惯性地看了看手表，时针正指向十点三十分。

思得利城距伦敦 20 公里，佛兰西驱车到了现场，看到被害者是个 68 岁的老太太。法医告诉佛兰西，死者是上午十点钟被害的。

佛兰西检查了现场，但没有发现任何线索。佛兰西询问了死者的邻居，了解到死者早年就死了丈夫，膝下无子，孤身一人生活。虽然寂寞，但由于丈夫生前留下不少财产，不愁吃不愁穿，是这里的富裕人家。死者平时和大家没什么交往，只有一个侄儿住在伦敦市内。

佛兰西马上回到警察局，打开了档案簿，查到“哈克”一栏，见上面写着：

“哈克，28 岁，一家电器公司的推销员，没有犯罪史……”佛兰西看着死者侄儿的档案，便要女警官珍妮把哈克叫来。

一会儿，哈克来到警察局。佛兰西问：“年轻人，你姑妈被人杀害了，你知道吗？”

“知道了，请警官为我姑妈报仇，早点破案。”哈克说着，显得十分伤心的样子。

佛兰西又问：“凶杀案发生的时候你在什么地方？”哈克从外衣口袋里

拿出一张照片递给佛兰西警官。佛兰西看到照片上的人站在阳光下显得很有精神。“凶杀案发生时，我正在伦敦市内公园游玩。这刚好是我在那时拍的照片，照片中纪念塔上的大钟正好十点整。”

“年轻人不要耍小聪明了。”佛兰西蔑视地说，“你就是凶手，你想用十点不在场的证据骗过警方，恰恰证明了你正是凶手。”

经过进一步审讯，果然是哈克为了占有姑妈的住宅和财产，蓄意制造了这起谋杀案。

你知道佛兰西是怎样识破哈克谎言的吗？

推理分析

上午十点市内公园正下大雨，而哈克的照片是在晴朗的阳光下照的。这证明这张照片不是当天照的，哈克说了假话。

谁是贩毒者

警方在一次行动中抓获了两名贩毒集团的重要成员，一个叫道格，一个叫帕特尼。消息传到贩毒集团那里，毒贩们立刻改变了偷运的路线，缉毒工作只好重新找线索。

警方通过特殊渠道获悉，有一个毒贩子装扮成旅者转运毒品。于是警方派出了强大的侦查队伍，经过周密的侦查，最后把范围缩小到三个人身上，把他们带回警局之后，警长杰克对他们进行了审问。

第一个是个脾气暴躁的人，他一被带进来就大声吼道：“我抗议，你们凭什么把我带来，我要上告！”杰克平静地解释说：“你别生气，我们是在例行公事。我只问你几个简单的问题，你到这儿找谁？”“非得找人才可以来吗？我是来玩的！”“你带了什么东西？”

“你们怎么这么麻烦，我出来当然要带一些生活必需品啦！”“那么你知道道格、帕特尼吗？”“谁知道他是个什么鬼东西！”警长听了这些话，对他说：“好了，你可以走了。”

第二个人进来了，他是个沉默寡言的人，问十句答一句。杰克只好安慰他：“请不要顾虑太多，我们只是例行公事，有什么就说什么吧。”“请让我离开这里，我从不和警察打交道。”“那么，道格、帕特尼你知道吗？”“不知道，让他赶快放我出去！”“好的，马上就放你出去。”

第三个人很随和，也非常配合，他一再申明自己是个好公民。他不光认真回答了杰克的所有问题，并且非常理解地说：“这种事我遇到多了，出了重要案子，你们当然不能轻易相信任何人。”警长随口问：“你去过很多地方吧？”“是的，我喜欢旅游。”“那你喜欢这里吗？”“当然喜欢啦！这里的人很热情。”“那么，道格、帕特尼你知道吗？”“我根本不认识他们，两个人从来没有听说过。”

“好了，先生，别演了，你就是毒贩子。”

警察是根据什么断定他是毒贩子的呢？

推理分析

第三个人聪明得过头了，因为他知道道格、帕特尼是两个人。

总经理和女秘书

巨人公司保险柜里的 20 万现金昨晚被盗了。总经理来富傻眼了，赶紧保护好现场，叫秘书小丝报案，然后坐在客厅里，眼巴巴地盼着侦探公司早点派人来。正在他急得团团乱转的时候。一个年轻女子出现在他的面前。他没好气地说：“今天不办公了，有什么事改日再说吧！”

那女子微微一笑，掏出自己的证件说：“您搞错了，经理先生，我是侦探戴伊。”

“什么？你是侦探？”来富简直气得要跳了起来，“我们这里失盗了，并不是要开什么服装展示会。”

戴伊毫不在意地打开公事包，取出纸笔做好要记录的样子说：“经理先生，我不在乎您的态度，我们开始工作吧。”来富说：“很简单，昨天放进去的钱，今儿早晨就不见了，你说上哪儿去了呢？”

戴伊听了，先去现场检查了一番，然后又回到客厅里，把经理部的几个人找来，很客气地请他们说一说昨天下班后，都做了些什么。

七八个人很快就说完了，就剩下来富和小丝了。来富好像有点儿不太好意思，低声说：“昨天我带小丝去看电影了，没叫大家，下回一定补上。”小丝也马上承认是一起去看电影了。

“在哪家影院？什么片子？什么时间？”戴伊问道。

“开明影院，是大片《指环王》。时间是七点四十五分。”来富马上回答。

戴伊不再多问了，整理好东西说：“今天就进行到这里，明天我们再继续。”说完，朝所有的人点点头便出门去了。

第二天，戴伊又在同一时间来了。她好像忘记昨天都做了些什么，仍然叫大家说一说出事那天都干什么去了。当大家都说完了以后，最后是来富说，只见他没好气地说：“我带小丝看电影去了……”

“是《指环王》，在开明影院，七点四十五分那场吗？”戴伊问。

来富点点头说：“你的记忆力不错呀！”

“过奖了，遗憾的是那天开明影院的放映机出了故障，那场电影取消了，你不过是从报纸上知道那么一场电影罢了。”来富正要分辩，戴伊制止了他，接着往下说：“我看过案发现场，无论是保险柜还是门窗都没有被撬的痕迹，那么盗贼肯定在你们内部。谁是盗贼你肯定知道！”

那么谁是盗贼呢？

推理分析

来富和小丝共同说谎，说明他们两个人就是盗贼。按照正常的逻辑：说真话的人心中没有鬼，反之，说假话的人，一定心中有鬼。

自杀还是谋杀

夏日的一个夜晚，百万富翁威尔森在他的书房里死了。只见他右手握着手枪，一颗子弹击中头部，人倒在地毯上。桌上摆着一台电扇和一份遗书。遗书说因丧偶后难耐孤独而自杀，赶去天堂和妻子重逢了。从现场以及遗书来看，威尔森显然是自杀的。大家都知道威尔森很爱他的妻子，妻子生前几乎与他寸步不离，他们夫妻俩每天早上都要去公园散步、打羽毛球，是一对恩爱情侣，一年前威尔森的妻子遇车祸意外死亡，这给威尔森带来了巨大的精神折磨。他经常独自一人去妻子墓前表达哀思，喃喃自语。

警官克鲁斯赶到现场进行调查。他在现场看到，电风扇的线已经从墙壁上的插座上拔出，被压在威尔森的尸体下。“是威尔森从椅子上翻倒时碰脱的？”克鲁斯心里滋生了一个假设。为慎重起见，他将电线从威尔森的尸体下抽出，将插头插入墙壁上的插座里，电风扇的开关是开着的，所以电扇又转动了起来。电风扇产生的强烈气流把桌子上威尔森的遗书吹到了地上。克鲁斯警官弯腰捡拾起地上的遗书，心里已经有谱了：“这不是自杀，是他杀！凶手在谋杀威尔森后，将伪造的遗书放到桌面上，然后逃离了现场。”

你知道警官克鲁斯为何如此判断吗？

推理分析

插上插头，电风扇开始转动，桌子上的遗书就会被风吹掉。而那封遗书在警察到达时仍放在桌面上。这就是说，被射杀的威尔森倒地时，碰到了电源线，插头从插座中脱落，电风扇停止了转动，然后凶手才将伪造的遗书放到桌面上。如果是威尔森死前自己放的遗书，那遗书就会被吹到地上了，因此毫无疑问这是他杀。

藏在叶子下的古币

布莱克探长接到他的朋友——收藏家凯恩的电话，说有一枚稀有古金币要拿到市场拍卖，为了安全，请探长陪他一起去。

探长下午如约赶到，想不到呈现在眼前的竟是凯恩的尸体。他被钝器击中，死了不到半小时。

探长翻转凯恩的尸体，发现上衣翻领上有一枚绿色三叶形的徽章，徽章后面有一样东西闪闪发亮，仔细一看，正是那枚古金币，藏在徽章的夹层中。他将金币放回原处，又把尸体脸朝下翻回原状，若有所思地凝视着死者身上外翻出来的衣兜。

当他察看这位独居死者的厨房时，凯恩的侄子汤姆走了进来，见状惊问是怎么回事。探长从碗橱里取出一个茶叶罐，打开盖子让汤姆拿着，自己则边从罐中取茶叶，边说："今早上，你叔叔打电话叫我下午来陪他到市场拍卖一枚古金币，很显然，凶手抢到我的前面。看来凶手是搜遍了尸体，但一无所获，因为你叔叔没有把金币放在衣兜里。"

探长停顿片刻，将一壶水放在炉子上说："你替我把它拿出来吧，它就藏在叶子下面。"汤姆立即放下手中的茶叶罐，离开厨房。过了一会儿，他从叔叔身上找到金币。

"为什么要谋杀你叔叔？"探长厉声责问汤姆。

请问，探长为什么认定汤姆是凶手呢？

推理分析

汤姆从他叔叔尸体上找金币的事实证明他涉嫌谋杀。假如他是无辜的，探长所说的"金币就藏在叶子下面"，汤姆就会将"叶子"理解为手中的茶叶罐，而不会想到三叶形徽章，立刻去翻他叔叔的尸体。

逃走的秘密

在到处是树林的爱尔兰高原上，有一幢 19 世纪末建造的一男爵的别墅。一天夜里，有个蒙面强盗潜入室内，把男爵夫妇用绳子捆绑起来关进厕所里，盗走了大量的珠宝。

按受调查这个案件的是布莱克，当他知道案发的前一天怪盗朗班在伦敦滞留的消息后，猜想一定是他作的案，便马上来到朗班下榻的伦敦饭店走访。

“朗班先生，上周六晚上去过爱尔兰高原的别墅吧？因为有人看见了，所以你想赖是赖不掉的。”布莱克说道。

“是的，是去过。出了什么事儿吗？”

“那天夜里男爵的别墅进去一个蒙面强盗，抢走了男爵夫人的珠宝后逃跑了。那个罪犯就是你吧？”

“胡说什么！事件到底是什么时候发生的？”朗班一本正经地反问道。

“罪犯盗走珠宝的时候，用绳子把男爵夫妇捆起来，不知为什么又把他们关进厕所里。事后男爵说是晚上 9 点零 5 分，他看了一眼卧室里的钟。”

“如果是 9 点零 5 分，我有当时不在作案现场的证明，我不是强盗。那天夜里我是在 S 车站乘 21 点 16 分的夜班车赶回伦敦的。从男爵的别墅到 S 车站无论如何 10 分钟是不够的。”

“噢！看来你对男爵的别墅很熟悉呀。”布莱克讽刺地说。

“去年赛马时应邀去住过一夜。”怪盗朗班强打着笑脸说。

男爵的别墅离 S 车站有相当远的一段路，再近的路步行也得 30 分钟。因此，朗班从 S 车站乘坐 21 点 16 分发的夜班车如果属实，他不在作案现场的证明是成立的。

布莱克侦探已经去过 S 车站，让车站工作人员看过朗班的照片，证明他没有说谎。那天从 S 车站上车的旅客只有朗班一人，并且他也没有化装，车站工作人员及列车员都清楚地记得他。

“可是，朗班先生，10 分钟之内是有办法从别墅到 S 车站的。”布莱克侦探说。

“比如我是搭上一辆马车逃跑的——”

“不，对于你这个诡计多端的人来说，你绝对不会乘别人的马车。男爵的别墅里倒是有个马棚，并且还有一匹马，马棚外面还有一辆自行车。”

“接下来你会说我使用了这两种工具的一种。如果那样，我就会把它扔到车站附近的什么地方。你找到那种工具了吗？”朗班理直气壮地反驳。

“不，男爵夫妇一个小时后挣脱了绳索，出去查看四周情况时，看到马仍在马棚里，自行车也放在原处未动。可是，马棚的门从里面是推不开的，只有从外面推才能推开。所以，朗班先生，我已经清楚你搞的什么把戏。还是把偷去的珠宝老老实实地给我还回去，否则我要报警了。”布莱克威严地说。

请问，怪盗朗班用什么工具只花了 10 分钟就逃到了 S 车站呢？

推理分析

怪盗朗班从别墅骑上马飞奔到 S 车站，并在 S 车站附近下马，把马放开，自己奔向 S 车站乘上 21 点 16 分的夜车，回到伦敦自己的住处。放在那儿没人管的马自己回到了马棚。因为马棚的门由外往里是可以推开的，所以马可以自己走进马棚。

左侧的弹壳

杰克探长来到某地旅行，住进一家高级酒店二楼的一间客房。突然，从走廊传来女人的呼救声。

他循声找去，在 315 房间门前站着一个年轻妇女在哭喊，从开着的门看到房间里一个男人倒在安乐椅上，已经死亡。杰克探长对尸体做了简单检查后，确认此人刚死，子弹射穿了心脏。

当地警署也派人来了。那个年轻妇女边哭边说：“几分钟前，听到敲门声，我打开门时，门外一个戴面具的人朝我丈夫开了枪，把枪扔进房间逃跑了。”

地毯上有一枝装着消音器的手枪，左侧两个弹壳相距不远，在死者身后的墙上有一个弹洞。杰克探长告诉警署人员：“把这位太太带回去问讯。”

探长为什么对死者的妻子产生怀疑？

推理分析

如果真像她所讲的那样，歹徒是在门外朝她丈夫开枪，弹壳就不会落在房间里，也不会落在左侧，因为从自动手枪里飞出的弹壳，应该落在射手的右后方几英尺处。

没有字的遗嘱

库恩是一个盲人，他非常喜欢写作，经过数十年的努力，终于成为了一名成功的作家。简恩是库恩的好朋友，他是一名盲人歌手。相同的经历使库恩和简恩成了亲密的朋友。

这天，简恩演出回来，顺道探望重病在床的库恩。库恩紧紧握住简恩的手，喘着气对简恩说道："你是我最好的朋友，我最信任你。有件事情托付给你。我死以后，就从我的遗产里划出一半，也就是 100 万美元留给残疾人福利机构，希望能帮助更多的残疾人。现在，我就开始写遗嘱，然后由你保管它。"

接着，库恩让他的妻子拿来纸笔，他在床头摸索着写好遗嘱，装进信封里亲手密封好，郑重地交给简恩。

简恩接过遗嘱，慎重地把遗嘱专程送到银行保险箱里保存起来。半年后，库恩死于癌症。在库恩的葬礼上，简恩宣读了他的遗嘱，大家都为库恩的爱心而感动。而当残疾人福利机构的代表郑重地打开密封完好的遗嘱时，却吃惊地睁大了眼睛——里面竟然是一张白纸！

简恩根本无法相信，库恩亲手密封、自己亲手接过并且由银行保管的遗嘱会变成一张白纸！他仔细回忆，整个过程没有丝毫能够引起怀疑的地方，进了银行的保险箱，谁都无法更换涂改，更别说密封还是完好的呢。

这时来参加葬礼的尼克探长对简恩说："简恩先生，虽然这只是一张白纸，但库恩先生的遗嘱仍然成立。"

众人都疑惑不解，尼克探长又说了几句话，众人恍然大悟。

你知道这是什么原因吗？

推理分析

库恩的妻子为了保住遗产，故意把没墨水的钢笔递给库恩。由于库恩和简恩都是盲人，自然也就没有发现，没有字的白纸最终被当成遗书保存下来。

可是，虽然没有字迹，但钢笔划过白纸留下的笔迹仍然存在，如果仔细鉴定是可以分辨出来的，所以尼克探长说遗嘱仍然有效。

门铃按钮上的指纹

克姆正满意地在新居里走来走去，忽然门外传来了悦耳的门铃声，克姆打开房门，却看到最不想看到的欧文斯。

欧文斯大声说："老朋友，看来你过得不错啊！是用欠我的钱买下的漂亮新宅吧？三个月前你就应该还我的钱呢。"

"欧文斯，你听我说。"克姆一下子慌了神，"这不能怪我，你知道的，股票下跌谁也预测不到的……"

欧文斯愤怒地说："我不跟你废话，两天内你必须把钱全部还给我！"

"我真的没钱……"克姆可怜巴巴地说。

欧文斯怒火中烧，站起来大声咒骂："你这个骗子！"接着，欧文斯朝克姆猛扑过去，死死卡住克姆的脖子。

克姆艰难地挣扎，两手在地上乱抓，他的呼吸越来越急促，反抗越来越无力。这时，他的左手碰到一个什么东西，根本来不及多想，克姆拿起来重重敲在欧文斯的头上。欧文斯的手松开了，他摇晃两下，倒在地板上。

杀死欧文斯后，克姆马上把欧文斯的尸体拖到后院掩埋起来，然后擦拭干净所有的血迹，再认真清理了沙发、地板和欧文斯所有可能碰过的东西，不留下一个指纹。正当他做完这一切的时候，门外响起了急促的敲门声。

克姆打开大门，看到两名警察站在门外，一名警察说："克姆先生，我是欧文斯的朋友，他上午和我说来你这里，如果下午还不回来就让我们来找你。

他在里面吗？”

克姆强作镇定地回答：“欧文斯？他没有来过，根本没有。”

另一名警察笑了笑说：“就算你能擦掉他所有的指纹鞋印，还有一个指纹你是赖不掉的。告诉我们，你把他怎么样了？”

克姆顺着警察的眼光看过去，不由出了一身冷汗，这确实是一个没有想到的地方。你知道欧文斯最后留下的指纹在哪里吗？

推理分析

欧文斯是按门铃进来的，所以门铃按钮上还留有一个指纹，而警察敲门进来的原因，就是不破坏这最后一个没有被清除掉的指纹。

猫尾巴上的棉花团

一天上午，一幢大厦的管理员跌跌撞撞地跑进警察局报案。原来他到著名作家琼斯家门口收拾垃圾的时候，房里散发出一股难闻的煤气味。他连忙敲门，可是无论他把门敲得再响，里面还是一点声音也没有。

警探撬开房门后，只见琼斯倒在卧室地板上，满房间都是浓浓的煤气味。经过法医仔细鉴定，确认琼斯是煤气中毒身亡的，死亡时间大约是凌晨一点到三点之间，琼斯身上没有伤痕，门窗也没有被撬过的痕迹。看来，这似乎是一场意外，煤气杀手又夺走了一条生命。

警察拿出记录本问道：“昨天晚上有谁来找过琼斯吗？”

管理员回忆着说：“一个男人——经常来的，好像是她的经纪人，在登记簿上登记的名字是劳伦斯。”

“哦？”警察连忙记录下这个人，既然他是惟一接触过死者的人，那么必然有重大嫌疑。

“这个劳伦斯先生应该不是凶手。”管理员接着说道。

“为什么呢？”警察问道。

管理员拿出登记簿翻给警察看："你看，他是晚上八点时来的，十点的时候离开的，琼斯小姐亲自送他下来，然后上楼去了。打那以后，就没人来过。"

这么说还真的不是他。警察也觉得管理员的分析是正确的，死者死亡的时间是凌晨，这个时候劳伦斯早就离开了。随后的调查也表明，劳伦斯从琼斯家离开后，就去参加一个朋友的通宵派对，很多人可以证明他整晚没有离开过。

"看！这是什么？"一个警察从沙发后面拖出来一样东西，大家围拢过去，发现是一只灰色的波斯猫。这只胖乎乎的宠物也由于煤气中毒，和它的主人一起死去了，可是奇怪的是，它的尾巴尖上绑着一个棉花团。

"煤气管这里有破洞！"又一个警察说，只见塑胶煤气管靠近地面的地方，有一个破裂的口子，似乎是被故意剪开的。

"奇怪了，这个琼斯小姐还真让人搞不懂。"一个警察说道，"好好一只猫，干什么绑个棉花团在尾巴上？而且如果煤气管有裂口应该早就发现了啊。"

警察们看着奇怪的裂口和那只倒霉的胖猫，认真地琢磨究竟是怎么回事。忽然，有个警察叫起来："我明白了，罪犯真聪明！快逮捕劳伦斯，他就是凶手！"

警察为什么说劳伦斯是凶手呢？

推理分析

只要用倒推的方法，就可以找出答案：猫咪尾巴上的棉花团可以塞住煤气管的缺口，凶手需要的是在自己走以后让煤气泄漏出来。

所以，他先给猫咪注射麻醉剂，再把猫咪尾巴上绑上一个棉花团然后塞住管子，等到深夜麻醉效力消失的时候，猫咪爬起来走开，煤气就开始泄漏……因为只有劳伦斯一个人来过，所以说作家就是被经纪人杀死的！

台阶上的两瓶牛奶

这天上午，杰克和约翰坐车来看望住在郊区别墅的金母森太太。作为医生的金母森太太是位可敬的老人，她挽救了不计其数患小儿麻痹症孩子的生命，为此，她获得了“爱心天使”的称号。她退休后便在这里的别墅住了下来。

转眼到了金母森太太繁花似锦，碧草如茵的小院子。杰克忽然对约翰说：“你看，金母森太太最近似乎身体不太好啊，墙上的花有段时间没修剪过了。”

约翰和杰克迅速直奔小院，他们在门外敲了很长时间，屋子里一点声音都没有。这下，约翰也担心起来，他皱着眉头喃喃自语：“不会出什么事吧？我们还是进去看看……”

杰克轻轻一推，门就开了，原来是虚掩上的。两人小心地沿着铺满花草的小径向前搜寻，穿过花园，走进别墅，终于在一楼餐厅发现了金母森太太的尸体。

她是在用餐的时候遭到突然袭击的，一柄尖刀贯穿胸口，瞬间夺去了她的生命。凶手随后洗劫了整栋别墅，撬开了所有抽屉，带走了所有值钱的物品。

“怎么会这样？”杰克和约翰吓得差点瘫倒在地上。过了许久，两个人才缓过神来。

“报警吧。”杰克满怀沉痛地坐在金母森太太对面，缅怀这位勇敢而仁慈的女士。

“我们还是出去等吧。我已经让车夫报警去了，”约翰对杰克说道，“免得警察来的时候又要为剔除我们的脚印指纹伤脑筋。”

两人伤感而沉痛地坐在别墅前的台阶上，看着送来的报纸堆满了整级台阶，而订阅它的人永远不会再读报了。别墅的台阶上还放着两瓶早已过期的牛奶，也是金母森太太定的。

杰克看着这十天的报纸和两瓶牛奶，猛然间明白了一些东西，他拉住约翰的手说：“我知道谁是凶手了！这只需要思考 5 秒钟！”

推理分析

凶手是送牛奶的工人。因为只有知道金母森太太已经遇害，他才不再到这里送牛奶，而送报纸的工人显然不知道这一点，每天仍准时把报纸送来。

因此，送报纸的虽然每天都来，却因此被排除了嫌疑。送牛奶的工人作案后，显然没有想到这桩凶杀案在10多天以后才被发现，他停止送奶的行为恰恰暴露了自己的罪行。

嫁祸的录音带

泰森是一名会计师，他主要负责审计和监督股票市场上市公司的财务运行情况，以便让股东了解到真实的信息，防止公司弄虚作假。

这天，一份等待审核的年度财务报表放到了泰森的桌子上。这是一家经营地板装修的公司，叫“大地地板”，从报表上看，这家公司经营有方，利润高达2000万美元，这在经济普遍萧条的环境中是不多见的。

泰森发现许多材料不清楚，有的材料甚至被多次使用，他正考虑是不是打电话询问一下大地地板公司财务总监，电话就响了起来。

“喂，请问是泰森会计师吗？”电话里转来一个彬彬有礼的男声，“我是大地地板公司的财务顾问凯特森，如果能和您共进午餐我将非常荣幸。”

“我正想找你呢，”泰森说，“你们的材料有问题。”

“中午，我们在您事务所对面的咖啡馆见，我会把有关材料全部补齐的。”接着，泰森甚至都没有拒绝的机会，凯特森就挂断了电话。

中午时分，泰森找到了早就等候在咖啡馆里的凯特森。他要了点心和咖啡，跟凯特森寒暄了几句，便直截了当地问道：“凯特森先生，那些材料你带来了吗？坦率地说，我对你们公司的赢利并不乐观，以你们的规模，似乎不大可能有这么高的利润额。”

凯特森微笑着点点头，递过来一个厚厚的信封。他说到：“50万美元，希望您能给我们一个机会，如果再支撑一年，明年的这个时候，我们将是全国最大的地板集团了。”

作为一个会计师，泰森坚决地拒绝了凯特森的贿赂，他有自己不可动摇的做人准则。凯特森于是转开话题，和泰森聊起高尔夫球来。咖啡馆的侍者看到他们愉快地谈论了一个小时，然后凯特森结账离开。两个小时以后，有人在咖啡馆的洗手间发现了泰森的尸体，他被尖刀刺中心脏，双目圆睁，好像发怒的样子。

警察在他的口袋里找到一个微型录音机，按下播放按钮，传来了这样的声音：“如果我出事，凯特森是最大嫌疑人……我拒绝了他的贿赂……天哪，他来了，啊！”

警察马上逮捕了凯特森，可是他坚持说自己是清白的，录音机是有人想嫁祸给他。由于没有别的证据，侦破陷入了僵局。

聪明的读者，你觉得凯特森是不是凶手呢？

推理分析

凯特森不是凶手，他是清白的。

当警察按下小录音机播放按钮，这卷带子就从头开始播放，而如果确实是纪录泰森被害现场的录音，会在泰森被害后继续往后走，直到走到头为止。从头开始的录音说明是有人把带子倒过来听过，如果凶手真的是凯特森，那么他一定会毁灭这份对自己非常不利的证据。

两颗痣

一天，警局接到报案，星科商厦遭到抢劫！

星科商厦是一家著名的百货公司，位于纽约城的西侧，距离警察局不到一公里。警长尼克在 5 分钟后就赶到了现场。只见现场到处都是被砸碎的玻璃和散乱的物品，商厦值班经理霍林顿满脸悲伤地坐在楼梯上，注视着乱成一团的商厦。对于商店来说，没有比珠宝柜遭到打劫更严重的损失了。

尼克走到霍林顿面前，拿出纸笔，打开录音机，准备开始记录案情。他告诉霍林顿，要想尽快破案，追回损失，就要全力配合警方工作。

霍林顿似乎还没从混乱的状态中清醒过来，他喃喃地说道："5 个人……他们有 5 个人，枪……都带着枪。他们二话不说砸开珠宝柜台，抢走了所有钻石首饰，这都是价值几百万美元的首饰啊！"

"5 个人？"尼克边记录边询问，"你看清楚他们长什么样子了吗？"

霍林顿痛苦地摇着脑袋，回答道："一个大胡子，眼睛旁边有两颗痣，其他人就看不清楚了……"

"光线那么暗，你怎么能看清楚眼睛旁的痣呢？"尼克有点奇怪。

"是这样的……"霍林顿结结巴巴地说，"他们闯进来的时候，我吓得躲到一排货柜里。大胡子拿着强光电筒照过来的时候，我正好从货柜缝隙看出去，刚好看到他的脸。"

尼克听到这里，忍不住打断了他的话："霍林顿先生，如果这真是一起抢劫案，那我要立刻逮捕你，因为你就是同伙。"

霍林顿哪里露出了破绽，让精明的尼克警长识破了呢？

推理分析

霍林顿一开始说看到歹徒眼角有痣，这在灯光昏暗的情况下几乎是不可能的；而霍林顿的解释更加离谱，人的眼睛突然被强光照到的时候会暂时失明，什么都看不见，更别说看到歹徒的面部细节了。

所以，尼克可以大胆地得出结论：关于强光电筒、大胡子或者眼角的痣，都是霍林顿一手导演出来的，他说了假话。

杀人犯的疏忽

班杰斯是多伦克小镇上最无赖的流氓，他是个酒鬼兼赌徒，主要依靠诈骗和小偷小摸来谋生，警察局成了他经常光顾的地方。

这天，他正琢磨着去赌场骗点钱。这时候，富商林德的侄子维柯多走了进来，用略带轻蔑的表情对班杰斯说：“听着，2 万美元，我重复一次，2 万美元，让你做件事。”

班杰斯顿时来了精神，忙从沙发里站起来问道：“你想让我干什么？剪草还是擦车？”

维柯多拿出一个信封递给班杰斯说道：“不要问为什么，今天晚上到我家书房去，杀掉我叔叔林德，伪装成自杀的样子，把这份遗书放好。信封里的 1 万美元是定金，如果做得干净利落，我会再付你 1 万美元的。”

班杰斯虽然是出了名的流氓，可最多也就干点偷鸡摸狗的小勾当，杀人这样的事情还没胆量做。不过，看到那个厚厚的信封，他还是咽了咽口水，点了点头。

这天晚上，班杰斯穿上一身黑色衣服，戴上头套，背上一个大包，偷偷来到了维柯多的家里。他顺利溜进后门，穿过长长的走廊和过道，来到了位于别墅东面的书房。从里面透出的微弱灯光判断，林德先生正在看书。

班杰斯取出手枪，装上消音器，从后面冲进去，猛然捂住林德先生的嘴，对准他的太阳穴开了一枪，林德先生连哼都没哼一声就没命了。

随后，班杰斯从背包中取出打字机，把打字机端端正正放在林德面前，又把维柯多早就准备好的遗书放在打字机出纸口上，最后把手枪放到林德手里，做出刚刚打好遗书、举枪自杀的假象。为了谨慎起见，班杰斯还擦拭了所有他接触过的地方，包括打字机、手枪和桌子，避免留下指纹。

第二天，班杰斯喜滋滋地出来买报纸，如果一切顺利的话，下午他就能得到另外的 1 万美元。他若无其事地向一个报童走去，却听到报童说出让他胆战心惊的话：“号外号外，有人假造遗书，谋杀富商林德！”

班杰斯大惊失色。他仔细回想昨天晚上作案的过程，确信没有任何疏漏，而留下的遗书也是经过本人签名的，应该没有破绽。

那么，警方是如何确定林德先生是被谋杀的呢？

推理分析

指纹是判断案情的重要依据，现场留下指纹应该是正常的，而没有指纹却是值得怀疑的。既然遗书是林德先生在自杀前打的，那么打字机上就应该有林德先生的指纹。可是班杰斯为了毁灭证据，竟然擦去了所有的指纹。

这样一个微小的线索让警方完全能够判定，打字机上没有指纹是极不合逻辑的，所以，林德先生的死绝不是自杀，而遗书一定也是伪造的。

店员的智慧

一天下午，一家珠宝专卖店里来了一对夫妇。丈夫身穿昂贵的西服，手上拿着一个不锈钢保温杯，夫人身穿时髦的长风衣，两人看上去都很阔气。

这时，丈夫礼貌地告诉店员，今天是他们的结婚纪念日，所以打算替夫人挑选一些首饰，店员热情地为他们介绍了各种款式和最近优惠的几个品种后，那对夫妻商量了一下，决定先试戴看看。

接着他们出示了贵宾卡，这是极少数顾客才持有的卡片，标志着顾客的地位和诚信。于是，店员为他们提供了单独的试戴间，根据他们的要求将珠宝送进去给他们试戴。

这对夫妇在店里待了整整一个下午，几乎试过了一半的珠宝，最后，他们决定购买一条项链和一对手镯。

就在收银员准备为他们结账时，一个店员忽然注意到站在丈夫身后的夫人好像很紧张，捧着不锈钢保温杯的手在微微颤抖。丈夫笑着解释说，夫人神经方面有点病症，大夫嘱咐每隔半小时必须吃一次药，所以才会随身带着杯子，他出示了口袋里的药物。又打开了杯子给店员看，杯子里是满满的一杯咖啡。

夫人向店员微笑着表示歉意，同时喝了一口咖啡，证明这里面确定只是咖啡而已。店员有些迷惑，她总觉得什么地方有点不对劲。可具体又说不出哪里有问题，这对夫妻持有贵宾卡，要对他们进行搜查是不可能的。何况楼上负责接待的店员没有发现珠宝被盗，要求检查更是毫无道理。

这时丈夫取出一片药递给夫人，夫人则接过药片，喝下一口咖啡。接着，丈夫拿出信用卡，准备付钱。这时，店员忽然想到了什么，她毫不犹豫报了警。

很快，警察在装咖啡的杯子里找到了 4 件珠宝，而这些珠宝都是他们用赝品替换下来的。经过调查，警察发现连贵宾卡都是伪造的。大家都对店员的聪明细致赞不绝口。那么，店员是如何看出破绽的呢？

推理分析

找到自相矛盾的地方，是逻辑推理的重要步骤。丈夫说夫人患病，每隔半小时必须吃一次药，为了证明，两人还在店员面前表演了一次吃药过程。

可是，两人在店里已经待了整整一下午，如果半小时需要吃药一次的话，至少吃了五六次药，可咖啡杯还是满满的，这说明里面一定有东西。

枪柄杀人的秘密

早晨，送早餐的女仆发现议员查理士先生的妻子梦露沙夫人被杀害了。梦露沙夫人身穿睡衣，倒在卧室地板上，头部血肉模糊，已经没有了呼吸。

女仆吓得当场就晕了过去，管家随即报了警，因为涉及议员，当地警局非常重视，他们派出了最精干的警探，还特地邀请马可侦探前来协助调查。

马可到达现场的时候，初步调查已经告一段落。经法医确认，梦露沙夫人是被钝器狠狠敲击后脑，导致颅脑损伤而死亡的，死亡的时间大约是晚上 11 点到 12 点之间。

凶手没有在现场留下任何痕迹，没有指纹，没有脚印，没有目击者，好像是一起古堡幽灵式的恐怖事件，而不是某个人精心策划的谋杀案件。

马可仔细检查了现场，发现在床下有一把手枪，经过检验，手枪枪柄上有受害者的血迹，看来它就是杀死梦露沙夫人的凶器。可是，现在事情越发变得奇怪：既然凶手有手枪，又为什么要把它拿来当锤子用呢？这是完全没有道理的。

“天哪，我亲爱的梦露沙！”刚从外面回来的查理士先生一脸悲伤。他告诉马可，他昨天整夜都在伦敦参加一个讨论会。接着他紧紧拉住马可的手说：“我愿意悬赏 10 万英镑抓住那个残忍的凶手，请您一定帮我！”

马可安慰了查理士，然后和警探们开始讨论案情。由于线索太少，能够圈出的嫌疑人仅限于仆人和管家。但都一一排除掉了。最后，大家全用期待的眼光看着马可，等待这位大侦探发表评论。

马可反复思考关于手枪的问题：“为什么一个凶手有手枪不用。要把手枪当锤子来用呢？这不是非常愚蠢吗？那这究竟是什么原因呢？”

马可忽然想到了什么，他大声对警员们说：“我知道凶手是谁了！”

推理分析

凶手害怕弄出声响被人发现，甚至不惜把手枪当锤子用，这说明他一定是梦露沙夫人熟识的人；从梦露沙夫人的装扮也可以看出能穿睡衣会见的客人并不多，仆人没有报告有客人到访，说明凶手可以自由出入。另外，作为丈夫的查理士先生一进门，就宣布悬赏捉拿梦露沙夫人的凶手，又极不合情理，当时他对案情还一无所知，这样快地表态，说明即使他不是凶手，也一定是雇用凶手的人。

上校的秘密

第一次世界大战期间，同盟国指挥官华蒙托夫投降了协约国，这对同盟国将非常不利。华蒙托夫熟知同盟军的战术、兵力分布甚至将领的习惯，这些绝密情报让他成了同盟国军队的头号敌人。

同盟国军队曾派出了许多身怀绝技的人去刺杀他，但华蒙托夫上校不仅护卫森严，他还是拳击好手，去刺杀他的人不是被抓住，就是在其铁拳下丧生，华蒙托夫因此洋洋自得，自称是“不怕暗杀的人”。

一天傍晚，华蒙托夫带着警卫偷偷爬到一座山上，观察同盟国军队的情况。这座小山虽然不高，可是十分陡峭，山下有一条蜿蜒的小河，南方军队就驻扎在小河边。华蒙托夫和警卫们悄悄攀上山顶悬崖，趴在悬崖边缘观察同盟国军队的部署情况。

过了很长时间，警卫们发现华蒙托夫还是趴在悬崖边缘一动不动，轻声呼唤也没有反应，不由着急起来。他们把华蒙托夫拉起来一看：华蒙托夫竟然死了！警卫大惊失色，连忙把华蒙托夫抬回营地，请军医鉴定。

军医经过仔细检查，发现华蒙托夫全身一个伤痕都没有，平时体壮如牛的华蒙托夫怎么会突然死去呢？一时间，谣言四起，大家都说这是上帝的震怒，叛徒得到了应有的惩罚。

事情越传越远。传到了一位著名探案专家耳中，他稍微思索了一会说：“这不过是一个巧妙的杀人事件，如果我没有猜错的话，华蒙托夫的望远镜当时一定遗落或者丢失了。”

将信将疑的人们赶到那座小山，果然在小河中找到了卡在河床上的望远镜，揭开了华蒙托夫神奇死亡的秘密。

华蒙托夫是如何死去的呢？探案专家为什么能在千里之外，就能预见到一架失踪的望远镜呢？

推理分析

华蒙托夫平时身体健壮，心脏健康，他的猝死显然是非正常死亡，而且身体没有任何伤痕，所以不能排除他杀的可能。考虑到他死在观察同盟国军队的时候，因此死前接触到的最后一件东西很可能是望远镜，而望远镜同样可以成为杀人利器！被买通的警卫只要把一根毒针和调节焦距的旋钮连在一起，就能让华蒙托夫自己杀死自己！当他扭动旋钮的时候，毒针刺中眼球，导致心脏猝停。

而华蒙托夫在被刺中的刹那，自然本能地将望远镜扔掉。他身处悬崖边，这一无心的举动毁灭了最后的罪证，所以，探案专家凭着神奇的逻辑推理能力，就将此案澄清了。

杀人的浴缸

富豪布莱克有一幢能看见海景的豪宅，这天，他的好朋友尼克探长想去看看布莱克先生。路上，尼克给布莱克先生打了电话，告诉他大约半个小时后到。

半小时后，尼克准时到达，可在陈设奢华的客厅里等了 5 分钟左右，还不见布莱克先生出现。

这时仆人特里说："老爷进去洗澡已经半个多小时了，会不会……"

尼克探长撞开房门，发现布莱克先生泡在浴缸里，已经去世了。从初步检查的结果来看，他是溺水死的。死亡时间大概在半小时前。

警察赶到后作了进一步分析，发现布莱克先生竟然是被海水溺死的！他的肺部有大量海水，而没有淡水残留；同时，整个下午只有仆人特里一个人在家，没有其他人来过。

尼克对警察说："抓住特里，只有他有作案时间，他就是凶手！"

"不是我，真的不是我！"特里拼命地摇头，"你打电话来的时候老爷还接电话呢，从那时到现在只有 30 多分钟，可是从这里到海边却要一个小时，我就是坐飞机也来不及啊！依我看，一定是宅子里出现了海鬼，在浴缸里杀死了老爷！"

尼克探长仔细地察看了浴缸，发现经过一段时间后，浴缸边上有了一些细小的白色粉末。他回头冷笑道："少来了，你那点雕虫小技还能瞒过我吗？你就是凶手！"

特里是怎么在 20 分钟里完成"不可能的任务"的呢？

推理分析

思维定式是侦探最大的敌人。在海水中溺死是一条重要的线索，同时它也在暗示案发地点是在海边，而特里拥有不可能作案的时间证据。

实际上，如果仔细思索一下，并不是被海水溺死就一定发生在海边。如果有足够的海水的话，在浴缸里同样也能作案，然后放掉海水，装满淡水，这只需要 10 分钟就足够了。

被杀的兄弟

一天清晨，保险公司总裁熊本一郎像往常一样在别墅的花园里散步，突然被一位蒙面刺客开枪打死。

闻讯赶来的毛利小五郎探长在死者的保险箱里，发现熊本一郎的死与两个兄弟及一个姻兄有关。于是毛利小五郎来到熊本一郎的姻兄金田村刚的家里，着手调查。

金田村刚这时刚起来，正在花园里锻炼。探长对他说："金田村刚先生，刚才你的兄弟被人杀死了。"

金田村刚一听，惊恐地叫了起来："不可能！我昨天晚上还和熊本一郎在一起，才一个晚上就死了，太不可思议了！"

毛利小五郎探长点点头，说："熊本一郎确实死了，我们希望你能够提供一些线索。"

金田村刚沉思片刻说："熊本一郎与他的两个兄弟关系非常紧张。哥哥因家财和他闹得很僵，听说要上诉到法院判决，弟弟好像和他的太太关系暧昧，他十分恼火，早就扬言要报复他的弟弟，依我看，这两个兄弟都有杀人的动机。"

毛利小五郎探长认真地听他叙述，随后把他从头到脚打量一番说："金田村刚先生，怎么不谈谈你自己的情况呢？你不是一直妒忌熊本一郎有钱有权吗？"

金田村刚一听，脸涨得通红，生气地说："请你不要胡言，我不否认，但你也不能认定我是凶手呀！"

"别想得太天真了，最值得怀疑的不是别人，恰恰是你！"

金田村刚极力掩饰，但仍掩饰不住自己内心的惊慌。果然，在他家里搜出了凶器。

毛利小五郎探长是怎样识破金田村刚的伪装的呢？

推理分析

熊本一郎家里有三个兄弟，探长到金田村刚家调查时，根本没有告诉他死者是谁，而金田村刚却一口说出死者是熊本一郎，这就说明金田村刚事先必定知道。毛利小五郎抓住这个破绽，从而打开缺口，一举破获了此案。

公园里的枪声

福伦警长驾驶着警车，正在一个公园附近巡逻。这一天的天气真好，又是星期天，一大早，孩子们就牵着大人的手，蹦蹦跳跳地跑进公园后，就放开大人的手，欢呼着往儿童乐园奔去。头发银白的老人们，相互搀扶着，一边唠叨着什么，一边慢吞吞地走到树林边，尽情呼吸新鲜的空气。

银行家金斯基刚刚退休，他不用再像以前那样，早上一睁开眼睛，就要忙碌到天黑。现在，他每天起床后的第一件事，就是到公园里来散步，反正公园离家不远，只有 5 分钟的路程。

公园门口，两辆轿车撞在一起，福伦警长把警车停住，准备跑过去处理，这时，公园里传出一声枪响，又传来人们的惊叫声："不好啦！有人被杀啦！"福伦警长一听，转身往公园里奔去。他来到现场，只见金斯基头部中了两枪，倒在地上死了。福伦警长询问旁边的游人，很多人都说，他们也是听到枪声以后才赶来的，没有看到谁开的枪。

这时，有个人拉住福伦警长，轻声说："我叫约尼尔，是公园里的清扫工，我有重要的线索向您报告。"约尼尔说，"我刚才在河的对面扫地，远远看见这里有个陌生人，在和金斯基说话。他的声音很轻，金斯基的声音很响，我转身的时候，就听到枪声。"福伦警长问："你听到他们说些什么？"约尼尔说："距离那么远，我怎么听得见呢？"福伦警长听了以后对约尼尔说："我怀疑你就是凶手！"

福伦警长凭什么怀疑约尼尔就是凶手呢？

推理分析

约尼尔说的话自相矛盾，他说听不见河对面两人说些什么，那么，他怎么可能听到说话的声音轻和响呢？

珠宝是谁偷的

已经很晚了，警长詹姆斯正在办公室休息，门一开，警员拜尔推门走了进来。拜尔径直来到詹姆斯跟前，说道："刚才有一封发给你的电报。"

詹姆斯从拜尔手里接过电报，只见上面写着："银星珠宝店钻石项链被盗"。下面还打着一个"友"字。

说时迟，那时快，詹姆斯马上带着拜尔驱车赶到了银星珠宝店。

只见店内的珠宝柜旁此刻正站着两个人：一个是一位穿得非常讲究的时髦少女，一个是穿着工作服的女营业员。

詹姆斯来到那位女营业员面前说道："我是警长詹姆斯，刚才我接到通知，说是贵店里的钻石项链被盗。你是店里的营业员吧，你能不能给我介绍一下情况！"

"好的，"营业员回答道，"几分钟前，老板来找我，说店里的一条昂贵的项链不见了。就是这些！"

詹姆斯见她的回答言简意赅，便又问道："你是怎么看这件事情的？"

营业员一边看着拜尔，一边对詹姆斯说道："我想，一定是偷项链的人自己给你拍的电报，目的就是要把事情搅混。据我所知，这种贼喊抓贼的事是屡见不鲜的。"

"你说得对，不过情况已经摆在这里了，偷项链的就是你，你就是贼喊抓贼的人！"

詹姆斯为什么说营业员就是贼呢？

推理分析

詹姆斯与营业员对话过程中只字未提电报。如果女营业员不曾给詹姆斯拍过电报，那她怎么知道有人给詹姆斯拍过电报呢！显然不合逻辑，而其说谎，足可以证明她就是贼。

露馅的假警官

阿克塞是个盗窃犯，10 年前，他在偷窃一家珠宝店的时候，惊动了防盗警报器，警察迅速赶到，把他抓了起来，法院判他坐了 10 年大牢。就在他刑满出狱以后的第二天，他又来到那家珠宝店门口，心里恨恨地说："哼！上一次我差点儿得手了，就是因为那可恶的警报器，这一回，我一定要想办法，让警报器失灵，偷走最值钱的珠宝，报 10 年坐牢的仇！"

怎样才能让警报器失灵呢？阿克塞想出了一个妙计。这一天，他经过化装，装扮成一个警官，来到珠宝店里。他对经理说："警察局最近接到情报，有一伙匪徒流窜到了本市，准备抢劫珠宝店。为了加强防备，我今天来检查一下防盗警报器。"珠宝店经理一听，紧张地问："匪徒？他们有多少人？"阿克塞摸出香烟，用打火机点燃，吸了一口，又轻轻地吐出几个烟圈，然后才傲慢地说："匪徒的人数嘛，我也不清楚。"

珠宝店经理搔了搔稀疏的头发，显出焦急的神色说："那……万一匪徒来了，我可怎么办呢？"阿克塞把烟灰一弹，大大咧咧地说："你就放心吧，警方已经做好了充分准备，只要防盗警报器一响，那两个坏蛋就别想溜掉！警报器装在哪里？快领我去！”

珠宝店经理一听，马上指着地下室说：“警报器开关就在里面，您下去检查吧！”等到阿克塞一进去，经理“砰”的一声，把门反锁上，然后打电话报警：“是警察局吗？我抓到一个假警官！”

珠宝店经理为什么会发现阿克塞是冒充的呢？

推理分析

阿克塞原先说不知道匪徒的人数，后来又说漏了嘴，说有两个坏蛋，露出了马脚。

报案的秘书

国际电子产品博览会，即将在东京举办，来参加博览会的，都是世界上著名的企业家。村井探长亲自负责保卫工作，他在机场和宾馆里，派出大批警察，荷枪实弹站岗，还有很多便衣警察，在暗中保护着贵宾。

博览会开幕的前一天晚上，警察局的报警电话响了，村井探长心头一震，最担心的事情还是发生了！美国一家大公司的总经理，赶来参加博览会，下午刚住进五星级大宾馆，刚才在卧室里被人杀害了。

村井探长赶到宾馆，在保安的带领下，来到死者的卧室。那是一间很大的套间，里面的设备和装潢非常豪华，墙壁上挂着昂贵的名画，地上铺着厚厚的土耳其驼毛地毯，很柔软，走在上面，几乎听不见脚步声。总经理倒在地毯上，后脑勺上有一个窟窿，流了很多血。桌子上有一部电话，话筒没有搁在电话机上，就扔在旁边。

这时，有一位年轻的女士走过来，哭着说：“我是总经理的秘书，一小时前，我乘飞机到东京，下了飞机以后，马上和总经理通电话，正说着呢，听到话筒里总经理大叫一声，然后听到‘嗵’的一声，好像是人倒在地上的声音，再后来，又听到一阵匆忙的脚步声，好像是罪犯逃跑的声音。我知道情况不好，马上打电话报警，然后叫了一辆出租车，刚刚赶到这里。”

村井探长低着头，在房间里来回踱步，他一会儿走过来，一会儿走过去。忽然，他停住脚步，严厉地对女秘书说：“你说的都是谎话！”

村井探长为什么走着走着，就会发现女秘书在撒谎呢？

推理分析

卧室里铺了厚厚的土耳其驼毛地毯，村井探长走路的时候，听不出脚步声，可是女秘书却说，从话筒里听到凶手的脚步声，说明她是在撒谎。

伪造的遗书

卡尔教授是著名的昆虫学家，他有一篇研究蚂蚁的论文，在世界科学大会上宣读以后，引起了轰动。人们都在传说，今年的诺贝尔生物奖，肯定是他的了。可是，就在科学大会结束后第三天，卡尔教授竟然死了。

报案的是卡尔教授的助手基米。他伤心地对探长司科特说：“今天早上，我来到实验室，发现卡尔教授趴在桌子上，我以为他又是通宵工作，累得睡着了，就没有叫他。可是快到中午了，教授仍然没有醒，我冲了一杯咖啡，想叫醒他，可是一连喊了几声，教授没有动静，走过去一看，他的太阳穴有个枪孔，已经死了，我吓得马上报警。”

司科特探长问：“你通知卡尔教授的夫人了吗？”基米说：“在半年前，教授夫人患癌症去世了，教授一直很悲伤，老是说做梦看见夫人，还说等这项研究完了，就要自杀去见夫人，我一直劝他想开一点，唉，想不到真的就自杀了……”基米唠唠叨叨地说着，眼圈也红了。

司科特探长点点头，开始仔细检查现场。他看到卡尔教授伏在桌子上，右太阳穴中了一枪，流了一大摊血。右手握着一支钢笔，在桌子的右前方，扔着一把手枪。桌子上还放着一封遗书，上面写着："亲爱的妻子，没有了你，我也不想活了。"司科特探长拿起遗书，看了两遍，然后对基米说："教授的遗书是假造的。"基米紧张地说："不可能，教授肯定是自杀！"司科特探长说："那就更加证明，是你谋杀了教授！"

司科特探长根据什么，能够肯定教授的遗书是假造的呢？

推理分析

教授如果用右手开枪自杀，就不可能握着笔写遗书了，基米想让探长相信教授是自杀，反而说明他心里有鬼。

侄女杀手

鹿特丹市的一家旅馆里，发生了一起凶杀案。那天上午，旅馆服务员到 203 房间打扫卫生，可是按了很长时间门铃，里面一直没有动静。她只好开门进去，发现一个老人倒在床上，胸口插了一把尖刀，已经断气了。服务员惊叫起来，马上叫来了经理，经理赶快打电话报警。

荷兰警方通过调查，知道老人名叫温尼特，是从美国纽约来旅游的，曾经有个女子陪他一起来，后来这个女子就失踪了。到底是谁杀害了老人呢？警方一时查不出结果，就把案情通知了纽约警察局。纽约警察局查看了温尼特的档案，发现他没有子女，唯一的亲人是侄女海莉。海莉开了一家服装店，她是温尼特财产的唯一继承人。

肖恩探长来到海莉的服装店，出示了警察证件，然后问她："您是不是有一个叫温尼特的叔叔？"海莉好像很吃惊，反问说："您怎么知道的？"肖恩探长说："我们刚刚接到报告，温尼特在国外不幸病故了。"海莉一听，伤心地哭起来："天哪，我的好叔叔啊，你怎么就离开我了啊！"

等海莉哭够了，肖恩探长又问她："您的叔叔到外国去旅游，您事先知道吗？"海莉擦了眼泪，摇摇头说："我一点儿也不知道，叔叔他一直住在纽约好好的，为什么要到鹿特丹去呢？平时我经常去看望他，最近因为生意忙，有一个星期没有去看他了，没想到竟然……”海莉说着说着，又要哭起来。

肖恩探长打断了她的话，严厉地说：“别再演戏了，我怀疑是你害死了他！”

肖恩探长听了海莉的哪句话以后，怀疑她就是凶手呢？

推理分析

肖恩探长没有说过温尼特死在哪个城市，海莉先是说她不知道叔叔出国，后来又说他到鹿特丹去，说明她在撒谎，她为了得到遗产，杀害了叔叔。

合适的汽车轮胎

罗宾是一位生物科学家，他研究的一个项目，取得了重大成果，轰动了全国。各地著名的大学，都纷纷发出邀请，让他去讲课。罗宾一直很关心科学普及，所以，他放弃自己的休息时间，周末到学校去讲课。

这一个星期天，罗宾自己驾着小汽车，到邻近的某市讲课。他的课受到了热烈欢迎，课讲完了，学生们还不肯离开，又提出了很多问题，他都一一耐心地做解答。下课以后，学校的老师又和他交谈，留他吃晚饭。就这样，一直到晚上 10 点多钟，罗宾才离开这座城市。

夜深了，罗宾驾着车往家里赶。汽车行驶在公路上，收音机里播放着动听的音乐，罗宾的心情很好，跟着音乐轻轻哼着。忽然，他看见前方的路中间，停着一辆越野车，连忙减慢车速，小心地从旁边绕过去。只听到“啪”一声响，车子猛地一歪，罗宾赶紧踩刹车，下车一看，汽车的一个前轮胎，被一枚很粗的铁钉刺破了。正在这时，从越野车里跳出来一个人，黑布蒙着头，用手枪逼着罗宾，抢走了他的钱，然后开车逃走了。

罗宾步行了半个多小时，才看到了前面有灯光，那是一家小杂货店。他首先打电话报了警，然后问小店老板：“麻烦您给附近的修车站打电话，来换一个轮胎……”老板马上很热情地打了报修电话，又给他端上了热茶。10 分钟以后，修车站的工人拿了轮胎来了，警察也同时赶到。罗宾却对警察说：“不用调查了，小店老板就是抢我钱的人！”

小店老板好心帮忙，罗宾却说他是坏人，你知道这是为什么吗？

推理分析

罗宾让店主打电话报修，并没有告诉他轮胎的型号，可是工人却拿了合适的轮胎来，说明店老板在抢劫现场，知道车胎的型号。实际上，店老板就是拦路抢劫的蒙面人。

被偷的古书

福伦警长接到一个电话，对方在电话里气喘吁吁地说：“报告警长，我是莱蒙德，我的家刚才……被盗窃了，快、快、来……”福伦警长在这个区工作了很久，对居民的情况都了如指掌。福伦警长记得，莱蒙德是博物馆研究员，原来住在中央大街，那里是名人生活区，都是别墅群。后来，莱蒙德好像遇到了什么麻烦，经济上有些拮据，就把别墅卖了，搬进了附近的公寓楼，住房条件就差远了。不过，莱蒙德没有结婚，一个人住是绰绰有余了。

福伦警长赶到了莱蒙德的家，看到莱蒙德正等在门口。他们一起走进了楼下的客厅，莱蒙德哭丧着脸说：“今天我提早回到家，发现门锁被打开了，推门进去，突然一个人冲了出来，他的手里拿了一本书，我想抓住他，可是他挣脱了我，逃到大街上，穿过马路就不见了。我没追上他，只好在门口电话亭打电话报警。”

福伦警长问：“你检查过吗？家里还少了什么东西？”莱蒙德说：“我打完电话后，就守在这里保护现场，还没有进过房间呢！”福伦警长奇怪地问：“一本书值得您这么着急吗？”莱蒙德说：“警长先生，这本书可不是平常的书，它是世界仅存的孤本，价值 20 多万哪！我把它锁在楼上书房的书橱里，谁知道小偷太狡猾了，竟然带着工具，拆了书橱的门，偷走了这本最值钱的书！”

福伦警长上了楼，果然发现书橱的门锁被拆了下来，他问：“这本古书您买了保险了么？”莱蒙德有些紧张，说：“买了……可是……”福伦警长笑着说：“你别演戏了，书是你自己偷了藏起来，想骗保险费吧？”

福伦警长根据什么判断出莱蒙德在撒谎？

推理分析

莱蒙德没有上过楼，怎么会知道小偷是拆了书橱的门偷走书的呢？实际上是他拆了书橱门，造成古书被偷的假象，骗取保险金。

海岸边的摄影爱好者

海岸边，驻扎着一支导弹部队，那里有高耸的导弹发射架，有庞大的雷达天线，在营房的四周围，有十多米高的围墙，上面都安装了电网。营房的大门口，站立着全副武装的警卫。

这一天，有个老头驾驶着一辆越野车，来到海岸边。他戴着一顶旅游帽，背了一个大大的摄影包，脖子上挂了一架照相机。看起来，他是一个摄影爱好者，到这里来拍摄大海的风光。

老头走到海岸边，面对着大海，一会儿拍飞翔的海鸥，一会儿拍白色海浪，一会儿拍蔚蓝的天空。

突然，他回过身来，好像刚刚看到雷达天线，显出好奇的神色，慢慢往营房靠近。警卫连忙大声喊：“这里是军事要地，不要靠近！”

老头耸耸肩，摇摇头，好像没有听懂警卫的话，举起了照相机，对着雷达天线“咔嚓咔嚓”拍起来。警卫立刻跑过去，严肃地命令：“这里是军事禁区，严禁拍照，请把胶卷交出来！”老头听了一愣，叽里哇啦说了一大串外国话，原来，他是一个外国游人。警卫做着手势，要老头交出照相机，老头还是一个劲儿地摇头，表示听不懂警卫在说些什么。

警卫想了一想，叹了一口气，自言自语地说：“唉，碰到这个外国佬，真拿他没有办法，还是让他走吧。”他对老头说：“你可以走了！”老头一听，高兴地鞠了一个躬，转身就走。这时，警卫一拉枪栓，大喝一声：“站住！你这个刺探情报的间谍！”

是警卫自己让老头走的，为什么突然说老头是间谍呢？

推理分析

这是警卫故意考察老头，既然老头表示听不懂他的话，听到“可以走了”，应该没有反应，可是老头真的转身就走，说明他是假装听不懂，实际上是间谍。

深深的脚印

下了整整一天的大雪，地上的雪积得厚厚的。到了傍晚的时候，大雪才停止。大田警长刚刚吃过晚饭，就接到报警电话，报警的人是中村教授，他紧张地说：“警长先生，我、我的学生贞子……被人杀害了！”警长问：“你在哪里？”中村教授说：“就在贞子的房间里，学生公寓 203 房间……”

大田警长驾驶警车，往国立大学赶去。因为路上的积雪很厚，他只能小心翼翼地开车。过了 20 分钟，他来到学生公寓，敲了敲 203 房间的门，中村教授马上开了门。大田警长走进去，戴上手套，仔细检查现场。他发现贞子是被人掐死的，已经死亡了一个小时。

中村教授很瘦小，但是说话的声音很响亮。他告诉警长说：“贞子是我的学生，今天下课以后，她到办公室来找我，说她有一篇毕业论文，想让我给修改一下。我和她约好，晚上 7 点钟到我家里来。她说，她宿舍里的同学，今天晚上都出去了，她一个人在那里有些害怕，让我还是到她宿舍去，我答应了。吃过晚饭，我来到她的宿舍，敲门敲了很久，没有人来开门，我轻轻推了一下，发现门没有锁，进去以后，就看到贞子躺在地上，已经停止了呼吸，我马上报了警。”

大田警长走到门外，发现门口的雪地上，除了他的脚印以外，还有两串脚印，一串是浅浅的女鞋脚印，那是贞子的，还有一串很深很深的脚印，那是教授的皮鞋留下的。那么，凶手的脚印又在哪里呢？大田警长看了看瘦小的教授，马上明白凶手是谁了。

你认为凶手的脚印到底在哪里呢？

推理分析

凶手的脚印就是教授留下的脚印。教授很瘦小，但是脚印却很深很深，实际上，是教授把贞子叫到家里，杀害了她以后，背着她到公寓里，然后打电话报警。

二楼的电话

吃过午饭，司科特警长准备休息一会儿。昨天晚上，他处理一个盗窃案，忙了一个通宵，再加上今天一个上午，现在好容易才歇下来。不一会儿，他靠在沙发上打起了呼噜。可是，电话好像存心和他作对，“叮铃铃”响了起来。

打电话的人焦急地说：“是警察局吗？我是生物研究所的基米，我的同事戈里，刚才在家里给我打来电话，说他的女朋友离开了他，不想活了，对我说了一句‘永别了’，就挂断了电话。”司科特警长问道：“那你怎么不去他家劝他啊？”基米说：“我没去过他家，不知道地址，所以只好向警察局求助了！”

司科特警长让基米马上赶到警察局，同时打开电脑，查到了戈里的地址，然后和基米一起，赶到了戈里的家。

他们敲了几下门，里面没有反应，司科特警长用力砸开门，冲进去一看，戈里吊在客厅的梁上，已经断了气。基米号啕大哭起来：“我的好朋友呀，你为什么要想不开呀，都怪我来晚了一步啊！”

司科特警长戴上手套，开始检查现场。过了一会儿，他想打电话给法医，让他来检查尸体，可是四下里看不到电话机。他就拿出一张纸，在上面写了法医的电话号码，交给基米说：“基米先生，麻烦您帮我打一个电话，让法医马上赶来，要快！”

基米接过纸条，立刻奔到二楼，走进卧室里去打电话。等到他打完电话下了楼，看到司科特警长拿着手铐笑着说：“基米先生，你这是自投罗网啊！”

司科特警长为什么忽然发现基米就是凶手呢？

推理分析

基米说他没有来过戈里的家，可是他却熟悉电话机在哪里，说明他是在撒谎。

说假话的瘦子

摩恩探长一上班，手下的警员就告诉他：“刚才珠宝店的防盗警报器响了，我们赶过去，抓到了三个嫌疑犯，根据现场勘察，其中有一个是盗窃犯。可是其中两个人都不承认是盗贼。”探长问：“那么还有一个人呢？”警员说：“他是个哑巴，叽里咕噜不知道在讲什么。”

根据法律规定，再过一小时，如果还不能确认罪犯的话，只能把嫌疑犯都放了。探长想了一想说：“把三个嫌疑犯都叫到审讯室，我来审问他们。”警员感到很奇怪，因为按照常规的做法，应该是一个个分开审问的呀。

三个嫌疑犯都来了，其中一个是大胖子，另一个却很瘦小，他们俩嘴里不停地咕噜：“探长先生，我是冤枉的！”还有一个不胖不瘦，也不说话，两只手却动个不停，不用猜，他就是那个哑巴了。

探长偏偏先问哑巴：“你是怎样盗窃的？快说实话吧。”哑巴手舞足蹈的，嘴里发出叽里咕噜的声音。探长摇摇头，转身问另外两个：“你们谁懂哑语？能猜出他讲的是什么意思吗？”

胖子马上说："报告探长，我懂一些哑语，他的意思是说，他不是盗窃犯，是被冤枉的。"瘦子也抢着说："我也懂哑语，他刚才承认自己是盗窃犯，希望探长能从轻处理。"

摩恩探长回到了办公室，警员说："我去请一个手语教师来，马上就能知道哑巴说的是什么了。"探长说："不用了，我已经推断出谁是盗窃犯了。"

摩恩探长推测出的罪犯是谁呢？

推理分析

是瘦子，因为不管哑巴是不是盗窃犯，他都不会说自己是盗窃犯。所以胖子说的是真话，他不可能是盗窃犯，而瘦子故意说假话，所以他肯定是盗窃犯。

遭抢的鞋店

晚上 10 点钟，摩恩探长接到报警电话，报案的是彩虹皮鞋店的老板，说刚才店里发生了抢劫案，两个匪徒闯进店里，把所有的钱都一抢而空，请探长快来调查破案。

探长来到彩虹鞋店，它处在有名的商业大街上，旁边的那些服装店、百货店，霓虹灯不停地闪耀，顾客人来人往，生意非常兴旺。相比之下，这家鞋店却是一副寒酸相，店门口灯光暗淡，竖着一块大招牌，上面写着："本店即将停业，服装一律半价"。

老板报告了案情："刚才我正要关门，突然门口挤进来两个男人，其中一个把门关上，另一个把我推到墙角，命令我脸朝墙壁，然后用刀架在我脖子上，逼我说出保险箱和存折的密码。我没有办法，只好说了，他就一拳把我打昏。等我醒来，他们已经逃走了。"

探长问："匪徒的穿着有什么特征呢？"老板一边想一边说："门口的那个我没看清，推我的家伙嘛……对了，穿黑色的皮夹克，是背后打褶的那种，还穿了一双黑皮鞋。探长先生，我几十年来的积蓄，一下子全完啦！”探长问：“你没有买财产保险吗？”老板有些轻松地说：“幸亏我买了保险，可以挽回一点损失，还要麻烦您开一份证明，证明我的服装店被抢劫，保险公司才肯赔偿损失。”

摩恩探长很干脆地说：“我不能证明你被抢劫了，你还要承担骗取保险费的罪名！”

摩恩探长为什么拒绝证明服装店老板遭到抢劫呢？

推理分析

服装店老板说他一直脸朝着墙壁，怎么会看到身后劫匪衣服的特征呢？说明他遭到抢劫的事是编造的，他即将破产，就想编造故事来骗取保险公司的赔偿。

驮着稻草的自行车

一条宽阔的公路，通向边防检查站，公路上人来车往，经过国境线的时候，都要接受检查。国境线两边的老百姓，经常来来往往，买卖一般的生活用品。那些走私犯就冒充老百姓，把贵重的走私物品偷偷带进来，再倒卖出去，可以赚很多钱。

亨利探长在检查站，已经工作 30 年了。大家都说他有一双火眼金睛。隐藏得再巧妙的走私品，也会被他查出来。今天，亨利探长检查得特别认真，因为明天他就要退休了，这可是他最后一天站岗啊。

这时候，国境线的对面，有一个中年农民，用自行车推着一大捆稻草，向检查站走来。亨利探长记得，最近一个月来，他经常来来往往，每次都是用自行车推着一大捆稻草，说国境线对面有人要买，然后空手而归，探长每次检查，都没有发现走私品，可是探长凭直觉，感到这个人肯定有问题。

亨利探长向农民敬了个礼，认真检查了他的证件，没有发现问题。他说：“请您打开稻草捆。”农民把自行车停住，一边解开扎稻草的绳子，一边抱怨说：“探长先生，每次来您都检查，没有什么走私品嘛！”探长在稻草捆里翻了好几遍，确实没有隐藏什么东西。他又检查了农民的身上，把每个衣袋都翻了个遍，还是没有查出任何走私品。亨利探长挥挥手，让农民走了。农民推着稻草，走过了边境线，还回头狡猾地笑了笑。突然，亨利探长脑袋里灵光一闪，发现了走私品！

亨利探长发现了什么走私品呢？

推理分析

就是推稻草的自行车，走私犯每次推稻草出境，把稻草和自行车一起卖掉后，再空手回来。

作证的大杨树

贝利要出国办一件重要的事情，就把家里的珠宝放在一个盒子里交给好友拉玛保管。

半年后，贝利回来了。他来到拉玛家里，要取回他存放在这里的珠宝盒子，可拉玛说：“什么盒子？我怎么从来没有听说过呀？再说，这么贵重的东西你怎么可能放在我家里呢？”

“你……你……半年前，我不是在那棵大杨树下把我的珠宝盒子交给你的吗？”

“什么大杨树？我从来没有到过那里。”

贝利见他这样说，知道他是想抵赖，只好请赫伯特探长破案。

拉玛见到探长后还是说：“我一点也不知道他所说的什么珠宝盒子。”

探长便问贝利：“你是在什么地方，当着谁的面把首饰盒子交给拉玛的？珠宝有没有清单？”贝利把清单的副本交给探长，然后说：“我给他首饰盒时，旁边没有其他人，不过，我是在一棵大杨树下给他的。”

一会儿，探长命令一位办事员："你马上到那棵大杨树下去一下，告诉它，就说我要叫它到我这里来做证人。"

办事员走了。等了好久，那个办事员还没有回来，探长不耐烦地说："这办事员真是会耽误时间。拉玛，那棵树离这儿到底有多远？""探长，还早呢！那棵杨树离这里有五里路呢。"

探长说："那我们就不用等杨树了，我断定，是拉玛拿走了贝利的珠宝盒子。"

你知道探长是凭什么判断的吗？

推理分析

探长叫办事员把大树叫来做证人，是故意做给拉玛看的。然后趁他放松警惕的时候，再让他随口说出大树的远近，这就说明他到过那棵大杨树下。拉玛说他从没有到过那棵大杨树下，只是他不想归还贝利的珠宝撒的谎。

一张启事

莫比一起床，就急着翻看报纸的启事栏，这是他昨天让助手去办的。启事登在中缝，标题为"找到怀表有赏"。全文如下："祖传遗物怀表丢失，悬赏 1000 元找寻，有消息可告知，邮政编码：210045。"尽管这块怀表不值钱，但它毕竟是祖传的纪念品啊！

可是，当莫比读完启事后，很是生气："这个笨蛋！登这样的启事有什么用！"就在他要训斥助手的时候，门铃响了。门外站着一个中年男士，他说："我叫切斯，我是来送表的。"说着，他从兜里掏出了一块手表。

莫比眨巴着眼睛，简直难以相信眼前的事实。"是的，就是这块表！"他喜出望外，珍惜地抚摸着切斯给他送来的那块怀表，"太感谢了！你是在哪儿捡到的？"

这位男士一听，愣了愣神，好一会儿才说道：“我坦白告诉您，这表不是我捡的。我在车站见一个小孩子在兜售这块表，就用 100 元买了下来。刚才我从报上看到广告，马上就给您送来了。”莫比点点头，刚要拉开抽屉取钱，突然觉得不对。他对助手大声叫道：“抓住他！这家伙是个小偷，是他偷了怀表！我要送他去警局。”

“你……你血口喷人，冤枉好人。”切斯大声抗议，“你凭什么说我偷了你的表？”

“事实很清楚，没有比你更笨的人了，竟然自己送上门来！”

莫比是怎样识破切斯的真面目的？

推理分析

启事中没有莫比的地址，如果切斯光看启事的话，他是不可能知道当事人的地址的，切斯一定是偷了莫比的怀表，并一路跟踪找到了莫比家的住址，然后等待报上的悬赏启事。

狗咬了她吗

有一天，大学生阿林在家里看书，突然响起一阵急促的门铃声，他赶紧去开门。进来的是隔壁的露茜太太，她可是个远近闻名的刁妇。只见她气势汹汹地指着阿林嚷道：“你太可恶了！自己的狗也不管好！把我咬了！”

阿林莫名其妙，因为他的狗从来不咬人，而且今天一直都蹲在他脚边。于是，阿林问露茜太太道：“什么时候咬的？咬在哪里？我怎么没看到伤口？”

露茜太太说：“就在刚才经过你家门口时。”说着把她的裤子拉得高高的。阿林这才看到，露茜太太膝盖处有一处被咬伤的伤口。

阿林是个爱动脑筋的人，当他看过露茜太太的伤口后，十分肯定地说：“荒谬！你在撒谎！伤口不是我的狗咬的。”接着阿林说出了证据，露茜太太哑口无言。

你知道阿林的证据是什么吗?

推理分析

如果狗咬伤露茜太太，她的裤子不可能完好无缺，根本无须拉起裤子，就能明显地看到伤口。

古堡凶杀案

立昂先生是位百万富翁，最近他买下了一座古堡，将它改造成古色古香的酒店，吸引了不少游客。但酒店经常发生神秘的自杀事件。神探亨特和助手乔装以后，住进了酒店，决心查明真相。

立昂热情地接待了他们，将他们安排在第五层的 508 房间。当三人来到第五层时，亨特看见房间旁边有一扇大铁门，便问立昂这里是什么。立昂说：“想参观吗？请帮我拉一下。”两人一起用力才打开了沉重的铁门。铁门内是一个漆黑的无底洞。立昂笑着介绍说：“这洞是 500 年前用来处死犯人的，最近有些客人也跳进这洞自杀了。”三人退了出来，关上铁门。进了 508 房间，亨特悄声嘱咐助手要注意立昂，看来他不像好人。

晚上，他俩和衣躺在床上。半夜时分，门外突然传来一声惨叫，亨特一个箭步冲出房间，只见那扇铁门大开。一会儿陆续来了不少住客，大家议论纷纷。这时，立昂从自己的卧房走了出来，他难过地说：“306 房的客人想不开，跳下去自杀了！”

亨特的助手打断他的话：“住口！这是谋杀，你就是凶手！这门一个人根本拉不开，他怎么会打开铁门跳下去自杀呢？”“那你凭什么怀疑是我杀了他呢？”狡猾的立昂反问道。

神探亨特掏出证件亮明身份，并对大家说了一番话，立昂像泄了气的皮球一样瘫在地上。你知道神探说了些什么吗？

推理分析

无底洞内漆黑一片，立昂还没有去看死者是谁，就说是 306 房的人自杀了，可见他就是凶手。

球星之死

著名的篮球运动员韦伯篮球打得非常好，是很多人崇拜的大球星，这也引起了一些教练和篮球运动员的嫉妒。

星期六的一天下午，韦伯在他自己的家里被人枪杀了，由于他的知名度很高，这一爆炸性新闻立刻在全国传开了。

汤姆探长接到报案后，火速带着助手赶到了案发现场，只见韦伯头部中了三枪，被血迹包围着的脑袋上已经难辨其真容。

汤姆对邻居进行了询问，一位邻居告诉他，开枪的时间是在 17 点零 6 分。另一位在楼下正路过的人也证明了枪响时的时间是 17 点零 6 分。

汤姆马上对现场开始进行全面的勘查，寻找可能破案的线索。很快，他在一张桌子上发现了一封韦伯写的信笺，信笺上提到了有三个男人一直都想谋害韦伯。

“这可是重要的线索！”汤姆喜出望外，对助手说道，“我看这三个人都是嫌疑犯。”

于是，汤姆和助手开始对 A、B、C 这三个人进行跟踪调查，不久，就查出了这三个人在星期六下午的一些情况。

A 和 C 是足球教练，B 是橄榄球教练。这三名教练的球队，星期六下午都参加了 3 点钟开始的球赛——A 教练的球队是在离死者住所 10 分钟路程的体育场上争夺“法兰西杯”锦标赛；B 教练的队员是在离死者住所 60 分钟路程的运动场上进行友谊赛；而 C 教练的队员在离死者被杀地点 20 分钟的体育场上参加冠军决赛。

同时，有人证实三位教练在裁判员吹响结束笛声前，都在场上指挥比赛。

看到这样的调查结果，汤姆的助手不禁非常沮丧地说道：“看起来是嫌疑人的这三个人，又都没有作案的可能啊！”

“不！”汤姆说道，“我已经知道谁是凶手了！凶手就是 C 教练！”

汤姆为什么说 C 是凶手呢？

推理分析

一场橄榄球赛需要 80 分钟（不包括比赛的中间休息），再加上 60 分钟的路程时间，B 教练在 17 点 20 分之前是无论如何也到不了韦伯的家的。足球比赛全场是 90 分钟，即使加上中间休息 15 分钟，A 和 C 两位教练也完全有可能作案。但 A 教练参加的是锦标赛，当他们与客队踢成平局时，还得有延长 30 分钟决定胜负的时间，再加上 10 分钟的路程，即使不加上中间的休息时间，A 教练也不能在 17 点 10 分之前到达韦伯家里，所以，只有 C 教练才有可能杀死韦伯。因为，比赛时间 90 分钟，中间休息 15 分钟，路程 20 分钟，他可以在 17 点零 5 分，即在枪声响之前一分钟到达韦伯家。

此地无银三百两

一天，亨利探长来到乔治家，问：“你是乔治先生吗？”

“是的。”乔治回答。

“我是亨利探长。”探长坐下后，心情沉重地说，“很遗憾，我要告诉你一个不幸的消息，你妹夫被谋杀了。”

“什么？”乔治惊讶地说，“我昨晚还见过马斯，我不敢相信他会被人杀害。探长你肯定是他吗？”

“乔治先生，从验尸报告以及一些旁证材料中可以证实是你的妹夫。你是否可以提供一些线索，看谁有杀你妹夫的嫌疑。”探长说。

“马斯平时有许多仇家，这是大家都知道的，”乔治坦诚地说，“与他一起做生意的伙伴福特说马斯盗用公款，还跟他大吵过一场。我二妹夫肯尼也跟马斯发生过争执。惭愧得很，肯尼跟黑社会也有来往，不过我们已经好几个月没有他的消息了。另一个可能杀马斯的人是我三妹夫比利，我知道他很憎恨马斯。我可以把他的地址告诉你，但你要答应我，不能告诉他是我说的。”

“不必了，乔治先生。根据你刚才所说的，你就是杀人凶手！”

这是什么道理呢？

推理分析

从乔治的谈话看，他至少有三个妹夫，探长还没有说出被杀的妹夫的姓名，乔治却说出来了。

背部中弹的陌生人

一天晚上，芝加哥城里发生了一桩抢劫大案，闻讯赶来的两名警察和强盗发生了激烈的枪战。

枪声刚停不久，一个陌生人闯进了一位郊区的农民家里，他对农民说：“我听到枪声时正穿过南大街，我看见两个警察在追一个人，于是我也追了上去，那人打死了那两个警察，我也受了伤。”

农民把他领到医生那里，从陌生人的后背取出了子弹，然后给他清洗了伤口，又借给他一件衬衫穿上。

正在这时，警长带着人冲进了医生家里，其中一位警察用枪指着陌生人，说：“先生，刚才一个持枪者在抢劫后又杀死了我手下两名最好的警察，我看你就是那个抢劫犯。”

“冤枉啊！”陌生人喊道，“我是在帮助那两个警察追赶罪犯。”

“你背上的子弹说明你是逃跑的人而不是追捕的人，子弹总不会从后面飞来吧？”

农民听到这里，指着那位警察说：“正是因为伤到了他的后背，才证明他不是罪犯！”

农民为什么说陌生人不是罪犯呢？

推理分析

因为警察来到医生家里时，那个陌生人正穿着医生的干净衬衫，警察怎么会知道陌生人背部中弹？除非他参与了枪战，但是参与枪战的只有两个警察，并且已死了，所以，穿警察服的警察才是罪犯。

听力差的冒领者

寂静的深夜，一个蒙面大盗抢劫了银行，开枪打死了两名值夜班的出纳员。保安在一晃而过的车灯中发现劫匪脖子有一块伤疤。

一小时内，全市各交通要道口，警车呼啸来往。他们用高音喇叭公布悬赏令：“劫匪脖子上有伤疤，举报者奖励 5 万元！”

时隔不久，一个匿名电话打到警察局：“劫匪已往阳光大厦方向逃走，请你们赶快去追击。”

一阵激烈的枪战后，身材魁梧的匪徒倒在血泊之中。劫匪被击毙的消息很快传开，领 5 万元赏金的人，一下子冒出了很多。他们一个个都称自己是那个匿名报信人，警局一时真假难辨。局长把甄别真正的报案人的工作交给了足智多谋的神探查理。

很快，警察局的接待室就来了一排领赏人，克里斯丁是最后一个申请者，他极自信地冲着探长笑笑：“虽然我的耳朵听力比较差，但等我复述完，再拿了证据，尊敬的先生就会相信……”

他说在公共汽车的喇叭里听说了缉拿通告后不久，就在后排座发现了一个企图用衣领掩盖自己脖子上的伤疤的男人。于是心中一惊，并开始留意他的一举一动。

那人侧过身子，对通道上的一位红发女郎说：“我等会下车，然后去阳光大厦。”克里斯丁虽然耳朵不太灵便，但他从口型上能判别出那人说些什么。那男人递给红发女郎一张纸条。

红发女郎看完纸条后，马上揉成一团扔在车上，那男的跟女的相继下车，克里斯丁将纸团拾起，发现在上面写着：“两天后，按此地址找我。”

“喏，就是这张。对吗？这 5 万元赏金，你们警方可不能赖啊。”说着，他拿出了一张纸条。

查理扫视了一下纸条，扑哧一下笑了：“这正是凶手被击毙的现场地址，可惜呀，它是从报纸上抄来的！”

推理分析

既然听力不好，能从别人的口型上辨别出其谈话内容，但是却绝不能从广播里的声音中辨别出广播的内容。

双眼没有瞎的马

美国首任总统华盛顿是一位逻辑非常严密的人，在他年轻的时候，就曾凭借着缜密的逻辑思维推断过不少案件。这之中的断马案件就是他众多断案当中的一个著名逻辑推理案。

有一天夜里，邻居偷了华盛顿家里的一匹马。第二天一早，华盛顿就同一位警官一起到邻居家去讨要。

可是，任凭华盛顿如何说明情况，这位邻居就是死不认账，并且声称自己农场里的马都是自己辛辛苦苦喂大的。

华盛顿眼见邻居赖账，便走进了邻居家的农场，在里面转了一圈，很快就看到了自己家丢失的那匹马。

他来到马的面前，突然用双手捂住了马的双眼，问他的邻居：“这匹马是你养大的吗？”

“当然，这是我家的马，绝对没有错！”邻居语气十分坚定。

“那好，现在我请你告诉我，这匹马的哪一只眼睛是瞎的？”华盛顿看着邻居追问道。

“是……是右眼。”邻居有些支支吾吾地回答道。

华盛顿放开了蒙住马右眼的手，马的右眼并不瞎。

“啊呀，我记错了，真不好意思，”邻居连忙改口说，“马的左眼才是瞎的。”

华盛顿马上又放开蒙住马左眼的手，原来马的左眼也不瞎。

“我又说错了……原来马……”邻居还想狡辩，华盛顿说出一番话，这位邻居只得承认是自己偷了他家的马。

推理分析

华盛顿说：“你不用再狡辩了，这匹马根本就不是你家的。当我问你这匹马哪一只眼睛是瞎的时候，你就露了馅。你是在夜里偷的马，不可能知道这匹马是不是眼睛瞎。所以我一问你，你必然认为这匹马有一只眼睛是瞎的，所以也就回答是右眼睛，你认为这有百分之五十的概率可以答对，可你万万不会想到，这匹马它根本没有瞎。因此，你的概率是错的，也就证明了马不是你的。”

哈齐的圣诞节

汉克是一家大公司财务主管哈奇的助手。一天中午，汉克同往常一样准时走进了位于 19 楼的哈奇的办公室。当他推门进去一看，屋内的房梁上，哈奇正吊在那里。他急忙去解绳子，发现哈奇已经死了多时。

汉克马上跑到秘书办公室，通知秘书埃米莉小姐，告诉她哈奇出事了。

埃米莉听完，立刻拿起电话；“格兰杰先生，我是埃米莉，你能到 19 楼来一下吗？出事了！”她放下电话，自言自语地说道：“这可真是太可怕了，还有两天就到圣诞节了，怎么能出这事呢！”

一会儿，总经理格兰杰来到了哈奇的办公室，见自己的下属上吊自杀了，十分悲伤，他马上让赶到现场的公司人员清理现场，同时，让秘书埃米莉通知哈奇的家人，并马上报案。

一直忙到下午 5 点，埃米莉提醒格兰杰：“格兰杰先生，楼上还有一个圣诞聚会呢，是你已经安排好了的！”

格兰杰恍然大悟说道：“对对对，我差点忘了 20 楼还有一个聚会呢。”

带着一身疲惫，格兰杰来到 20 楼，推开了他的私人会议室门，房间里此时已有一些员工等在那里了，房间的角落里有一棵圣诞树，树下放着花花绿绿的礼物。因为出了事，屋里的气氛有些沉闷。为了缓和一下气氛，格兰杰开始为大伙分发礼物。从秘书到副总经理，全公司每个人都收到了一份礼物。

聚会很快就结束了，大家一个挨着一个地走出了会议室。汉克是最后一个走出会议室的，他狐疑地看了一眼圣诞树下空空的地板，心中更是疑窦顿起。猛然间，他眼前一亮“哈奇绝不是自杀！”

他马上下楼找到了警察，把自己的判断说了出来，警察根据他的判断，抓到了凶手。

汉克是如何发现凶手的呢？

推理分析

汉克发现公司总经理格兰杰来到 19 楼哈奇的办公室，知道哈奇死了。可他来到 20 楼的会议室，分发礼物，却独独没有哈奇的礼物。如果他不知道哈奇出事，那么，全公司人人都有礼物，也必然应有哈奇的礼物。由此可以判定，格兰杰是凶手，他当然没有必要为哈奇准备礼物了。

大学生公寓的谋杀案

寂静的夜晚，位于大学城的学生公寓楼群里却是喧闹至极，人声鼎沸。

突然，一声枪响划破了夜空，使学生公寓本已嘈杂的混乱局面变得更加热闹。很多学生随着枪声来到了一间独栋别墅式公寓，见这座公寓二楼卧室里，大学生哈里已倒在了血泊里。

一位学生马上打电话，报告了警察局，探长亨利带着助手立刻就来到学生公寓。

亨利经过调查，了解到了这座公寓里共住着四个学生，死者哈里、比尔、桑尼，还有格伦。亨利觉得这三个学生都有嫌疑，便把他们三人隔离开，对其进行单独的讯问。

亨利先讯问比尔："哈里被枪打中的时候，你在干什么？"

比尔说道："我正在修车，我把一盏灯带到了屋后面车库那里，插上电源打开灯修车。就在这时，房间里传来了枪声，我赶快跑进屋去。"

亨利又开始讯问桑尼："枪响时你在干什么？"

桑尼一瘸一拐地来到亨利面前说道："我把车停在屋后的一个胡同里，往后门走的时候，被地上的电缆线绊倒了。我坐在地上揉着脚腕，大约两分钟后，我听到了枪声，就赶紧站起来。"

亨利开始讯问第三个人格伦："枪响的时候，你在干什么？"格伦说道："当时我在往厨房走，我想到厨房盛一杯冰淇淋，这时，我听到后门那里有声音，就向外看了一眼，外面漆黑一片，我就又回到厨房取冰淇淋了，几分钟后听到了枪响。"

为了证实他们说的话，亨利开始搜查房子，在厨房的冰箱旁，他找到一杯融化的冰淇淋，在后院的地面上，他看到了电线插头已经被扯出了插座，电线连接的灯还悬挂在比尔的汽车已经打开的引擎盖上。

亨利重新回到屋里，指着比尔说道："你说的话全是在撒谎，凶手就是你！"

比尔申辩道："我怎么就是凶手呢？你搞错了吧！"

亨利当着众人的面，指出了比尔的犯罪事实，比尔当时就哑口无言了。

亨利为什么说比尔是凶手呢？

推理分析

格伦听到后门的声音，证明桑尼的确在命案发生前回到了家，并且被电线绊倒了，这样，扯出插座的电线，就又证明了桑尼说的是实话。可是，既然桑尼摔倒，扯出了电线，正在修车的比尔就应该突然陷于黑暗之中，可比尔却没有向亨利提到他的电灯忽然间熄灭，这是因为此时他正在悄悄上楼，杀死了哈里，电灯熄灭他根本不知道。

首相的化装舞会

安全部门已经警告过首相，要求他取消今年的化装舞会。但在这个面积狭小的公国，化装舞会有两百多年的历史，已经成了一种传统，尽管受到了叛乱者的种种威胁，一年一度的化装舞会还是如期举行了。

舞会前，首相为了安全，做了大量工作。化装成装着假腿的海盗的客人交出了他的剑，化装成土耳其苏丹的客人交出了他的大弯刀。除了允许一个化装成棒球队员的人带进了一根球棒，没有任何钝器被带进会场。大家认为不会有人使用钝器构成威胁。

但还是出了事。一个 80 岁的大公爵被棒击致死。警察勘察了现场，看到公爵装扮成了一个农民，躺在一块大石头上，血还在淌着，滴到了旁边的一个黑洞洞的缝隙中。“快！”探长对离他最近的一个人说，“关上大门，通知警卫。”旁边的这个人正是装扮成海盗的州长，他大步跑着离开了主会场。

探长的助手说：“我们需要找到凶器。”

化装成棒球手的客人是首相的一个政敌，他说他的球棒在楼上。警察果然在楼上男浴室外的痰盂里找到了球棒。

“把证据带走，”探长喊道，“拿回去化验，一定要找到刺客。”

“不一定要去化验，”命案发生后，首相第一次发了话，“我知道是谁杀了公爵！就是那位州长！”

首相为什么说州长是凶手呢？

推理分析

既然是装着假腿的州长，为什么还能大步跑着离开主会场，说明他的假腿有诈。参加舞会时，州长把真腿藏在他的裤子里，只露出一条假腿。命案发生后，他竟然能大步跑，说明他的假腿已经不在他的身上。首相注意到了这个违反逻辑的变化，就认定了是州长用假腿打死了公爵，然后把假腿扔进了旁边的缝隙里。

雨中的帐篷

一天中午，天空突然下了一场大雨。雨停后，一个人急急忙忙来到了警察局，向警长大山说道：

“不好了，派尼加油站的服务员被人枪杀了。”

大山给他倒了一杯水，然后对他说：“别着急，慢慢说。”

“当时我正在开车进派尼加油站，这时我听到了一声枪响，接着我看见有两个人从加油站里跑了出来，跳进了一辆周末旅游车飞快地开走了。我跑进屋里一看，加油站的一个男服务员已倒在血泊里。”这个人一边哆嗦着一边描述道。

警长大山听罢目击者讲述，又问了一些旅游车和那两个人的外貌后，便带着几名警员开始搜寻嫌疑人。很快，他们在公路的路障南边找到了一辆被人遗弃的旅游车。

警长大山一看这辆旅游车离派尼国家公园的正门只有几米远，便猜测罪犯一定是进了公园里。

在公园的一处人工湖边，大山向第一个野营者沃伦问起了他们来公园的时间。

留着一撮小胡子的沃伦说道：“我和我弟弟是昨天晚上过来的。为了赶上鲑鱼迁徙的季节，从到这里开始，我们兄弟俩就在钓鱼。”

“你们两个下雨时也在钓鱼吗？”大山又问道。

“是的。”沃伦点点头回答道。

大山辞别了沃伦。又来到了第二对野营者阿尔的帐篷里。

阿尔说道:“今天早上,我们支起帐篷,然后我们就出去了。天开始下雨时,我们找了个小山洞躲了好几个小时,我们什么都没看到。”

大山在听阿尔说话的时候,发现地上湿漉漉的,他不禁眉头一皱,但还是友好地走出了帐篷。

在停车场的一辆旅游车上,大山又找到了第三对野营者乔治和他的女朋友。

乔治说道:“我知道我们不应该在这里。我们没有伤害任何人,芝加哥的一个朋友借给了我这辆车,所以驾照上不是我的名字,你们可以打电话到芝加哥去查……”

“不必了!”大山说道,“我已经知道谁在撒谎了!”

推理分析

是阿尔在撒谎。阿尔说他们早上就支起了帐篷,可当时还没下雨,帐篷里的地面为什么是湿的,显然是雨后支的。说明他就是凶手。

一枚珍贵的硬币

在德里克摩尔宾馆,已经很晚了,一位清洁工正在擦拭前厅的内线电话。突然,旁边传来了打碎玻璃的声音,接着警报声响了。

大厅里有一个展橱,里面陈列着纪念德里克摩尔宾馆 50 周年的纪念品:该宾馆的第一份菜单,每个房间的价目表,一些珍贵的硬币、邮票、照片,还有第一位尊贵客人的签名。

夜班经理和其他员工很快赶到,经理见附近只有三个客人便坚决而又礼貌地请求这三个客人在此等候,直到警察来到。

“我们一直在看着他们,”经理对赶到的警察说,“那个坐在扶手椅上看书的是奥克莉女士，她说她刚吃完工作餐。我们要求她待在这里时，她很合作，坐下后就从公文包里拿出一本书来看。

“布赖尔先生说他刚从房间里出来，到前台拿了几片阿司匹林，他妻子有点头痛。我们留住他后，他用投币电话给妻子打了个电话，我在旁边听到他说让妻子等一会儿，不要着急。”

经理又指着一个穿得破破烂烂的男人说：“格林利夫先生刚从宾馆酒吧出来，侍者拒绝再给他上酒，他就在这里游逛。我们在电梯里找到了他，当时他手指被电梯按钮夹住了。”

“偷东西的人绝对没想到我们装了警铃，”经理说，“也许他早被吓跑了，我们抓不住他了。”

“不，我已经发现了嫌疑人！他就是布赖尔先生！”

警察为什么说布赖尔是偷窃者呢?

推理分析

前厅里有内线电话，可布赖尔不用，反倒用投币电话跟房间里的妻子通话，这十分可疑，不符合一个人的正常逻辑思维。因为丢失的是硬币，所以布赖尔的行为引起了警察的怀疑。当警察打开投币电话的匣子时，发现里面正好有那枚刚刚被窃的珍贵的硬币。

胡同里的假案

下午 1 点钟，两个警察听到胡同里有人喊救命。他们赶到了现场后，看到一个女人正坐在地上，揉着脑袋后面的肿块，过了足有一两分钟，她才能说出话来。

她向警察自我介绍道：“我叫玛丽·拉姆齐，在一家珠宝店工作，我正要去银行送前一天的单据。我天天做送单据的工作。老板不让我走这条胡同。今天我感到被人跟踪了，我真太傻了，竟然拐进了这条胡同。有脚步声从后面传过来，我还没有来得及转头看，头上就挨了一下。接着我就倒下了。”玛丽继续说，“抢劫犯没有继续打我，他抓起我的包就跑了。我只从后面看到了他，是一个高个子，穿着蓝牛仔裤，上身穿着深色的开襟汗衫。”

根据她的描述，警察开始全市搜查，很快就扣留了两个外貌符合玛丽描述的人。

“是的，我是在跑。”第一个人斯图·洛根愤愤地说。警方的巡逻车在距出事地点两个街区的地方找到了他，他一看见警车就想跑。他说：“当时我的午休时间快结束了，不想上班迟到，我才跑了起来，我可不想丢掉这份工作。”斯图就在珠宝店隔壁的熟食店工作。

第二个人奥利·奥斯卡是一个沿街拾破烂的。“我本来不穿这件汗衫，”他一边解下他那件被虫蛀了的开襟汗衫一边说，“你们把我抓来之前，我刚刚从垃圾堆里拾到这汗衫。”

“这个钱袋是怎么回事？”警官指着从他身上找到的钱袋问。

“这是我从另一个垃圾堆里拾到的，银行后面的垃圾堆里经常可以找到这种东西。你们没有在我身上找到钱吧！”

听了第二个人的回答后，警官突然脑筋一转，马上开车回到玛丽身边，指着她说道：“你是在撒谎，我看你就是嫌疑犯！”

警察为什么说玛丽是嫌疑犯呢？

推理分析

玛丽说她只从后面看到了抢劫的人，却明确说出嫌疑人穿着开襟汗衫。这种汗衫的扣子是在前面的，从后面看是无法判断是套头衫还是开襟汗衫，显然玛丽在撒谎。她是在做假案，想要偷窃珠宝店的单据。

谁杀了叔叔

迪伍德是一位远近闻名的总裁，他的名下拥有着几个大公司和一笔数额巨大的存款。遗憾的是，迪伍德无儿无女。眼看着自己的年龄越来越大，迪伍德经过深思熟虑后，决定把自己的财产全部留给自己的两个侄儿阿萨和塞西尔以及侄女波比。

这天上午，迪伍德召来了律师，当着三个侄子的面，郑重地签署了一份财产继承文件。三个孩子眼看着叔叔的签字就要变成了事实，都显得异常兴奋。

可是，当天的下午就出事了，律师正在迪伍德的书房里整理文件时，突然听到了一声迪伍德的惨叫声，把一向老成持重的律师吓了一跳，他飞快地跑下楼去。

在二楼很少有人走的后楼梯的上面，迎面撞见了阿萨。见律师跑来，阿萨便结结巴巴地说到："声音是从一楼传来的。"

律师快速地走下了狭窄的楼梯，一不小心，脸上撞上了一张蜘蛛网。

他用手捋了一下蜘蛛网，便来到了一楼的厨房。在门口，他往里一瞧：地板明显是刚刚擦过，显得很洁净光亮，立在一旁的餐具柜却是非常乱。迪伍德就躺在地板上，身上插着一把刀。凭直觉，律师在几米外观看迪伍德已经死亡。

聪明的律师马上招呼保姆，要他保护好现场，同时报警。与此同时，他又透过厨房与后花园的连接门上的窗户向花园里看了看，他看到外面泥地上有脚印向厨房走来。

不一会儿，两个警察走了进来，开始一一讯问。

塞西尔说："肯定有人从后门闯了进来，我一直坐在主楼梯旁的前客厅，我没看到有任何人进来！"

"我也是！"波比指着自己鞋上的泥巴说，"我一直在厨房后面的花园里散步，我什么也没看见。"

"好了，你们不用解释了，我已经知道谁是凶手了，他就是塞西尔！"律师郑重说道。

律师为什么说塞西尔是凶手呢？

推理分析

律师用的是排除法。当律师走后楼梯时，脸上撞到了蜘蛛网，说明阿萨没有从后楼梯走过。同时，阿萨也没有走过主楼梯，因为一直坐在主楼梯旁的塞西尔说没有看见过他。另外，刚擦过的厨房地板上没有脚印，说明波比没有进过厨房。所以，只有塞西尔有时间杀人，况且他还说了有人从后门闯了进来这样的掩饰话。

磨坊的位置

2005 年 6 月中旬的一天，一艘豪华油轮从西班牙的一个港口驶出了，目的地是美国的某港口。

油轮很快就驶进了大西洋，就在这时，三艘海盗船将油轮团团围住。海盗们洗劫了油轮，并将轮船上的所有游客的钱财抢劫一空。可未等海盗们撤退，多艘海上护卫的巡逻艇，又将他们包围了起来，于是海军们与强盗们展开了激烈的枪战。海盗们被打败了，纷纷跳海逃命。

跳海的海盗中有两名侥幸逃上了一座名叫“说谎岛”的岛，躲在了岛上的一座磨坊里。

“说谎岛”不大，居住着两个土著部族——甲族和乙族。一个部族绝对说真话，另一个部族却绝对说假话。

追踪而来的海军对这些情况非常了解，而且他们也非常准确地判定海盗是躲在磨坊里。但他们有两点情况却是茫然的：其一，甲族和乙族到底哪个部族绝对说真话，哪个绝对说假话；其二，磨坊到底是在东头还是西头。海军们知道，在这个风俗奇特的小岛上，岛外人不把情况问清楚是不能贸然行动的，否则会遇上意想不到的麻烦。

正在为难之际，海军们看到有一个土著居民从小路上走来，从衣着打扮可以判断出，他是甲族的。大家想向他打听磨坊的位置，可不知应该如何发问。

正在为难之际，哈里队长忽然灵机一动，于是，他上前去，很谦和地问道：

“朋友，如果我问乙族的人，磨坊在岛的东头，还是西头，他将会怎样回答我的问题？”

土著人马上回答道：“乙族人会说磨坊在岛的东头。”

这个回答让哈里队长很满意，他立刻根据土著的回答推断出了磨坊的位置，带领海军们抓到了那两个海盗。

哈里是如何推断的呢？

推理分析

甲族人绝对说真话，他说乙族人会说磨坊在岛的东头；那么根据乙族人绝对说假话的这一特点，可以推理出磨坊在岛的西头。

一只蓝色的皮箱

希拉尔正在忙碌地处理文件，突然电话铃响了。是他夫人茉莉的哭救声，和一个陌生男子的声音：“嗨，朋友，我图财不害命，只要你给我 10 万美元，我保证不伤害你夫人一根汗毛，过一会有个穿黄色风衣的人来找你，你就把钱交给他。不要报警，不然就见不到你夫人了……”说到这里电话就断了。

放下电话，希拉尔就来到了一家商店，先买了一只蓝色的小皮箱，然后去银行取了 10 万美金，拎着回到了办公室。

过了一会，一位穿黄色风衣的人来到了办公室，见希拉尔把钱已准备好，便一边拎过箱子，一边说道：“好的先生，你很守信用。现在你需要做的就是安静地等待，不要报警，否则你的夫人就会没命。”

说完黄风衣便推门而去。

黄风衣一离开，希拉尔便急忙往家里打电话，可怎么也拨不通，于是，他先报了警，之后便赶到家里。

一进家门，他见惊魂未定的夫人正与先赶来的警官在交谈，见他走了进来，一个警官便向他说到：“你夫人已告诉我关于一个男子和你给那个人一只装钱的蓝色皮箱。现在，请你再详细讲一讲，到你办公室去的那个男子的外貌特征。”

希拉尔就详详细细地把事情的经过述说了一遍。

警察们走了之后，希拉尔和夫人一边喝酒一边谈论着刚刚发生的敲诈事件。

喝着喝着，希拉尔突然在沙发上弹了起来，怒视着夫人说道：“我明白了，真正的凶手是你，是你和那个绑匪串通好了来敲诈我！”

“这怎么可能呢？我是你的夫人呢！”

希拉尔当着她的面，说出了理由，他的夫人只好承认了犯罪事实。

推理分析

希拉尔说：“我从电话里得知你被绑架之后，再也没有和你通过电话，你怎么能知道我是用蓝皮箱装钱给绑匪的呢？一定是绑匪告诉了你，我用的蓝皮箱装钱。既然绑匪会告诉你，那么只有一种解释符合逻辑，那就是你与绑匪合谋来敲诈你自己的丈夫。”

七个人的调味品

汉默是一名南美洲的大毒枭，一直是国际刑警组织追捕的对象。终于，他的行动被国际刑警组织盯上了。

这天，汉默与他的同伙驾驶着一艘机帆船，来到了一座城市与当地的贩毒集团秘密接头。为了取得确凿的证据，将罪犯一网打尽。缉毒刑警在队长哈根的带领下没有对汉默下手，而是秘密地监视着他，希望能够弄清汉默的同伙有多少人以及他们的活动规律。

很快，哈根就发现这条船上一共有一名船主、5 名水手和一个厨师。

通过观察，哈根发现，每天早晨 8 点，船主都会走上甲板，活动活动筋骨，呼吸一番新鲜空气，然后又回到甲板下面去。

到了上午 9 点，厨师就会走出船舱，骑上自行车上街去采购。

另外的 5 个水手，上午在船上工作，下午上街游玩，傍晚喝得醉醺醺，嘴里哼着小曲回船，天天如此。

而那个厨师每天总是循着相同的路线：先去一家面包店，然后去一家调味品批发商店，再去一家肉店、一家乳品店、一家餐馆，最后去报摊购买当日的报纸。在每个地方，厨师都会短暂停留。

观察了多天之后，因为没有发现任何情况，国际刑警组织的警察们有些坐不住了，纷纷跟哈根说：“我看我们是发现不了什么线索了！”

哈根看着着急的同事们，却很有把握地说道：“我已经发现线索了，我们现在就出击，保证大获全胜。”

果如哈根所说，汉默和他的贩毒成员正在这个城市进行着毒品的交易。

哈根是怎么发现线索的呢？

推理分析

一条仅有 7 个人的船上，无论饭量多大，也用不着天天采购调味品；即使每天采购调味品，也用不着去调味品批发商店，这严重违反了正常的逻辑习惯，所以，哈根认为批发商店就是接头地点。

火炉上的烤肉

比尔和妻子丽莎，有一座不大的农场，他们没有孩子，生活过得逍遥惬意。他们除了去城里采购食物或者签订农作物买卖合同，基本上很少外出。

一天，当妻子从城里采购生活必需品回到家时，发现比尔竟然死在了火炉旁边，胸口插了一把匕首。

精神恍惚的妻子立即报警，警察杰里奇过来后查看了现场：一个烤盆里有些无焰的炭块，上面烤着牛肉。托盘、刀叉、作料散放在一旁。杰里奇检查尸体后，确认比尔大约在 1 小时前被杀害。

根据农场的交通和人员居住情况，杰里奇立即展开了追捕，结果在方圆10里的范围内只见到一个人。杰里奇将这个人带到了凶杀现场。那人说自己是个旅行家，肚子饿了正找地方想吃饭呢。见到火炉上的烤肉，伸手就拿，张嘴就吃。

“先生，慢慢吃。我只问你一个问题，你1小时前在哪里？”杰里奇一边打量这个人一边问道。

“我在这里迷路了，不知道在什么地方。反正应该在这个农场里。哎，警官先生请等我吃完这块烤肉再跟你详细说。”说着他停顿了一下，从炭火中取出了一块烤肉，大大方方地放进了嘴里。

他的这个小动作被杰里奇看得一清二楚。杰里奇眼前一亮，然后把手铐拿出来说：“先生，你的演技太差了，请跟我到警署去一趟吧！”

杰里奇是如何看出这个人是凶手的呢？

推理分析

这个人既然说自己迷了路，没有来过这里，却能够知道炭块已经凉到把手伸进去不会烫伤的程度，这不是自己犯了逻辑错误吗！显然他就是凶手。

心理学家之死

心理学家青木，是一所大学里很有发展潜力的学者，他为了学问发誓终身不结婚。所以很多去他家里做客的人都会发现，他的家里除了一位负责他的生活起居的女佣人之外，就是书籍和手稿了。

5月20日是心理学系建立30周年的大好日子，大家都忙碌着为即将开始的庆祝活动做准备。学校领导、系领导等都已经讲话完毕，就是不见要代表老师发言的青木。校长立即派人到青木家里去找他，却发现青木教授已死在了家中。

警察接到报案后，立即赶到现场。探长亚当斯对女佣进行了传讯。

女佣哭泣着对亚当斯说道："大约两小时前，青木先生叫我给他一杯加冰威士忌，然后又叫我准备水给他洗澡。他还说洗澡后要睡一会，叫我在两小时后叫醒他。因为他还要去参加系里的庆祝活动。但是我敲了多次门，他都没有反应，所以我就打开他的睡房门，那时他已经口吐白沫倒卧在地上了。"

亚当斯开始检查酒杯，发现酒杯内除了有冰块外，还有安眠药。

从表面上看青木好像是自杀而死，但亚当斯认为这是一宗谋杀案，凶手就是女佣。

亚当斯为什么认为女佣是凶手呢？

推理分析

亚当斯发现酒杯里的冰块经过了两个小时后，还没有化掉，说明这杯酒是在青木死后放在房间里的。这就证明了女佣人在说谎，而说谎的目的，就应该是掩饰她的行为，所以，女佣是杀人凶手是确定无疑的。

仰面写的遗书

石原是一家株式会社的社长，由于出了交通事故，在病床上卧了多日后，去世了，留下了一大笔的遗产。按照法律的规定，他唯一的女儿庆子应该是合法的继承人。

这天，刚刚送葬完毕，律师便叫过庆子，准备与其谈她的父亲的遗产继承权问题。还未等他开口，石原的弟弟石井推门走了进来，说道：

"亲爱的侄女，亲爱的律师先生，我哥哥的遗产应该有我的一半！"

"什么，有你的一半？这是不可能的！"律师很坚定地说道。

"请你不要着急，我这里有我哥哥写的遗书。"石井一边说着，一边从兜里拿出了一个信封递给了律师。

律师接过信，从里面抽出了三张纸，他仔细一瞧，只见字迹非常潦草，但却可以看清楚信上的大致意思：

“生前多蒙弟弟照料，使我感激不尽，作为报答，现将我财产的一半馈赠给你。唯恐我女儿反对，故而立此遗言。”

律师看完信，想了想便问庆子：“你看这信上的字迹是不是你父亲所写？”

庆子说道：“父亲出了交通事故后，一直卧床不起，尤其是他不能翻身，胳膊吊着绷带，每天总是仰面躺在床上。所以我父亲能不能写字我根本不知道，这信上的字迹是不是父亲所写，我也不能确定！”

律师又问石井：“你的这封遗书是石原什么时候写给你的呀？”

石井道：“我哥哥有一天睁开眼睛，仰着面，用圆珠笔，歪歪扭扭地给我写了这封信，因为我哥哥是仰面拿笔，所以他写的信字迹比较七扭八歪。”

听到这，律师不禁笑道：“好你个骗子，竟敢伪造遗书，来欺骗自己的亲侄女，我看你就不要再说下去了！”

律师为什么说石井拿出的遗书是伪造的呢？

推理分析

一个重病患者仰着面卧在床上，胳膊上又吊着绷带，怎么可能悬着腕写遗书，而且是写了三页信纸的呢！这是违背逻辑的。

谁在点火

一天夜晚，武彦三郎接到姐姐打来的电话，说有要紧的事情让他马上到她家里去。

原来他姐姐碰到一件棘手的事情。她的朋友川崎文子今晚有事住在她家里，可是这位朋友睡觉前洗澡时，突然心脏病发作，死在浴缸里。武彦三郎的姐姐不敢通知警察局，怕警察怀疑是她杀了川崎文子而引起麻烦，因此求武彦三郎把川崎文子送回她单身住的别墅里，就像在那里死的一样。

武彦三郎和他的姐姐到达川崎文子家是清晨 4 点半左右，四周还黑，房子又坐落在林中，是独门独户，所以武彦三郎将车藏到车库里后将尸体抬入房中，并未被任何人发觉。他们将死者的衣服脱下，换上平时穿的衣服，让她坐在书房的写字台前，伪装成是在桌前看书时心脏麻痹发作猝死。

“她是前天白天死的，所以要关上房里的灯。”姐姐连细节都注意到了。

“这个煤油炉怎么办？将火点着吗？”三郎看到屋子里有一个小煤油炉后问姐姐道。

“是啊，她是个怕冷的人，这里好像又没有暖气，所以还是将火点着好。”三郎又将火点着了。

两个人将屋子里的灯关掉，让窗帘就那么开着，然后悄悄离开房子。事情干得干净利落，连指纹也没有留下，这样也就没有留下尸体是从别处搬来的任何证据。

当天下午 3 点左右，川崎文子的尸体被别墅管理员定时巡视时发现了，很快报告了警察局。法医检查后说：“死因是心脏病，自然死亡。”

正在现场调查原因的宫原警官忙问：“是什么时候死亡的？”

法医说：“更详细的情况需要解剖尸体才能断定，不过大约死了不到两天的时间。”

宫原警官看了半天煤油炉红红的火苗，突然注意到了什么。

“要是这样的话，即便是心脏麻痹导致的自然死亡，也并非死在这个房间，一定是在别的地方死的，想必是妨碍了什么人而将尸体搬到这儿，伪装成是在这个房间里死的。否则只有相信尸体可以点火了。”宫原警官马上就看穿了事件的真相。

是什么让宫原警官发现了真相呢？

推理分析

宫原警官看到煤油炉还在燃烧着后产生了怀疑。假如川崎文子是在自己房里猝死的，那么死后四十五六个小时，煤油炉里应该是早已油尽火灭了，而事实是煤油炉还燃烧着，这不合逻辑，因为死人是不能点火的。

跳崖的眼镜

警方接到了报案，著名旅游风景区十海子的海边悬崖下发现一具男尸。

探长桥本立即带上了精干的助手赶赴现场。只见那具男尸趴在悬崖下的碎石上，浑身血迹斑斑，身上穿着一件大衣，一只脚穿着鞋子，另一只脚赤裸着，一副太阳镜架在死者的鼻梁上，旁边的立陡悬崖足有二十多米高。

闻讯赶来的死者亲属说死者最近做生意失败，但是他是个坚强的人，而且他又不是第一次失败了，他这样性格的人是不会选择死亡来逃避的。

助手们仔细地勘察了地形，考察了现场，最后的结论是一致的，认为这是一宗自杀案件。

桥本觉得不像是自杀，但是他一时半会还拿不出确凿的证据来。于是，他开始仔细地观察尸体及其周围的环境。突然，他大叫一声：“这不是自杀案，这是谋杀案！尸体是被人搬运过来放在这里的，然后伪装成他是自杀的假象！”

助手和围观的人们议论纷纷，都怔怔地望着他，究竟探长发现了什么，令他如此肯定地说这并非是一宗自杀案呢？

推理分析

探长凭着仔细入微的观察，发现尸体的鼻梁上架着一副太阳镜。假如是自杀的话，由悬崖上跳下来的时候，眼镜应该会摔掉的，不可能还端端正正地架在鼻梁上。这极不合逻辑。

不认识的抢劫犯

格林银行被抢劫，经过对抓获的罪犯卡尔·马休斯的突击审讯，勃兰特警长知道钱藏在了一个名叫安格莉卡的女人那里。于是勃兰特警长和他的助手立即驱车前往安格莉卡家。

按了半天门铃，门才打开。前来开门的正是他们要找的女人安格莉卡。她将两人让进屋说：“两位先生有何贵干？”

“太太，您认识一个叫卡尔的人吗？”

“卡尔？我从未听说过。”

“我们刚从警察署来，可是他说认识您。”

安格莉卡很镇定地抽了口烟，说道：“这个国家有很多叫卡尔的，要是都说认识我，你们也来烦我吗？哦，上帝。我真恨不能将你们从窗子里扔出去！”

勃兰特用手指着她说：“卡尔从银行抢走了 19 万美元。警察反应很快，24 小时之后，就将他抓获了。我们和他长谈后，他已经完全交代了。”

“我不认识卡尔，对银行抢劫案也不感兴趣。我最后再说一遍，我根本就不认识什么卡尔·马休斯！”

“你们真不认识？”

“对，不认识！”

勃兰特生气地从口袋里抽出一张纸，说道：“谢谢你的合作，鉴于您这样的诚实，请您在逮捕证上签上您的名字吧。”

安格莉卡什么地方出了问题，让警长这样肯定地逮捕她？

推理分析

这位太太一再声称，她不认识卡尔，但她却知道卡尔的全名是“卡尔·马休斯”，显然，她不仅仅是认识此人。

谁是偷表贼

美哼百货大厦新进了一批金表，因提前作了促销宣传，所以当新表上市的时候，到柜台买金表的人络绎不绝，都想一睹为快，许多人都向前挤。营业员一看不好，急忙说：“大家不要向前挤，注意安全。”

但已经挤起来的人群，怎么还能听进去？人群在挤呀挤。

“啪”的一声，柜台被挤晃动了，一些不安分的人动手了。

这时，一位营业员发现柜台里的金表丢了一块，便喊了起来：“谁偷了金表？”

大厅的保卫人员听到喊声，马上过来维持秩序，并抓了四名嫌疑人。同时对这四名嫌疑人录了证词。

为了尽快破案，大家打电话请来了大侦探欧门，前来协助审案。

欧门来到以后，先是询问了营业员，营业员给他提供的线索是：“金表丢失了一块，所以这四个人中有一人是小偷。”欧门又看了四个嫌疑人的供词，只见供词上写着：

甲说：“我看见手表是乙偷的。”

乙说：“不是我！手表是丙偷的。”

丙说：“乙在撒谎，他是要陷害我。”

丁说：“手表是谁偷的我不知道，反正我没有偷。”

大侦探欧门看了四个嫌疑人的供词后，马上就找到了线索，使案情真相大白。

原来，小偷确实在他们四人之中，并且只有一个人说的是真话，其余三人的供词都是假话。

亲爱的读者，你知道欧门是如何推理的吗？

推理分析

欧门是这样推理的。假如乙是小偷，那么，其余三人均不是小偷。而甲说乙是小偷，所以甲讲了真话；既然乙是小偷，那么丁就不是小偷，可见丁说：“反正我没偷。”这句话也是真话。于是便有甲、乙两人说了真话，这与“一真三假”的准则相矛盾，所以乙不是小偷。同理可推断出甲、丙都不是小偷，小偷自然就是丁了。

火车上的嫌疑犯

“呜——”一辆火车风驰电掣般地行驶在美国西部的大地上。旅客们有的在睡觉，有的在看报，还有的在下棋，旅客们五花八门进行着各种形形色色的活动。

在这列火车的一个车厢里，有 10 个在全国各地分头作案的嫌疑犯，他们彼此互不认识。每个人分别有一个代号，即：1、2、3、4、5、6、7、8、9、10。按照大头目的指令，他们来到列车酒吧的车厢里秘密集会，按照代号的次序坐好，接受任务。

阿顿探长接到上级的密令，也早早地登上了这趟列车。他来到酒吧车厢，果然发现有 10 个人正围在一张圆桌旁。探长眼睛很敏锐，他估计每个人的座号一定就是他们的代号。

很快，就餐的时间到了。嫌疑犯们开始用暗语对话。用餐后，就分成了四组向列车的前方和后方散去，圆桌旁仅剩下两个人坐着不动，继续就餐。这两个人的位置正好是面对面。

这时，菲里德探员走进来，对阿顿探长说：“根据情报提供的特征，这两个面对面坐着的人就是他们行动组的头儿。”

“好，我看时机已到，立即逮捕他们！”阿顿探长下令道。

立刻，两个头儿便被探长给逮捕了。

菲里德探员问：“你们的代号是多少？”

一人闭口不言，瞪着愤恨的目光；另一个人却挑战似的说道：“我只知道 4 组人中每组座位号数之和，等于我们其中一人的座位号。”

菲里德有些恼怒，阿顿探长却非常开心地说道：“你以为你很聪明吗？我现在已经知道你们的代号了！”

这两人的代号是多少呢？

推理分析

这两个人的代号是 5 和 10。4 组嫌疑犯的代号分别是：1 和 9；2 和 8；3 和 7；4 和 6。

警长的推理

警官鲁道夫拿着一份案件的卷宗走进了警长海德格的办公室，将其恭恭敬敬地放在上司的桌上。

“警长，4 月 14 日夜 12 时，位于海德剧院附近的一家超级商厦被盗去大量贵重物品，罪犯携赃驾车离去。现已捕获了三名嫌疑犯在案，请指示！”

海德格警长看了得力助手一眼，翻开了案卷，只见鲁道夫在一张纸上写着:

事实 1：除 a，b，c 三人外，已确证本案与其他任何人都没有牵连；

事实 2：嫌疑犯 c 假如没有嫌疑犯 a 做帮凶，就不能到那家超级市场作案盗窃；

事实 3：b 不会驾车。请证实 a 是否犯了盗窃罪？

海德格警长看后哈哈大笑，把鲁道夫笑得莫名其妙。然后，海德格三言两语就把助手的疑问给解决了。

请问，警长是怎样判案的呢？

推理分析

如果b是清白的，则根据事实1，a和b是有罪的；如果b是有罪的，则他必须有个帮凶，因为他不会驾车；再次证实 a 和 c 有罪。因而，第一种可能是a和c有罪；第二种可能是c清白，a有罪；第三种可能就是 c 有罪，则根据事实 2，a 同样有罪。结论 a 犯了盗窃罪。

一匹被撕成两半的绢

西汉的时候，临淮县县令薛宣以善断疑案而闻名。一天，薛宣正在书房里看书，忽听外面有人吵闹。正在他疑惑之时，一个衙役跑进来禀报道：

“大人，外面来了两个人，争抢着一匹绢，说要请大人明断。”

薛宣听说有人来打官司，立即放下手中的书本，来到大堂。他见大堂上站着两个人，一个是四十岁上下的中年汉子，一个是二十几岁的年轻人。

“大人。他抢了我的绢，请您明断！”

“大人，我的绢被他抢了，望大人做主！”

两个人争着说道。

“吵什么，一个一个讲！”薛宣指着年轻人说道，“你先说吧，要如实讲。”

年轻人眨巴了几下眼睛说道：“今天，我背着一匹绢去县城赶集，谁知半路上下起雨来。我看前后都没有避雨的地方，只好把绢披在身上继续往前走。刚走出不远，从我后面追上来一个人。我让他和我一起用这匹绢遮雨赶路。我们就这样赶到了城里。这时雨停了，我把绢叠好，刚要去集上，这个没良心的人却把我拽住了，硬说这匹绢是他的。大人，您看天底下竟真有这种以怨报德的人，望大人替小民做主。”

听完年轻人的讲述，薛宣转过头来要问中年汉子，却见他气得浑身颤抖，满脸通红。薛宣眉头一皱，问道：“这回该你说了，说吧！”

中年人气哼哼地说：“他都说完了，我还说什么？但是他那话得反听，呸，没良心的！”

“你先不要发火，真的假不了，假的真不了，本官历来不冤枉一个好人，也不放过一个坏人，一定断得公平！”薛宣把那匹绢拿在眼前看了看，称赞道：“这真是匹好绢啊，可是没办法，为了合理，只得一人一半了。”说完，薛宣把那匹绢一撕两半，然后扔到了两个争绢人的脚下：“拿了你们的绢快走吧！”

中年汉子哪肯善罢甘休，刚要喊冤，却见薛宣一甩袖子退堂了。几名衙役把两个争绢人赶出了县衙。

两个争绢的人走后，薛宣来到后院，叫来一名衙役，吩咐他立即悄悄地跟在两个人后面，见机行事。

不一会儿，衙役就把那个年轻人抓了回来，一审，年轻人供出了事情的真相。

原来，那个中年汉子是绢的主人，年轻人才是抢绢人。

薛宣是用什么办法捉住抢绢人的呢？

推理分析

薛宣把绢断给两个人每人一半后，便让衙役跟随而去，听他们说些什么。他推断按照正常逻辑绢的主人吃了亏，一定要骂断案人；而抢绢人占了便宜，一定会捧断案人；果然，年轻人出了衙门口就说薛宣如何英明果断，而中年汉子则气得直骂薛宣。跟在他们后面的衙役听了，立即按薛宣吩咐的把那个年轻人抓了起来。

鼠屎之谜

一天，三国时期的东吴皇帝孙亮带领十几个侍臣来到吴宫西苑避暑。西苑是个十分美丽幽静的地方，铺石的林荫小路直通假山，山脚下有一条弯曲清澈的小溪，花红树绿，楼台歌榭，令人神清目爽。

孙亮高兴地来到一片果树前。各种果树上硕果累累，黄澄澄的杏，毛茸茸的桃，还有“望”一下就能止渴的青梅。

“给我摘几个青梅来。”孙亮对侍臣说道。

一个老太监听见孙亮要吃青梅，忙跑过去摘了几个，洗净后捧到孙亮的面前。

孙亮咬了一口青梅，酸得他直皱眉头，急忙又吐了出来：“太酸了！这东西可实在吃不得！”

“万岁爷，”老太监殷勤地说道，“那青梅确实很酸，但是弄点蜂蜜来蘸着吃，就好多了，而且味道一定很美。”

“是那样吗？”

“您不妨尝尝，小的这就给您取蜜去！”

“快去吧！”

老太监捧着一个银碗来到了御用仓库，对管库的官吏说，万岁爷要吃青梅蘸蜂蜜。库吏听后，急忙打开仓门，搬出一个蜜桶，倒出了满满一碗蜂蜜，让老太监送去。

老太监把蜜碗捧到了孙亮的面前。可是，当孙亮打开碗盖，刚要拿青梅蘸蜜时，却发现蜂蜜上面沾着一粒老鼠屎。这还了得！孙亮顿时大怒，厉声责问道：

“这老鼠屎是怎么回事？”

老太监忙上前回禀道：“启奏万岁，这蜜里的老鼠屎一定是库吏失职，管理不善所致，请万岁爷从重处罚。”

“你立即去把库吏给我传来！”

“遵旨！”

很快，老太监便把库吏带到了孙亮面前。

孙亮怒气冲冲地对库吏说：“你知罪吗？看看这蜜碗里是什么？”

库吏看见皇帝发怒，本已经吓跑了半个魂，再一看蜜里竟然有一粒老鼠屎，剩下的半个魂也吓没了，一个劲儿地磕头：“小人有罪，该死，该死！”

孙亮冷冷地看着库吏说：“我命你掌管皇宫内库，这是对你最大的信任。可你却不能尽职尽责，蜜桶里竟掉进去了老鼠屎，该当何罪？”

“陛下，冤枉啊！”库吏急忙喊道，“那蜜桶从来都是盖着的呀！”

“还敢强词夺理。我问你，既然蜜桶一直盖着，那么，里面掉进了鼠屎怎么解释？”

“这……”库吏一时怔住了，但想了想又说道，“小人不敢撒谎，请陛下派人检查就是了。”

孙亮一想也对，何不派人把蜜桶取来当场查验一下，便说道：“把蜜桶立即给我取来！”

老太监听说，转身就要走，却被孙亮叫了回来：“这次让别人去吧！”

两个小太监立即去仓库，将蜜桶抬来了。

孙亮一看，那蜜桶果然盖得很严，老鼠屎根本不会掉进去。孙亮心里有底了，问库吏：

“你在这宫里有仇人吗？”

“没有。”

“一个也没有吗？”

“没有。”库吏说完，忽然想起来什么，说道，“有一个人曾经向我要过东西，我没给，他会不会记恨我呢？”

“谁？”

“就是他！”库吏指着老太监说，“前几天，这位公公向我要一领席，我没给。”

“原来是这么回事！”孙亮恼怒地对老太监说，“就为这区区小事，便陷害他人，还不知罪！”

“万岁爷，”老太监急忙喊道，“库吏是在说谎，您可不能相信他那一面之词啊！”

“是谁在说谎我会弄清的。”很快，孙亮根据那粒老鼠屎弄清楚了真相。

原来，老太监朝库吏要席子不成，便怀恨在心，想找机会报复一下。正巧，孙亮命他去取蜂蜜，他便趁机在蜜碗里放进一粒老鼠屎，妄图诬陷库吏，将其治罪。

孙亮怎样断定是老太监把老鼠屎放进蜜碗的呢?

推理分析

孙亮想，如果老鼠屎是蜜桶里原有的，那么里外都应该是湿的才符合逻辑；如果是刚刚放进去的，鼠屎就应该外湿里干。他让人把鼠屎碾碎后，果然外湿里干。

谁是真正的贼

前秦的时候，苻融担任了冀州的刺史。这一天傍晚，苻融刚刚批阅完一堆文件，突然门外人声鼎沸，一阵喧哗。

一会儿，几个衙役带进来了一帮人。一位领头的衙役向苻融报告道：“启禀大人，刚才有个老婆婆在路上被贼抢劫，等贼一跑，这位老婆婆就开始大喊捉贼。有一个过路的人闻声追了过去，把一个人给抓住了。可这个人就是不承认自己是贼，却说追他的过路人是贼。由于天色已晚，老婆婆的眼力又不好，她也分不清谁是好人谁是坏人。现在众人便把这两个人都抓了送到衙门里，请大人定夺。”

听完衙役的介绍，苻融看了看大堂里的一帮人，问道："谁是过路人呢？"

"我是。"一个穿着蓝色衣褂的人往前站了一步回答道。

"那我来问你，你追的那个人是谁呀？"

"是他，"这个人一指身旁的一个穿着对襟黑色小褂的人说道，"就是他。他就是抢老婆婆的贼！"

苻融看了看那个人，问道："是你抢了老婆婆吗？"

"大人，这是冤枉呀，我才是好人呀！"

"这么说，他们指控你是指控错了？"苻融将信将疑地又问道。

"就是错了！"

"你说你是好人，他说他是好人。我现在为了检验你们俩谁说的话是真的，命令你们两个立刻从府衙门口一起向凤阳门跑，看你们谁能跑第一。"

两个人不知苻融是什么意思，便来到了门口，向凤阳门跑去。

一会儿，两个人在衙役的带领下回到了大堂。一名衙役上前奏道："大人，这位穿对襟黑色小褂的人是后跑到凤阳门的。"

"他就是真正的贼，立刻给我拿下！"苻融一拍惊堂木大声喝道。

"大……大……人！我跑得慢，怎么就是贼了？"

苻融当场说出了一番话，这个人便老老实实地认了罪。

推理分析

苻融说道："假如你跑得快的话，你怎么会被过路人追上捉住呢？"

公主的珍宝

唐朝的时候，女皇武则天赏赐给太平公主许多珍宝，装满了两个食盒，价值几千两黄金。公主很高兴，便吩咐把珍宝藏在公主府的仓库里。可任何人也没有想到，到年底却发现珍宝全被盗贼偷走了。公主马上报告给武则天，武则天大怒，立刻，召见洛州长史："三天之内捉不到盗贼，就问你死罪！"

长史吓坏了，立刻召来下属的两县主管捕盗的官员说：“两天之内抓不到贼，你们就活不成了！”两县主管捕盗的官员领命回县后，马上向手下负责捕盗的吏卒说：“一天之内必须抓到贼，如抓不到，先把你们杀了！”吏卒们害怕极了，可是又拿不出办法破案。

正巧，这天他们在大路上遇到湖州知府的师爷苏无名，因为一向知道他很有本领，就一齐邀请他到县府。县尉听说苏无名来了，连忙向他请教抓贼的办法。苏无名说：“我请求和您一起去宫中面见陛下，到那时候再说吧。”县尉答应了他的要求，他们马上进宫。苏无名对武则天说：“请不要限定日期，把两县负责缉捕盗贼的吏卒，全交给我调遣。两月之内，保证可以为陛下抓住这些盗贼。”武则天早就听说苏无名办案有一套，就答应了。

苏无名知道吏卒们抓贼的事缓到下月再办也不迟，便让吏卒们先回家去。大家都疑惑地回去了。到了寒食节那天，苏无名把吏卒们都召集起来，吩咐说：“你们分别在各门守候。凡是见到有一伙十几个胡人，穿着孝服出城，往北邙山去的，就跟上，看他们干什么，然后赶快来向我报告。”

吏卒们分头守候在各门，果然发现有这样一群人出城，就跟在后面观察。当看清他们的活动后，立即赶回城里报告苏无名说：“胡人到一座新坟前祭奠，虽然哭泣，却不悲伤。撤下祭品后，就围着坟堆边走边看，还不时相对而笑。”苏无名听了，指使吏卒们把那群胡人全抓起来，挖开那座坟，把棺材劈开，一看，里边果然装的全是各种珍宝。

武则天听到破案的消息后，不禁大喜，立刻赏赐苏无名许多金银、绢帛，还给加官两级。

苏无名是怎样破这个案子的呢？

推理分析

原来苏无名到达都城的那天，正碰上这伙胡人“出殡”。他们送葬却不悲伤，有的还偷偷地笑，且送葬队伍中没有妇女儿童，苏无名觉得这伙胡人的出殡极不合常理，便猜想他们不是好人，有可能是盗贼，但又不知他们埋赃物的地方。估计到寒食节扫墓的时候，他们必然还要出城。所以，只要跟着他们，找到那座墓，就可以来个人赃俱获了。

甜水和苦水

宋朝时，汴梁城里有两条水巷，一条巷里的水甜，一条巷里的水苦。人们都愿意食用甜水巷里的水，因而甜水巷被管理得很洁净。而苦水巷里的水，人们只用它来洗衣、浇菜。

一天晚上，汴梁城里一处民宅突然失火，风助火势，火借风威，不一会儿便映红了半面夜空。

刚刚上任开封府尹的包公，闻讯立即带领众衙役赶到失火现场，组织百姓救火。

城里的许多老百姓也都拎着桶，端着盆，从四周赶来救火。人群中，有一个瘦猴子似的人问道："挑甜水还是挑苦水？"

"那还用说，挑苦水呗！"答话的人是一个黑脸汉子。

救火的人们听了瘦猴和黑脸汉子这一问一答，"呼"地朝苦水巷涌去。这下可糟了，苦水巷顿时被人流堵塞了，挑水的人进不去出不来。

包公见状心中一惊，忙把捕快头目叫到跟前，命令他道：

"快去告诉老百姓，就说是我的命令，让他们苦水甜水一块儿挑！"

"苦水甜水一块儿挑？"捕快头目疑惑地望着包公。

"快去传令！"包公忽然又想起什么，轻声说道，"你再把刚才那两个一问一答的人给我抓来。"

"抓他们干什么？"捕快头目更加疑惑了。

"还不快去！"包公有些动怒地瞪起了眼睛。

捕快头目只得带领几个捕快去了。他们传达了包公的命令，让老百姓苦水甜水一起挑。很快，苦水巷的人流疏通了，大火被扑灭了。捕快头目又从救火的人群中把瘦猴和黑脸汉拽了出来，带到了包公面前。

包公厉声问道："大胆放火的贼人，还不知罪吗？"

"扑通"，瘦猴和黑脸汉跪在地上，连呼饶命。

再一审问，两个人承认了大火就是他们放的。原来，自从包公当了开封府尹，城里的那些泼皮地赖都不敢胡作非为了，城里的治安大有好转。瘦猴和黑脸汉便串通了几个泼皮地赖，想整治一下包公。他们左思右想，最后想出了一条毒计，放火烧民宅。在这汴梁城真龙天子的眼皮底下闹事，好让皇上动怒，把包公的官罢掉。这样一来，他们在汴梁城里又可以为所欲为了。

可是，包公名不虚传，断案如神，当即识破了他们的诡计，并把他们抓获正法。

包公怎样推断出瘦猴和黑脸大汉是放火犯的呢？

推理分析

包公心想，救火如救命，哪能分什么苦水和甜水？问话的人虽很可疑，但这还不能说明他是坏人，因为有的愚笨的人也可能会问出这样的话。但是答话人肯定说要挑苦水时，问题明显了。事实正是这样，人们都涌到苦水巷，进出不得，哪里还能救火呢？于是，包公猜想，这一定是说话人事先预谋好了的圈套。事后一审问，果然如此。

品尝红薯的滋味

宋朝时，靠山村只有两户农民，一户姓李，一户姓王。他们和睦相处，分耕一块地，过着太平日子。

忽然有这么一天，两家因为地界发生了争执。原来，今年他们的地里栽种的都是红薯，以致分不清地界了。

“我记得，日头正午时，树梢的影子正指在地界上。”姓李的站在树影旁气呼呼地说。

“这我倒没留意。可是，去年我种的是玉米，你种的是烟。这玉米茬子在玉米地里才能有，你总还能认出这是玉米茬吧？”姓王的毫不示弱地把玉米茬子摔到了姓李的脚下，讥讽地反问道。

“这不足为凭。你瞧，我也可以从那边的地里找出烟茬来。”姓李的说完，几步跨过去，弯腰在地里扒拉了一阵，果然找到了一个烟茬。

“你不要撕破脸皮忘记旧情！”

“你也不要忘恩负义坑害朋友！”

就这样，李家和王家的矛盾越闹越大，最后一同来到了官府找清正廉明断案如神的包公评理。

公堂上，包公审理了此案。经过询问，包公发现，李家和王家都拿不出关于地界的可靠证据。怎样才能把这个民事案子处理得公平呢？包公考虑了片刻问道：“过去你们为何能够分清地界呢？”

姓李的和姓王的几乎同时答道：“我们过去从没种过一样的东西。”

“没种过一样的东西？”听了这话，包公眼睛一亮，问姓李的，“去年你地里种的是什么？’

“我去年种的是烟。”

包公又转向姓王的问道：“去年你地里栽的是何物？”

“我栽的是玉米。”

“噢，这就好办了。”包公立即让他们带路，说要亲自去地里判明地界。

姓李的和姓王的莫名其妙地跟包公来到了地头。包公让人从李王两家有争议的五条垄里各挖出一个红薯放在垄头，然后说：“你们依照顺序把这五个红薯分别洗净尝一尝，自然就清楚了，我希望你们今后还要互相谅解，友情为重！”

包公说完，打马回府了。姓李的和姓王的按照包公的话一做，果然分出了地界，从此两家言归于好了。

这到底是怎么回事呢？

推理分析

包公依照种地的知识进行逻辑推理，得出了结论：地里第一年种烟，第二年种红薯，红薯就是苦的；地里第一年种玉米，第二年种红薯，红薯就是甜的。所以姓李的和姓王的尝完红薯，自然就分出了地界。

不认识的窝主

商父是宋朝时期临城县的县令，一向以刚直不阿，善断奇案著称。

一天，商父派人抓住了一个叫黑风的大盗，这个大盗自知性命难保，想临死前治一治商父，与其作一次智力较量。于是，他便想出了一个十分阴险的主意。

县衙里有个叫秦鬼的狱吏，此人非常贪婪凶狠。他经常收礼受贿，哪个犯属若不送好处给他，他便对哪个犯人拳脚相加。这天，秦鬼来到大盗黑风的牢中，黑风忙凑上去对秦鬼说道："我活不了几天了。临死前想送你点东西，就怕你不敢要。"

"啥东西？快说吧。"秦鬼一听大盗要送东西，眼珠子瞪得溜圆。

"这财宝不在我身边，会有人给你送来。"

"谁？你倒是快说！"

"别急嘛，事情是这样的，"黑风瞅瞅外面没人，说道，"这财宝都在那些富户人家里，我前些日子想盗没盗成。你只要给我开一个这些富户的名单，我就叫他们把财宝给你送来。"

秦鬼越听越糊涂，又问道："这是真的？"

黑风看秦鬼那贪婪的样子，心里直发笑，但脸上却装出一本正经的样子，说："老爷再问案的时候，我就把名单上的富户都供出来，说他们都替我窝藏过赃物。到那个时候，老爷会把他们都抓到这里，审问时，他们都不会认罪。这样，他们就会被押到这个监牢里，由你来看管。你想，他们这些富户家里有的是钱，一定会纷纷给你送礼，请你给予照顾的。"

"太妙了。"秦鬼乐得手舞足蹈，咧开大嘴笑了。他很快开了个名单，递给黑风说道："事成之后，少不了你的好处，我要亲自买些好酒来犒劳你。"

"小弟理当效力，日后还望哥哥多多照顾。"黑风目送秦鬼走后，禁不住乐出声来。几天后，商父开始审理黑风盗案。商父发现，黑风并不惧怕，似乎早想到了自己的必定结局。商父盯视着黑风问道：

"你是什么地方的人？"

"流落江湖，四海为家。"

"叫什么名字？"

"没有大名，人称恶鬼黑风。"

"犯了什么罪？"

"盗窃。"

"盗了多少财宝？"

"数不尽，查不清。"

“赃物都被你藏到什么地方了？”

“都藏在我的那些窝主家里。”

“他们是谁？”

“李廷、刘功、王璐……”黑风像背口诀似的一口气念出了七八个名字。

商父舒了口气，心想，今天这个案子审得实在痛快。他命秦鬼把黑风押下去后，心头忽然飘过一丝疑云：这黑风是个有名的大盗，怎么这么容易就交代了实情，其中一定有诈。

怎么办呢？月光下，商父独自一人在庭院里思忖着。终于，他想出了一个主意，立即叫来值班的捕快，命令他们连夜把黑风供出的那些人全部抓来。

第二天清晨，捕快们把那些“窝主”带到大堂上，这时，商父也早早起床来到大堂上。商父没有审问这些“窝主”，却让他们跪在大堂上等候。不一会儿，黑风被带到了大堂上。商父指着这些“窝主”，只问了黑风几句话，黑风便被迫说出了事情的真相。于是，商父便把那些“窝主”释放了，将秦鬼重打四十大板，革去职务，又把黑风斩首示众。

商父是怎样迫使黑风说出实情的呢？

推理分析

商父对黑风说道：“我按你提供的名单，把这些‘窝主’都抓来了。现在你来看看，这些人里有没有抓错的？”

“就是他们，一个也没错。”黑风只扫了这些“窝主”一眼，便肯定地答道。

“好，现在我来问你，”商父指着最边上跪着的一个人问道，“他叫什么名字？”

“他……”黑风干眨巴眼说不出话来。

“我再问你，”商父又指着中间跪着的一个人问道，“他是谁？”

“他是……”黑风还是回答不出来。

“好了，不要再装了，”商父厉声喝问道，“那些名字被你记得烂熟，却又不能把人和名字对起来，岂不是怪事吗？还不从实招来！”

黑风低下了头。他承认自己失败了，不得不交代出事情的真相。

巧断家产

宋真宗的时候，一天，有两个人气冲冲地来到了县衙打官司。县令见来人是皇亲贵戚的后裔，自然不敢怠慢，忙让到了上面坐下，微笑着躬身问道：

“两位公子来敝衙有何吩咐？”

“找你断个官司。”两个人同声说道。

听说他们要断官司，县令十分高兴。心想，这可是个往上爬的好机会啊！如果帮他们出了气，传到皇上耳朵里，还能没有我的好处？想到这儿，县令故意挺直了腰说道：“是谁这么大的胆子，敢在公子头上动土，看我……”

“不对，我是和他打官司！”两个人同时说。

“你们两个人打官司？”县令一时怔住了。

“正是这样。”两个人接着把事情的经过说了一遍。

原来，他们是兄弟二人，父亲不久前得病去世，留下了一笔家产。兄弟二人分家时，老大说老二分的财产多，老二说老大分的财产多，他们争执不休，互不相让，没办法就来找县令评理。

县令听说是这么回事，刚才的高兴劲儿全没了，哪还敢断这个官司呢？他忙对兄弟两个说道：“如果是你们和小百姓打官司，不管如何，我都保你们打赢。可这是你们皇亲家族之间的事儿，下官可就不敢妄断了。我看你们……”

兄弟二人看到县令处理不了这个官司，便又来到了州府。谁知州官也不敢受理。于是，他们又找到了开封府、御史台，但也都不敢过问。最后，他们只得找到真宗皇帝裁决。

真宗听了兄弟二人的述说后，感到也很难处理，便劝说道：“同根兄弟应和睦相处，怎能为了一点家产就反目呢？我看你们还是都谦让一点为好。”

“不行，不行！”兄弟二人连皇帝的劝说也听不进去，依然要争个是非高低。怎么办呢？忽然，真宗想起了宰相张齐贤，忙请他进宫。张齐贤是个很有办法的人，曾为真宗处理过很多疑难的事情。当他来到这里，听真宗把事情一讲，便松了口气说：“此乃小事一桩，分家不均，兄弟争财，好断，万岁爷，不出三天，我定让他们皆大欢喜，一同高高兴兴地来见您。”

真宗听了张齐贤的话，摇了摇头，不相信地说：“这官司不大，断得公平也并不难，可若是皆大欢喜，怕是办不到的。你想，向老大要一点给老二，老二是高兴了可老大肯定生气，反之，老大高兴了，老二又要生气。所以，难办哪！”

“万岁爷，您若不信，待我裁断之后，您再亲自问他们满意不满意。”说完，张齐贤领兄弟二人退出皇宫，来到了宰相府。

张齐贤让兄弟二人分别坐定后，问道：“据我所知，你们二人都认为对方分得的财产比自己的多，所以要打官司，是不是？”

“正是这样，他确实比我的多。”兄弟二人几乎同时应道。

“千真万确吗？”

“千真万确！”

“那好，我按你们说的断了，可谁也不许反悔啊？”

“决不反悔！”

张齐贤命人拿来纸墨，又十分认真地对兄弟二人说：“如果你们不反悔的话，我一定能断得公平，请你们签字画押吧！”

于是，哥哥在一张纸上写道：“弟弟的财产比我的多！”然后，在下面签上了自己的名字。弟弟也在另一张纸上写道：“哥哥的财产比我多！”照样在下面签上名字。

然后，张齐贤一只手举着一张纸说道：“你们都把自己的意见和要求写在这上面了，现在该本相来断决了……”

听了张齐贤的断决，两个人哑口无言。第二天，张齐贤又把兄弟二人领到真宗面前。真宗一问，两个人果然都说“满意”。

张齐贤是怎样断决的呢？

推理分析

张齐贤断决说：“你们兄弟二人都认为对方比自己分的财产多，也就是说，只要能得到对方那份财产也就满意了。所以，为了让你们皆大欢喜，请你们交换全部财产。”

小姑娘筐里的食盐

武行德将军镇守东京洛阳的时候，颁布了盐法，禁止私运食盐，如果谁要是能够抓到偷运食盐的人，国家还有重赏。奇怪的是，盐法颁布后，偷运食盐的人有增无减，经常有人因抓到偷运食盐的而得到奖赏。其实，有很大一部分是别有用心的人栽赃陷害的。

有一天，南水村的小姑娘凤妹子背着一小筐青菜去城里卖。她一边走，一边哼哼着动人的山歌。

“山青青，水长长，野花阵阵香……”

“唱得太好听了！小妹妹，你叫什么名字啊？”一个女子的声音从后面传来。凤妹子回头一看，是一个年轻的尼姑，凤妹子不好意思地低下了头。

“去城里卖菜吧？来，我帮你抬筐，这样能轻巧一些，反正我也是顺路。”尼姑不容分说，动手帮凤妹子解下了菜筐。

凤妹子不想麻烦她，忙说：“不用了，我自己能背动，您先赶路吧！”

尼姑笑了笑，弯腰抓住了筐把：“走吧，客气什么！”

凤妹子一看人家那样热情，感到不好再推脱，只得抬起菜筐。

两个人一路上说说笑笑，不知不觉来到城门跟前。

尼姑放下菜筐，对凤妹子说：“我得先走一步了，有人在城里等着我。”

尼姑走进了城门，凤妹子也背着菜筐要进城去。

“站住，小孩，过来检查检查。”一个满脸大胡子的守城人喝住了凤妹子。

凤妹子心想，我这筐里都是青菜，随你们检查吧。她放下菜筐，等待大胡子检查。

大胡子伸手在菜筐里翻弄了几下，便拎出一个用手帕包着的小包来：“这是什么？你小小年纪竟敢偷运食盐，随我到官府去吧！”

凤妹子一看布包，不禁大吃一惊：“这不是我的！”

大胡子把眼珠子一瞪，恶声恶气地说：“不是你的怎么会跑到你的菜筐里呢？”

“一定是……”

“少废话，随我走吧！”

大胡子把凤妹子带到了官府。武行德审理了此案。他把手帕包打开，发现包里有二斤多食盐。他刚想问话，忽然飘过来一阵麝香气味。他用鼻子闻了闻，发现是从盐包里飘出来的，难道这盐是香的？他好奇地又闻了闻，这才发现包盐的原来是块香手帕。他看看香手帕，又看看凤妹子，心中疑窦顿生，思忖了一会，他恍然大悟，忙问凤妹子：“你是一个人从家里来的吗？”

“是的。”

“路上没遇见什么人吗？”

“路上？对了，路上遇见了一个尼姑。”

“那个尼姑长得什么样子？”

于是，凤妹子把尼姑的容貌详细描述了一遍。

听了凤妹子的描述，武行德心里明白了，这一定是仙女寺的尼姑和守城人互相勾结设下的圈套，企图得到奖赏。于是喊了声：“来人，随她去仙女寺和城门口，把那两个恶人给我抓来！”

当天，凤妹子就领人去把尼姑和大胡子抓到了官府。经过审问，尼姑和大胡子把如何陷害凤妹子，想得到重赏的经过交代了。

从此，那些想栽赃陷害别人，企图得到奖赏的人，再也不敢进行欺骗了。

武行德怎样不经审问就肯定了这是一起栽赃陷害案的呢？

推理分析

因为从衣着上看，凤妹子是穷苦人家的孩子，不可能有香手帕。只有仙女寺尼姑的手帕才有这种薰香味，一问凤妹子，在路上果然遇见了一个尼姑，便由此破了案。

自杀的鸟王

元朝的时候，江南有个小镇，叫灵鸟镇，那里的人们靠养鸟为生，他们饲养和训练鸟儿，卖到全国各地，小镇因此出了名。

灵鸟镇上，有一个老人，他没有子女，却把鸟儿当子女一样，宁可自己省吃俭用，也要买最好的食物，精心喂养鸟儿。他的家里，屋梁上挂着鸟笼，窗台上、床头边到处是鸟。有趣的是，鸟儿唧唧喳喳叫的时候，他能听懂鸟儿在说些什么。他培育出来的鸟儿，都是最优秀的，人们都把老人叫做“鸟王”。

每天早上天蒙蒙亮，鸟王就要去遛鸟，也就是陪小鸟去“散步”。这一天早上，人们发现遛鸟的时间过了，鸟王还没有来。鸟王的朋友林大海说：“是不是鸟王病了？他无儿无女的，我上门去看看他。”

林大海来到鸟王家门口，敲门敲了很久，里面没有回应，只听见唧唧喳喳的鸟叫声。他感到有些不妙，用力把门撞开，看到鸟王躺在床上，已经死了。屋子里的鸟儿，有很多也已经饿死了。

县官来到现场，发现鸟王的枕头边，有一份遗书，上面写着：“我年纪大了，没有子女给我养老，只好选择了自杀。”那县官是个昏官，他凭着这份遗书，就肯定地说：“案情已经很清楚了，鸟王是自杀的。”

林大海悲伤地看着鸟王，又疼惜地看着饿死的小鸟，肯定地说：“这不可能，根据我对鸟王的了解，鸟王肯定不是自杀，一定是有人害死了鸟王，伪造了遗书，造成自杀的假象！”

林大海根据什么，肯定鸟王不是自杀的呢？

推理分析

因为鸟王爱鸟，如果鸟王要自杀，一定会先把心爱的鸟儿放走，或者送给别人，绝不会不顾鸟儿死活，而自己先自杀，这不符合鸟王的逻辑。

赵家娘子

明朝的时候，广东揭阳县境内发生了一起人命案。县官朱一明询问了前来报案的两男一女，其中一个长得眉清目秀的青年男子首先开口说道：

“小人姓周名义，以贩布为生。三天前，我与好友赵信商定去外地买布，订了艄公张潮的船，约好第二天清晨在船上会齐，可是那天早上，我来到船上左等右等，就是不见赵信的影子。我急忙让张潮去唤他。张潮去到赵家，谁知赵信清早就离家出走，不知去哪里了。我们怕出意外，便在附近找寻了三天，但至今不见人影。”

周义刚说完，另一男子接着说道：“小人叫张潮，是个船夫，靠摆渡为生。三天前，赵信和周义来雇我的船，说是次日要去外地买布，第二天一早，周义来到船上不见赵信，便让我去找他。我在赵家门口连叫三声赵家娘子，赵氏才磨磨蹭蹭地打开门。她对我说，赵信天不亮就走了。”

朱一明听完了两个男人的述说，又打量了那个女子一眼，问道：“你可是赵信的妻子？”

女子低声答道：“是。那日晨起，我家官人带了五百两银子便匆匆走出家门。等到张潮来找寻他时，我才得知他去向不明。我们连续寻找了三天，都毫无踪影。想必官人是遭人暗害了，盼望大人替小妇做主。”说完，她抹了把挂在腮边的泪珠。

朱一明急速地暗自思考着：赵信老态龙钟，很难讨得比他年少许多的赵氏的欢心，周义少年英俊，倜傥风流，怎能不寻花问柳，爱慕佳人？一定是周义与赵氏有了隐情，暗自合谋杀害了赵信。于是，朱一明令差役对周义和赵氏施用重刑。周赵二人受刑不过，只得招供，被投入死牢等待行刑。

刚巧，这时朝廷大臣张居正巡察来到了揭阳县。他读罢案卷，感到此案蹊跷，决定亲自重审案犯。大堂之上，周义口喊冤枉，说自己是清白布商，从未有过不轨的行为，更不敢夺妻杀人，赵氏也连声喊冤，恳望青天大人明察事实真相，抓获真凶为夫报仇。张居正看他们的样子不像有假，便又差人叫来船夫张潮。

“张潮，你把那天的经过再细说一遍。要如实讲来！”张居正盯着张潮。

“是，大人。”张潮并不惊慌，又把那天讲给朱一明的话对张居正复述了一遍。

张居正听后“嘿嘿”冷笑道：“好你个大胆贼人，还不从实招供！”

张潮顿时心慌意乱，语无伦次，只得交代了杀人夺财的经过。原来，那天清晨，赵信带着五百两银子先于周义来到船上。张潮见财顿起歹意，趁赵信不备，用石头将他砸死，夺了银子藏好，随后又把尸体绑上重石沉入河底。周义来后，他谎称没见过赵信，还假意上门寻找。他自以为无尸可查，就可以免罪了。谁知张居正断案认真，发现了破绽。

张居正发现了什么破绽，进而断明张潮就是杀人凶手的呢？

推理分析

因为周义是让张潮去叫赵信，而张潮来到赵家敲门时却直唤“赵家娘子”。张居正推断，此时，张潮一定已经知道赵信被人杀死了，不然，他是不会不唤赵信开门的，因为这不合常理。

被冤枉的菜农

有一个种菜的农民，起早贪黑，辛勤劳动，等到田里的菜长出来，就挑到城里去卖。生活虽然很艰苦，可是他总是乐呵呵地说：“靠自己的双手过日子，虽然辛苦，心里却很舒坦。”

一天早上，他挑着菜到城里去卖。他脚步轻快，扁担在他肩头“吱呀吱呀”歌唱。忽然，他被一包东西绊了一下，拾起来打开一看，竟然是白花花的银子，点了点，足足有三百两！他想：这些钱够我花好几年啦，可这是人家的钱，我不能拿。他放下钱包，打算继续赶路，可是又一想，万一被坏人看到，就会拿走的，丢钱的人一定很着急，我就守在这儿，等丢钱的人来吧。他就坐在路边等，太阳升得很高了，筐里的菜被晒干了，不能卖钱了，可是好心的菜农还是等着。

忽然，有一个商人跑过来，焦急地问：“我丢了一包钱，你看见吗？”“菜农马上拿出钱，交给商人。商人接过钱，点了点数，一两也没有少。可是他太贪心了，不但不谢菜农，反而想：这个人有钱不拿，真是个大傻瓜，我要乘机骗他一笔钱！于是，他惊叫起来：“哎呀，少了两百两银子，一定是被你拿了！”菜农气愤极了，和他争吵了起来，最后闹到了县衙。

县官问清了情况，马上知道商人在撒谎。他决定要教训一下商人，就判决说：“商人丢的包里是五百两银子，可是菜农捡到的包里，是三百两银子，说明菜农捡到的包不是商人丢的包。为了表彰菜农，三百两银子就奖给他了。”

商人急了，问：“那么我的银子呢？”县官说：“等到谁捡到五百两银子的包，再还给你吧！”

县官为什么知道商人在撒谎骗钱呢？

推理分析

如果菜农要拿商人的钱，当时就可以把钱全部拿走，没有必要等着商人来。

不识字的狗

明朝的宁王年轻时是个花花公子，经常牵着只脖了挂着块“御赐”两字牌子的丹顶鹤，在南昌满街闲逛。

有一天，那只白鹤自个儿踱出门来，被一条狗咬死了。宁王暴跳如雷：“我这白鹤是皇上赏的，脖子上挂着御赐金牌，谁家野狗竟敢欺君犯上。”当即命令家奴把狗的主人捆起来，送交南昌知府，要给他的白鹤抵命。

当时的南昌知府名叫祝瀚，对宁王的胡作非为很是不满。听说宁王府的管家前来转达宁王的“旨意”，又好气又好笑，对管家说：“你写个诉状来，本府自当审理。”

宁王府管家递上诉状，祝瀚看过，从签筒中拔出令签，命令衙役捉拿凶犯到案。管家忙说：“不劳贵差，人已抓到堂下。”

祝瀚故作惊讶，说：“这诉状上明明写着肇事凶犯乃是一条狗，本府今日要大堂审狗，抓人来干什么？”

宁王府管家气急败坏地说：“那狗不通人言，岂能大堂审问？”

祝瀚见管家既狗仗人势，又说得有点道理，便想了个办法，就把这个案子轻松地判了。请问，祝瀚是如何断案的？

推理分析

祝瀚道："贵管家不必生气，本府自有主张。我想，只要把贵府诉状放在它面前，它看后低头认罪，也就可以定案了。"

管家大叫道："你这昏官，走遍天下，可有一条认识字的狗？"

祝瀚神情严肃地说："既然狗不识字，那金牌上的'御赐'二字它岂能认得？既然它不认识，这欺君犯上的罪名又从何说起？狗本不通情理，咬死白鹤乃是禽兽之争，凭什么要处治无辜百姓？"几句话把那宁王府管家问得哑口无言。

贪财的瞎子

有一个瞎子，靠给人算命骗钱。他戴着一副墨镜，扛着招揽生意的幌子，上面写着"替人算命，为你免灾"，然后走街串巷，到处骗钱。那时候的人都很讲迷信，碰到考状元啦，生孩子啦，造房子啦，都来求他算命。那个瞎子可贪心啦，他故意装神弄鬼吓唬人，骗了很多的钱。

有一天，算命瞎子要到一个小镇去。那小镇隔着一条河，去那里要经过一座独木桥。他摸索着走上了独木桥，那桥很陡很窄，又有些年月了，走上去摇摇晃晃的，瞎子害怕得脚都抖了。正在这时，有个农夫赶集回来，肩上搭了一块新买的红布，也走到了桥上。他看到前面有个盲人，就好心地说："你眼睛不方便，我背你过去吧。"算命瞎子一听，可开心啦，赶紧伏在农夫的背上。

农夫背着瞎子走着，瞎子摸到了那匹布，心中马上起了坏念头。他偷偷地把布撕了一个口子，等到过了桥，农夫放下瞎子，瞎子竟然拿了布就要走。农夫责问他："我好心背你过河，你怎么能拿我的布呢？"瞎子却一口咬定，说布是他新买的。

县官审理了这个案子，他问农夫和算命瞎子："你们都说布是自己的，有什么证据呢？"算命瞎子赶紧抢着说："我有证据，我在拿布的时候，不小心撕了一个口子，请老爷明察！"县官一看，布上面果然有个口子，便说：

"这么漂亮的一块白布，撕坏了真是可惜啊！"算命的马上说："是呀。为了买这块白布，花了我很多银子呢！"他的话音刚落，县官便知道，算命瞎子就是骗子。

为什么听了算命瞎子的话，县官就知道他是骗子呢？

推理分析

这块布明明是红布，县官故意说是白布，算命的看不见，也跟着说是白布，终于露馅了。

井中的丈夫

清朝的时候，南阳有个县官，名字叫吴兴极。他在破案的时候，善于动脑子，一些很细微的地方，别人往往不注意，他却能经过分析，巧妙地查出真相，人们都叫他"吴神探"。

有一天，一个妇人来到县府，"扑通"跪下，大哭着说："三天前，我的丈夫到城里去卖西瓜，说好当天就回来的，可是一直等到天黑了，也没有回家。我到处去找，跑断了腿，哭干了眼泪，还是没有找到。今天一早，听人说在村口的水井里面，浮着一具尸体，我赶过去一看，正是我的丈夫！请老爷帮我做主，抓住凶手啊！"

吴神探安慰了妇人几句，然后和妇人乘上马车，一起来到村口现场。他探头往井里看了看，只看见一具尸体，已经高度腐烂，散发出恶心的臭味。他掩着鼻子，皱了皱眉头，然后回头对妇人说："你也别哭了，先回家休息吧，本官自有办法，明天早上之前，一定查出凶手！"等到妇人走了以后，吴神探立刻下令，让手下人到村里，通知妇人和她丈夫的兄弟姐妹，还有他们的街坊邻居，明天一早到井边集中。

第二天一早，村里的人都来了，他们都很奇怪，不知道大清早的，叫他们来有什么事？吴神探让他们排好队，一个一个分别来到井边，辨认井底的尸体。可是，尸体已经高度腐烂，他们当然都看不清楚是谁了。于是，吴神探马上判断出，谁才是真正的凶手。

你能猜出谁是真正的凶手吗？

推理分析

凶手就是那个妇人。既然死者的亲人和熟人都看不清楚尸体是谁，妇人却肯定地说是她的丈夫，反而说明是她害死了丈夫，再把尸体抛进井里的。

第2辑
用谋略思维玩出推理脑

谋略思维是指设计用谋的思维形态，是活力对抗过程中计谋、策略形成的思维规律，它是一种极为实用的综合性思维方式，是一种非常规的思维活动。在人脑思维活动的庞大体系中，谋略思维占有着非常重要的地位，堪称诸多思维的基石，又贯穿到一切思维之中。综观古今中外，放眼大千世界，凡是用透谋略思维的人，无不是取得了各种各样的成功。而这些成功者，几乎都有一个共同的特点，那就是都有着一颗福尔摩斯那样的脑袋，在运筹帷幄之时，靠着高超的兵法般的思维智慧，完成了一次又一次的角力。因此，每一个渴望拥有聪明大脑的人，必须要上好谋略思维这一课。不但要跟福尔摩斯老师学懂弄通谋略思维的精髓，而且还要跟福尔摩斯老师学会打通大脑智能的方法和秘笈，实现大脑质的飞跃。

现在，就让我们踏上谋略之旅，跟随福尔摩斯去领略那大象无形、大音希声的谋略奥秘吧！

宰相的女儿

印度曾经有个城邦国王叫沙特瓦西拉。他有一个儿子，叫杜尔达马那。一天，他约了三个朋友一起去外地谋生。

这三个青年分别是婆罗门的儿子、木匠的儿子和商人的儿子。

他们四个人来到了海边，正好赶上海上起了大风浪，四个人眼见有一只渔船正在风浪中起起伏伏，很是危险，便下海救起了这只渔船。为了答谢他们，渔船的主人便送给他们每人一颗珍珠。

四个人得到可爱的珍珠，十分高兴，便放心地交给商人的儿子保管，然后一起回家。

商人的儿子走着走着，突然起了歹念，偷偷地把四颗珍珠缝在了大腿上。

第二天大家在路上走时，商人的儿子有意落在后面。过了好多时他突然叫道："强盗！"前面三个朋友立即往回跑，问："什么事？"商人的儿子说："我落在后面多时。刚才我到路边小便时，两个强盗抢走了四颗珍珠！"三个朋友不相信，说："你这个骗子，一定是玩了花样！"他们一路上争论不休，终于到了爱拉瓦古城。

爱拉瓦古城国王叫尼古拉沙，宰相叫布西沙拉。布西沙拉是著名侦探，任何疑难案件，只要诉讼双方说出事情经过，他就能找到公正的解决办法。

三个受骗的旅伴就向布西沙拉宰相告状。布西沙拉沉思良久。他下令士兵搜查这四个人，结果一无所获。宰相第一次碰到这么棘手的案子。他束手无策，吩咐把四个人安置好后就回家了。

宰相有个小女儿，叫贾雅什丽。她看到父亲心事重重，就问出了什么事。父亲就告诉了她。小女儿听了，说："父亲，不要难过。我有办法解决。你明天审问他们时，叫他们每人走进一个房间。以后的事由我来解决。"

父亲半信半疑，说："女儿，连我也难以解决的事，你能解决？"女儿说："父亲，别那么说。各人有各人的特长。有的事我知道，你不一定知道。有几个头脑就有几种办法，有几只杯子就有几杯酒，有几张嘴就有几种声音，有几户人家就有几个妻子。谁手里有灯光谁就能驱走黑暗。父亲，你不必担心，你把这几个外国人交给我，我一定探出他们的内心秘密。帮你破这个案！”

果然，如贾雅什丽所说，很快就破了案。

贾雅什丽是如何破案的呢?

推理分析

贾雅什丽让人把这四个人安置在四个房间里。然后，贾雅什丽把自己打扮得漂漂亮亮的，她先来到王子房间里，说：“王子，我对你一见钟情。我想嫁给你。只要你先给我父亲一份定金，我就是你的了。”王子回答：“你很美，我也对你一见钟情。不过我现在没有分文。待案子解决，我回国后给你送来。”贾雅什丽断定王子确实没有珍珠，就去见婆罗门的儿子。婆罗门的儿子一见姑娘就爱上了。姑娘向他要彩礼。他回答说：“我父亲要钱有钱，要土地有土地。我回到家以后，一定给你送来。”姑娘看出这一个也确实没有偷珍珠。于是，他去见木匠的儿子。木匠儿子说：“我身边一个钱也没有。这桩官司了结后我马上回家取钱。”

贾雅什丽又去见商人的儿子。商人的儿子一见这般美貌的姑娘，灵魂早已出了躯壳。他迫不及待地从大腿里取出了四颗珍珠，作为彩礼要娶贾雅什丽。贾雅什丽马上把四颗珍珠交给了父亲，并指出商人的儿子就是私吞珍珠的贪污犯。

牧民的宝石

生活在大草原上的蒙古王国，有一个穷困潦倒的牧民，名叫阿巴尔。有一天，阿巴尔在深山里无意中拾到了一块晶莹剔透的宝石。在回家的路上，他遇到了一个喇嘛，便把自己得到宝石的经历喜滋滋地全都告诉了这个出家人。

喇嘛听完阿巴尔的介绍，很狡黠地说道：“祝福你，年轻的牧民兄弟，我想这一定是佛在帮助你，好让你早日过上幸福的生活。你现在必须把宝石交给我，我好把宝石带给你的父母。而你必须马上到庙里去，在那里念一个月的经文，好感谢佛给你的幸福。你要记住，一个月之内，可不能回家，否则，宝石将马上就不见了！”

阿巴尔闻听，立刻就答应了喇嘛的要求，并把宝石交给了喇嘛，告诉了他自己家的地址，然后就来到了一座神庙，在那里念起了经文。

一个月过后，阿巴尔回到了家里，见家中依然如故，破屋破锅，跟从前没有什么两样，便问老父老母：“你们怎么还是这么贫困地生活着呢？应该把宝石卖掉，换回钱来，重新造一座帐篷，买一大群奶牛和羊啊！”

老父老母惊异地说道：“你说什么胡话呢，哪来的宝石呀！”

“难道喇嘛没有将宝石交给你们吗？”

“我们连喇嘛的影子都没有看到过，更别说看到什么宝石啦……”

阿巴尔猜想一定是喇嘛把宝石私吞了。他心中十分气恼，便在草原上开始寻找喇嘛。一个月后，在一个寺院里，他终于找到了那个喇嘛，便向喇嘛索要宝石，可喇嘛坚决不承认私藏了宝石。无奈，阿巴尔只得来到皇宫，向可汗告了状，希望可汗能够给他做主。

可汗询问了两人的情况后，便又问喇嘛：“你能证明你没有私吞了宝石吗？”

“我能证明！”喇嘛说，“我有三个证明人！”

“很好，”可汗命令道，“将你的三个证明人都带上来！”

喇嘛马上把三个证明人带到大殿内。

可汗把这三个证明人安排在大殿内的三个角落，让他们互相之间离得很远，然后让仆人从外面取回来五块泥巴，给每个证明人一块。给喇嘛一块，给阿巴尔一块。然后说道：“我现在开始数数，从一数到一百，在这段时间里，你们都要把泥巴捏成宝石的形状。”

五个人开始捏宝石，当可汗数完一百，一检查每个人手里的泥捏宝石时，不禁哈哈大笑道：“大胆的喇嘛，还不从实招供侵吞宝石的罪证！”

可汗是如何识破喇嘛的欺骗的呢？

推理分析

可汗让在场的五个人每人捏一个宝石形状的，因阿巴尔找到的宝石，必然能够捏成正确的模型，而喇嘛见过宝石并私吞了宝石，也一定能够捏成正确的形状，但是三个证明人没有见过宝石，必然捏不出正确的宝石形状，而这三个证明人又是喇嘛找来的，所以，就意味着喇嘛是骗子。

求救信号

荷兰阿姆斯特丹的海滨，阳光明媚，景色宜人，一架游览的小型飞机正在海滨上空飞行着。机上一共有四个游客，都是专门来阿姆斯特丹游玩的。飞机沿着靠近海岸的一边慢慢地飞翔着，突然那个一上飞机就不怎么对风景感兴趣的穿白色西装的乘客，拿出一把枪打碎了飞机上的通信系统。然后用枪指着 飞行员的脑袋命令道："赶快把飞机开到一个小岛去！"

吓坏了的飞行员名叫吉米，知道遇到了劫匪，心中一阵慌乱，手脚不禁也有些不听使唤了，立刻，飞机像法国的巡逻兵飞行表演飞机一样，在空中打着摆子玩着花样。

"蠢货，我不会杀你。只要你按我的指示，降落在那个小岛就是了。快让飞机正常飞行。快点，我可不想让我的子弹因为生气打穿你的脑袋。"白西装乘客用枪敲着飞行员吉米的脑袋说。

"好……好的，只要你不杀我，只要你不杀我。"飞行员吉米结巴地说道。

很快飞机就正常飞行了，眼看着就要着陆了，白西装乘客高兴地对吉米说："朋友，你真是好样的，我不杀你，待会在你的腿上留点纪念就可以了。你看，我的朋友来接我了。我可不想在我的朋友面前展现野蛮的一面。"

果然，小岛附近的海面上，露出一个鲸鱼似的黑影，划开一条白色的波纹，浮上来一艘潜水艇。小岛上站着荷枪实弹的海军陆战队士兵。

"哈哈，蠢货，放下你的枪吧。睁大你的狗眼，看看是谁的朋友来了。"

飞行员吉米怪笑着说。

“噢，上帝！我明白你小子是怎么干的了。原来你刚才是故意装害怕的。”白西装乘客绝望地叫道。一着陆他就被抓了。

飞行员吉米是如何求救的呢？

推理分析

飞行员吉米假装害怕，借着手忙脚乱的假象在空中按照三角形的路线飞行，如果飞三角形，基地雷达就会发现，并马上派出救生机紧急前往进行搜索。这是航空求救信号。当飞机在飞行中通信系统出现故障时，就采用这种飞行方法求助。

三个气球

保罗是个喜欢画画的 14 岁学生，一天，他独自一人来到郊外的山上写生。他画了一幅又一幅素描，画夹子里已经有了厚厚的一沓作品。

就在这时，一个黑脸大汉从后面将他抱住，然后把他带到了山坡上的一所小房子里。绑匪把保罗往屋子里一推，就命令保罗给家里打电话，让家里拿 10 万元现金来赎人，否则就撕票。保罗按照绑匪的意思给家里打了电话。

“小子，你还算合作。就委屈你暂时在这里住着了。我出去办点事。”绑匪说完锁上门就走了。保罗一个人坐在黑暗的房子里，琢磨着怎么逃出去。

保罗发现房子很结实，密不透风。要想逃跑是不可能的，怪不得那绑匪连自己的手和脚都不用捆就那么放心地出去办事去了。百无聊赖的保罗翻着口袋，想找个可以玩的东西来打发时间，谁知只找到了三个气球。

突然，他的脑子里闪现出老师在自我救护课堂上讲的一个求救方式就是用气球来演示的，高兴的他跳了起来，很快地他把气球吹好，然后扯了毛衣上的线，将气球放在了房子的外面。等候着有人能看到，通知警察来救自己。

傍晚的时候，一个森林警察巡山时，发现了气球。将气球取下来，心里还在想是谁这么捣蛋将气球放在人家房子旁边，不料竟然在上面看到求救信号，于是他马上通知了山下的警察，警察立刻将保罗救了出来。

保罗是如何发的求救信号呢？

推理分析

保罗把气球吹上气后，两个挽成 S 一个挽成 O，三个气球放在一起就是 SOS 的求救信号。

聪明的囚徒

古希腊的时候，有一批囚徒即将被处死。当时娱乐方式特别少，国王和贵族们经常以杀人玩游戏。因为杀的人太多，所以这次国王想换种方式杀了这批囚犯。

有位大臣建议：让他们挑选一种死法，就是让囚徒任意说一句话——如果说的是真话，就绞死；如果说的是假话，就砍头。

国王觉得这个建议实在是太好玩了，便采纳了大臣的建议。结果，这批囚徒不是因为说了真话而被绞死，就是因为说了假话而被砍头；或者是因为说了一句不能马上检验是真是假的话，而被看成是说假话砍了头；或者是因为讲不出话来被当成说真话而被绞死。

国王看到囚徒们一个个被处死，很是开心。

在这批囚犯中有一个很聪明的人名叫门拉，他看到国王这样无聊地杀人取乐，心里很是不满。于是就想着能用什么办法来打破国王的无聊，争取生存的权利。等轮到他进行选择的时候，他说了一句话，使得国王既不能砍他的头，又不能将他绞死，最后众大臣也没想出办法让他死就只好释放了他。

门拉说了句什么话呢？

推理分析

门拉说："我要砍头。"

这使国王很为难，如果真的把他的头砍了，而说真话就应该被绞死。如果把他绞死，那么他说的"我要砍头"便成了假话，而说假话是要被砍头的。绞死或者砍头，都没有办法执行国王原来的游戏规则，结果只能将他放了。

让轮胎瘪一点儿

罗尔警长快要过六十岁生日了，可是看上去，五十岁还不到呢。这得归功于他的自行车，也许你不相信，这辆自行车陪着他三十多年了，还是当年巡逻时骑的呢。后来，警察巡逻开上了警车，可是罗尔警长坚持骑自行车，他说："坐在汽车里不锻炼，连路也跑不动了，怎么抓坏人？"

有一天下午，他骑着自行车在街上巡逻，一辆黄色轿车"呼"地冲过身边，紧接着，身边传来喊叫："他偷了我的汽车！"罗尔警长赶紧蹬车去追黄色轿车，可是，自行车的两个轮子，怎么追得上四个轮子的轿车呢？才追了一条马路，他就累得直喘气，眼看轿车越来越远了。

这时候，他看见路边停着一辆集装箱卡车，司机正在卸货，他扔下自行车，跳上卡车，就开足马力，继续追赶。

偷车贼还以为把警长甩掉了，心里在嘲笑：一辆破自行车，还想追我？哼，没门！忽然，他从后视镜里看见了卡车，司机就是那个老警察！他慌忙加大油门，警长紧追不舍，两辆车在公路上追逐着。

前方有一座立交桥，轿车一下子就从桥底下穿了过去，可是集装箱卡车的高度，恰恰高出立交桥底部2厘米，警长一个急刹车，停在立交桥前，好险啊！

罪犯看到卡车被挡住了，还回头做个鬼脸，罗尔警长气得两眼冒火。他毕竟是老警察了，马上冷静下来，看了看轮胎，立刻有了主意。

几分钟以后，集装箱卡车顺利从立交桥底下穿过，警长终于追上了罪犯。

罗尔警长用什么方法，很快就让卡车通过立交桥底下呢？

推理分析

罗尔警长马上打开轮胎的气门，放掉了些气，让轮胎瘪一点儿，卡车就降低了高度，能穿过立交桥底下了。

一瓶新药

纽约市的警察局抓获了一个犯罪团伙，但在实施抓捕过程中，忙中出错，多抓了一个人。本来只有四个犯罪，结果抓进来五个人。于是这个无辜被抓的人便大喊冤枉，真正的罪犯见有人喊冤枉，也跟着喊冤。警察局一下子陷入了被动局面，怎样才能确定哪一个人是无辜的呢？

警察局只好求助犯罪心理学专家海尔博士。海尔博士想了一会儿，说：“只要利用一下罪犯的心理，便可以确定哪一个是无辜的。”

他随手将一瓶水倒进药瓶里，对五个人说：“这是国际上最新推出的一种新药，有一种奇特疗效，犯罪的人一喝下，保证从表情上就能表现出来，现在请你们每个人服一瓶。”

这个方法确实很管用，很快他就把无辜的人找了出来。

你知道他是怎样分析的吗？

推理分析

这只不过是一种普通的心理测试。海尔博士利用了犯人的心理，真正的罪犯不会真把药服下去，而没有犯罪的人却很坦然地把水喝了。正如俗话所说：不做亏心事，不怕鬼敲门。

巧取手提箱

一列开往纽约的列车即将靠站，这个站很小，停车时间很短。因此，旅客们急匆匆地赶着下车。突然，一位女士急叫道："我的手提箱不见了。"

刚巧，同车厢的大卫侦探听到这位女士的叫声，马上赶过来叫她别急，看看是不是有人拿错了，女士赶紧朝四处张望，果真看到一位男士提的箱子像自己的。于是，她快步冲了上去，抓住那个男士："这是你的手提箱吗？"

男士一怔，马上道歉说："对不起，我拿错了。"于是把手提箱还给女士，自己朝出口走去。

大卫侦探看到这里，立即追过去说："先生，你下错了车，快回去！"说着，不由分说就把男士拉上了车。然后他叫来警长说："那个男子是个小偷，你去把他控制住。"警长把那个男子带到警备车厢，果然从他身上搜出了很多现金、首饰等值钱物品，那男子在事实面前只好坦白招供。

大卫侦探是怎样看出他是个小偷的呢？你看出来了吗？

推理分析

其实，男士并没有下错车，是侦探故意这样说的。如果男士说他拿错了提箱，照理，他应该赶快回到车厢拿回自己的手提箱，但他却往出口走，显然他是偷手提箱的贼。

"失明"的保安

间谍尼克奉命执行任务，背着带有闪光灯的照相机伪装成一名记者，利用伪造的证件，潜入了A国举行的一个外交集会。

尼克镇定自若地穿梭在这些社会名流之中，就在他不停拍照时，一个保安人员向他走了过来，非常客气地说："请把你的证件给我看看。"

尼克镇定地掏出证件，递给保安，保安人员细心地看了一会儿，突然说道：

"你的证件是伪造的，你到底是什么人？"一面说，一面准备从口袋取手枪。

尼克知道自己已暴露，必须立即逃走，虽然他站的地方离大门很近，但如果就此转身，对方一旦拔出手枪，自己就会被击中身亡。

千钧一发之际，尼克灵机一动，顺利地逃出了大门。

你知道他是怎么逃出来的吗？

推理分析

尼克用闪光灯对着对方的眼睛闪了两下，让保安人员的眼睛暂时失明，他就可以趁机逃走了。

上当的刺客

一天深夜，一名刺客举着枪闯进了大律师杰克的办公室："对不起，大律师，你的末日到了！"杰克却端着酒杯，镇定自若地问道："别紧张嘛！谁派你来的？佣金不多吧？我出三倍的价钱怎么样？"刺客一听，好像有点儿动心。

杰克倒了一杯酒，端到刺客面前，带有几分讥讽地继续说道："怎么样，不喝一杯？是不是喝下去你的手就拿不稳枪啦？"刺客不敢掉以轻心，右手举着枪对准杰克，伸出左手接过酒杯，一扬脖子喝了下去，接着急切地问道："你真有钱吗？""那个保险柜里有的是。"杰克指着桌子后面的保险柜说道。为了使刺客放心，杰克一只手端着酒杯，另一只手打开保险柜，拿出一个鼓鼓囊囊的信封放在桌子上。

就在刺客把手伸向信封的一瞬间，杰克飞快地把刺客用过的酒杯和保险柜的钥匙都放进了保险柜，关上柜门并拨乱了数字盘。"啊，你干什么？"刺客见状，立刻把枪口对准杰克。杰克微微一笑："你开枪吧，即使你杀死我以后逃走，你也一定会被捕，因为你留下了决定性的证据。"

你知道这是怎么回事吗？

推理分析

杰克所说的“决定性的证据”就是指刺客的指纹和唾液。杰克将刺客喝过酒的酒杯锁进了保险柜。在那只玻璃杯上，留有刺客的唾液和左手的指纹。

《圣经》阅读计划

大约 4 世纪的时候，英国有个名叫亚当斯的惯盗，多年来一直行凶作案，终于被抓，并准备处以极刑。

当时的英国国王是詹姆斯六世，他因钦定《圣经》而闻名。亚当斯抓住这个机会对狱卒说：“听说国王喜欢《圣经》，为表示对国王的忠心，临死前我想读一读《圣经》，请国王允许我把《圣经》读完后再死。”

狱卒马上把亚当斯的想法上奏给了国王，国王听了狱卒的上奏后，说：“满足他的愿望吧，在他读完《圣经》之前，暂停执行死刑。”得到国王的许可，亚当斯欣喜若狂，他当即写了一份阅读计划交给审判官，并说自己要好好品读《圣经》，直至背下来。审判官顿时醒悟，国王上当了。实际上亚当斯借此取消了自己的死刑。

你知道聪明的亚当斯是怎样借机取消自己的死刑的吗？他的阅读计划是什么？

推理分析

亚当斯对审判官说：“我得慢慢地品味，每天一行左右。”审判官问：“那不是需要几百年吗？”亚当斯说：“国王陛下许可我读完《圣经》再被处死，并没有讲什么时候读完啊！”

一根白色的细毛

欧洲某国家博物馆展出了一顶中世纪的皇冠。皇冠上的特大钻石引起了众多参观者的兴趣，博物馆视这顶皇冠为重点保护对象，严加看护。可人算不如天算，皇冠上的宝石还是被盗了。

博物馆的警卫向前来调查此事的国家安全专家报告：报警器没有响，皇冠展橱和馆内所有的门窗都完好无缺。

安全专家巴特见皇冠展橱是个精致而坚固的透明罩，在它的基部交接处有一个对位孔，窄小得只能容一只小老鼠通过。忽然，他眼睛一亮——展橱的边沿有一根白色的细毛。

第二天，他让手下在报纸上刊登一则消息：“盗窃皇冠钻石的罪犯现已被捕，正在审讯中。”同时登出了罪犯的相片。

半个月后，他以化名在报上登出一则启事：“我因不慎将一块瑞士高级金表滑落至 25 层楼的下水道中，如有高手能不损坏建筑而把表取出来，本人将以金表价值的一半酬谢。”

几天后，助手向他汇报：“有一个医生模样的人，说他训练了一只灵巧的小白鼠，可以担此重任。”巴特高兴地叫道：“好！马上逮捕他！他就是盗窃钻石的罪犯。”

巴特是如何让罪犯自投罗网的呢？

推理分析

证据就是那根白色的细毛，巴特将细毛带回去后，经鉴定是白鼠身上的毛，为了麻痹罪犯，他故意制造假新闻，说罪犯已被抓获。而后，他又以高额酬谢为诱饵，让罪犯自投罗网。

巧用厕所

莫斯是一个高智商犯罪分子，他曾用电子计算机偷窃某国一家银行几十亿美元，甚至用电子计算机窃听某国的国防机密。当然，他最终被警方抓获，并被法院处以终身监禁，关押在某国看守和保安系统最先进的监狱里。

监狱里面给他安排了一间单人牢房，里面条件很好，有看书的地方，睡觉的地方，还有一间独立的厕所。莫斯在这里表现也很好，从不违反规定。

可令人费解的是两年后的一天晚上，他竟然失踪了，准确地讲是他越狱逃跑了。

狱警在他的床底下找到了一条通往监狱外长达 20 米的地道。根据警方测算，挖一条如此长的地道，要挖出的土达 7 吨，可警方连一捧土都没找到，难道他把土吃了不成?

狱警马上请来了著名侦探洛斯。洛斯来到监狱后，经过仔细勘察，找到了莫斯越狱的证据。

洛斯找到的证据是什么呢?

推理分析

莫斯每天上厕所时他将挖出来的土一点一点地带出，然后从厕所中冲走。

魔术师的表演

华尔酒店总经理凯特先生举办了一场酒会，邀请了许多中外名流来庆祝他的酒店成立二十周年，并将自己收藏多年的珍贵邮票、明信片拿出来供来宾观赏。

这时，H 国的一个家伙趁人不注意，随手拿起一张纪念明信片装到了自己的口袋里，不过，这一点还是被总经理发现了。当场揭穿吧，实在让酒会扫兴；不理会吧，自己的宝贝眼看就要属于别人了，他又不甘心。

突然，他灵机一动，请来一个魔术师朋友，他把自己的情况给魔术师讲了一遍，请魔术师帮助他取回宝物，魔术师满口答应。

于是，凯特对来宾说："各位朋友，为给今天的酒会助兴，我特地请来著名的魔术师为大家表演精彩的节目。"魔术师上台表演了两个小节目，便成功地将宝贝取了回来。

请问，魔术师使的什么妙计，既取回了宝物又不使那家伙难堪？

推理分析

魔术师拿来了一个仿真的纪念明信片，然后假装变魔术，将假的扔掉以后，对着众人宣布，他将明信片放进了那个家伙的衣袋里，这样，真的明信片很自然地就拿了回来。

取表

温斯探长接到报案，在一家旅馆里发现一具男尸。他火速赶到现场，死者是被人用枕头闷住窒息而死的。经调查死者是 C 公司的经理阿曼。据秘书反映，死者的表弟阿莱最近跟阿曼争吵了几次，今天下午阿曼可能又去见他了。温斯探长掏出怀表看了看，决定去找阿莱。他临走时顺手将怀表放在桌上，并对警卫耳语了几句，便离开了旅馆。

温斯见到阿莱，便问他知不知道阿曼被人谋杀的事，阿莱说："不知道，我好几天都没见到他了，今天刚从一个朋友家回来。"

"我知道你和此事无关，找你只是想了解一点情况。"温斯探长一边说着一边伸手去掏怀表，"糟糕，我的表忘在了作案现场，请你帮我拿一下并送到警局好吗？我现在要去找一个有疑点的人。"阿莱犹豫了片刻，答应了。

阿莱大模大样来到旅馆，一进房门就看见温斯探长，不由大吃一惊，刚想逃走，却被警卫牢牢抓住。温斯探长站起身说："果然不出我所料，你就是凶手！”阿莱这才知道自己不打自招，自投罗网了。经审讯，阿莱为继承遗产，将表哥阿曼杀害了。

温斯探长为什么说他就是凶手呢？

推理分析

温斯探长故意让阿莱去拿怀表，却没有告诉他作案现场在哪里，阿莱不知道让他去取表是计，就自己直接来到了旅馆的房间，可见他是凶手。

拉驴尾巴

一个富商和洛克探长一起在一个岛上旅行。后来，他们遇到了土著居民，就跟他们一起行走，一起歇息。

一天清晨，富商醒来后发现自己的钱被别人偷走了。头人听到这个消息，非常痛心，因为他常常告诫他的族人永远不能作贼。他对富商说：“我的朋友，如果有人拿走了你的钱，我保证一定在太阳落山前把钱交还给你。”

头人和洛克探长商量破案的办法以后，就把他的族人集合在一起，他说：“你们每一个人都必须轮流到我的帐篷里去，拉一拉我那驴的尾巴。要知道这头驴是非常聪明的，如果有小偷拉它的尾巴，它就会大声叫。”

所有的族人一个接一个进入头人的帐篷，大家都一声不响，竖起耳朵听着，当最后一个人从帐篷里出来时，驴还是一声没叫。富商心里想，这下金币一定找不到了。

这时，头人让他们站成一排：“现在，你们都把手伸出来！”他命令道。于是，各种各样、大小不一的手都伸了出来，头人从他们面前走过，一个一个地嗅他们的手。他走到队伍的末尾，站住了，他把最后一个人的手嗅了又嗅慢慢抬起头，盯着这个人大声说：“你就是贼！还不把钱拿出来！”

那个人乖乖地跑到树边一块大石头旁，把藏在下面的钱袋拿了出来。

这是怎么一回事呢，头人是怎么判断出来的？

推理分析

小偷因为害怕驴子会叫，所以他不敢拉驴子的尾巴；而头人在驴子的尾巴上涂了一层有浓烈气味的油脂。谁的手上没有气味，谁就是小偷。

化学家的声明

著名化学家威廉研制出了很多化学产品，并因此成了百万富翁。在伦敦市一条繁华的大街上，他购置了一套豪华公寓。威廉不仅钻研化学，还对收藏世界名画和文物颇感兴趣，他几乎花了自己一半的收入，购买了许多名画放在客厅里。

一天夜里，有个小偷钻进屋里行窃。他偷了几件文物，经过客厅时顺手摘下了挂在那儿的一幅名画并卷起来，打算从原路逃走，突然餐桌上放的一瓶高档名酒将他吸引住了。

原来这小偷是酒鬼，平常就嗜酒如命，他一看到有这么好的酒，不管三七二十一，迫不及待地拧开酒瓶，扬起脖子喝起来。

他刚喝了一半，突然听到门外有响声，大概是仆人听见有什么响动前来察看了。小偷一慌，忙放下酒瓶，赶紧逃走了。

第二天一早，威廉发现家中的几件文物和名画不见了，就连忙报了警。警察局派詹姆警长赶来，组织破案。詹姆在屋里转了一圈，见罪犯没有留下什么痕迹，只有一股酒味。詹姆察看了一下餐桌上开着的酒瓶并询问了威廉，他断定盗贼喝了几口酒，便心生一计，他要让这罪犯投案自首。

请问：他想的是什么办法呢？

推理分析

詹姆让威廉以一个化学家的身份写份声明，登在报上。威廉在声明里说自己是个化学家，失窃那天晚上放在桌子上的那瓶酒里有毒，谁喝了，不出五天必定中毒身亡。他要求喝了那瓶酒的朋友尽快到他家服解毒药，否则，生命会有危险。盗贼看了声明以后信以为真，第二天便带着那幅画自首了。

报警的数字

这天傍晚，比利夫人在妹妹家里刚住了一天，管家就打电话让她赶快回家。她刚进家门，电话就响了，听筒内传来一个陌生男人的声音："你丈夫比利现在在我们手里。如果你希望他继续活下去，就快准备 40 万美金，你要是去报警，可别怪我们对比利不客气！"比利夫人听罢，险些瘫坐在地上。她思来想去一整夜，觉得还是应该去报警。

波特警长接到电话后，立即驾车来到比利的别墅。首先，他去询问管家。管家说："昨天晚上来了个戴墨镜的客人，他的帽檐压得很低，我没看清他的脸。看样子和先生很熟，他一进来先生就把他领进了书房。过了一小时，我见书房里毫无动静，就推门进去，谁知屋里空无一人，窗子是开着的，我就给夫人打了电话。"

波特走进书房查看，没有发现什么线索。他又看了看窗外，只见泥地上有两行脚印，从窗台下一直延伸到别墅的后门外。看来，绑匪是逼迫比利从后门走出去的，波特转回身又仔细看了看书房，发现书桌的台历上写着一串数字：7891011。波特警长想了想，问比利夫人："你丈夫有个叫加森（JASON）的朋友吗？"她点了点头，波特说："我断定加森就是绑匪。"果然，波特从加森家的地窖里救出了比利，加森因此锒铛入狱。

你知道波特为什么根据那串数字，就断定加森是绑匪吗？

推理分析

比利留下的这串数字指代了 7、8、9、10、11 这五个英文单词的词头：J-A-S-O-N，这说明绑匪是 JASON（加森）。

语文老师的作文课

学校隔壁的唱片店里，发生了偷窃案。这天早上，老板打开店门，发现窗户玻璃被打碎了，柜架上少了一套最流行的唱片，而旁边的两个钱柜里，几百元现金一分也不少，老板就向警方报了案。

摩恩探长认为，小偷很可能是学校里的学生，他因为太喜欢唱片了，又没有钱买，就一时糊涂做了错事。如果大张旗鼓地调查，让大家都知道他偷了东西，不利于他今后的成长。

探长就和校长商量，想出了一个办法。他假扮成新来的语文老师，来到歌迷最多的三班，对同学们说："为了训练你们的想象能力，我让大家做一篇作文，题目是《午夜小偷》，假设你是一个小偷，昨天晚上你怎样进入隔壁的唱片店，然后偷了什么东西，越具体越好，半小时后交卷。"

晚上，摩恩探长认真阅读作文，其中有三篇作文引起了他的注意。第一篇写道："昨天半夜，我打碎了唱片店的玻璃窗，爬了进去。我先找钱柜，没有找到，就拿了一张最值钱的唱片，悄悄地溜出了商店。"第二篇写道："我用金刚刀，划破了窗玻璃，钻进店里，我没有去撬那两个钱箱，而是抓紧时间偷了几张唱片，溜了出来。"第三篇写道："昨天半夜里，我戴着手套撬开了抽屉锁，偷了里面的很多钱，又偷了很多唱片，我要用这些钱，买很多好听的唱片。"

第二天早上，摩恩探长找来其中一个学生，经耐心教育，他终于承认，是他偷了那套唱片。

摩恩探长找来的是第几个学生呢？探长根据什么推测出他就是小偷呢？

推理分析

探长找的是第二个学生，因为他的作文里，写了店里有“两个钱箱”，说明他了解店里的实际情况。

谁是匪首

“砰——”一声枪响，打破了边境清晨的宁静，在国境线边上的小村寨里，男女老少奔跑着，惊叫着：“土匪来啦！快逃命啊！”

这个边境线旁的小村寨，交通非常不方便，村民的生活很艰苦，最恐怖的是边境线的对面，有一帮土匪经常来村里抢劫，吃饱喝足了，临走的时候还要带走鸡鸭鹅羊，谁敢反抗，就会遭到毒打和枪杀。边防警察局接到报警，要走很长的山路才能赶到，这时候土匪已经逃走了。

为了把土匪一网打尽，克莱尔探长带领部下，忍受着寒冷和虫咬，埋伏在附近的山洞里。整整半个月过去了，土匪没有动静。有的警员说：“也许土匪知道我们埋伏了，不会来了吧？”探长说：“马上要到圣诞节了，土匪一定会来抢东西，好回去过节的！”

果然，就在圣诞节早上，土匪又来了。边防警察迅速出击消灭了几个土匪，其余的都乖乖举手投降了。克莱尔探长早就听说，这帮土匪的头目心狠手辣，杀害了不少人，得先把他揪出来。他来到俘虏群前，看到土匪们都穿着一样的军服，谁是土匪头子呢？

克莱尔探长问：“谁是带队的？”土匪们都低着脑袋，一声不吭。探长知道，土匪头子一定混在当中，所以土匪们都怕他，不敢说话，克莱尔探长想了一想，突然大声问了一句话，话音刚落，他就知道谁是土匪头子了。

聪明的克莱尔探长问了一句什么话呢？

推理分析

克莱尔探长问："你们的头目衣服怎么穿反了？"土匪们一时没有反应过来，都朝一个人看去，那个人就是土匪头子。

整容的罪犯

斯密特曾经因为抢劫，被判了十年徒刑。他刑满释放以后，仍然贼心不改，又干起了老本行。一天晚上，他来到一家珠宝店，假装买首饰的顾客，敲开了店门以后，用枪逼着老板，把店里的钱和金银珠宝，都放进他的皮箱里，然后连夜逃到了 K 市。

第二天早上，他买了一张晨报，发现上面有珠宝店被抢的消息，还有警方的悬赏通缉令，旁边印着他的照片。他骂了一声："警察的行动这么快，真是见鬼了！"他出了一身冷汗，连忙用报纸遮住脸，躲进车站的厕所里。

他在厕所里想，老是这么躲着，总不是办法呀。怎样才能不让别人发现呢？忽然，他看到报纸的一角，有一则整容医院的广告，便想出了一个绝妙的主意。

他根据广告上的地址，找到了那家整容医院，要求整容。医生问他："您想整成怎样的相貌呢？"他拿出一大笔钱，悄悄对医生说："随便你整成什么模样，只要整得连我自己也不认识了，这些钱就都归你！"医生愣了一下，看了看钱，就一口答应了。

医生给斯密特打了麻醉针，然后用了足足五个小时，精心做了整容手术。第二天早上，医生为他拆开纱布。斯密特忍住痛，对着镜子一瞧，高兴地叫起来："哈哈！真的是一个陌生人啦！"他得意地笑着，走到大街上，看见两个巡警走过来，他想，反正警察不认识我！就大模大样地走过去，还朝警察点了点头。谁知道，警察还是把他抓起来了。

斯密特已经整过容了，为什么警察还是把他抓起来了呢？

推理分析

整容医生已经发现他是逃犯，为了不惊动他，就故意把他整成另外一个通缉犯的相貌。

果汁杯底下的纸条

州立大学的学生宿舍里，发生了一起抢劫案，有个蒙面人拿着枪闯进宿舍，抢走了学生们的钱包。那天约翰正巧晚回来，走到门口听到里面有陌生人的声音，就赶紧躲到一边。这时候，罪犯从宿舍里冲出来，因为慌张，在楼梯上跌了一跤，蒙面的黑布掉了下来，罪犯迅速爬起来，奔下楼梯逃走了。约翰躲在楼梯边的暗角里，看到罪犯的相貌。警察赶来以后，调查了一些情况，但是没能查出罪犯。

大学旁边有一家小咖啡馆，每天要开到很晚才关门。这一天，约翰做完作业，来到咖啡馆，要了一杯热咖啡，坐下来慢慢喝着。忽然，他看见有一个剃平头的男子，坐在靠门口的位置，也在喝咖啡。他心头猛地一震：就是他！就是那个抢劫犯！约翰想去报警，又怕罪犯跑了。自己去抓吧，那罪犯身强体壮，肯定不是他的对手，怎么办呢？

就在这时候，店里走进来一个警察，看到平头男子旁边的座位空着，就坐了下来，对服务员说："来一杯果汁！"约翰想喊警察，又怕罪犯听见了会逃跑，或者拔出手枪伤害别人。他想了一想，站起身来，向服务台走去，轻轻对服务员说了几句。

过了一会儿，服务员给警察端上果汁，微笑着说："请您慢用！"警察喝了起来，到快要喝完的时候，警察忽然放下杯子，一把扭住平头男子的手，大声说："你这个抢劫犯，这次跑不掉了！"

约翰对服务员说了些什么，使警察知道平头男子就是罪犯呢？

推理分析

约翰让服务员在果汁杯子底贴了一张纸条，上面写着："你旁边的人是宿舍抢劫犯，快抓住他！"

机智的情报电话

一天，福特探长来到金冠大酒店，他发现这里喝酒的一伙人，正是国际刑警组织在缉捕的在逃走私犯。由于这伙罪犯不知道探长的真实身份，所以谁也没注意他。为了迅速捉拿这些人，探长便用电话通知警方。探长装着和女朋友通电话，这伙人听到的电话内容是这样的：

"亲爱的罗莎，您好吗？我是福特，昨晚不舒服，不能陪您去夜总会，现在好多了，全亏金冠大酒店经理上月送的特效药。亲爱的，不要和目标生气，我们会永远在一起的，请您原谅我失约，我的病不是很快就好了吗？今晚赶来您家时再向您道歉，可别生我的气呀！好吧，再见！"

这伙人听了大笑不止，可是五分钟后，警方突然出现在他们面前，他们不得不举手投降。

请问，福特是如何向警方提供情报的？

推理分析

福特探长在打电话时做了点手脚。在通话时，探长一讲到无关紧要的话，就用手掌心捂紧话筒，不让对方听到，而讲到关键的话时，就松开手。

这样，警方就收到了这么一段"间歇式"的情报电话："我是福特……现在……金冠大酒店……和目标……在一起……请您……快……赶来……"

列车上的广播

一个珍奇珠宝展览在国外某城市博物馆开展的第二天夜里，两颗分别重65克拉和78克拉的“孔雀蓝”宝石就被盗走。这两颗宝石可是稀世珍宝，如果被偷运出国，那造成的损失将难以估量。

天未亮，警方接到报案，探长托尼马上派出两名侦探赶往一个半小时后就要发车的303次国际列车。他自己则带了一名助手来到现场。经过初步勘察，他们发现盗贼是从博物馆的屋顶进入馆内的，并且用早已配好的钥匙打开了展厅的门，然后剪断报警器的电线，将宝石从有机玻璃柜中盗走。看来盗贼是早有预谋的。

托尼探长留下助手配合馆内保安继续对现场作进一步勘察，自己迅速开车来到了火车站。他和已经上车的两名侦探联系上，那两名侦探正分别从车头和车尾逐节车厢寻找嫌疑犯。

托尼探长从中间一节车厢上了车。忽然，车厢内一阵骚动，两名乘警正分开人群朝9号软卧车厢走去。托尼探长紧跟了过去，当他们来到第三间包厢时，透过半敞开的门，一眼就看见靠窗口处蜷缩着一位中年男子。恐怖的是他两眼圆睁，口角边还有一丝鲜血，已经死了。经检查他是被人用枪杀死的，随身携带的行李已不翼而飞。乘警告诉托尼探长，报案者是与死者相邻车厢的一位乘客。据他说是因误入死者车厢才发现这起凶杀案的。托尼探长猜测死者就是昨晚偷走宝石的盗贼之一，他在作案后很有可能又被另一伙盗贼跟踪，上车后被杀死在车厢内，随后行李和宝石一道被劫。

托尼探长推断杀人劫宝者还在车上，他当即向一位乘警小声交代了几句。这时，两名侦探已来到这节车厢，托尼探长立即给他俩安排了任务。

列车上的广播忽然响了：“各位乘客请注意！各位乘客请注意！ 9号车厢有一位乘客突发重病，生命垂危，车上如有医生请速去协助抢救……”顿时，有不少人向9号车厢涌来。化装成“医生”的一位侦探堵在门口，他向前来要求参与抢救的人说道：“病人刚刚苏醒过来，他正向乘警述说好像有人要谋杀他呢！”话音刚落，人群中有一位乘客迅速转身回到了自己的座位上。当那人刚从行李架上取下一只皮箱时，托尼探长和一名乘警便出现在他身后。

“先生，请跟我们到乘警室去一下！”那人浑身一颤，皮箱猛然从手上滑落，正砸在他脚上，疼得他大叫不止。

“把皮箱捡起来，跟我们走一趟！”乘警和托尼探长将那人夹在中间，把他带到了乘警室。没等托尼探长要他打开皮箱，那人便如实地交代了他杀人窃宝的犯罪经过。

请问，托尼探长是如何断定那人就是劫宝杀人犯呢？

推理分析

托尼探长叫乘警通过广播寻医就是要让劫宝杀人犯自动现形。当广播说 9 号车厢有一位病人需要抢救时，劫宝杀人犯立刻坐不住了，他要去看个究竟。当听说病人没有死还怀疑有人谋杀时，他害怕被认出来，所以准备等火车到站后赶紧逃跑，没想到惊慌之下暴露了自己。

借据丢失后

有个叫哈桑的人，借给一个商人两千金币，可是过了两个月发现借据遗失了，到处找也找不到，急得身上直冒汗。妻子在一旁，也想不出补救的办法，嘴里不住埋怨，哈桑心里发慌，赶忙跑去找他最要好的朋友纳斯列丁，请他想个办法。

“如果那个商人知道我丢了借据，就不会把钱还我了，那是两千金币啊！”哈桑对纳斯列丁说，“我手头再没有任何关于这笔借款的证据了。”

“商人借钱时没有第三个人知道吗？”纳斯列丁问。“只有我妻子知道，但那是商人把钱借走之后，我才告诉她的。”

“那等于说，鱼儿跑了，你才撒下网去。”纳斯列丁说，“商人借钱的期限是多长时间？”

“时间是一年。”

纳斯列丁沉思了片刻，为哈桑想出了好办法：“你可以给那个商人写封信，问他要一个借钱的证据。”

“什么？向借钱的人要借钱的证据？”哈桑困惑不解，感到荒唐可笑。

纳斯列丁出了个主意，哈桑按照他说的去做，果然几天之内那商人就把证据送来了。

你知道纳斯列丁出的是什么主意吗？

推理分析

纳斯列丁要哈桑马上给商人写封信，要他归还借去的两千五百金币。那商人接到信后马上回了一封亲笔信，信中写道："你可能搞错了，我们商定的借期是一年，我不能现在就还款给你；说到借款的数目，我只借了两千金币，绝不是两千五百金币，你那里有我亲自写的借条。你是不是把别人的借款弄到我头上来了？"

谁是花瓶的主人

侦探哈里好不容易有几天空闲，就到乡下去散心，顺便看看多年没见的亲戚。可万万没想到，他刚到就遇到了麻烦。村里有两个汉子打成了一团，这个衣服撕了个大口子，那个脸上划了一道两寸长的血印子。哈里朝他们大喊一声："住手，不然我把你们都带走！"两个汉子这才松开手，喘着粗气，恶狠狠地看着对方。

这时已经围了几十个人看热闹，都想看看哈里怎么断这个案子。哈里找个地方坐好，对其中一个年纪稍大的说："有什么事，你先说，但一定要说实话。"

"是！"那个汉子点点头说，"我叫马丁，他是我的兄弟叫马代。我们俩一个父亲，但不是一个母亲，不管怎么说还是亲兄弟……"

哈里一听，差一点笑出声来，挥挥手叫他先住口，对马代说："还是你说吧，记住，说实话。"

马代的表达能力比他哥哥强多了，几句话就把事情说清楚了。原来去年他家翻修房子，有一些贵重的东西放到马丁家了，等他修好了房子，往回拿东西时，却少了一件，是一只中世纪的玻璃花瓶，一件很值钱的古董。

马代刚刚说完，马丁就喊了起来："他胡说，是有这么一件古董，可那是我的，他早就看上了，几次想买，我都没答应……"

马代气得脸都白了："你可真是无赖，那明明是我的嘛！"

说着话，两个人又要动手。哈里大声嚷道："不许动手，把那只该死的花瓶拿来，让我好好看看！"

马丁答应一声去了。

工夫不大，马丁回来了，双手捧着那只花瓶。哈里仔细地看了看，让他俩人说说特征，结果都说得八九不离十。哈里生气了，把那只花瓶举起来说："你们虽然不是一个母亲，但也是亲兄弟，怎么能为了一个破花瓶伤了手足之情？让我摔了它吧！"说完就往地下摔去。在场的人全吓了一跳，谁也没想到哈里会这样做。

哈里的手却没有松开，花瓶还在他的手里，人们这才松了一口气。哈里把花瓶给马代说："东西是你的，拿回去吧！"

你知道哈里是怎样确定花瓶是谁的吗？

推理分析

眼睛是心灵的窗户，摔花瓶的时候，马代的眼睛露出生气的眼神，马丁的眼神却显得毫不心疼。

一颗散落的珍珠

一大早，朗波侦探急匆匆赶到一处公寓，因为该公寓的主人报案说，昨天公寓里有小偷光顾，失窃了不少珠宝。

在公寓里，朗波侦探发现地毯被吸尘器清扫过。朗波侦探仔细检查，突然发现地毯的边上有一颗散落的珍珠，也许是小偷未注意遗落到地毯上的。于是他故意将一些纸片撕碎撒得满地都是，遮盖住了珍珠，然后让助手找来了这家的管家。出示证件后朗波问道：“你昨晚在什么地方？”

“我在公寓里我自己的房间睡觉，一直没有出来。”管家回答。

“昨晚公寓里进了小偷，你知道吗？”朗波侦探问。

管家说：“我也是刚刚起床时才知道的，丢了什么东西吗？”

朗波侦探说：“这正是我要问你的呢？你不知道吗？”

管家说：“探长先生，我真的不知道，这一地碎纸片是怎么回事？”

“可能是罪犯乱翻东西时弄的。”朗波说，“对不起，请打扫一下。”朗波侦探吩咐道。“如果发现有什么东西被盗了的话，请告诉我。”

“好的。”管家拿出吸尘器，马上开始清扫，吸尘器里很快装满了碎纸片，吸力弱下来了。“我去倒垃圾。”管家拉着吸尘器进了厨房，然后又出来继续清扫。

“厨房里有什么异常吗？”朗波侦探不经意地问。

“什么也没发现。”管家回答道。

“是吗？”朗波侦探两眼直视管家，“那么，罪犯就是你喽！”

管家惊得倒吸了一口气，但马上又镇静下来。他关掉吸尘器的开关，马达声立刻停了下来。“你凭什么说我是罪犯？”

“珍珠就是证据。你把盗走的宝石和珍珠藏到哪儿去了？老实告诉我。”管家一脸沮丧，不得不承认是自己干的。为什么朗波侦探认定管家就是罪犯呢？

推理分析

朗波检查发现地毯被吸尘器清扫过。于是他故意将碎纸片弄了一地，以观察管家在打开吸尘器时发现珍珠的反应，谁知他却默不作声，这证明他是罪犯。

装哑取证

一列火车在一望无际的原野上疾驶。车厢里，探长琼斯拿着一本小说打发着寂寞的旅途。忽然，一个金发碧眼女人从他座席边上走过，撞了他一下。见他的小说掉在了地上，那女人忙伏下身，将小说拾起，递给琼斯说："对不起，先生。"按理说，琼斯本应回答一句，然而他却怔住了：这女人怎么这么面熟，好像在什么地方见过。就在他犹豫的一瞬间，那女人冲他打了个飞吻，转身朝前面的车厢走去。

在哪里见过她呢？琼斯苦思苦索着，以往接触过的女人一个一个在他头脑里闪过。倏然，他想起了什么：难道是她？

琼斯装作若无其事的样子离开座席，也朝前面的车厢走去。他要去找那个女人。可是他失望了，前面的五节车厢都查看过了，没有发现那个女人。当他走回到自己乘坐的那节车厢的头上，刚推开厕所门进去，门就被关上了。琼斯定神一看，暗吃一惊，那金发女人正站在自己的对面！

"喜欢我？"金发女人笑笑说。琼斯耸耸肩，摇摇头。

"不喜欢？可是不管你是否喜欢我，总得拿钱来，不然我就出去喊人，说你要非礼我！"金发女人手握门扶手，碧眼紧盯着琼斯那毫无表情的面孔。

琼斯在紧张地思考着，怎样才能抓住这个女诈骗犯呢？说没有钱，她会要我腕上的金表；掏枪抓捕她，她会说你威逼无辜，而且又没有证据……

"你是个哑巴？快说，到底给不给钱？"金发女人眼睛里露出了凶狠而贪婪的目光。

忽然，琼斯想出了个妙计。很快，那个女诈骗犯乖乖地跟着琼斯走出了厕所。当天，在警察局里，女诈骗犯供认了自己连续多次诈骗作案的犯罪事实。

琼斯用的是什么妙计擒获那个女诈骗犯的呢？

推理分析

琼斯觉得金发女人眼熟，终于想起这是个通缉在逃的诈骗犯。在厕所里，他装作聋哑人，让女诈骗犯把自己要钱的话写在纸上。于是，他以此为证据抓住了这个女诈骗犯。

引诱

中国古代战国时期，齐、楚、燕、韩、赵、魏六国在一个名叫苏秦的人的游说下，联合起来，共同抗秦。六国国王都很信任苏秦，都封他为本国的宰相。

有一天，苏秦告别燕王，来到了齐国。齐王亲自出迎，并把他安置在一个守卫严密、风景秀丽的花园中。齐王几乎每天都要来花园中与苏秦商量军机大事。这一天，苏秦送走了齐王，吃过晚饭，独自一人来到后花园散步。他刚走过小桥，来到望月亭坐下，忽然从亭边一株桃树后面窜出一个蒙面刺客，舞剑向他刺来。苏秦大惊失色，一面高呼救命，一面抓起身边的一根木棒企图抵挡。那刺客剑法纯熟，平时从不习武的苏秦哪是对手。只两三下，苏秦便被刺客一剑刺中，翻倒在地。刺客见状，便翻墙逃走了。等到守卫花园的兵士们赶来时，苏秦已奄奄一息了。

兵士们急忙把苏秦被刺的消息报知了齐王。齐王当即赶到花园，看望苏秦。

苏秦吃力地睁开眼睛，对齐王说："大王，臣死无憾，只是不能再帮助大王完成抗秦大业了……"

齐王忙安慰他说："本王要为你树碑立传，永示后代！"

"万万不可。"

"为什么？"

"我只有一个要求……"

"快说，不论什么事，本王都替你去办！"

"我要大王捉住刺客，替微臣报仇！"

"可是刺客已经逃走了。"

"我有一个办法可让他自投罗网。"

苏秦说出了自己的主意，齐王大吃一惊，刚要再问，苏秦脑袋一歪，咽下了最后一口气。

第二天，齐王亲自实施了苏秦的计划，果然很快就有一个人来到齐王的面前，神气十足地对齐王说道：

"启禀大王，是我见苏秦到齐国怀有二心，所以除掉了他。"

"这么说，是你刺死苏秦的了？"

"正是小人为民除奸。"

"好，那就请你把刺杀苏秦的经过讲给本王听听。"

刺客一听十分高兴，一口气儿把那天晚上刺杀苏秦的经过述说了一遍。齐王听刺客说的和苏秦临死前说的情况一样，便认定了此人是刺客无疑，于是高声喝道：

“来人呐，还不快与我绑了！”

“啊！大王……”刺客惊慌得叫喊起来。

“哈哈哈……”齐王一阵大笑，高兴地说道，“苏秦不愧为天下名士，足智多谋。是他临死时给本王出的主意，这才抓住了你这真正的奸佞之徒！推出去，给我斩了，用他的头来祭奠爱臣苏秦的亡灵！”

刽子手立即将刺客斩首示众。

人们看见刺客伏法了，更加佩服苏秦的智谋。

那么，苏秦临死时给齐王出了个什么主意，才使刺客自投罗网的呢？

推理分析

苏秦知道自己伤势太重，要不久于人世了。为了捉住刺客，便献了一个“自污”的计策来帮助齐王破案。他对齐王说道：“臣死后，请大王亲自将臣的尸体车裂示众。然后再当众宣读我的罪行，说我是燕国派来颠覆齐国的奸细。这样做，就能捉到刺客，为臣报仇了。”

齐王按苏秦的主意办了之后，刺客看见苏秦被车裂，心里自然十分庆幸。一来再不用担心被捉杀头，二来不仅赚了一大笔钱，还可能要立功受奖赏呢！这样，他便自动从人群中走出来，承认了自己就是刺客，结果中了苏秦的圈套。

设宴抓贼

西汉宣帝年间，京都长安城里小偷多得惊人。

一天，汉宣帝召见了长安的行政长官张敞，限期在一个月内把城里的小偷全部抓光。张敞派出许多差役抓小偷，可是，抓了半个月，也没有抓到几个。

怎么才能把小偷抓光呢？张敞整日愁眉不展，冥思苦索。最后，他决定自己化装侦察，顺藤摸瓜，然后再争取一网打尽。

这一天，他又化装来到了繁华的大街上，注意观察街上的行人，天将中午的时候，一个四十多岁的中年人引起了他的注意。这个人衣着打扮像个书生，可两只眼睛却贼溜溜地乱转。在他的身后还跟着一个身强力壮的汉子，汉子手里提着两只布口袋。

中年人走到一家丝绸店前，店老板马上笑脸迎出来，并让人捧来两匹丝绸，装进了壮汉的布口袋里。中年人又来到一家食品店前，店主人也殷勤地跑出来，挨着样地给拣了一大堆吃的，倒进了壮汉的另一只布口袋里。中年人和壮汉又走到几家店铺门前，也都如此。

张敞觉得这事儿很怪，头脑中出现了一个个问号：为什么这些店铺的老板如此恭敬这个中年人呢？为什么中年人买东西不给钱？这个人是干什么的呢？

为了把事情弄明白，张敞立即让人跟踪那个中年人，自己来到了丝绸店。他找到店老板问道："刚才到你这儿来的那个人是干什么的？"

店老板以为张敞是个平民百姓，便不在意地说道："你不是本地人吧？不然怎么连那个人都不认识呢！那是这长安城里的头儿！"

"什么头儿？皇上不才是头儿吗？"张敞虽已猜着七八分，却又故作不知道地问道。

店老板不耐烦地答道："你这个人真是什么都不知道，皇上那是一国之君，是国家的头儿，而他是小偷的头儿。"

"小偷还有头儿？"

"那可不，那可不是个好对付的主儿，你要是恭敬他，他和他的那些喽啰们就不偷你，你要是不给他好处，他和他的喽啰们用不了一晚上，就可以把你的货物偷光。"

"是吗，那人有那么大的本事？"

"可不，你要是在这儿做买卖，也千万不要招惹他。"

"多谢先生的指教！"

张敞说完离开了丝绸店。他刚走不远，就看见一个差役朝自己走来。那差役走到近前轻声说道："大人，我们已经在一间房子里将那个可疑人抓获了。"

张敞听后，也压低声音对差役说道："好，你领我去见那人。"

张敞跟着差役来到了一间摆设豪华的房子里。小偷的头儿听说抓住自己的人是长安最高行政长官张敞，知道抵赖也没有用，便如实招认了。

抓住小偷的头儿并不是张敞的目的，因为宣帝是让他把城里的小偷全部抓获。下一步该怎么办呢？张敞屈指算来，离宣帝给的期限仅有三天了。忽然，他想出了一个把城里的小偷全部抓住的办法，便对小偷的头儿说道：

“你是愿意被砍头呢？还是愿意戴罪立功？”

小偷头儿当然不愿意被砍头，忙说：“我愿意戴罪立功！”

“那好，只要你帮我把你手下的那些小偷都抓来，我就饶你一命。”

“那可不好办！大人，你别看偷东西的时候他们都听我的，要是抓他们，可就……”

“这不用你操心，我自有办法。”张敞对小偷头儿耳语几句，小偷头儿连连点头称是。

第二天晚上，张敞果然把长安城里的小偷儿全部抓获了。

张敞是通过什么办法把小偷全部抓获的呢？

推理分析

张敞以砍头作为条件，布下了一个“欺骗”计策进行破案。他让小偷头儿穿上差役的衣服上大街去逛，遇着小偷就说：“我花钱在官府里买了一个差事，今后咱们哥们儿谁若是有个闪失，我就可以从里面照应了。请通知我的弟兄们，我今天晚上要在香月楼设宴庆贺庆贺！”

小偷们听了，信以为真，一传十，十传百，当天晚上全部到了香月楼。这样，这些小偷便被张敞早已埋伏下的几百名兵丁全部抓获。

能“说话”的尸体

东汉的时候，有个县城里正在举行庙会，大街上人山人海，商人卖东西的叫卖声、大人寻找走失的小孩的叫喊声、还有牛马鸡鸭的叫声，闹成了一片，真是太热闹了。

有个叫周纡的县官，带着几个随从，穿着便服也来逛集市。他站在一个卖画的摊子前，正拿着一幅国画慢慢欣赏，忽然，听到西边有人惊叫："不好啦！有人被杀啦！"人们一听，都往那边奔过去。周纡心头一震，马上放下画卷，跟着人们跑过去。

在县城的西门边上，躺着一个男子的尸体，围观的人里三层外三层，大家纷纷议论说："刚才我进城门的时候，怎么没有看到他啊？"也有人说："你们就别瞎议论了，快去报官吧！"周纡大声说："别去报了，本官已经来了。"人们看见县官来了，就让开了一条路。

周纡挤进去一看，那尸体穿得破破烂烂，好像是个乞丐，脑袋上有一个大窟窿，血迹已经干了。周纡高声说："诸位请肃静，本官要亲自审问尸体，查出凶手！"众人大吃一惊：难道尸体会开口说话？大家都停止了议论，看县官怎么审问，周纡朝尸体大喝一声："是谁把你害了，快从实招来！"然后凑近尸体耳朵，好像在和尸体说悄悄话呢。

过了一会儿，周纡大声宣布："尸体已经告诉本官真相了！"他叫来守城门的士兵，问他："刚才有谁运过稻草进城？赶快把他抓起来！"

尸体当然不会真的自己说话，那么，周纡为什么能"听"到尸体说出真相呢？

推理分析

周纡从众人的议论里，知道尸体是刚放在这里的，他假装审问，开始细细地观察尸体，果然，他从尸体的头发和耳孔里，看到很多稻草屑，便很准确地判断出凶手是把尸体藏在稻草里，混进城门的。

周纡善于倾听和善于观察，是他能够破案的关键。

县令买马

晋朝的时候，县令罗际刚刚上任就传下令牌，让全县的百姓都来有冤伸冤，有案说案。

一天，一个老汉颤颤巍巍地前来报案：“大人，我的马昨夜被偷了！”

罗际见老汉急得满头大汗，便同情地问道：“你的马长的啥模样？”

老汉叹息着回答道：“大人呢，都怪我马虎，才让偷马贼钻了空子。那可是一匹好马呀，四岁口，个大脊宽，四蹄雪白，身上红得像火炭一样，跑得可快呢。”

罗际听了点了点头，又问道：“你晚上听到什么动静没有？”老汉略一思索，说道：“大人，我在半夜的时候，听到有一群马叫了一阵，听声音像是马贩子赶着马从我住的村子里经过。”

罗际听老汉说完，安慰老汉说：“老人家，你先回去吧，等马寻到了，我再请你领回去。”

老汉见罗际说得平平淡淡，有些满腹狐疑地离开了县衙。

第二天，罗际叫人在城门口贴出了一个布告，布告的内容立刻在全城传开了。

很快，有一个马贩子探头探脑地牵着一匹马就来到了县衙门前，县令罗际见眼前这匹马和老汉说的那匹马非常相像，便把老汉叫了出来进行相认。

那马一见到老汉，顿时两蹄腾起，鬃毛竖立，挣开马贩子手中的缰绳，跑到老汉跟前，亲热地舔老汉的手。老汉高兴地说道：“就是这匹马，这就是我丢的那匹马！”

罗际见状，大声叫道：“大胆马贩子，竟敢偷盗老汉的马，来人，立刻给我拿下！”

马贩子大惊失色，知道自己中了罗际的计。

罗际用了什么计策，使马贩子自己原形毕露的呢？

推理分析

罗际在城门口贴出的布告，上面写道："本知县奉朝廷之命，出白银一千两，买一匹个大脊宽，毛如红炭的四岁口的大马，望养此马者，速送县衙。"马贩子见钱眼开，以为可以用偷来的这匹马卖到一千两白银，结果中了罗际高价购物的计。

母亲与儿子

后魏的时候，一天，有一个叫李易的商人，带着几十匹绢去岐州做生意。时值冬季，太阳早早就落山了。可是李易赶路心切，摸黑继续前行，想赶到岐州再歇息。当他来到一片树林时，突然从林子里蹿出了一个骑马横刀的强盗。那强盗大声喝道："把东西留给大爷让你过去，不然的话，立刻让你刀下见鬼。"

李易吓得跪在地上，口呼饶命。

"还不快将东西放下！"强盗用刀背轻拍了一下李易的屁股。

李易小心地从地上爬起来，放下了绢。

强盗迅速把几十匹绢捆在马背上，骑马跑进了树林中。

李易听见马蹄声远去，方才敢抬起头来。正巧这时，官府几个骑马巡逻的士兵路过这里，忙问李易发生了什么事。

李易惊魂未定地说："小人出门做生意来到此地，不想被强盗抢了。"

听说有人被抢，为首的一个小头目忙说："快指出强盗逃走的方向，我们这就去追。"

李易嗫嚅着说："小人吓得一直趴在地上，没看见强盗朝哪里逃了。"

小头目气得骂道："笨蛋！还不快随我们去报案。"

刺史杨津是个很会断案的人。只要是报到他这里的案子，很少有不破的。他让李易把发案经过述说一遍后，问道：

"天黑看不清强盗的模样，又没敢看他逃走的方向，但他穿什么衣，骑什么马，年纪有多大，你总还能知道一些吧？"

李易低头回忆了一下，说：“那强盗很年轻，身穿青衣青裤，骑着一匹黑马，那马四蹄踏雪。”

杨津让李易暂且回家等消息，自己回到书房。杨津想，李易被强盗抢劫后，很快就遇见了骑马巡逻的士兵，发案地离城里仅有十里，说明从李易被抢到报案时间不长。如果强盗是岐州城里的人，他必定不敢带着赃物直接回家。假如强盗现在没回家的话，只要找到强盗家里的人，就不难抓住强盗了。可是，怎样才能找到强盗的家里人呢？忽然，杨津想出了一个主意，立即叫来衙役，命令他们依计行事。

衙役走后，杨津在堂上单等强盗的家人到来。果然，过不一会儿，强盗的母亲就来到了大堂。杨津又从强盗母亲的嘴里得知强盗叫王虎，经常到城东四十里外的韩家庄其姐夫家去玩。于是，杨津派人去捉。王虎正与其姐夫猜拳喝酒，几十匹绢也放在屋里。王虎当即被捉到州衙，经审问，他全部招供。

杨津是用什么办法，让强盗的母亲自动来到州衙的呢？

推理分析

杨津命衙役上街敲锣喊话，告之全城百姓，在东门外十里处，有一个二十多岁的年轻人被杀，此人青衣黑马，黑马四蹄踏雪。若是谁家的人，请快去州衙领尸。强盗王虎的母亲听见了，心里一惊：敲锣人喊的那个被杀人不正是自己的儿子吗？于是，她便急忙来到州衙。杨津就是这样用“死”儿诱母之计，找到了强盗的母亲，并由此破了案。

马瓜和冯弧

唐朝时，卫县有个大恶霸名叫冯弧。他倚仗着姐夫吴起是朝内掌管刑狱的大官，所以为非作歹，无恶不作。

有一天，冯弧和县城里一个开饭店的老板下棋，下着下着，冯弧便处于了劣势。眼看着要输棋，就开始逼着对方让他，可店老板说什么也不干，执意要赢冯弧。

冯弧当即容颜大变，怒目圆睁，从兜里掏出了一把刀，一下子就将店老板刺死在棋桌旁。

死者家属连夜告到县衙，要求严惩凶手。

县令张方马上命人把冯弧抓了起来，并连夜起草了一份判处冯弧死刑的案卷，派人以最快速度送到了京城。

掌管刑狱的大官吴起接到案卷打开一看，呈报上来的案子竟然是要判自己小舅子的命，便马上批道：此案不实，请张县主另议再报。随后，他又悄悄地给张方写了封信，说明冯弧是他小舅子，让他从轻处理，将来一定保举张方晋升高官。

张方接到退回的案卷和说情信后，心中非常气愤。他不愿徇私情，便再次把案卷呈了上去，可几日后，案卷依然被退了回来。张方不气馁，第三次又呈了上去，可同第二次一样，案卷照样被退了回来。

几次上报，几次被退回，张方就猜到了一定是吴起有意在包庇冯弧，如果还依此上报，肯定还会被退回。他决定想个办法，以达到惩治冯弧的目的。经过几天的冥思苦想，他终于想出了一个办法，使吴起批准将冯弧斩首示众了。

张方想的是什么办法呢?

推理分析

张方重新写了一个案卷，在案卷上写道："杀人犯马瓜，无故将人杀死，现呈报斩首示众，特报请审批。"第四次派人送到京城。吴起接到案卷，展开一看，见说的是杀人犯马瓜，不是冯弧，就挥笔批了"同意处斩"四个字。待批文回来后，张方便在"马"字旁添了两点，"瓜"字旁加了"弓"字，变成了"杀人犯冯弧"。这样，张方巧妙地用了汉字的拆字法，使这个不可一世的大恶霸终于伏法了。

盖字识盗

唐朝河阳县城里有个很大的粮仓，粮仓里储存着几十万担官粮。

一天，一个黄脸皮的中年人来到粮仓，把一个叫吕元的管粮人叫到了僻静处，轻声对他说道：

"有人要买粮食，咱们搭伙再干一次！"

"现在可不比从前了，新调来的那个库官冯忱可厉害了，又精细得很，一点儿荤腥都不沾。"

"那有什么可怕的，大不了犯事都推到他身上。"

"能行吗？"

"行！只要你听我的。"

"黄脸皮"附在吕元的耳朵上嘀咕了几句，吕元露出两排大黄牙笑了。

原来，"黄脸皮"和吕元想出了一个十分阴险的计策。他们先假造了冯忱批示的卖粮信，又由"黄脸皮"拿着假信买走了几千担粮食。

半个月后，冯忱发现粮食被人盗买，气得浑身发抖，他拿着那封假造的买粮信说："盗买了粮食不算，还来诬陷本官。"他决定就是冒着受冤丢官的危险，也要把盗买粮食的人查出来。

冯忱到官府报了案。可他并不知道，这时吕元已恶人先告状，把一纸状词递到了官府。

县尉张族受理了此案。他问冯忱道：

"你说那封信不是你写的，可是实话？"

"下官办事清白，绝写不出那种信！"

"可那信上的字很像你写的！"

"是这样。我也不明白这是怎么回事？"

张族边问边观察着冯忱脸上的表情变化。他发现冯忱神态自然，不像是在说假话，便又问道："盗买粮食的人把那封信交给谁了？"

"是吕元经手的。"

"吕元？"张族思忖了一下，对一名差役说道，"去把吕元传来。"

不一会儿，吕元被传来了。

张族问道："吕元，这封信是一个什么样的人交给你的？"

吕元眨了眨眼睛，回答说："大人，这个人远在天边，近在眼前，就是冯大人。”

“什么？你说什么？”冯忱愣住了，转而愤怒地瞪着吕元骂道，“你这个混蛋，怎么敢血口喷人！”

“住口！”张族止住了冯忱，又问吕元，“你写的状词可是实情？”

“请大人放心，绝无半句戏言，我敢用脑袋担保。”吕元提高嗓门喊道。

冯忱站在一旁十分气愤，心想，都说张族办事公平，今日却为何偏听偏信？

这时，张族拿过一张纸，盖住两头，只留中间一个字，问道：“吕元，你仔细看看，这是你写的字吗？”

吕元看了看，答道：“大人，这字不是我写的！”

张族又拿出一张纸，照样盖住两头，只留中间的一个字问道：“吕元，你再看看这个字是不是你写的？”

吕元又看了看，故作镇静地答道：“大人，这字才是我写的呢？”

张族听了吕元的回答，朗声大笑：“你中计了。”说着，把那两张纸放在了吕元的面前。吕元看后面如土色，只得低头认罪。

张族立即派人把“黄脸皮”也抓获归案了。

张族是怎样推断，又先后拿出两张什么纸，才迫使吕元认罪的呢？

推理分析

张族推断，吕元自作聪明，一定会认为先拿出来的信是考验他的假信，肯定不敢承认。于是，张族先拿出吕元亲自写的状词盖住两头，让他辨认。果然不出所料，吕元回答说上面的字不是他写的。为了进一步证实吕元就是盗买粮食的人，张族又把那封假信拿出来，盖住两头的字再让吕元辨认。吕元看了看字，心想，刚才没有承认那张纸上的字是我写的。现在再不承认这张纸上的字是我写的，可就露馅了！于是，他承认了这字是他写的。这件盗买粮食案就这样被张族用盖字巧诈的方法巧妙地查清了。

被赖掉的八百贯钱

唐朝咸通年间，一天，有一高一矮两个人来到淮阴县打官司。高个子的叫陈石，矮个子的叫林兴，两个人争着向县令告状。

“都别吵，一个一个说。”知县一拍惊堂木，喝住了他们。县令对陈石说：“你先说吧！”

陈石抹了把额头上的汗珠，说：“大人，我和林兴隔条河住着，平时常有来往。大前年，我家失火，急等用钱花，便把一块肥田典当给了他，得典当金八百贯。

当时我们说好，三年后按原价赎回。现在，三年到期了。

昨天，我去赎地时，因为八百贯钱很重，我便分几次送去。可是，当我把最后一百贯钱送到他家时，他赖账了，不肯把典当地契退还给我。无奈，小人只好来请大人做主。”

“把收据拿来给我看！”

陈石后悔地说：“我以为我与他很熟，平日关系又好，便没要收据。”

“该你了！”知县又对林兴说。

林兴满脸怒气地说：“大人，陈石是在胡说八道，血口喷人。我虽没有万贯家财，但在这一带却也算个富户了，哪能赖他八百贯钱呢？”

“你可有证人？”

“没有。”

“胡闹！你们既无证据，又无证人，来这里找本官干什么？还不都与我滚下堂去，不然各打你们三十大板。”衙役把陈石和林兴赶出了衙门。

二人出来后，林兴暗自发笑，陈石却伤心地失声痛哭。这时，有一老翁路过此处，向陈石问明缘由后，告诉他说：

“江阴知县赵和善断疑案，不妨找他去试一试。”

“江阴与咱这里不属一个州县，就怕赵和不肯管。”

“唉，死马当成活马医，这事儿还兴许能成呢？”

事到如今，也只有这么办了。陈石因打官司心内焦急，第二天，便奔江阴县而去。五六日后，他来到了江阴，叩见了知县赵和。

赵和虽然有超人的智慧，但听了陈石的叙述后，还是摇头说道：“我是江阴的小官，你是淮阴的百姓，我管不着你的事，叫我怎么替你断案啊？”

“大人，我迢迢百里来此，就因为听人家说你能为民做主，断案如神。你若不管，我……”

赵和看见陈石绝望的样子，缓了口气说道：“既然如此，本官就与你断一断这个案子吧！只是你先不要回去，可能过几天要你当堂对质。”

“谢大人！”陈石破涕为笑，磕了个响头走了。

怎样才能断明这个案子呢？赵和很快想出了一个绝妙的主意。他给淮阴知县写了一封公文，不但让他派人把林兴押到了江阴，还使林兴自动交代了赖掉陈石八百贯钱的事实。

赵和在公文上写了什么？又是怎样使林兴自动交代实情的呢？

推理分析

赵和在公文上写道：“最近，我县抓住了几名强盗。他们供认，他们所抢的一部分赃物窝藏在贵县林兴家里。请将林家查封，并把林兴速押来江阴。”赵和名气很大，淮阴知县也敬他三分。见了公文，淮阴知县立即派衙役把林兴抓来，派人押到江阴。赵和让林兴把所有财产填写一份清单，检查他的财产是否都有着落。林兴怕因抢劫案受到牵连，便在清单上如实填上了一项：“陈石赎地归还铜钱八百贯。”赵和又找来陈石当堂对质，林兴哑口无言，只得将典当地契退给了陈石。

两张诬告状纸

唐高祖临政的时候，一天早朝，有一个叫乔仁的大臣出班禀奏控告岐州刺史李靖谋反。

乔仁递上一纸状词，列举了李靖七条罪状。

高祖拿过乔仁递上来的状词，心里又惊讶又疑惑。他想：“我对李靖一直是十分信任的，他怎么能反叛呢？”想到这里，他把状词一条一条地看了一遍，然后问乔仁：

“你告李靖谋反，事情属实吗？”

“千真万确。您若不信，可以派人去查！”

“如果调查结果相反呢？”

“臣甘愿被反坐处罪！”

高祖看见乔仁表现出一副忠心耿耿的样子，心中的疑惑完全被愤恨所代替了。他铁青着脸，思忖着应该派谁去调查。

经过周密的思考之后，决定派正直忠厚的梁光去调查此事。

第二天上朝，高祖当众授命梁光为钦差大臣，专程去岐州调查李靖谋反之事。

这时，梁光提出了一个请求，让高祖派乔仁一同前往。

乔仁一听，不禁慌了神。可他又转念一想，这样也好，路上可试着对梁光施以贿赂，还许能把他争取过来呢！

高祖应允了梁光的请求。于是，梁光和乔仁当即赶往岐州。

梁光很熟悉乔仁奸刁阴险的为人。他虽然对李靖的情况不很了解，但已推测到乔仁所告李靖的罪状，可能都是无中生有。他十分痛恨乔仁这样的奸臣，又不免替李靖担心。一路上，梁光表面上与乔仁谈得很投机，心里却一直在琢磨着怎样才能查明此案。

当离开京城，走到第七个驿站时，梁光想到了一个好主意，他卸下行李，慌慌张张地找到乔仁说：

“乔兄，不好了，你写的那张状纸被管理行李的人弄丢了，这如何是好呢？”

“这有什么，重写一张就是了。”

乔仁不知是计，很快重写了一张。这时，梁光厉声对乔仁说道：“你捏造事实，陷害忠良，还不与我回京城伏罪！”

听了这话，乔仁才知中了梁光的计谋，后悔不已。

回到京城，高祖听完梁光述说了事情的经过，命令把乔仁按诬告陷害罪杀了。

梁光根据什么断定乔仁诬告李靖的呢？

推理分析

如果乔仁告李靖谋反是事实的话，那么乔仁无论在什么时间什么地方，说得都应该是一样。可是，梁光设了丢状纸计迫使乔仁重写了一张状纸后，梁光将两张状纸一对照，发现内容有很大出入。梁光就这样揭露了乔仁诬陷李靖的犯罪事实。

假扮阎王

有一个名叫郝广友的普通农民，在端午节的当天，带着妻子和女儿来到县城观看赛龙船。因为高兴，郝广友就在镇上喝了点酒，回家后酒劲大发，不禁酣睡不醒。到了晚上，他的妻子突然号啕大哭，邻居们闻声赶来，只见郝广友鼓出两只大眼，已死于非命。大家便连夜禀报给县令狄仁杰。

狄仁杰断案是出了名的。接到这个案件后，他便带着衙役来到了郝广友的家，先是查看了郝广友的尸体，发现死者既无伤痕也无中毒迹象，便又开始细心地查验死者的住房，查着查着，突然他发现死者家的地窖内有一个秘密通道，连接着邻居孙坤的家。狄仁杰觉得有点蹊跷，便把孙坤传了过来进行盘问。孙坤一见狄仁杰立刻慌了神，马上就招供说自己与郝广友妻子有私情，私密通道就是自己挖的。

狄仁杰见孙坤说出了实情，马上就开始审问郝妻，并将孙坤已承认与郝妻有私情的事实告诉了郝妻，希望郝妻不要执迷不悟。

可是，郝妻不但不听狄仁杰的规劝，反而一口咬定那通道是他家原来购置房产时就有的，并在狄仁杰面前大骂孙坤因调戏她不成，竟然害死了她丈夫郝广友。

狄仁杰眼见郝妻拒不承认，自己又没有真凭实据认定郝妻是否也是凶手，便耐心地问郝妻："你丈夫白天还好好的，为何晚间便突然死去了呢？"

郝妻回答道："这种事命里注定的，你说说，阎王要你三更死，你便活不到五更。"

狄仁杰在郝妻回答自己的问题时，察言观色，心中初步认定郝妻一定与死者的死有关系。突然他在脑海中想出了一个计策。于是，他让衙役先将郝妻押在狱中，在半夜三更之时，便将郝妻定了罪，破了这个案子。

狄仁杰是如何让郝妻伏了法的呢？

推理分析

当夜三更的时候，在狱中的郝妻突然被两个蓬头小鬼的一条铁链子套住脖子，将她押到一个阴森森的大殿，殿两旁凶神恶煞张牙舞爪，牛头马面如狼似虎。大殿正中端坐着阎王。郝妻见到如此的场面，霎时吓得脸都变了色。

在幽暗的烛光下，从殿后走出了一个年轻鬼魂，突鼓着两眼对着郝妻叫道："你这贱人，还我命来！"郝妻一见，那人竟是自己的丈夫郝广友。这时，阎王开口问道："郝广友，你有何冤屈可如实禀告。"郝广友马上呈上了一份状纸，说道："我的冤屈全写在状纸上，请大王审阅。"阎王看完状纸，对着郝妻大声喝道："大胆泼妇，与人私通，谋害亲夫，还不从实招来！"

郝妻已经吓得不能自已，连忙从实招供是自己与孙坤私通之后，在端午节那天趁丈夫酒醉熟睡之际，用钢针害死了丈夫的犯罪事实。

阎王命令道："立即画押！"郝妻便画了押，待画完押之后，大殿上忽然灯火通明，堂上坐的阎王，原来是狄仁杰假扮的。原来狄仁杰见郝妻相信因果报应和阴间阎王的迷信之说，便巧妙地利用这些破了案。

用驴找鞍

唐朝的时候，河南有个河阳县，因为交通比较方便，所以集市贸易特别兴旺。逢五排十，赶河阳集的人络绎不绝。

这一天，一个客商到河阳来卖东西。天过中午，集市快散了，他的东西也卖光了。他找到一家小饭店，把小毛驴拴在外面，走进店里，很惬意地吃了一顿，饭后又稍停了片刻，就准备上路了。

等他走出饭店一看，他的小毛驴不见了。只有半截被割断的缰绳留在树桩上。

客商着急起来，便四处打听寻找。可一直找到傍晚，也不见驴子的影子。他不得不住下，第二天继续寻找。又找了两天，还是没找到。于是，这位客商便把丢驴的情况报告给了县衙。

河阳县县令名叫张坚，他接到这一案子，立即命令差役把寻驴告示张贴在各主要街口，告诉偷驴的人把驴赶快放出来，并要知情人到县衙告发。告示贴出的头一天，没什么动静。第二天，张坚又叫差役把寻驴告示贴进大街小巷，声言要进行搜查。因为追查的风声越来越紧，私藏客商驴子的人在晚上把驴子悄悄地放出来了。

这天早晨，客商在大街上忽然见到了自己的驴子，心里很高兴，但他找到差役说，还有一个新驴鞍子备在驴身上，现在不见了，准是叫偷驴的人藏起来了。

“驴找到就行了，一个鞍子才值几个钱！”一个差役不耐烦地说。

“驴鞍子是个死东西，不能像驴那样会自己走出来。再说，鞍子那么个小玩意，藏起来，很难找到。”另一个差役说。

两个差役满不在乎的样子，让客商十分不快，他就又来到县衙，希望张坚能帮他再找到鞍子。张坚很有把握地告诉他：“既然驴子都找到了，驴鞍自然就有线索可查了。”果然，第二天，张坚就找到了驴鞍。你知道张坚是如何找到驴鞍的吗？

推理分析

张坚叫两个差役去专门看管驴子，并告诉差役不得给驴子喂料，经过一天一宿之后，驴子已经被饿得直叫。第二天傍晚，张坚命令差役将驴子放开，随它任意走动，几个差役跟在驴子的后面。驴子又饿又渴，便径直跑到这几天饲养它的那一家去。差役跟着进去，一搜查，便找到了鞍子。

巧还耕牛

唐朝时，一向断案如神的张允济被派到武阳县做县令。

一天，有个青年人来到县衙前击鼓报案。衙役将这个青年人带到县令大堂。

张允济见堂下是一个朴实憨厚的农民，便问道："你要状告何事何人呢？"

"小人要告我的岳母。"

"你把告状的理由说给本官听听。"

"小人名叫张生，以养牛种地为生。我的岳母曾向我借过一头公牛、一头母牛，帮着犁地。前些时，这头母牛生下了几头小牛，我就去要，可我的岳母就是不还，并说牛是她的，从来没有向我借过牛。"

张允济听了，问张生："当初你岳母找你借牛时，可曾写有字据？"

"没有！"张生答道。

"没有字据！"张允济有些为难地重复了一句，他看了看眼前的这个青年人，忽然心生一计。

他让衙役蒙住张生的眼，又对其进行了化装，然后五花大绑地押着张生来到张生的岳母家。张生的岳母见来了不少人，便迎了出来。张允济走上前去，只几句话，张生的岳母便说道："这些都是我女婿的牛，我正准备还他呢！"

张允济说了什么，使张生的岳母乖乖地还了张生的牛呢？

推理分析

张允济说道："我们抓捕了一个偷牛贼，正在挨家挨户地核对，好查清楚每家牛的来源。"

秘密公差

南北朝的时候，有一对流浪汉解庆宾解思安兄弟，因犯法被流放到扬州。弟弟解思安躲过看守的士兵逃走了，解庆宾怕看守追查，就冒认了城外一具死尸，谎称是自己的弟弟被人杀了，而把尸首领回来安葬了。因为死者的相貌与解思安相像，所以见到的人都分不清真假。

为了更加真实，解庆宾一不做，二不休，又向扬州府写信诬告看守士兵苏显甫和李盖，说怀疑是他们杀了自己的弟弟。扬州知府不问青红皂白，立刻对两名士兵严刑拷打，经不住皮肉之苦，苏显甫和李盖只得承认解庆宾所告是实。马上扬州知府将案子呈报给了上级主管淮南都督李崇。李崇看了案卷后觉得该案颇有疑问，就指示扬州知府先不要判决，他需再次提审解庆宾。

不久，有两个外地公差风尘仆仆地找到解庆宾，对解庆宾说："我俩是北边管理治安的人，在巡查时曾遇到一个人来投宿，夜里和他聊天时，发现他有点可疑，经过追问，他才说是从流放地逃跑来的，叫解思安。我们要把他送交官府，他苦苦央求，说：'我有个哥哥解庆宾，现住在扬州相国城内，嫂嫂姓徐。您如果可怜我，请帮我报个信，说说我的处境，我哥哥知道后，一定会重重报答您的。'今天我们俩是来核对这件事的，如果他说了谎，找不到他哥哥，就把他送官府治罪。如果你真是他哥哥，并且愿意给我们一些好处，我们就放你弟弟。你如果不信，现在就可以跟我们去见他。"解庆宾听到弟弟解思安在外面又被抓住了，吃了一惊，吓得不得了，赶紧好好款待这二人，说解思安是他弟弟，请这二人务必帮忙放了解思安，他愿意送些钱给这二人作为酬谢。那二人答应了，拿着钱高高兴兴地走了。

第二天，李崇让扬州知府把解庆宾带来一审，解庆宾当即就招了供，承认他弟弟没有死，那两个士兵也是自己诬告的。很快，解思安就被抓住了。两个士兵被放了出来。

李崇是如何侦破这个案件的呢？

推理分析

那两个去找解庆宾的外地人是李崇秘密派去的。他们装扮成外地的公差，预先套取了解庆宾的口供。

两锭假银宝

五代时期的郓州城内有一家规模很大的当铺，自开张起就生意兴隆，信誉非常好。

一天中午，烈日高悬，天气炎热，街上的行人非常稀少，当铺内的伙计因没有生意做，便都在柜台内耷拉着眼皮闭目养神。这时，一位穿着华丽服装的青年人走进了当铺。他来到柜台前，从兜里取出了两个明晃晃地大银宝放在了柜台上，很傲气地说道："伙计，我来当银子！"

正在闭目养神的伙计听到说话声，连忙睁开眼，一看柜台上的大银宝，不禁吓了一跳。还未等他说话，那个青年又开口了："我听说你们这个当铺是这座城里最大又最有信誉的当铺，我现在急需现钱，不知可否用这两个银元宝兑付些现钱，几日后我再来赎回。"

伙计听罢连连说："可以兑，可以兑。"同时用手抓起了银元宝一掂，心中暗自称奇：好大的分量呀，起码可当 10 万钱。这么大的数量他一个伙计可不敢做主，连忙把老板召了出来。

老板一见，又问了一下青年人典银的原因，便马上答应了。随后，他让伙计将两锭大银宝在秤上称了一称，价值 20 万钱，依照当铺的规矩，开出了当票，兑付了 10 万钱。

青年人拿到钱后便道了谢扬长而去，临出门时，留下了一句话："10 天后我来赎银宝。"

做成了这样一笔生意，老板非常高兴，回到后房，就跟老板娘讲了一遍。老板娘有些好奇，就来到了店里要好好看一看这两个大银宝。可她手一滑，一个大银宝"啪"地一声掉到了地上。一旁的伙计捡起一瞧，发现银宝表面脱落了一块，里面黑乎乎的根本不是银子。伙计急忙告诉了老板，马上，老板就来到了郓州府衙报了案。

郓州府衙的主帅是这一带赫赫有名的清官，名叫慕荣彦。听了老板的报案，略一思索，便让老板回去了，并告诉老板只要我贴一个告示，不出几日，就可破案。果然，几天后，这个青年骗子就被抓住了。

慕荣彦是如何抓住骗子的呢?

推理分析

慕荣彦让衙役在街头贴了一张布告，上面写道：本城的一个当铺因不慎被盗，一些值钱的抵押品都被抢走，现府衙想请各界人士协助捕盗，发现疑迹立刻告官。几天后，那个青年见到了这张布告，心想：当铺被盗，那当铺的假银宝就无证可对，我马上去兑付，当铺拿不出银宝，就得赔偿。于是，他来到了当铺，准备再敲当铺一笔钱，可他一到当铺就被老板和伙计抓了正着。慕荣彦轻松地用计就破了案。

审问石头

一天，包公访客途经一个小县城。忽然一个卖油条的男孩子在大街上拦住了包公，哭喊他的钱被偷了。男孩说他把油条卖完后，数了一数，一共100个铜钱。铜钱放在篮子里，他靠在路边的这块石头上睡着了。醒来后，铜钱被别人偷走了。

包公听完后，想了一想，对男孩子说："一定是这块石头偷走了，我来审一审它。"于是就命令跟随的差役重责石头40大板。差役们抡起大板，噼噼啪啪打得石头火星四溅，附近的人见状纷纷围拢过来。包公见人越来越多，便示意差役们住手。

包公对大家说："这个男孩子丢了卖油条的钱，怪可怜的，我判在场的每个人给男孩1个铜板。"然后，他命令差役端来一盆水，率先将1个铜板扔进了盆里。看热闹的人本来就很同情这个孩子，又见包公带了头，就自觉排好队，一个挨一个往盆里扔铜钱。有一个人刚把铜钱扔到盆里，包公立刻命令差役："把他抓起来！"然后指着这个人说："就是你偷了小孩儿卖油条得来的钱！"

那个人吓得马上撒腿想跑，不想却被众人围住，绑了回来。有人问包公："你凭什么说这个人就是偷钱的人呢？"包公向众人说出了一番话，大家才恍然大悟。

推理分析

包公对人们解释说："你们瞧男孩的手上满是油，他数过的钱上也一定沾满了油。这个人扔到盆里 1 枚铜钱，水面上立即漂起一层油花。所以，他的铜钱就是趁着小男孩儿睡觉的时候偷来的！我审石头，只不过是要大家围拢过来。"

藏人的木桶

宋朝仁宗年间，河南洛阳城外有个姓李的人家，因发生水灾，在生活无计的情况下，李家弟兄俩便把破衣裳、旧棉被装进一只木桶里，抬着到外地谋生去了。

李家弟兄俩在外面苦干了几年，挣了 60 两银子，还买了许多衣服，他们把银子裹进衣服里，然后装在木桶中，用盖子盖严，准备抬着回家去。

这天，弟兄俩走到天长县，天已经黑了，他们便住进天长县城一家客栈。到半夜，弟弟忽然肚子疼，哥哥就背着他到处找郎中。

天亮时，弟兄俩赶回客栈，想拿些银子付郎中医药费。不料，木桶被人翻过，藏在衣服里的 60 两银子不见了。这间客房，只有店老板和老板娘来过，不是他们偷的，还会有谁？可店老板和老板娘说这弟兄俩存心敲诈。双方争论不休，就来到县衙打官司。

当时，包拯任天长县县令。他叫人把那木桶抬到后院。他围着大木桶转了转，然后附着一个当差的耳朵说了几句话，又回到了大堂上。

包拯对店老板和老板娘说："依我看，是他们诬赖你夫妇二人，现在将那只大木桶判给你们，快到后院去抬吧！"

一会儿，店老板和老板娘又被衙役押了回来，包拯责罚了那对贪心的夫妇，把银子还给了弟兄俩。请问，包拯是怎样找到证据的呢？

推理分析

店老板和老板娘一听包拯让他们俩抬走木桶，便高兴地抬起那盖得严严实实的大木桶就往家走。走到半路，店老板回过头，见四下里没人，笑嘻嘻地说："咱们拿了他们60两银子，还得了这一大木桶衣物，真是发财啦！"

两人正说得高兴，忽然呼啦一声，木桶上的盖子掀开了，从里面跳出一个衙役，对他俩说："你们的话我都听到了，现在回衙门去听候处理吧！"

就这样，包拯略施小计，就取得了口供和证据，责罚了这对贪心的夫妇。

一口大铁锅

有一天早上，包拯在衙门里正在批阅案卷，忽然听到外面有人在争吵，一个尖尖的嗓音在叫："我没有偷锅，快放我走！"另一个沙哑的嗓音说："你偷没偷锅，请包大人审问就知道了！"

包拯放下笔，起身来到门口，看到两个男子拉扯在一起。一个高个儿提着一只大铁锅，另外一个人是残疾人，少了一只胳膊，脚一瘸一瘸的。高个儿说："小人是卖铁锅的小商人，在院子里放了很多铁锅，最近发现铁锅老是被偷，昨天夜里我就一宿没睡，等着抓小偷。半夜里，看到这个家伙来偷锅，就把他抓住了，还请老爷发落！"

还没等包拯发问，那独臂跛子喊起了冤枉："冤枉哪！我半夜起来上茅房，他却一把抓住我，说我偷了他家的什么铁锅，我缺手断脚的一个残疾人，这么大的一口铁锅，怎么背得动呀？分明是他诬陷小人，还请老爷明察啊！"

包拯听了他的话，点点头说："你说得很有道理，分明是商人诬告你，所以本官决定，把这只大铁锅奖励你！"

商人一听，气呼呼地说：“老百姓都说包大人公正廉明，谁知道……”他还没说完呢，独臂跛子早已等不及了，兴奋地拿了铁锅，飞快地奔了出去。还没等他跨出门槛呢，包拯就大喝一声：“偷锅的窃贼，你往哪里走！”

包拯为什么先是说偷锅贼是被诬告的，后来又说他是窃贼呢？

推理分析

偷锅贼说自己无法背走铁锅，包拯就故意把铁锅奖给他，偷锅贼不知道是计，熟练地把铁锅背在身上就走，揭穿了他拿不走锅的谎话，暴露了窃贼的身份。

被割掉舌头的耕牛

在天长县的一个山清水秀的村子里，住着一个叫李大柱的青年农民。他身强力壮，又很勤劳，日子过得越来越好，不但添了一头肥壮的耕牛，而且还翻盖了草房。

在李大柱家的前面，住着一户姓金的农民，主人金兆来是村里有名的酒鬼，一年到头打下来的那点粮食，都被他卖钱买酒喝了。家里老婆孩子五六张嘴，只能吃草根，吞树皮，东讨西要。秋收的时候，当他看见李大柱把成车的粮食拉回家里时，心里既羡慕又嫉妒。

眼下正是春耕时节，农民们都下地了。唯有金兆来不肯下地，独自一人在屋里喝着闷酒。他想：我和李大柱前后院住着，凭什么他比我富有。不行，得想个法子治治他。他寻思了好一会儿，终于想出了个办法。

当天晚上，金兆来蹑手蹑脚地来到了李大柱家的牛棚前，抓起一把青草伸到了耕牛的嘴边。耕牛以为是主人来喂自己，便伸出舌头去卷草。这时，金兆来手起刀落，耕牛的舌头被割掉了。耕牛疼得直叫，金兆来急忙逃窜了。

李大柱一觉醒来，听见屋外耕牛叫唤的动静，忙出去察看。来到牛棚，吃惊地发现耕牛满嘴是血，再一细看，耕牛的舌头被割掉了一半。

第二天，他气呼呼地来到了县衙告状。县令包公听了李大柱的述说后，对李大柱说："这好办，你只要回去把耕牛杀了，我就能知道是谁割掉了耕牛的舌头。"

"把耕牛杀了？"李大柱听了包公的话，不禁瞪大了眼睛惊愕地问道。

"对，要杀死吃肉，而且要让村里的人都知道，但不要说是我的主意。"包公说完退堂了。

李大柱虽然没弄明白包公为什么非要自己杀死耕牛，但还是按包公说的去做了。当天，他就把耕牛杀了，并邀乡亲们来吃牛肉。

第二天，那个割掉耕牛舌头的人果然自动来到了县衙，被包公当堂抓获。这个人正是金兆来。

包公是根据什么把金兆来捉住呢？

推理分析

包公听了李大柱的讲述，立即想到割牛舌头的人一定与李大柱平素有怨。因为把耕牛的舌头割掉，牛就不能吃草了，留它无用，就会杀掉它。这样一来，就犯了私宰耕牛罪。于是，包公便将计就计，让李大柱把耕牛杀掉。金兆来不知这是包公的计策，看见李大柱杀死了耕牛，心中大喜，当即来到县衙告李大柱私宰耕牛罪。这个案子就这样被包公巧妙地侦破了。

智斩鲁斋郎

仁宗年间，有个名叫鲁斋郎的京官，倚仗着皇帝的宠爱，对百姓大施淫威，敲诈勒索，谋财害命，夺人妻女，无恶不作。尽管他罪恶累累，却无人敢动他一根毫毛。

在京城附近，有个叫许州的县城，住着一个姓李的银匠。一天，鲁斋郎带着一帮仆人在许州闲逛，路过李家的银匠铺，发现李妻长得如花似玉，便叫仆人把李妻抢到府中，并把李银匠驱除出了许州。

李银匠眼见着妻子被鲁斋郎抢走，不禁怒火中烧，找人写了状纸来到许州县衙状告鲁斋郎。谁料，县衙惧怕鲁斋郎的权势，不但不管，反而还把李银匠打了一顿。

就在这时，包拯私访民情来到了许州，听说了李银匠的冤屈之后决定要为百姓除了这个祸害。

这天，包拯升上许州县衙大堂，让随从去请鲁斋郎。一向趾高气扬的鲁斋郎闻听包大人有请，便来到了县衙。待他一进县衙大门，包拯大喊一声“给我拿下”，随从们便冲上前去，将鲁斋郎绳捆索绑了起来。

鲁斋郎先是一惊，随即便大骂起包拯来：“包黑子，你凭什么绑我？”包拯正气凛然地说道：“鲁斋郎，你强抢民女，无恶不作，还不从实招来！”鲁斋郎知道包拯指的是李银匠的事，可他根本不把包拯放在眼里，嘲笑地说道：“包黑子，我就是抢了民女，你能把我怎么样？别忘了，我可是皇上身边的人，你如果敢动我，小心你的脑袋！”包拯闻听他的话，更加愤怒，再转念一想，鲁斋郎毕竟是皇帝的红人，要想严办他，皇帝也未必能同意。包拯看了一眼堂下傲慢的鲁斋郎，突然心生一计，几天后，鲁斋郎便被皇帝批准，斩首示众了。

包拯用了什么办法，使皇帝能够同意处斩鲁斋郎呢？

推理分析

包拯把鲁斋郎的犯罪事实列成条文，然后冠上罪犯“鱼文即”的名字呈报给仁宗皇帝，皇帝见了这份罪状大怒，当即在“鱼文即”的名字上用红笔批上“斩”字。包拯接到之后，再在“鱼文即”三个字上加些笔画，就变成了“鲁斋郎”的名字，包拯巧妙地用拆字法，惩治了鲁斋郎。

强盗后背的蜡烛油

宋朝时，京城汴梁有一个富裕的大户叫王知军。金兵入侵中原后，他和许多富户一样，带着家眷和许多财宝迁居到了当时的新金县，寄居在一个大寺院里。

一天晚上，王知军送走了几个朋友后，便歇息去了。因为刚才与那几个朋友喝了点酒，他睡得很死。

忽然，有一伙强盗闯进了寺院。他们手持砍刀、短剑，把寺院里的人都捆绑起来。

“王知军到哪儿去了？”一个脸蒙黑布的大汉问道。

被捆绑的人谁也没吱声。

蒙面大汉把利刀横在一个小姑娘的脖子上，恶狠狠地说：“不说出王知军在哪里，我就杀了你！”

“我领你们去找！”话音未落，人群里走出来一个漂亮的姑娘。

人们一看，十分惊讶，走出来的姑娘竟是王家的丫鬟小红。她聪明秀丽，是王知军最喜欢的丫头。她怎么会出卖主人呢？

这时，只听小红对那些强盗说：“各位大爷，我猜想我家老爷与你们没冤没仇吧？如果你们为了钱财而来，我会帮助你们，因为老爷家的所有钥匙都在我身上。怎么样？跟我去拿财宝吧！”

蒙面大汉一听高兴极了，忙给小红松了绑。他盯着小红说道：“你不要骗我们，不然，我要你的脑袋！”

王知军的财宝都堆放在西耳房里。小红点燃一支蜡烛，领着强盗们来到了这里。

“我给你们照亮，你们自己开。”小红把钥匙递给蒙面大汉，自己则举着蜡烛在后面替他照亮。门锁打开了，强盗们蜂拥而入。

“这个箱子里是玉器，那个箱子里是珍珠……”小红依次介绍着。强盗们高兴极了，一个个贪婪地往自己的布包里塞着。

小红像生怕强盗不识货，一会儿跑到这个跟前，告诉他哪串珍珠最值钱；一会儿又跑到那个跟前，帮助他找出最名贵的玉器。待每个人的布包都装得鼓鼓的，强盗们便高兴地逃走了。

第二天一大早，小红才把王知军叫醒，报告了昨天晚上财宝被抢之事。

王知军听说自己的全部财宝被强盗抢走，几乎昏了过去。小红急忙扶住了主人：

“老爷，您先别着急。”

“不急？说得倒轻巧，那可是我祖辈的全部心血啊！”王知军推开小红，气冲冲地问道，“我平日待你不薄，你为什么把我的财宝全部拱手送给强盗呢？”

小红并不惊慌，轻声说道：“老爷，您是愿意保住自己的脑袋，还是愿意留下那些财宝呢？”

“这话怎么讲？”

“那些强盗是为了抢劫财宝而来，如果不给他们，他们就会杀死您。您若连性命都没有了，还要财宝干什么呀！”

听了小红的话，王知军感到在理。可又一想，金兵入侵，自己一家躲在这里度日，全凭这些财宝，现在，家产一点没有了，今后的日子可怎么过啊？他绝望地长叹一声，瘫坐在地上。

小红看见主人那愁苦的样子，心里也不好受。可是，她好像忽然想起什么，笑了。

王知军莫名其妙，生气地问道：“都落到了这步田地，还有心笑呢！”

小红不慌不忙地说：“其实，那些财宝很快就能找回来。”

“别做梦了！”王知军摇摇头，根本不信。

可是，当小红附在主人的耳边悄悄说了几句话后，王知军也笑了。

果然，当天县衙就捉住了强盗，并派人把被抢劫的财宝全部送回了寺院。

小红到底跟主人说了些什么？县衙又是根据什么破的案呢？

推理分析

小红说，强盗抢劫时，她借着点蜡烛照明，在每个强盗的后背都滴上了蜡烛油。强盗走后，她便叫家人去县衙报了案。县衙就是根据后背有蜡油这一特征，抓获了强盗。

一碗油炒豆

明朝的某一年，著名的学者刘伯温考中了进士，皇上便派他到江西省高安县去做县令。

这一天，他来到了高安县被一群当差的迎进衙门，刚落座就听外边有人击鼓喊冤。

刘伯温便下令马上击鼓升堂。

那告状的人，一个是大高个，非常干瘦，因为姓刘，人们叫他刘瘦子；另一个身材短小，膀宽腰阔，人称吕胖子，他们两人都是单身汉。

原来，刘吕二人都是城东的居民，他们两家房挨房地接地，中间只有一墙之隔，邻里之间关系很僵，经常吵架。

半年前有一天，刘瘦子的一只鸡跃墙飞入吕胖子院内，吕胖子嘴馋了，把鸡抓住就杀吃了，把鸡毛和骨头埋在刘瘦子的马圈粪里。刘瘦子丢了鸡，闻到邻家有煮肉的气味便拉着吕胖子到县衙去说理，在县官前面，他们各说各的理，县官无奈，率领当差的到两家去查找。结果在刘瘦子家马粪里翻出了鸡毛，断刘瘦子诬告好人，责打五十大板，弄得刘瘦子有冤无处诉，有理无处申。从此，两人更是水火不容。

今天，吕胖子听说新来了一位县太爷，就来了鬼主意，想借着县官大爷的权势，再整治整治刘瘦子。

两人上堂以后，刘瘦子大声喊："县老爷，青天白日，刚才，我回到家刚要吃饭，姓吕的跑到我家，硬赖我偷吃了他的油炒豆。小人冤枉……"

吕胖子抢过话说道："他确实偷吃了我家的油炒豆。过去，他还吃了自家的鸡，诬告好人呢。你若不信，请问各位差官。"他指了指两旁站立的差人。又说："我炒了一碗油炒豆，还没吃，我出去到店铺装了点酒，回来一看，碗也没了。我一查看，两家中间的墙上做的记号让他蹬掉了，地上还掉着豆粒呢。"

听了他俩的争吵，众差人也是张飞纫针——大眼瞪小眼。

只见刘伯温"啪"地一拍惊堂木，喊了声："把二人分别带下。退堂！"

众人说："这案子老爷你还没审呢，怎么退堂呢？"

刘伯温笑了笑，说："明天本官自见分晓。"

第二天，刘伯温叫差人在大堂两侧用黑布做了两个"井"字形布幔，一边一个，每个里边都放上一个瓦盆。差人见了十分纳闷。刘伯温升堂以后，吩咐将刘吕二人分别带入黑幔，并告诉他们必须如此如此。一会儿，差人说道：“按老爷吩咐已经如此如此了。”

“当场实验来。”刘伯温不动声色地说。

差人看了半天，当场说了一句话，吕胖子闻听，不禁“扑通”一声跪倒在地，连连说道：“请县老爷饶命……”

刘伯温宣判道：“吕胖子，你诬告好人，欺骗本官，你可知罪？”

“小人知罪，半年前，是小人吃了刘家的鸡，我又来个恶人先告状。”吕胖子一边磕头一边说道。

“好，本官念你从实招认，暂且记下五十大板，你速速赔刘家一只鸡。今后邻里之间要和睦相处，互敬互爱。再有如此，罪加一等。”刘伯温警告地说。

“是，小人谢罪。”

刘伯温是用什么办法让吕胖子现了原型？差人又是说了一句什么话，让吕胖子马上就承认了是诬告？

推理分析

刘伯温让差人围起了两个布幔，是让刘瘦子和吕胖子马上大便，因为他知道豆瓣在胃里短时期是不会粉碎的，必然有豆瓣出现在大便里。所以，当差人告诉刘伯温，吕胖子的大便里有豆瓣，刘瘦子没有时，吕胖子知道自己已现了原型。

两兄弟的遗产

有一位姓王的老先生病逝了。临死之前，老先生把自己一生的积蓄和财产——一箱银元宝交给了十八岁的长子王立，非常殷切地嘱咐他一定要照顾好七岁的弟弟王成，要在弟弟年龄合适的时候为弟弟成一个家，同时要把银元宝分给弟弟一半，这些交代作为遗嘱要长子王立务必遵守，不得违背。

老父病逝后，哥哥王立不久就娶了妻子，两个人共同拉扯着弟弟，日子过得风平浪静，相安无事。

转眼，弟弟王成二十岁了，哥哥王立便遵照老父的遗愿为弟弟成了亲，这样，在一个院子里便有了哥哥和弟弟两个家。

渐渐地，王立媳妇开始看不上小叔子和妯娌了，经常地百般挑剔，指桑骂槐。时间一长，王成媳妇实在忍无可忍，便悄悄地对丈夫王成说："相公，我看咱们还是和哥哥他们分家吧！"

王成也觉得大嫂实在刁蛮，见妻子提出分家，就同意了妻子的意见。他来到了哥哥的家，对哥哥说道："大哥，如今我也长大了，也有了媳妇，我看咱们还是各自分开了过吧！你看能不能把父亲留给我的遗产分给我呀！"

还未等哥哥王立说话，王立媳妇便吼了起来："你真没良心，爹娘死得早，这些年你哥好不容易把你拉扯大，爹娘死时剩下的一点钱早就为你花光了，你还要遗产，真是恩将仇报，令人心寒哪！"嫂子这么一闹，老实的王成一时没了主意，只得回房跟媳妇商量。

媳妇问："相公，你可知道咱爹留有多少遗产？"

王成答道："有一箱银元宝，是我亲眼看见的。"

媳妇想了想，说道："你嫂子不讲理，心又狠，听说知县宋清为官清正，判案无私，咱们去向他告状。"

第二天清晨，王成便将状子呈上县衙，县令宋清阅完状子，问王成："你爹死时，你有多大呀？"

"七岁。"

"那么小，你怎么知道你爹留下了遗产呢？"

"我记得爹的丧事刚完，哥哥就让我帮他把满满一大箱银元宝装在一口大缸里。"

"那缸在什么地方？"

"不知道。后来，我再没见过此缸。"

听完王成的话，宋清叫王成先回去，并告诉他几天后一定能断清此案。果然，仅仅三天，宋清就叫王成来到哥哥王立家，取回了属于自己的那一份遗产。

宋清是如何破的案呢？

推理分析

宋清把王成打发走之后的一天夜里，便带着一班衙差，忽然闯进了王立家，将王立拿住，宋清怒喝道："有人检举，说你参与了邻县的杀人抢劫案！"王立夫妻顿时吓得面如土灰，连连喊冤。宋清板着铁青的脸，喝道："搜！"房前房后，一下子被衙役翻了个底朝天，终于在床底下浮土中挖出一口缸，打开一看，里面全是银元宝。宋清说道："这就是赃物。"王立连忙分辨："老爷，这不是赃物，而是家父留下的遗产，请老爷明察。"宋清不相信他说的话，让王立拿出证据。王立便说道："这些钱，真是家父留给我和我的弟弟的！"宋清见王立说出了实话，让他录下了口供，然后，便派人叫来了王成，取走了自己的那一半遗产。

智烧假画

明朝的时候，地处东南沿海的福州城里住着一个秀才，名叫郑堂，这个人一向豪爽，且琴棋书画诗词歌赋样样皆通。为了广交朋友，郑堂在福州城繁华的鼓角鸡口开了一个字画店。由于他本身是个行家，所以，字画店一开业就生意兴隆。

一天，字画店来了一个自称龚智远的人，在与郑堂寒暄了一会后，龚智远从一个竹筒里拿出了一幅画，展开之后，郑堂当即大喜，马上脱口道："这不是五代时期的传世之作《韩熙载夜宴图》吗？"

"对，就是这幅名作。不过我现在急等银子用，你看，能不能暂时押给你，我只要 8000 两银子，三天后，我来赎回，给你 15000 两银子！"龚智远说道。

郑堂略一沉思，当即答应，并马上给了龚智远 8000 两银子。

龚智远刚一走出店门，郑堂带着兴奋的心情，马上又扑到画前仔细地看起了画。看着看着，郑堂忽然觉得有点不对劲，他便拿出了放大镜，再仔细一瞧，不禁冒出了冷汗，他断定眼前的这幅名作是一张假画，明摆着是自己受了骗，白白地被那个叫龚智远的人骗走了 8000 两银子。

郑堂毕竟是一个见多识广的人，稍一调整心情，便来到了府衙，把自己被骗之事呈报给了府尹。府尹听完之后，在郑堂的身边悄悄地说了一番话之后说道："你放心，不出三天，我就让龚智远来到你的店里，并给你把钱拿回来。"

果然，第三天，郑堂刚把店门打开，龚智远就来到了店里，拿着 15000 两银子要求赎回那幅名画。郑堂便顺利地收回了失去的 8000 两银子。

郑堂是如何让龚智远回到店里来？府尹对郑堂又悄悄地说了些什么话呢？

推理分析

府尹给郑堂出了一个主意，让郑堂第二天在家里办了 10 桌酒席，遍请全城的名流名士和字画行家聚宴。酒过一半，郑堂把自己被骗的事情当场说出，并拿出了那幅画，挂在大堂的当中，对大家说："今天宴请大家，主要是想要告诉大家今后一定要注意识别假货，避免上当。"在大家纷纷起立观看那幅假画之后，突然，郑堂一把把假画扯了下来，扔进了火炉中，很快，郑堂烧画的事情便传遍了全城。龚智远自然也听说了此事，以为有机可乘，便来到了店里要求赎画。他以为郑堂已经把画给烧了，可是他万万没有想到，郑堂烧的是他复制的一张画，原来的那张假画，郑堂根本没有烧，而等着龚智远来上钩呢！

祖传妙药

有一年的中秋节，大明徽州府城出外经商的人都在纷纷赶回家乡，准备与家人团聚共度中秋。知府冯祥也是喜气洋洋，在府内张灯结彩，欲与家人好好过上一个喜庆团圆的良宵佳节。

就在这时，知府的差衙丁小山急急忙忙地来到府衙："报告老爷，城门外有一人被杀，现在尚未断气。”

冯祥连忙跟着丁小山来到现场。只见一个商人打扮的人横卧在当街，胸前插着一把刀。虽未断气，但已奄奄一息，紧闭双眼，不能言语。在一边的背囊也是空空如也，明显是被洗劫过了。从上述情况来看，冯祥判定这个商人一定也是急着回家过中秋节的，不料被人打了劫。尽管还未死亡，却也未留下任何有说服力的证据。冯祥眼瞅着躺在地上的被害人，不禁也有些束手无策。

这时，围观的人越来越多，差衙丁小山害怕妨碍知府大人判案，要将众人驱散，就在丁小山驱散人的时候，冯祥眼前一亮，计上心头，他忙制止丁小山，并说道：“让大家看好了，我还有事要向众人相求呢！”接着，他高声对围观的百姓说道：“这个商人还未断气，尚有救活的可能，谁能救活此人，本府定有重赏！”

重赏之下必有勇夫，有两个人先后来为商人诊治，但终因商人伤势太重，他们都无能为力，只好摇着头退出人群。接着，又来了几个人上前医治，也都是束手无策。

这时，冯祥便当众说了几句话，留下丁小山然后就离开了。待他刚走，一个中年人便来到了商人面前，只见他俯下身来察看商人的病情，一会儿工夫，他趁人不备，突然将手掌轻轻地按住了商人的喉咙，就在这千钧一发之际，丁小山一把抓住了这个人的手腕，使他不能用力往下按，并大声说道：“你这个强盗，还不束手就擒！”

丁小山的话音刚落，冯祥便来到了这个人面前，手捻胡须地说道：“好你个图财害命的家伙，本府只略施小计，就将你抓了现形，你现在还有什么话说？”

冯祥说了一句什么话，就让凶手立刻现形了呢？

推理分析

冯祥当众说：“救人一命，胜造七级浮屠，看来，只好本府亲自来救治这个商人了，本府深明医理医道，丁小山你在这里好生守护，待我回家去取家传的妙方。”说罢，他便向丁小山使了个眼色，然后自己就走出了人群。此时的凶手就在人群中，他以为知府真会医道，害怕知府取回了妙方治好了商人，于是，便趁知府离开之际，以医治为名向商人第二次下了毒手。可他没有想到，丁小山正在一旁紧紧地注视着他，等他一动手，便被丁小山抓了个正着。

招兵抗倭

明朝嘉靖年间的一天清晨，淮安知府范贾正在公堂上批阅公文，忽然听见门外的大鼓“咚咚”地直响，便命衙役出门去传击鼓之人。

告状者是一对老年夫妇，说他们的儿子大牛几天前外出置办彩礼时，突然失踪，生死不明，恳请府衙派人出外去寻找。

范贾向老夫妇问了一些情况，立即排除了几种可能，大牛与未婚妻秀英是乡邻，自小青梅竹马，是不会逃婚出走的；大牛力大如牛，更不会被人轻易劫走。很有可能是大牛路遇了强盗，而强盗见他携带购买彩礼的银子，便见钱眼开，将其杀死。所以当务之急，应该是找到大牛的尸体。

范贾从老夫妇的口中得知，从大牛的村子到府城，途中有一个大塘叫五里河。于是，他带着衙役来到这里，让衙役们下水打捞。果然如他所判断的那样，衙役们在水塘中捞出了一具年轻男尸，后背还有着一处刀伤。范贾让老夫妇辨认，认定死者就是他们的儿子大牛。

范贾查看了大牛的刀伤后得出结论，死者刚刚被杀，时间不会超过三天，他绕着大塘走了一个来回后，心中便有了破案的计策。

于是，他向在场的所有人员说了一番话，大家也都纷纷认可他说的话。之后，他便在大塘边支起了几案，办起了公。当天下午，范贾让人贴出了一个告示：因近期倭寇时常骚扰本地，为了保卫地方，防止倭寇再来烧杀抢掠，现拟招募乡勇 100 名，每名乡勇将得银元 100 两。因淮安周围此时不断地遭到倭寇的侵扰，所以告示贴出后，大塘边很快就聚集了大量的报名者。

范贾见来了这么多的应征者，十分高兴，禁不住一个一个的召见，并亲加勉励。突然，范贾在一个反穿棉袄的汉子面前停住了脚步，两眼紧紧盯住他的眼睛。那汉子被范贾看得不知所措，马上局促不安地低下了头。范贾厉声问道：“你为什么反穿棉袄？”

那汉子一时无以答对，怔了一下说道：“我因要赶来应征，不经意地就穿反了棉袄！”

范贾让衙役将汉子棉袄脱下，发现棉袄的正面沾有不少的血迹，便问道：“你这血迹是怎么留下的呀？”

汉子闪烁其词地回答道：“我也遇到了倭寇，与他们拼杀，便留下了血迹。”

“胡说！”范贾揭穿说，“倭寇三个月前曾来到我们淮安地区滋事，已被官府肃清，近日根本就没有倭寇犯境，你身上的血迹，明明是新沾上的。”

汉子狡辩道：“听说老爷曾宣称塘中捞出的尸体是被倭寇杀害的，怎么又说没有倭寇犯境呢？”

范贾说道：“这就是我设下的计策，我故意布下迷阵，使得你这个杀人凶手放下心来，我再用重金作为诱饵，引你上钩，你还有何话说？”

汉子知道自己已无可反驳，只得承认是自己杀害了大牛。

那么，范贾在查看了大牛的尸体后，当众说了什么话，使得大家都纷纷认同，并传到了凶手的耳朵里呢？

推理分析

范贾看了大牛的尸体，马上联想到本地区是倭寇曾经出没的地方，便想到了一个计策，故意说大牛是被倭寇杀死的，好让听到此话的人再传出去，这样凶手就一定会听到，误以为杀人之事不可能再追究到自己身上。当布告登出之后，又有重金的赏赐，凶手就自己主动地送上了门，尽管为了掩盖血迹，反穿棉袄，也一定会被范贾认出。

午夜的偷听者

王宗是明朝刑部的一名普通官员，一向勤勤恳恳，兢兢业业。一天傍晚，王宗正在衙门里值班，忽然，他的家中仆人来到衙门，颤颤巍巍报告说：“大人，大人，不好了，夫人不知道什么时候被人杀死在卧室里了！”王宗不禁大惊，随着仆人飞速赶回家中，待他走进卧室一瞧，顿时如五雷轰顶，只见夫人浑身是血，早已气绝身亡。

王宗定了定神，吩咐家人保护好现场，然后便跌跌撞撞地来到刑部，向上级报案，刑部的最高官员周用当即决定亲自审理此案。

周用率人调查了数日，也没有查到一点线索，便开始怀疑是王宗杀了自己的夫人之后，又假惺惺地报了案，于是，他将王宗抓了起来，严刑拷打，可无论周用用什么刑具，王宗就是不从，辩解道：“大人，我那天正在当值，是家人来告诉我的，这是衙门里所有人都看见的，我怎么又能回去杀人呢？再说，我有什么理由杀害我的夫人呢？”

周用见王宗硬是不从，便将手下的一位御使杨逢春找来，让他接手此案。

杨逢春断案是出了名的，只要他接手的案子，没有审不了的。从周用手里接下案子后，杨逢春对王宗的家里以及此前审案的经过进行了详详细细的查访，最后，他叫来了一位心腹衙役，对其交待了一番之后，就让衙役走了。

当天，杨逢春让另一个衙役在刑部门口贴出告示，说定于今日晚上午时在刑部门房正式审理王宗一案，如有愿听案者，可来门房旁听。

到了晚上，午时一到，杨逢春打开正堂，一拍惊堂木：“带王宗！”

王宗被带上堂来，杨逢春按照公式刚问了几句之后，就见他派出去的那个心腹衙役急匆匆地来到身边，悄悄耳语几句之后，杨逢春突然大声叫道：“来人，速速去门外，将两位偷听之人给我抓进来。”

衙役们很快就抓进来一高一矮两个人。

杨逢春喝道：“你们两个鬼鬼祟祟地偷听是何原因？快快从实招来。”

“我们没有偷听啊？”高个子回答。

“没有偷听？衙役，你来说！”杨逢春招呼心腹衙役。

“是，大人，我装作来听案的人在外面看了多时，发现这两个人偷偷摸摸地直往里瞧。”心腹衙役说道。

杨逢春微微一笑：“将这两个人全部抓起来，这两个人就是杀人凶手！”

一高一矮两个人知道不能再隐瞒了，就如实说出了他们溜进王宗家盗窃，被夫人撞见而杀人灭口的犯罪事实。

杨逢春命人将二人打入死牢，同时放了王宗。

推理分析

杨逢春为了洗清王宗的冤情，设下了一个午夜审案的计策，他断定只有与自己相关的人，才会在午夜来偷听审案经过，而这个偷听的人一定是杀人凶手。

假犯人

明成祖朱棣的时候，御史周新由于不畏强权，敢于揭发皇亲国戚的贪污行为，被朱棣派到了浙江做按察使，负责全省的司法工作。

朱棣刚一上任，就遇到了一个非常蹊跷的案子：杭州府监狱一个关了好几年的老囚犯，一天突然向主管官员告起状来，说是有个叫范典的乡民曾同他一起做过强盗，杀人越货，强抢民女，罪恶十分深重。主管官员得到老囚犯的状纸后，立刻就呈报给了杭州知府，可杭州知府一调查，发现那个叫范典的人一向规规矩矩，不可能是老囚犯所说的那样的罪犯，杭州知府感到此案十分棘手，正好周新上任，杭州知府就将此案呈给了周新。

周新听完知府的呈报，马上调来了老囚犯的案卷，仔细审查，随后，他让差役把范典带到了衙门询问。

还未等周新问话，范典就“扑通”一声跪在了台阶下，大声申辩道：“青天大老爷呀，我同那个强盗素昧平生，怎么会有合伙杀人抢劫之事呢？”

周新仔细地观察范典的言语神情，心中断定，范典一定是清白无辜的。于是他便和颜悦色地对范典说道：“你别着急，一切由本官做主！”

周新马上布置一番，然后将老囚犯押到了大堂。

老囚犯刚一跪在地上，周新突然对站在一旁的范典喝道：“范典，你的同案犯已到，你还不跪下！”范典便“扑通”一声跪在老囚犯的身旁。

周新对着老囚犯指着范典说道：“你告他是同伙，他却不认账，你看是不是他？”

老囚犯望了望范典，很坚定地说：“周大人，千真万确是他，他跟我一起抢劫，烧成灰我也认得。”

范典见老囚犯指认他，并没有急，反倒问老囚犯：“你真的认识我？”

“没错，就是你，你就是范典！”老囚犯肯定地说道。

周新见老囚犯确认跪在身旁的人就是范典，不禁哈哈大笑地说道：“你认错人啦，他根本不是范典，你还是敢快说实话吧，是谁指使你诬告范典，快快从实招来，免得皮肉受苦！”

老囚犯见事情败露，便一股脑地把实情说了出来，原来是一个小吏与范典有仇，用重金买通了他陷害范典。

推理分析

周新让自己的一个衙役装扮成范典与老囚犯对证，老囚犯误以为衙役就是范典，故而原形毕露。

字迹的证明

明朝正德年间的清江县，有一个生意人名叫朱铠。一天，人们发现朱铠被杀死在文庙之中，县衙得知情况后，马上立案调查，开始寻找凶手，可是，调查了一个多月却没有发现一丝现索。

就在人们苦无良策之时，一天，清江县令殷云霁突然收到了一封匿名信，揭发县衙里的一个名叫王信的差人，杀死了朱铠，殷云霁便问身旁的几位差人：“我收到了一封匿名信，说朱铠是被王信所杀，你们认为这可能吗？”

“可能，非常可能。”几个差人回答道。

殷云霁想了想说道：“我看不一定，仇人未必就是杀人者，这难道就不能是真凶嫁祸于人的一种手段？好让我们转移视线，从而放松追查真凶吗？”

殷云霁看着手中的匿名信，突然问道：“县衙里都有哪些人平常与朱铠非常要好呢？”

一个差人回答道：“有个姓姚的小吏，同朱铠交往甚多。”

“好了，我可以找到凶手了。”殷云霁高兴地说道。

他马上让差人把全衙门所有的当差者都叫到大堂，然后，让他们做了一件事，立刻殷云霁便指着一个人说道：“姚明，你还不从实招来！”

叫姚明的人见自己被县令所识破，马上跪地求饶：“小人愿招，小人与朱铠确是好朋友，一个多月前，朱铠准备了一大笔钱准备去苏州做生意，让我去送他，我看他手里拿那么多钱，就起了贪心，便在文庙里把他给杀了。”

案件在殷云霁的巧妙布置下，终于破了，可殷云霁是让所有当差者做了一件什么事，就让凶手姚明露了馅呢？

推理分析

殷云霁让所有衙门里的当差者全都来到大堂，对他们说道：“本县令因公务忙不过来，想让你们帮助抄写文章，现在你们每个人都把自己的名字写在一张纸上呈上来，我好看看谁的字写得好，同时，我又记住了你的名字。”当每人写了字呈上来后，殷云霁拿着匿名信一一核对，发现姚明写的字与匿名信上的字相同，便认定姚明就是杀人凶手。

数茄子

一天早晨，一位菜农，挑着两只空筐往菜地走去。茄子长大上市了，他要摘一挑子到集上去卖。想到自己精心种植的紫莹莹的茄子开始收获了，心里美滋滋的。

走着走着，他突然看到一个青年挑着满满两筐茄子，从他的菜地里走出来，向集市匆匆赶去。

菜农急忙赶到自己的菜地，一看，大个的茄子都被摘走了，有好几棵连茄枝也给劈下来。他拼命跑着去追赶偷茄子的青年。追上后，伸手抓住吊筐的绳子，质问道：

“你怎么偷我的茄子？”

那个青年却说：“这是我自家的茄子，你怎么说是我偷的？你怎么诬赖好人？”

“我亲眼看到你从我的菜地里出来，我的茄子没了好多！”菜农气愤地说。

“你看到我，怎么不在你的菜地里抓住我？”那个青年用无赖的腔调说。

菜农见青年拒不认账，便拉着他来到了县衙。

县令李亨是个善于断案子的人。他先叫两个人各自说了事情的经过，然后蛮有把握地说：“这茄子是谁的，一看便知。”

他命令衙役把筐里的茄子倒在大堂上，粗粗一看，就指着那个青年说：“这茄子分明是你偷的，还敢耍赖！”

大堂上几乎所有的人都感到困惑不解。

那个青年仍然坚持说：“县老爷，这茄子确实不是偷的，是我自己的。”

县令李亨笑笑说：“如果这茄子真是你自家种出来的，你怎么舍得在茄子刚刚熟的时候，就把小嫩茄子也摘下来去卖？有几个茄子，还是连嫩枝子一块劈下来的。可见不是你自家流汗出力种出来的。”

这时，大堂上的人才注意到那堆茄子透出的秘密。

青年开始露出心虚胆怯的神色，但仍狡辩道：“那是因为天黑，看不清，才把小茄子也捋了下来。”

见青年人还不认罪，李亨眼珠一转，计上心来，便说道：“你把这堆茄子分成大、中、小三等，数数看各有多少。不许数错！数错了，重打四十大板。”

青年人不知道县令是什么用意，便壮着胆子把茄子按要求分开，数清，然后报告给县令：“大人，大茄子八十七，中茄子六十三，小茄子二十四，一共是一百七十四个。”

李亨马上把一个衙役叫到跟前耳语了一番，衙役便走了出去，不大一会儿，衙役回来又在李亨的耳边嘀咕了一阵，然后，便指出了青年人就是偷茄子的窃贼。青年人见证据充分，便乖乖地认了罪。县令李亨是怎样让青年人认罪的呢？

推理分析

当青年人查完茄子数后，李亨便叫衙役到菜农的地里去数摘掉茄子后留下的蒂把，结果，摘掉茄子留下的蒂把与青年人数的茄子数正相符，证明是青年人偷了菜农的茄子。

同案犯的罪证

明朝的一天，被通缉多日的盗窃头目王和尚让追踪他的捕快给抓住了，捕快在初审他的时候，王和尚又供出了他的同伙李强、李福兄弟俩，于是，捕快又把李家兄弟抓捕归案。

几天后，知县王阳明开始正式升堂审理此案，捕快先把王和尚带上大堂，还未等王阳明问话，一进大堂王和尚就跪在地上先开了口："大人哪，小人有话要说，有道是一人做事一人当，以前所犯的所有盗窃事都是我一个人所干，与李强李福他们没有任何关系，你们抓错了人，他俩是无辜的。"

"什么，他俩是无辜的？我来问你，李强、李福是不是你招供出来的！"知县王阳明惊诧地问道。

"大人哪，那是我害怕捕快打我，说的假话，他们俩真是冤枉的。"王和尚回答道。

王阳明见王和尚当庭翻了供，心里不禁一惊，心想，如果王和尚拒不承认李强李福是同伙，自己还真治不了他们兄弟俩的罪，再说，这李强李福到底是不是王和尚的同案犯呢？现在还真就没有直接证据。

正在他踌躇之时，一个差人走了进来，递给他一封公函，王阳明拆信一看，是知府给他发来的一封信，信上声称李强李福很可能不是王和尚的同案犯，是被王和尚冤枉的。要谨慎详查，不要诬陷了好人。

王阳明读完信，抬起头看了一眼堂下的王和尚，又瞧瞧手中顶头上司的信函，不仅犯了难。一会儿，他来到后堂，叫来负责看押的狱差，询问这几天在看押期间，有没有人来探监。狱差告诉他，李家兄弟的亲眷来探过监，而且还与王和尚接触过。

“哦，李家兄弟的亲眷来过。”王阳明一下高兴起来，他在屋里踱了几步，突然眼前一亮，想出了一个主意，他叫来一个亲信差人，在差人的耳旁说了一番话，然后差人便急匆匆地出去了。又叫来第二个差人，让他把堂上的王和尚先带到另一间屋里去。

之后王阳明重新回到大堂上，继续审案，他“啪”的一拍惊堂木。“把三个犯人带上来！”话音刚落，王和尚、李强、李福三个人便被差人带了进来。

三个案犯刚刚站到大堂中央，一个差人快步跑了进来：“启禀知县大人，知府的差人又送公函来了，叫你去门口迎接。”

王阳明不敢怠慢，抬腿就与差人走出大厅，去迎接上差去了。

这时大堂上只剩下了王和尚、李强、李福三人，王和尚东望望，西望望，见果真没有人，便对李强李福说：“二位兄弟，你们放心，我已翻了供，他们没有证据就一定会放你们出去。”

“王大哥，你也放心，我家眷答应给你的好处，一定会兑现的。我想，我们俩也一定能被放出去，再说，我们家已经给知府送了好处费，知府也一定会给这个县官施加压力的。”

三个人正交头接耳窃窃私语，王阳明走了回来，只见他一到公案边便大声说道：“李强、李福、王和尚，你们知罪吗？”

“我们没罪！”李强李福双双说道。

“好，我叫你们自己来认罪！”说完，王阳明叫了一个人出来，三人一看顿时傻了眼，就认了罪，王阳明叫进来的是一个什么人呢？

推理分析

王阳明在堂上叫了一个差人的名字，那个差人便从公案的桌子底下钻了出来，所以三人立时傻了眼，因为他们三人说的话，藏在公案底下的差人全都听了去。

寻找嫁妆

明朝的时候，有一户姓李的富人家，养了一个宝贝女儿。女儿渐渐长大了，到了出嫁的年龄了，夫妻俩托媒婆，为女儿找了一个婆家，也是一户富裕人家。他们想，我们是有钱人家，女儿出嫁的时候，嫁妆一定要显出派头，不能让婆家笑话。

女儿出嫁前的那天晚上，他们连夜准备嫁妆，一箱箱的名贵衣服，一条条的绸缎被子，多得数也数不清。屋子里装不下了，就堆放在院子里，准备第二天再装上彩车。谁知道第二天一大早，他们发现有一个箱子空了，放在里面的衣服都不见了，那都是女儿上花轿前要穿的呀！他们问了仆人，都说没有拿过，四下里寻找，也不见衣服的踪影。李家只好到县府报案，并且请求马上抓到盗贼，不影响女儿晚上的婚礼。

县官听了案情，为难地说："县城里有这么多的人，要是一家一户查起来，得好几天啊！"这时，有个叫刘炎泽的州官，正好到县里来视察，听说了以后，对李家夫妻俩说："今天日落之前，我保证让盗贼自投罗网！"他先让文书写了一张公告，公告上写着："城里某户人家失窃一箱衣服，为捉拿盗贼，明天上午各户居民务必等在家里，等候官兵前来搜查后，方可离开。"然后，他吩咐手下人马上到处张贴，最后，他又对守城门的官兵关照了几句。

这天日落之前，在县城门口，那几个偷衣服的盗贼，真的自投罗网了。守门官兵在他们的身上，搜出了很多女人的衣服，都是被偷的嫁妆。

刘炎泽是怎样让盗贼自投罗网的呢？

推理分析

刘炎泽估计，盗贼看了布告，因为害怕第二天被查出来，会马上把偷来的衣服运出城外，而整箱衣服目标太大，他们会把衣服穿在里面，分几次穿出城。刘炎泽关照士兵，看谁反复进出城门的，就扣留搜查。

大牢与小牢

崇祯皇帝的时候，山西一带盗匪猖獗，一股股的强盗结成了多个帮派，他们拦路抢劫，杀人越货，把个好端端的山西搅扰得天翻地覆，民不聊生。

为了打击匪患，还老百姓一个安居乐业的太平日子，太原知府组织了一支强悍的队伍，向各路土匪强盗展开了猛烈的进攻。终于一股民愤极大的强盗被活捉了。

太原知府十分高兴，开始公开审理这伙强盗，可是本以为好审的案子，却偏偏碰上了钉子。这伙强盗不仅组织严密，而且有不怕死的帮规，任凭知府如何审理，他们就是不招供，甚至向知府叫板，说他们无罪。

眼看着没有定罪的线索和直接证据，太原知府不禁急得一筹莫展，手足无措。

这时，太原府一位足智多谋的师爷向知府献了一计。知府听罢，不禁连连称好。

很快，知府升上大堂，命令衙役把强盗们一个一个单独带到堂上进行审问，然后把其中的几个人带进大牢对面地小牢里，其余的人押进大牢里。这样带进小牢里的强盗马上又被单独地进行了提审，而提审之后，衙役们就会给他们送去酒肉。与此同时，关进大牢里的那些强盗吃的都是粗茶淡饭。这样进行了两天后，知府开始提审大牢里的强盗，在审问时，非常郑重地告诉他们已经有人揭发了他们的强盗行径。

很快，大牢里的强盗就主动地交代了罪行，这伙强盗的所有罪恶便全部暴露了出来，使知府顺利地破了此案。

这位师爷献的是什么计策呢？

推理分析

师爷献的是离间计。他让知府把强盗分别关在大牢和小牢里，并给小牢里的强盗吃好酒好肉，给大牢里的强盗吃粗茶淡饭，目的就是让他们互相猜忌，狗咬狗，从而互相揭发，达到破案的目的。

被扔进荷塘的男孩

有一户人家，姐姐和她娘家弟媳同时怀了孕，可天有不测风云，突然间姐夫和内弟都相继得病死去。

十个月之后，姐姐和弟媳又同时生了孩子，一个女孩，一个男孩。满月后的第三天，弟媳来到县衙告状，说婆家姐姐在回娘家时把她的儿子换成了女孩。

知县孔铁林接案后，连审两堂也没问出头绪来。两方互不相让，两方证人都分别证明二人生的是男孩。

这下可真让孔铁林犯了难。这天夜里，孔铁林猛然想出了一个好办法，他传话明天晚上再审。

第二天晚上，月色朦胧，孔知县端坐在西花厅上，紧靠花厅的栏杆外边就是一个半亩大的荷花塘。原告、被告和证人带到后，双方还是各执一词，吵得孔铁林心烦意乱，一甩袖子，回内室去了。

花厅上一时鸦雀无声，众人面面相觑。知县夫人走出来说："为了这个男孩，老爷都惹烦了，想必是长得姣好，才争成这个样子。让我来看一看。"说着，就从姐姐怀里接过孩子，抱进了内室。

片刻，孔铁林走出来继续问案，依然问不出啥名堂来。他顿时火冒三丈，手执惊堂木，在案桌上拍得"啪啪"震天响。

正在这时，佣人把小孩子抱出来了，说是夫人已经看过。孔知县随手接过来，怒气冲冲地指着孩子道："为你这乳臭未干的小儿，累得我连审两天，还未审清问明，像你这种婴儿，白白给大人添了烦恼，要你何用！"

说罢，两手一扬，就把小孩子扔进了荷塘，只听"扑通"一声，那小孩子在水面上蹿了两蹿，就沉下水底。这一下，顿时吓呆了原告、被告、衙役和证人，花厅里立刻乱起来。

姐姐跑到塘边，捶胸顿足地呼叫起来："快捞人哪！可别淹坏了俺的孩子哟！"而弟媳妇一听见响声，就疾步蹿到塘边，"扑通"一声和衣跳进荷塘，扑到水里去救孩子。

案子就这样轻松地破了。你猜到底谁是孩子的亲生母亲呢?

推理分析

孔知县让人将弟媳妇救起来，此时，花厅里添灯加亮，如同白昼。

孔知县再次升堂，手捋胡须，威严地说："此案已明，本县心中有数。"命姐姐如实招供，若再谎言狡辩，一定严惩不贷。姐姐只得如实招供了移花接木、偷梁换柱的"夺子之计"。

而那扔在荷花塘里的小孩，则是用红绸裹着的一条五斤重的大鲤鱼，孩子在夫人床上睡得正香呢！

巧称黄金的文官

明朝的朱棣皇帝准备在渭河上新建一座坚固美观的石桥。为了解决建桥的经费问题，他派出十名使臣，要求他们在十天之内每人征收黄金千两。

十天后，十名使臣全部按期回朝交差了。黄金都是按皇帝的旨意装箱的：每块黄金重一两，每一百两装成一箱，每个使臣上交十箱。

谁知，就在使臣们交上黄金的当天夜里，皇帝忽然收到一封密信，说有一个使臣在每块黄金上都偷偷割了一钱，肉眼看不出来。皇帝读完这封信，非常生气，决心查出贪污黄金的使臣。

第二天上朝，他吩咐内侍取来一杆十斤的盘秤，然后对满朝文武官员说："谁能一秤称出是哪个使臣的黄金不足，定有重赏。"说罢命令那十名使臣各自站在自己交的十箱黄金跟前。

这下子朝廷上的气氛马上紧张起来了，文武官员们你看着我，我看着你，都不说话，皇帝正要大发雷霆，一个年轻文官站了出来，说愿意试上一试。皇帝点了点头。只见年轻文官在第一个使臣的箱子里拿了一块黄金，又在第二个使臣的箱子里拿了两块黄金，第三个拿了三块……第十个拿了十块，都放到秤盘上，用秤一称，马上指着第三个使臣的鼻子报告皇帝说："是这人贪污了黄金！"

这个文官根据什么说第三个使臣贪污了黄金？

推理分析

原来，年轻文官在十个使臣的箱子里依次取了一、二、三、四、五、六、七、八、九、十块黄金，只要称一下缺了几钱，就可以查出是哪个使臣贪污了黄金。年轻文官称黄金时发现少了三钱，便断定贪污黄金的就是第三个使臣了。

四句救命诗

明朝的时候有位大臣刚直不阿，才华出众，敢于当面和皇帝争论，为民请命。为此皇帝很想置他于死地，只因找不到借口而未能如愿。一天，百官上朝时，皇帝突然心生一计，对他说："我深知你才华横溢，出口成章，现在我说一句话，你作一句诗，作得好，自有重赏；作得不好，必杀不赦。"大臣应允了。

皇帝洋洋得意地说："昨晚宫中妃子生了个孩子。"这位大臣随即吟出一句："昨夜宫中降金龙。"皇帝没有好气地说："什么金龙？是个女的。"大臣笑而应曰："化为嫦娥下九重。"皇帝又说："这孩子已经死了。"大臣不慌不忙地吟道："料想人间留不住。""胡说！"崇祯皇帝厉声吼道："我已令人把她扔进荷花池了。"谁知大臣出人意料地来个急转："翻身跃入水晶宫。"

皇帝顿时恼羞成怒道："你是大学问家，必定知道'君要臣死，臣不敢不死'。如今我令你即刻投水而死！"大臣无可奈何，只得向湖边走去，刚准备往下跳，突然急中生智，拔腿往回跑。皇帝拍案而起："你竟敢违抗圣旨！"

"臣不敢抗旨，只是臣正要投水时，楚国忠臣屈原从水中出现，对我说了几句，我不知该怎么办好，特来请示圣上。"皇帝一听这大臣的话，当即免大臣一死。你知道这位大臣说了什么话吗？

推理分析

大臣说："陛下，臣刚才正准备投水，突然屈原从水中出现，他怒气冲冲地对臣说：'当年我投汨罗江，是因为主上昏庸，山河破碎。如今国泰民安，君王圣明，你不思精忠报国，却来投水自尽，是何道理？'因此，臣将这番话禀明陛下，如果陛下认为我应该投水，我再去投水自尽不迟。"

真假强盗

山东福山县东村大财主张生元为独生儿子娶了位漂亮媳妇，被看家护院的拳师看中了。拳师经过几天筹划，想出一条毒计：这天夜里，拳师带上绳索、钉子和刀，上楼撬开小两口的卧室，用绳索将新郎捆在柱子上，把新娘子捆在床上，用钉子把门从里边钉死。二人的呼救声惊醒了全家，张生元忙喊人上楼救儿子。拳师喊道："现在新郎新娘全在我手里，谁敢上楼，我就先杀死新郎！"

这一喊，张生元不敢派人上楼了，只好在下边苦苦哀求，先是许下许多银两，后来也答应把新媳妇给他。无奈拳师就是不放人，还让张生元做好饭菜，从楼上放下绳子提上去。一日三餐，都是如此，有时还点名要菜。张生元对拳师有求必应。

张生元告到县衙，县令说："要抓捕罪犯不难，只怕你儿子的性命难保！"一个多月后，老县令离任，新县令李琦接任。张生元又到县衙哭诉，恳请县令抓捕拳师，救出儿子。李琦接过状纸，看了一遍，问了问拳师的长相，然后冷冷地说道："事情拖了这么久，我也没有什么办法。"张生元见新县令也指望不上，便跌跌撞撞回到家里，与夫人抱头痛哭。楼上的拳师听到哭声，更是得意忘形。

第二天夜里，拳师忽被打门声、吵嚷声惊醒。他从窗口往下一看，只见一伙蒙面大汉手拿刀枪，高举火把，破门而入。一会儿张生元老两口被推到院子里，跪在地上大喊：“大王饶命！”几个仆人拿着刀枪赶来，只见一个身材魁梧的强盗威风凛凛站到院子中央，大喊一声：“哪个不要命的过来！”仆人们见状，竟吓得谁也不敢上前。接着，就听见一阵丁丁当当的翻箱倒柜声，又看见有人往外抬东西。过了一阵，又听见有人说：“楼上还没有搜，这里有楼梯，上去几个弟兄，把家伙带上！”拳师一看，真强盗来了，顿时傻了眼。

楼门很快被撞开，众强盗一拥而入，把拳师一脚踢翻，五花大绑捆了起来，竟什么东西也没要，只把拳师带走了。

你知道这伙强盗是什么人吗？

推理分析

新县令李琦从县衙选了十几名强壮的捕快，扮成强盗，用夜间抢劫作掩护，转移拳师的注意力。真强盗来张家打劫，拳师再拿新郎作人质也就没有了意义，只好任由强盗来抓他，这样，便假戏真做了。

兄弟打官司

安徽张家庄住着兄弟两人，哥哥叫张震，弟弟叫张元。兄弟俩租种几亩薄田，勉强糊口。

有一年，遇上旱灾，田里颗粒无收。在生活无着落的情况下，张震就东借西借凑些本钱，到汉口一带做起了生意。

说来也怪，张震做生意的运气特别好，过不了几年，就赚了许多钱。张震寄钱回家，买地造房，添置家产，并且供养其弟张元读书成人。

多年以后，张震已是一把年纪的人了。他打算不再做买卖，回家乡去安度晚年。谁知张震刚回到家门口，其弟张元竟翻脸不认人，喝令家人将他赶了出去。

这下可把张震气得眼睛都直了。去告状吧，田园契约都在张元手上，自己肯定要吃亏；不告吧，这些年来，明明是我一个人在外面东奔西跑，饱经风霜，省吃俭用，好不容易才积攒下这笔家产，今天竟不明不白地被弟弟一人霸占了去，岂能甘心？

左思右想，张震心中不平，就去找县令百文敏。

百文敏下令将张元带到衙门。张元一上大堂就咬定说：“家中财产全是我一手置办，不信，契约字据可以作证。”说完，从口袋里摸出一大把字据来。

百文敏看张震一副老实巴交的样子，不像存心诬告，再看张元有根有据，道理充足。但是，张元年纪毕竟不大，又一直是读书人，谅他也不懂生财之道。不过，证据不足，难以定案，他只好吩咐退堂。

但是，过了几天，百文敏便想了一个办法，把这个案件给断了。

你知道他想的是什么办法吗？

推理分析

过了几天，百文敏将张元带到县衙，喝问：“本县刚查获一桩盗窃案，据盗犯招认，他的赃物全部窝藏在你的家中，你枉读诗书，竟干出无法无天之事，岂有此理！”

张元吓得连忙说：“回禀大人，我一直在家读书，与外人从不来往。家兄张震在外经商，走南闯北，结交三朋四友，或许其中藏有隐私。家中之物都是张震购置，与我无关。”

“哦，家中之物都是张震购置？”

“一点不错。”

百文敏顿时把脸一沉：“大胆张元，竟霸占哥哥家产，丧尽天良，国法难容，家产全归还哥哥所有。来呀，将张元轰出公堂。”

斗米斤鸡

于成龙是清康熙时候的著名廉吏，一向以勤于政务、爱民如子著称。有一天，于成龙刚刚吃罢早茶，一米店老板拉着一位种田人前来打官司。事件起因是：种田人上街卖柴时，不小心踩死了米店老板的一只小鸡，米店老板硬要他赔 900 钱。种田人不服，米店老板便把种田人拉到了于成龙的府衙。

于成龙升堂，众衙役站在公堂两旁。于成龙问："是谁击鼓鸣冤要告状啊？"那种田人何曾见过这种场面，吓得一句话也不敢说。那米店老板是城里人，见过世面，他说："这个乡下人进城卖柴。路过我家门口，踩死我家的一只鸡。我的鸡是良种鸡，只要喂几个月就能长到 9 斤重，按现在的鸡价，1 斤是 100 钱，9 斤刚好 900 钱，请大人判他赔我 900 钱。"

于成龙一听，笑了："好，我就判农夫赔你 900 钱。"农夫听了，大声喊冤说："我卖 10 担柴还没有 900 钱呢！"米店老板连称青天，可于成龙又说了一句话，农夫不再喊冤，米店老板却连喊倒霉。

你知道他说了什么吗？

推理分析

于成龙说："农夫踩死的是一只小鸡，你并未喂多久。俗语说：'斗米斤鸡'，如今你的鸡死了，就不必喂了，你就会省了 9 斗米，你既得了 900 钱，就应还农夫 9 斗米。"当时 1 斗米 300 钱，9 斗就是 2700 钱，米店老板当然赔本了。

失而复得的官印

康熙初年的时候，蓝溪县新任知县黄敬刚上任两个月，就发现官印丢失了，不禁大吃一惊。他不敢声张，私下召来师爷毕矮商量。毕矮分析说："这人偷去官印，也没有什么用处，可是你却落下一个丢印的罪名，我想偷印的人无非是想让你丢掉官职，因此可以断定偷印是报复你。你有没有什么仇人啊？"

黄敬想了想，说："我刚来此地，也没有什么仇人啊。要说得罪人，我上任不足两个月，会得罪谁呢？只有胡狱吏，他贪赃枉法，曾经被我责罚过。只有他有偷印的可能，可又没有什么凭据，也不好办啊。"

毕矮沉思了一会儿，附耳给黄敬出了个主意。黄敬听后，不禁拍案叫绝。

这天晚上，胡狱吏正在县衙做事，突然后院起火。黄敬立即当着众下属的面，把封好的官印盒交给胡狱吏拿回家保管，自己立即转身指挥救火。

第二天，胡狱吏当着众官的面把官印盒还给县令。黄县令打开一看，官印在里面，于是当着众衙役的面，表彰胡狱吏保护官印有功，发了赏钱。

那胡狱吏为什么盗了官印又偷偷还回来呢？

推理分析

当黄县令将封好的官印盒子交给胡狱吏时，胡狱吏就面临着两难选择：或者当场打开盒子，说明盒中无印；或者拿回盒子，送还时，再说明盒中无印。如果选择前者，说明他早知道盒中无印，他有偷印的嫌疑；如果选择后者，得承担丢印的罪名。胡狱吏为了摆脱罪名，只有将偷来的官印，再放回盒中。

谁害死了老太太

北京城里有一户人家，丈夫是一个商人，长年在外地做生意，妻子留在家里，既要养育年幼的儿子，又要服侍年老的婆婆。她对婆婆特别孝顺，婆婆逢人就说："我真是福气，有这么一个好媳妇。"

商人有一个妹妹，人又懒又馋，心眼还特别坏。看到婆婆这么喜欢嫂嫂，心里非常嫉妒，就想着法子，趁哥哥不在家的时候陷害嫂嫂。有一天晚上，小姑来到嫂嫂家，看见嫂嫂在忙着照顾婆婆，炉灶上煮着什么。她揭开锅盖，看到里面煮着红枣莲心汤，心想："哼！这么好吃的东西，也不叫我来吃，我要你吃下去送命！"她偷偷跑回自己的屋子，拿了一包老鼠药，放进锅里。

谁知道嫂子煮的红枣莲心汤，是给婆婆喝的。婆婆喝了以后，立刻口吐鲜血，从床上滚到地上死了。小姑看见闯了大祸，就一口咬定，是嫂子故意毒死了婆婆，连夜报告县官，把嫂嫂抓了起来。

县官先审问嫂嫂："你为什么要毒死婆婆？"嫂嫂伤心地大喊冤枉，小姑却在一边编造了很多假话，说嫂嫂早就想害死婆婆了，要求县官判她死刑，为婆婆偿命。县官说："今天已经很晚了，本官也累了，你们先在附近的小庙里睡一晚，明天早上再审吧。"他又叫来了手下人，一五一十交代了几句。

小庙里阴森恐怖，姑嫂俩硬着头皮睡了进去。第二天一早，县官还没有审问呢，手下人告诉县官："小姑已经自己招供了，是她想毒死嫂嫂，却把婆婆给毒死了！"

县官想了一个办法，让凶手自己承认真相，他用的是什么妙计呢？

推理分析

县官让手下人半夜里装成鬼，来到小庙里，对小姑和嫂嫂说："谁要是撒谎，就要抓她去见阎王。"小姑因为胆战心惊，就把真相都招供了。

真假布店伙计

有一个人名叫王乔，在一个布店里当小学徒。布店里的布全是卷起来的，顾客要买布了，店里的伙计就把布扯起来，让顾客挑，卖完以后，还要把布卷起来。这卷布的手艺，表现出布店伙计的水平，王乔就天天刻苦练习卷布，练得手心起泡，胳膊都肿了。几个月以后，他已经很熟练，手里的布一甩、一抖、一晃，再长再乱的布，一眨眼就卷得服服帖帖的。

有一天，老板要王乔送一匹布到裁缝店去。他扛着布就上了路，走到一半，突然一个闪电，天上下起了雷阵雨。豆大的雨点劈劈啪啪落下来，路上的行人都抱着头，赶紧找地方躲雨。王乔担心，大雨会把布淋湿的，他看到路边有一座凉亭，马上奔了进去。

凉亭里，已经有一个年轻人在躲雨，看到王乔进来，很热情地打招呼。王乔就和他一起聊天。聊着聊着，雨一下子停了，太阳出来了。王乔跟那个年轻人说："天晴了，我该送布去了，再见吧！"说着，拿起布就要走，谁知道那年轻人抢过布，生气地说："你怎么拿我的布？"王乔奇怪地问："这是我的布，你是不是搞错了？"年轻人理直气壮地说："明明是我的布！"两人争吵起来，最后，只好请县官来评判。

县官把布料摊开，认真地看了一看，然后叹了口气，挥挥手说："本官看不出来什么证据，请你们把布料卷起来，本官不管啦！"年轻人得意极了，抢先夺过布料，手忙脚乱地卷起来。县官哈哈大笑，指着年轻人说："你才是真的骗子啊！"

县官凭什么判断出年轻人就是骗子？

推理分析

从年轻人生疏的动作就可以看出，他不是布店伙计。

妙用谐音的知县

一天，杨知县刚刚处理完一起人命案，衙门口又来了一个告状者。只见他愁容满面，咳声叹气，上得堂来跪在知县面前哭诉道：

"我叫蔡山，是个做小本生意的小客商。昨天刚从祁县赶来此地，住在县城西关的小客栈里。临来时，我随身携带了二十两银子，想到这里贩点货物，我见客房里人杂，怕银子丢失，便交给了店主人保管。想不到，今天早上我去找店主人领取时，打开包裹一看，里面的银子变成了半块青砖头。我向店主人讨要银子，可他赖着不给。我没有别的法子，只得来此请求大人明断。"

杨知县听完蔡山的诉状，立即命衙役去传店主人来堂。

不一会儿，店主人便随衙役来到了大堂。

杨知县盯了他片刻，问道："你可曾替蔡山保存过二十两银子？"

店主人晃动着那肥胖的脑袋，鼓肉眼转了三圈，答道："大人，您可是青天大老爷。昨天他来到我的店里投宿，不错，他是让我替他保存了一个包裹，可那里面并没有银子。不信，您让他自己说，当时他让我存什么来着？”

杨知县把脸转向蔡山问道：“昨天，你让他存的什么？”

听了这话，蔡山支吾着答不上话来。

“你到底存的是什么？”杨知县追问道。

蔡山刚想着该怎么回答，店主人却抢着话头说道：“昨天他存东西时，说包裹里是一块砖头。我收下包裹后，动也没动过，哪里知道有什么二十两银子的事。”

“你是这样说的吗？”杨知县注视着蔡山脸上的表情变化。

蔡山畏惧地抬头看看杨知县，说道：“我怕存这么多银子，店主人起疑心。为了不招来麻烦，我把银子包在了几件衣服里，当时是没告诉他实情！”

“这就对了，黑的变不成白的，想讹诈我？没门儿！”店主人一脸的得意样儿。

蔡山急得眼睛里直冒火，泪流满面，十分凄楚地说：“青天大老爷啊，那二十两银子可是我家老小的活命钱呵！”

杨知县眯缝着眼睛，交替审视着眼前这两张迥然不同的脸，心想：原告蔡山并没有当面把银子交给店主人保管，但瞧他那愁苦的样子，像是个善良老实的人。店主人虽说不知道蔡山的包裹里有银子，可他那诡谲狡黠的样子实在叫人生疑。难道真的是他发现蔡山包裹里有银子，便暗自用半块青砖换下？虽然店主人很可疑，但是，蔡山昨天晚上存包裹时并没说清。现在既无证人，又没证据，如何才能断明此案呢？

杨知县来到堂下，踱步思忖。蓦然，他心生一计。他让人取来一支墨笔，来到店主人身边说道：“伸出手来。”

店主人不知杨知县要干什么，莫名其妙地把手伸到杨知县面前。只见杨知县在店主人的手心写了一个“银”字，然后让他来到院子里，站在烈日下暴晒。杨知县还叮嘱他：“千万注意，看好你手上的这个‘银’字，若是没有了，我就判罚你还蔡山银两。”

于是，店主人站在院子里纹丝不动，两眼死盯着手心上的“银”字，生怕跑了“银”字，丢了银子。

这时，杨知县又差衙役迅速将店主人的妻子传讯到庭。

杨知县突然问她：“昨天晚上，你们替客商保存的银子放在什么地方了？”

“什么银子？我不知道！”老板娘没被诈出来，故作糊涂地答道。

杨知县大怒："贼婆娘，你还想诡辩！你男人都从实招来了！你还不承认？"老板娘嘿嘿一笑不说话了。

杨知县气得火冒三丈。但他没有对老板娘施以重刑，却让老板娘跟他来到窗口。然后，他隔着窗口向站在院子里的店主人只喊了一句话，老板娘便如实招供了，还供出了银子藏在她家衣柜顶上。杨知县派衙役去店主人家搜查，果然在衣柜顶部的夹板里搜出了那二十两银子。

杨知县在窗口对店主人喊了什么话，才使老板娘如实招供的呢？

推理分析

杨知县对店主人喊道："你收（手）上的银子（字）还在不在？"店主人正目不转睛地盯着手心上的"银"字，听到杨知县问他，脱口回答道："我手上的'银'字在啊，错不了。"杨知县转身又对老板娘说道："听清楚了吧！你男人都承认收了别人的银子，你还不从实招来吗？"

由于杨知县巧妙地利用了语言中的谐音，老板娘不知是计，以为自己的男人真的招供了，便供出了实情。

一封奇异的家书

有一个美丽的小镇，镇子东街住着小商贩黄果木一家。黄果木虽然大字不识一个，可做买卖却十分精明，每次出去，总能带回不少银子来。这年春天，黄果木又告别了妻子秋竹，进关来到繁华的天津城。

两个月后，黄果木做生意挣了一些钱。一天，他独自一人坐在客房里，双眉紧蹙，脸上布满了愁云。原来，临从家里出来时，他父亲刚刚生病去世，为医治父亲的病，几乎花光了家里的积蓄。他知道家里一定等着用钱，应该尽快把这两个月挣的银子送回去。可是眼下正在进行着一笔大买卖，怎能放过这样一个挣钱的机会呢！想到这里，黄果木不禁长叹一声。

“老弟，听说你又发了大财，怎么还唉声叹气呢？”这时一个油头粉面的青年男子走进屋来。

黄果木一看，来人是同街的邻居陈阿六，忙起身让座：“来来来，仁兄，你什么时候到这来的呢？”

陈阿六看看屋内没有外人，便故作神秘地对黄果木说：“老弟，我这次来天津也算福分不浅，一共赚了这个数。”说着，伸出了两个手指头。

“挣了二十两银子？”

“不对，少说了十倍！”

“什么？二百两银子？”

“对了，其实还能多挣，可我惦念家里的人，明天就要回去了。”说到这里陈阿六看了一眼黄果木那忧伤的面容，又说：“哎，老弟，不往家捎个信吗？”

“噢，对了！”黄果木这才想起要往家里捎银子的事，忙说道，“仁兄，我想托你给家里人捎点银子去，行吗？”

“这有什么，不必客气，一定给你捎到。”陈阿六答应得很痛快。

黄果木高兴地借来纸墨。陈阿六站在一旁感到很奇怪，心想，这小子斗大的字不识一个，怎么竟写起家书来了。他好奇地伸过脖子一看，差点笑出声来。那哪是什么家书，是一幅奇特的画。黄果木在纸上画了三座高山，并在每座山头上画了一面小旗。陈阿六忽然明白了，这可能是黄果木画给儿子玩的，于是脱口问道：

“这是给儿子画的吧？”

黄果木刚要说什么，却又止住了，只是朝陈阿六点了点头，并从包袱里拿出了三十两白银，连同画一起交给了陈阿六。

半个月后，陈阿六带着银子和那张画来到了黄家。黄妻秋竹得知丈夫托陈阿六给自己捎来银子，很是高兴。可是当秋竹看过那幅画后，把陈阿六拽住了，问道：“孩子他爹托你捎回来三十两银子，你怎么才交给我十两呢？”

“那……那怎么能呢？”陈阿六的脸一下子红到了脖子根，嗫嚅着说道。

秋竹指着画一说，陈阿六羞愧难当，只得交出昧下的那二十两白银。

秋竹是怎么知道丈夫给自己捎来了三十两银子的呢？

推理分析

秋竹把画递到陈阿六的面前，指着画上的三座山说："三山（三）得九！"又指着山上的三面小旗说，"三旗（七）二十一！你是读过书的人，加一加看吧！"

生豆子和熟豆子

王恺是平原县的县令，一天，有个贩麦的商人，来到衙门告状，说夜里路过一村子的寺庙前时，被一伙人抢劫了，但由于天黑，并没有看清楚盗贼是什么模样，有多少人。

王恺听完贩麦商人的报案后，并没有马上去抓盗贼。他想如果官府去抓盗贼，由于没有确凿证据，不仅抓不到盗贼，反而容易打草惊蛇，盗贼必定会躲起来，短时间内不会再出来作案；即使抓到强盗，找到了麦子，但这种麦子是很普通的粮食，几乎家家都有，强盗要抵赖说这不是赃物也难验证。于是王恺叫贩麦的商人先回家去等候消息，并嘱咐贩麦商人一定不要操之过急。

过了几天，又有一个贩豆子的商人晚上走过那个寺庙，结果，豆贩子也遭了抢。王恺就命一个士兵化了装，到寺庙去买豆子。士兵说要检验豆子的好坏，要和尚把所有装着豆子的袋子都打开。

士兵一袋一袋地认真检验，找了好一会儿，才挑选到了几袋满意的豆子。随后，士兵立刻就逮捕了这个卖豆子的和尚，把他押解回县衙。到县衙后，这和尚没有抵赖，交代了全部罪行。从这以后，当地的盗贼们躲的躲、逃的逃，再也不敢作案了。

王恺是用什么方法抓获强盗的呢？

推理分析

贩豆子的商人是王恺派去的。王恺暗中派的这名商人夜里路过那寺庙，他被抢的豆子中掺进了少数熟豆子。王恺派士兵到寺庙买回的豆子中发现了熟的，说明这寺里的和尚是抢劫嫌疑犯或者是销赃犯。

“神钟”识盗

陈述古刚到蒲城县做县令不久，就发生一起盗窃案，失主家里的几件贵重东西被偷走了。衙役们抓了一批嫌疑犯，但一连审问了几次，均毫无结果。这使陈述古有些犯难：把嫌疑犯都押起来，显然不合适；都放掉，案子破不了会被人看作无能，受到人们的嘲笑。怎样才能把真正的盗贼抓出来呢？

深夜里，陈述古难以入睡，坐在灯下翻阅有关材料，苦苦地思索。这时，寺庙里的钟声传来，久久地在他耳边缭绕。这悠扬的钟声使他想出了一个破案的巧妙办法。

隔了几天，陈述古向官员们说：“最近在县南边的灵山寺里发现了一口‘神钟’，能辨别盗贼，而且非常灵验。”随后派人将那口“神钟”运到蒲城，低低地悬挂在衙门后面的阁楼里，让人焚香点烛，供上果品祭拜。

这事很快传到嫌疑犯的耳中，他们不知“神钟”怎样辨盗贼，人人都产生了一种莫名其妙的惊慌。

这一天，陈述古吩咐把嫌疑犯带进阁楼。他带领官员们在“神钟”面前恭恭敬敬地摆上供品，烧香叩头。然后对嫌疑犯们说：“这口钟很灵验，没偷东西的人摸它，不会发出声音；偷过东西的人只要手一碰到它，就会发出嗡嗡的声响。你们现在都不承认自己偷了东西，我只好请‘神钟’来辨别了。”

说完，陈述古让他们退出阁楼，叫狱吏把“神钟”用帷帐围起来。过了一会儿，陈述古亲自监视，把嫌疑犯逐个带进黑乎乎的帷帐里，让他们伸手去摸钟，摸过后，都挤在阁楼的一个黑暗角落里。

十几个人都摸过了，“神钟”竟没有发出一点声音。陈述古叫嫌疑犯一个个走出阁楼，说："把你们的手伸出来。"他们先是一愣，接着毫不在意地把手伸到面前。陈述古逐个检查，然后指着其中一人说："偷东西的就是你！"经过审问，那人果然就是盗贼。陈述古是怎样破案的呢？

推理分析

陈述古暗中派狱吏将钟身上涂满了墨炭，而那人做贼心虚，唯恐手摸到钟后发出声音，只做了个摸的样子，没敢让手触到钟上，所以手指上一点儿墨炭也没沾上，手指是干净的，便说明他是盗贼，而其余的人手上全涂上了墨炭。

装哑巴

有个秀才名叫蒋勤，他有一匹膘肥体壮、性情凶猛的烈马。那马莫说是人，就连别的马一接近它，也会被踢伤或踢死。因此，蒋勤外出时十分注意，要么将自己的马拴开，要么叫别人的马拴远点。

一天，他来到县城，就把自己的马拴在离店铺较远的一棵树上。正要走开，看见一个富家公子吩咐随从，将马也拴在这棵树上，蒋勤连忙劝阻："客官且慢，我这马性情暴烈，怕有格斗之危。"

那随从狗仗人势，根本不听蒋勤之劝。

蒋勤又转身对主人说："公子明断，我这马性烈，请将马另拴别处。"富家公子一听怒不可遏，厉声说："我定要拴在这里，看你把我怎样！"说罢就走了。

不多时，蒋勤的烈马就将富家公子的马踢死。富家公子一见大发雷霆，就吩咐随从将蒋勤扭到县衙。

知县王文敏升堂后，看见原告是本县有名的富家公子苏衙内，知道不好对付，问清原委后，就以验马尸为名宣布退堂。随后王文敏一边派人验马尸，一边派人向蒋勤授意，要他明日到公堂上委屈一下。果然，王文敏非常利索地断了此案，为蒋勤讨了公道。

王文敏是怎样审案的呢？

推理分析

次日升堂，王文敏一拍惊堂木，要蒋勤从实招来，蒋勤一言不发。

王文敏又说："此人是个哑巴，本县不好审理。退堂！"

苏衙内上前说道："大人且慢，此人并非哑巴，昨天我家奴去拴马时，他亲口说了话。"

王文敏问家奴："他昨天说什么话？"

家奴说："我去拴马时他对我说，他的马很凶，要我把马拴到别处去，免得踢坏了我家公子的马。"

王文敏又问："此话当真？"

苏衙内说："一点不假，我亲耳听见。"

王文敏一听，哈哈大笑道："此案已经了结，蒋勤已将他的马性烈的情形讲明。你们不听，硬要拴在一起，只能自食其果。"说罢退堂了。

苏衙内理屈词穷，只好作罢。

第3辑
用科学思维玩出推理脑

柯南道尔在《血字的研究》中，为他的福尔摩斯列出了这位大侦探的身上所具有的多项科学素养，他认为福尔摩斯拥有精深的植物学、动物学、地质学、生理学、化学、解剖学以及天文学和物理学的知识，这就是说福尔摩斯是一个有着现代素养的科技人才。所以，英国学者马丁·菲多便直截了当地说道：“福尔摩斯就是一个科学家。”任何人都可以想一想，一个有着如此科学思维的侦探，什么样的奇案能够难得住他呢！即便是有着十分深奥的带有科技含量的案件，在被科学知识武装了头脑的人面前又能隐藏多久呢？在这里，案件是表象，而科学才是去伪存真的杀手锏和开启迷雾之门的钥匙。因此，跟福尔摩斯学科学，拥有福尔摩斯那样的完备而又扎实的科学素养和科学思维，对一个现代人来说就显得至关重要。此类的福尔摩斯故事，既是健脑增智的一个极为有效的手段，同时，又是训练一个人成为21世纪人才的一个最佳处方。如果说一个人拥有了谋略思维，又拥有了逻辑思维，这个人的智商就已到了很高的境界；那么，在此基础上再拥有了科学思维，这个人无疑就是高智商者。

杀人的兔肉

史密斯是一家公司的销售部副经理，前段时间，他和同是销售部副经理的杰奎琳共同筹划了一个项目，结果让公司大赚了一笔。公司老总很高兴，决定在史密斯和杰奎琳两人当中选出一个，提升为销售部总经理。这可是个好机会，史密斯凭着自己的三寸不烂之舌，在老总面前把杰奎琳明褒暗贬了一番，最后终于如愿以偿地坐到了销售部总经理的宝座上。

不过，虽说是当上了总经理，但每天面对杰奎琳，史密斯的心里还是有点儿心虚的，毕竟，杰奎琳没有被提升和自己是有直接关系的。

为了笼络杰奎琳，也为了庆祝自己被提升，史密斯决定在家里举行一次烤肉晚会。

这天，公司的同事们如约而至。出于礼貌，大家或是带上几枝鲜花，或是带上一瓶果酒，作为送给主人的礼物。杰奎琳也不例外，但不同的是她带来的是一只活蹦乱跳的兔子。她说，这是她姑妈前几天从乡下来时送给她的，她一直没舍得吃，今天特意带来送给史密斯，作为恭贺他“像兔子一样”迅速荣升的礼物。

史密斯没听出来杰奎琳的意思是褒还是贬，也没敢吱声，就赶紧将兔子接了过去。

晚会进行到一半，史密斯突然想到了那只肥兔，就想马上杀了烤着吃，也好给众人尝个鲜。但没想到杰奎琳极力反对，说自己看不得这么血腥的场面。况且已经养了好几天的兔子，怎么舍得吃，请史密斯等大家走了之后自己享用。众人觉得杰奎琳提出这样的要求并不过分，也都没什么意见，于是史密斯就把宰兔子的想法先放下了。

第二天，史密斯想起了这只兔子，就在家把它给宰了，然后精心烹饪，一个人把它给吃掉了，可是没想到的是，就在史密斯吃完这顿美餐不久，突然七窍流血，中毒身亡了。

经过法医鉴定，史密斯的死因是阿托品中毒，而在史密斯的胃里只发现尚未消化完的兔肉。警方有点儿奇怪了：兔子是史密斯自己杀的，肉是史密斯自己做的，总不会是他自己给自己下的毒吧？

正在警方一筹莫展的时候，一位生物学家给警方揭开了谜底，并告诉警方杰奎琳就是凶手，兔子就是杀人凶器。

杰奎琳和兔子怎么变成了凶手呢？

推理分析

一些食草动物有对毒植物免疫的功能。这之中，兔子是免疫功能较强的一种。阿托品这种毒素就含在植物之中。杰奎琳用含有阿托品毒素的植物叶子给兔子喂食，虽然兔子本身是活蹦乱跳的，但其体内已经含有了毒素。等到史密斯把兔子煮熟吃掉了之后，毒素就进入了史密斯的体内。最终导致了他的死亡。

雨后的彩虹

一个炎热的夏天，太阳好像一个大火球，晒得空气都热烘烘的。大街上的人都是脚步匆匆的，人们尽量躲在家里，一边吹着电风扇，一边在责骂着："老天呀，你就发发善心下一场大雨吧，热得受不了啦！"

也许真是老天发了善心，随着一道闪电，只听到"轰隆隆"一声炸响，天上噼里啪啦下起了雷阵雨。火辣辣的太阳不见了，躲到了乌云后面，豆大的雨点砸在屋顶上、马路上、窗户玻璃上，溅起一朵朵小小的水花，真是好看！过了一会儿，雨停了，空气一下子变得那么凉爽。雨后的天空，出现了一道美丽的彩虹。人们纷纷走出家门，呼吸着新鲜的空气，大街上渐渐热闹起来。

忽然，一家银行的报警器响了，有个蒙面人闯入银行抢劫，银行员工偷偷按响了报警器，抢劫者抢了一点钱，赶紧逃出来，混进了大街上的人群里。警察火速赶到，封锁了现场，并且根据目击者说的外形特征，抓住了三个嫌疑犯，高斯警长当场进行了审问。

第一个嫌疑犯说："当时我在银行对面，听到有人抢银行，才过来看热闹的。"第二个嫌疑犯说："雨停了以后，我站在马路边欣赏彩虹，可是阳光太刺眼了，我看到银行隔壁有一家眼镜店，就准备去买墨镜。"第三个嫌疑犯说："我走过银行的时候，外面下起了雷雨，只好在里面躲雨，没想到碰上了抢劫案。"高斯警长做完了笔录，让三个人都签了名，然后对身边的警员说："这三个嫌疑犯人当中，有一个人在撒谎，暴露了他的罪犯身份，我已经知道谁是真正的罪犯了！"高斯警长说的罪犯是谁呢？

推理分析

是第二个，因为彩虹的位置总是和太阳相反的，看彩虹的时候，是不可能看到太阳的。

一张秋天的照片

花海公寓环境优美，路的两边是高大的梧桐树，池塘边有婀娜的杨柳，屋前屋后到处是鲜艳的花，还有绿毯子一样的大草坪。到了春天，公寓真的好像淹没在花的海洋里。夏天来了，吃过晚饭以后，小伙子和姑娘们，拿着录音机，来到大草坪上跳舞唱歌；年轻的爸爸妈妈们，带着活蹦乱跳的孩子，到游泳池去游泳戏水；老人们则摇着扇子，来到树荫下，聊着老掉牙的故事。

村井探长就住在这幢公寓里，不过他常常很晚才回家，看不到这番景象。今天，他忙完了工作，已经是11点多了，忽然，报警电话铃响了，有个男子报案，他的妻子被人杀害了！村井探长问他的地址，真是太巧了，他就住在花海公寓302室，是村井的邻居。村井探长记得，男子个子不高，夫妻俩的关系似乎不太好，早上出门的时候，还听到他们在吵架。

他马上带着法医，赶到现场。经过检查，女主人是被勒死的，死亡时间是下午2点钟左右。男主人说："最近我和妻子有些小矛盾，吃过午饭以后，就一个人到公园里去散心，晚饭也没回来吃。刚才回到家里，发现妻子已经……”他伤心地说着。村井探长问：“您下午到公园去，有什么证据吗？”男子拿出一张照片说：“我心情不好，就特地在梅花鹿的前面，拍了这张照片。”村井探长一看，男子站在一只雄鹿的旁边，鹿角好像高高的树杈，显得那么威风，更加衬托出男子的矮小。

村井探长看着照片说：“你下午并没有到公园里去，快说实话吧！”

村井探长根据什么说男子在撒谎呢？

推理分析

梅花鹿的角，在夏天的时候还没有长大，只有到了秋天或者冬天，才能长得像树杈一样。男子杀害了妻子，用以前的照片欺骗探长，造成下午不在现场的假象。

海底的谋杀案

在日本的一个小岛上，有一个世界著名的机构，叫做海洋生物科学院。为了观察和研究海洋生物，科学院花了一大笔钱，在很深的海底，建造了一间很大的实验室。实验室里，人工喂养着海豚、鲨鱼、水母等水生动物，还有最先进的实验设备。

有三个研究员，专门负责喂养这些海洋生物。每天早上，他们都要穿上厚厚的潜水衣，戴上氧气面罩，慢慢地潜到海底，进入实验室。如果要回到海面上来，仍然要穿戴好潜水设备，缓慢地上升。在上升的时候，途中还要停留 4 次，每次 10 分钟。这是因为在这样深的海底，海水的压力太强了，人如果很快地升上来，身体里的内脏受不了，马上就会死去。

这一天，海底实验室里发生了凶杀案，研究员村上被人枪杀了！藤井探长得到报告，来到科学院。他跟着潜水员，下潜到实验室，开展了调查。他了解到，村上死亡的时间，是在下午 5 点钟左右，当时实验里还有两个研究员，一个叫中田，一个叫江户。藤井探长分别询问了他们。中田说：“今天是女朋友的生日，她约我晚上 6 点钟到她家，去参加她的生日聚会，所以我向村上请了假，提早下班了。我在 4 点 30 分离开研究室，村上是 5 点钟被杀害的，我当时已经到了地面，所以，杀手不可能是我。”江户说：“我 5 点钟的时候，正在给海豚喂食，回到实验室的时候，是 5 点 30 分，正准备下班呢，看到村上倒在地上，浑身是血。”藤井探长做完两个人的笔录，心里已经很清楚，谁是真正的凶手了。

推理分析

凶手是中田，因为从海底上升到地面，中途至少需要 40 分钟的时间。按照中田的说法，他半小时就到了地面，这不符合海底上升的科学规范，也就是说如果他是半小时就上升到地面的话，他早就死了。这说明他在撒谎，实际上是他杀害了村上。

泄密的秘书

昂奈先生在 K 公司工作，担任总经理的秘书。由于他工作出色，总经理非常赏识他。他的理想，就是有朝一日，也能坐上总经理的宝座。K 公司有个竞争对手，就是 H 公司。最近，K 公司试制了一种新产品，它的资料是绝密的，万一被 H 公司得到，就能把 K 公司斗垮。总经理把写新产品报告的任务，交给了昂奈先生。

可就在这关键的时刻，昂奈先生发生了意外。那天他上班的时候，大楼的电梯坏了，为了抓紧时间，他从一楼往八楼跑，跑到六楼的时候，踩上了一块香蕉皮，脚下一滑，把右脚跌骨折了。幸好清洁工鲍比跑来，把他背下楼，送到了医院。医院给他的右脚绑了石膏，他不能上班了，但是他向总经理提出，在家里继续赶写报告，请鲍比帮他料理家务。

这天下午，他趴在桌子上，埋头写报告，第二天，就要交报告了。吃晚饭的时候，鲍比给他端来饭菜，放在离他 3 米远的茶几上。资料的文字很小，离得那么远，鲍比是看不清楚的。到了半夜，昂奈先生感到很困，鲍比端来一杯葡萄酒，体贴地说："昂奈先生，您喝一杯酒，提提神吧。"昂奈先生一口喝了，顿时感到精神十足。他把酒杯放在桌子上，继续写报告，一直到第二天凌晨，报告终于写好了！

过了不久，K 公司的新产品上市的前一天，H 公司竟然抢先推出了这种新产品！经过调查，原来是昂奈先生泄的密。他丢了工作，"总经理之梦"也彻底破灭了。

昂奈先生在家里写报告的时候泄密了，可是，他是怎么泄密的呢？

推理分析

清洁工鲍比是 H 公司的商业间谍，他让昂奈先生跌成骨折，又把玻璃酒杯放在桌子上，酒杯好像放大镜，把很小的文字放大了，鲍比离得很远，也能看清楚。

被热水浸泡的体温计

戈拉是个内科医生，开了一家诊所。他的医术很高，对病人非常热情。曾经有一个病人，得了很难治的怪毛病，别的医院都说治不好了，戈拉医生却接了过来，经过仔细诊断，对症下药，结果奇迹般地治好了。那个病人是个作家，他写了表扬文章，在报纸上发表，戈拉医生出了名，诊所的生意更加红红火火。

坦布斯医生也开了一家诊所，就在戈拉医生诊所的附近，可是，坦布斯只关心赚病人的钱，谁给钱多就治，碰到没有多少钱的穷人，就马马虎虎敷衍了事。再加上他的医术也很差，不多久，人们都不来他的诊所了。坦布斯却认为，是戈拉医生抢走了他的生意，就怀恨在心。

有一天晚上，戈拉医生接到电话，说有个小孩发高烧，他带着体温计、退热药，连忙赶了过去。经过急救，小孩退烧了，他才往回赶，这时已经是半夜了。他来到家门口，正要开门，突然头上被重重地打了一下，戈拉医生顿时倒在地上，当场死亡，凶手就是坦布斯医生。

坦布斯医生知道，警察看到尸体以后，可以根据尸体腐烂的程度，判断死亡的时间。他动了一个脑筋，把尸体拖到浴缸里，用滚烫的热水泡了两个小时，这样，可以把死亡时间推前十个小时，那时他正在诊所上班，没有作案的时间。他又趁着凌晨，悄悄把尸体拖到马路上，造成被汽车撞死的假象，这才回到家。

巡逻警察很快就发现了尸体，经过仔细检查，在死者的口袋里，发现了一件东西，证明死者死亡的时间是伪造的。

你知道这件东西是什么吗?

推理分析

戈拉医生出诊的时候，口袋里带着体温计，体温计经过热水浸泡，水银柱升到40摄氏度，但不会再降下来，可是马路上的气温很低，说明尸体有可疑的地方。

起火的玻璃房

在伦敦郊区的农庄里，有一位叫做詹姆雷斯的庄园主，他种植着闻名全国的玫瑰。詹姆雷斯对他的玫瑰爱如珍宝，专门盖了自动调节温度的玻璃房，让玫瑰在最好的环境里成长。

盛夏的一天，詹姆雷斯生怕玫瑰给太阳烤坏了，便拿出冬天储存下来的干草铺到玻璃房里，又在草上放上大量冰块，玻璃房的温控系统也调到最低。看着温度表上的22摄氏度，忙活了一天的詹姆雷斯终于松了口气。

到了傍晚，忽然下起了淅淅沥沥的小雨。雨越下越大，一直下到天亮。詹姆雷斯望着难得的雨水，心里充满了喜悦。这真是及时雨啊！气温一下子下降了好几度，再也不用怕玫瑰给晒坏了。他想趁这时候去买点肥料回来，便在中午时分套上马车出去了。

马车刚刚出庄园，他忽然看到庄园里腾起一股黑烟，接着，红色的火苗也蹿了上来，看方位，正是玻璃房所在的地方！他大惊失色，连忙全速赶回去。只见玻璃房的干草已经被点燃，滚滚黑烟将珍贵的玫瑰完全吞没了。等火完全扑灭的时候，玫瑰也烧得差不多了。

“天啊，是谁放了火？”詹姆雷斯大哭起来。

这是多么惨重的损失啊！他忙给老朋友亨利探长打电话说：“无论如何，请你一定把那个该死的纵火犯找出来！”

探长立刻带领警察赶到现场，可奇怪的是，在现场只有詹姆雷斯自己和两个赶来救火的仆人的脚印，此外连个鞋印子都找不到。

“奇怪了，刚刚下过雨，到处是湿漉漉的泥，怎么说也应该留下一些脚印吧。”一个警察说。

探长接着询问在附近劳作的仆人，他们也说起火时玻璃房里没有人。詹姆雷斯悄悄地向探长询问：“怎么会这样，难道是幽灵来放火？”探长摇摇头，围着玻璃房绕了一圈。

忽然，探长注意到玻璃房顶部有一圈圆形的凹槽，这些凹槽围绕着房顶边缘排列，非常整齐好看。“这些是透水孔。”詹姆雷斯见探长注意，便在一旁解释道，“是用来让房顶积水流下来的。”

探长沉思了一会儿说道：“纵火犯找到了，并不是什么幽灵，而是这些圆形凹槽！”

“为什么？”詹姆雷斯无论如何也想不通，自己耗费巨资修建的玻璃房，怎么就成了害死玫瑰的凶手呢？

推理分析

玻璃凹槽在盛满了水的时候，就变成了一面凸透镜。太阳光通过这一排凸透镜聚焦到干草上，便引起了大火。

毛玻璃的秘密

遭逢滑铁卢大败之后，拿破仑被流放到大西洋南部的圣赫勒那岛，过着软禁生活，身边只有一个叫桑梯尼的仆人。

一天，他派桑梯尼去找岛上的罗埃长官，转达他希望有个医生的要求。但到了中午桑梯尼还没有回来，却从长官部来了一个青年军官，通知拿破仑说："你的仆人因有盗窃的嫌疑，已经被逮捕了。"

拿破仑赶到长官部，罗埃向他讲述了事情的经过："桑梯尼来这里的时候，我正在处理岛上居民交来的金币，就叫秘书让他去左边房间等一等。后来，我将金币放在这桌子的抽屉里，锁上之后去厕所了。由于我的疏忽，抽屉上的钥匙遗忘在桌子上。过了两三分钟我回来了，把放在桌子抽屉里的金币数了一遍，却少了 10 枚。在这段时间里，只有他一个人在房间里，桌子上又有我忘带的抽屉钥匙，不是他偷的还是谁呢？因此，我命令秘书把他抓了起来。"

"但是，你应该知道，左边的门是上了锁的，桑梯尼无论如何也进不来。"

"他一定是先走到走廊，再从正中的那扇门进来的。"

"不是说你只离开两三分钟吗？桑梯尼在隔壁根本不可能看到你把金币放在抽屉里，也不会知道你把抽屉钥匙忘在桌子上，你离开的时间又那么短，他怎么可能偷走金币呢？"拿破仑反驳他。

"他准是透过毛玻璃看到了一切。"

拿破仑没有说话，而是向房间左边的门走去，他将脸贴到靠近毛玻璃左边房间仔细地看去，只隐隐约约地看见一些靠近门的东西，稍远一点就看不清了。他又走到左右两扇门前，用手指摸门上的毛玻璃，发现两块玻璃的质量完全一样，一面光滑，一面不光滑，只是左边房门上毛玻璃不光滑的面在长官室这一边，而右边房门上毛玻璃的光滑面也在长官室这一边，右边房间是秘书室。拿破仑转过身来，指着门上的毛玻璃对罗埃说道："你过来看一看，从这块毛玻璃上桑梯尼不可能看到你所做的一切，应该受到怀疑的是你的秘书。"罗埃叫来秘书质问，金币果然是他偷的。

那么，拿破仑推断的根据是什么呢？

推理分析

秘书利用毛玻璃的特性，偷走了10枚金币。毛玻璃不光滑的一面只需加点水或唾沫，使玻璃上面细微的凹凸成水平，就变得透明了，能清楚地看到罗埃在房中所做的一切，而在左边的房间毛玻璃的一面是光滑的，就不可能这样。

犹豫不决的警犬

夜深人静的时候，有一个蒙面的抢劫犯，悄悄弄开农场主家的窗子，跳进屋子里。农场主夫妻俩惊醒了，抢劫犯用尖刀逼着，把他们绑了起来，然后翻箱倒柜，抢走了所有值钱的东西，又跳窗子逃走了。

案发以后10分钟，夫妻俩想尽办法，终于挣脱了绳子，马上打电话报警。司科特警长检查现场以后，认为罪犯熟悉农场主家的情况，肯定是农场内部员工。他马上叫来了“雄狮”。

“雄狮”是一只优秀的警犬，你看它，高大英俊，威武而又聪明。“雄狮”的嗅觉特别灵敏，坏人在现场留下的气味，“雄狮”闻了以后，就会牢牢记住，然后闻着坏人的脚印，带领警察一路追踪。追上坏人以后，“汪汪汪”叫三声，胆小的坏人就会吓破胆，脚一软，乖乖举手投降。如果胆大的坏人想举枪顽抗，“雄狮”会勇敢地扑上去，咬住罪犯的手，等警察来把罪犯抓住。

司科特警长拍拍“雄狮”的头，让它闻罪犯拿过的绳子，它吸吸鼻子，然后叫了一声，表示已经记住了坏人的气味。警长一声口哨“雄狮”立刻像箭一样冲了出去！

他们沿着田间小路，转了几个弯，一路追踪到养牛场里，“雄狮”突然打了好几个喷嚏，接着往草上的牛群跑去。这时候，它的速度减慢了，东转转，西闻闻，显出犹豫不决的样子，最后竟然停了下来。司科特警长知道，罪犯太狡猾了，故意让警犬闻不到他的气味。不过，反而有了找到罪犯的办法了。

为什么警犬闻不到罪犯的气味了？司科特警长有什么办法找到罪犯？

推理分析

罪犯故意到养牛场，脚底踩了牛屎，牛屎会刺激猎犬，掩盖罪犯的气味，司科特警长只要检查农场员工的鞋底，看谁沾了牛屎，就能找到罪犯。

冰凉的灯泡

夏日的一个傍晚，侦探麦考小姐来到和她约好的朱莉家中吃晚饭。仆人先招呼她在客厅坐下，然后上楼去通报，不到一分钟，二楼突然传来惊叫声，接着，仆人慌张地出现在楼梯口，喊道："不好了，朱莉小姐可能遇害了！"

麦考听罢，立即跑上去与仆人撞开书房的门，书房里没有开灯，月光透过窗户射了进来，书桌上放有一盏台灯。

仆人对麦考说："我刚才来敲门，没人应答，门从里面反锁着。我从锁孔往里一瞧，灯光下只见小姐趴在桌上一动不动。忽然，房中漆黑一片，我猜一定是凶手关了灯逃跑了。"

麦考用手摸了摸灯泡，发觉灯泡是冰凉的，她迟疑了一下，打开灯，只见朱莉头部被人重击，死在书桌旁。

麦考问仆人："你从锁孔看时，书房的灯是亮着吗？"仆人回答说："是的。""不！你在说谎，凶手就是你！"麦考说着给仆人戴上了手铐。

麦考怎么知道仆人就是凶手呢？

推理分析

证据就是那只冰凉的灯泡。因为仆人说从锁孔中窥看时电灯突然关闭，而她们两人破门而入不超过两分钟，加上夏季气温较高，灯泡应该还是热的才对。

窗外玻璃上的冰

巴乔先生是位考古学家，独自住在郊外的别墅里。他每年都有好几个月在外工作，不在家的时候，就委托邻居库尔帮他照看房子。

这天早晨，巴乔远道归来，库尔急忙跑来告诉他，前一天夜里他家被盗了。巴乔便请来沃克警长。家里已被翻得乱七八糟，经过清点，发现丢失了几件价值昂贵的古玩和一大笔钱。

沃克警长向库尔了解失窃情况。库尔说："昨天夜里我听见巴乔家里有响动，便起来看看出了什么事。我走到别墅窗边，玻璃上结了一层厚厚的冰，什么也看不清。我便朝玻璃上哈了几口热气，这才看清屋里有个男人在翻箱倒柜。我冲进去与他搏斗，但盗贼很狡猾，还是让他给溜走了……"

"够了！"沃克打断他的话说，"你的把戏该收场了，你就是小偷！"

这是怎么回事呢？

推理分析

寒冷的天气里，室内温暖，冰霜都是结在室内玻璃上，户外玻璃上是不会结厚厚的冰的，可见库尔在编谎话。

杀人的牛皮绳

美国西部得克萨斯州的盛夏，灼人的阳光似乎要吸干大地上的每一滴水，热得使人难以忍受。

一天傍晚，人们在一家农场附近的一棵枯树下发现农场的继承人比利被人杀死。只见他双目紧闭，嘴里塞着一团棉布，脖子上紧紧地缠了三道生牛皮。

距农场 15 公里处的镇警察署接到报案后，马上赶到并勘查了现场。经法医验尸，断定比利死亡时间是当天下午 3 点左右，是被人用牛皮绳勒死的。

警察经过调查发现，比利的表哥柯西嫌疑最大。按照法律，如果比利死了，柯西将继承农场的所有财产。当警察审问柯西时，他矢口否认，说下午 3 点钟他在镇上的小酒吧里喝酒，怎么能把 15 公里以外的比利勒死呢？并说出好几个跟他一起喝酒的人。警察一一前去调查，至少有 6 人证实柯西从下午 1 点一直在酒吧里跟他们一起喝酒，到下午 5 点以后他们才离开酒吧。

若不能证实柯西案发时确实在现场，就不能将他逮捕起诉，此案也很难再侦破下去。警长感到非常棘手。

这时，农场的老管家来到警察局，说："柯西就是凶手。是他利用生牛皮绳的特性将比利勒死的。因为……"管家的一席话使警察茅塞顿开，立刻逮捕了柯西。柯西在铁证之下，只得认罪。

你知道柯西究竟是怎样将比利勒死的吗？

推理分析

柯西是利用了生牛皮绳湿涨干缩的物理特性勒死了比利。柯西在去酒吧前，将比利绑在枯树上，用浸泡过的生牛皮绳在比利脖子上绕了三圈，当时勒得并不紧，比利还能正常呼吸。但在烈日的暴晒下，生牛皮绳慢慢干燥，一截一截地缩短，而比利嘴里塞满了棉布，喊又喊不出来，最终被活活勒死了。

蚂蚁的证明

一个星期前，F 城的第一大街陆续发生了恐怖的枪击事件，凶手躲在大厦里，用红外线步枪瞄准街上的行人，并且当场打死三个无辜的人。凶手在行凶后迅速离开大厦，而附近的大厦实在太多，警方根本不可能对所有大厦实施监控。

经分析，凶手杀人完全是为了发泄，他还有可能继续作案。为了早日抓住凶手，警察装扮成路人、小贩、大楼管理员等，日夜监控整条大街的数十座大厦。可是，狡猾的凶手一连两个月没有作案，他好像凭空消失了。大街上的一切又恢复了往日的和谐与美好。

这天中午，突然从银行大厦发出一声沉闷的枪声，正在过街的一位黑衣男士应声倒下。凶手又出现了！

警察在最短的时间里封锁了大厦，但是凶手还是混进了人群。经过调查，警察在十楼发现了弹壳和被丢弃的枪，可以确定凶手是在十楼开的枪。

嫌犯共有五个人：一个是拳击教练，他是个枪械爱好者；一个是银行职员，他曾经是一名小口径步枪项目射击运动员；第三个人是来银行办理业务的客户，他患有严重的糖尿病；第四个人是银行保安，但他的枪没动过；最后一个人是海员，他说自己纯粹是来看风景的。他们五个人都坚持说自己是无辜的。

警长感到非常棘手，如果找不出证据，要逮捕这五个人是完全没有道理的，但要放走他们，万一凶手就是他们中的某个人呢？警长低头沉思。忽然，他发现被丢弃的步枪枪柄上有好多蚂蚁爬来爬去。警长立刻明白了什么，指着一个人大声对警察说：“逮捕他，他就是罪犯！”

你明白警长说的罪犯是谁了吗？

推理分析

糖尿病患者是凶手。由于紧张，他大量出汗，枪柄上留下了好多汗水。而糖尿病人的汗水里含有大量糖分，所以吸引了蚂蚁的到来。

蚊子的证明

夏季的一个夜晚，女盗梅姑潜入 G 博士家的院子里伺机作案。可是等了 1 个小时仍不见书房的灯熄灭。梅姑等得不耐烦，而且蚊子一个劲地叮她的手和脸，她用手不停地拍打着。

凌晨 1 点过后，书房的灯才熄灭。过了一会儿，梅姑从窗户钻进室内，用相机偷拍下了博士的研究论文，然后原样放回，又悄悄地从原路回去。当然，作案时没留下任何痕迹。可是，三天之后，一个侦探来到梅姑的住所。

“钻进 G 博士家偷拍研究论文的就是你吧？”他开门见山地问道。

“没有的事儿。你有什么证据吗？”梅姑佯作不知。

“你的血型一定是 Rh 阴性 B 型血吧？”

“对，没错。那又怎么样？”

“Rh 阴性 B 型血是上千人中才有一人的稀有血型。它留在了 G 博士家院子里，这可不是你这个惯盗该出的纰漏呀。”听到侦探这么一说，梅姑感到吃惊，怎么可能有自己的血液留在院子里呢？她颇为不解。

那么，到底是什么原因呢？

推理分析

因为蚊子，梅姑潜伏在院子里时，蚊子不停地叮她，她下意识地拍打了几下，死蚊子落在了博士的院子里。蚊子刚吸过人的血，血液的抗原形态未被破坏，所以可以辨明血型。

野猫的证明

寒冷的夜晚，天上下着小雨，大街上冷冷清清的。有一个马路清扫工，骑着自行车下班回家。他来到交叉路口，看到绿灯亮了，就蹬车穿过马路。突然，左边马路蹿出一辆白色的小汽车，看到红灯竟然不停，依旧飞驶过来。“砰”一声撞倒了清扫工，又飞快地逃走了。

很快，清扫工被路人送进了医院，幸好有人记下了汽车的牌号。福森特探长根据牌号，在清晨的时候，找到了白色汽车的主人。他叫西缪，是个青年男子，这时他还没有起床，披着大衣开了门。

探长问他：“昨天晚上，你是不是开车出去过？”西缪打着呵欠说：“昨天晚上我很早就睡了。”探长来到车库，看见有一辆白色的汽车，车牌也和清扫工说的一样，看起来就是那辆车了，可是西缪肯定地说：“我昨天下午回家以后，这辆车就没有出过车库门，一定是有人看错了号码，冤枉我了。”

探长冒着严寒，又仔细检查了汽车，看到从车身到挡风玻璃，还有四个轮胎，都擦洗得干干净净，看不到一点泥块，只是在引擎盖上，看到有几朵“小梅花”，探长一看就知道，那是猫的脚爪印。

西缪看到猫爪印，生气地说：“我这个人喜欢干净，昨天下午刚洗过车，又被哪只混蛋野猫弄脏了，唉，这里的野猫就是多，一到晚上，就成群结队地出来，到处乱跑乱跳。”

福森特探长说：“幸好有猫爪印作证，否则你的谎话还真难戳穿呢。”

福森特探长为什么看到猫爪印，就能判断出西缪在撒谎呢？

推理分析

刚行驶过的汽车，引擎盖上很暖和，野猫为了取暖，常常跳上引擎盖睡觉。尽管西缪晚上回来以后洗了汽车，可是引擎盖上猫的脚印，证明了他在撒谎。

教授之死

杜宾教授发明了一种新药，轰动了医药学界，很快成了名人。这一天，摩恩探长接到一个电话，对方焦急地说：“我是杜宾教授……”探长说：“我知道您的大名，有什么事？”教授显得很慌张，语无伦次地说了半天，探长才明白，原来他的办公室被小偷光顾了！

探长来到教授的办公室，只见文件柜的抽屉开着，纸片撒了一地，房间里很暖和，椅子后面的火炉上，水壶在“咕嘟咕嘟”冒着热气。教授和他的秘书趴在地板上整理着，不知道是太紧张，还是屋里太热了，光光的头上都是汗水。

见到摩恩探长，教授站起来说：“我回到办公室，看到文件柜被打开了，资料撒了一地，有一份新药的机密资料不见了。”

探长说：“我看，小偷是冲着机密资料来的，你觉得有谁值得怀疑吗？”

教授想说什么，又止住了，秘书提起火炉上的水壶，给教授和探长沏了咖啡，就离开了。教授等他走了以后，悄悄地说：“我有些怀疑他。”探长说：“我去跟秘书聊聊，也许能问出点什么。”

探长来到隔壁的秘书办公室，问了很多问题，秘书都一一做了回答，没有什么不正常。忽然，隔壁传来一声沉闷的声音，他和秘书跑过去一看，教授倒在椅子旁，捂着胸口抽搐着，接着就停止了呼吸。

法医检查以后，发现教授的后颈上，有一根细细的毒针，针的尾部连着一只软木塞。可是，凶手是怎么进到房间里的呢？探长看了看现场，很快得出结论：是秘书盗窃了机密资料，受到教授的怀疑，就谋杀了教授。

秘书一直和探长在一起，摩恩探长为什么说他谋杀了教授？

推理分析

摩恩探长从毒针联想到火炉上的水壶。有人用软木塞堵住水壶嘴，并把毒针插到软木塞上，水开了以后，蒸汽把软木塞推出来，毒针便带着软木塞刺中了教授后颈。而这一切只有秘书才有机会做得到。

森林里的杀人案

茂密的原始森林里，布兰特沿着巡逻路线，慢慢前进着。他是一名森林警察，他知道，每年到了秋冬季节，森林里变得特别干燥，这时候，最担心的就是发生森林大火。

森林大火可不是闹着玩的，那一棵棵粗大的树木，就好像是一支支巨大的蜡烛，猛烈地喷吐着火舌，熊熊的火焰猛烈地燃烧，把整个天空都烧红了。千年的森林毁掉了，森林里的动物，有的被活活烧死，有的无家可归，多悲惨啊！所以，布兰特睁大了眼睛，透过浓密的枝杈，仔细观察着四周的一切。

忽然，他感到头颈里痒痒的，还以为被小虫子叮咬了，伸手一摸，却是几粒松子，还听到松枝发出“哗哗”的声响。他抬头一看，哈哈，原来是一只可爱的小松鼠，在剥松果吃呢，小松鼠朝他眨眨小眼睛，大尾巴一甩，调皮地往东面跳去。布兰特冲小松鼠眨眨眼睛，吹了一声口哨，就在这时候，他看到东面的小路上，好像有一只高跟皮鞋。

他赶紧跑了过去，确实是一只红色的高跟鞋，不过，它穿在一个姑娘的脚上，姑娘躺在枯黄的叶子堆里，已经死了！她的裙子上，有一条粘粘的污垢，亮晶晶的，布兰特知道，那是蜒蚰爬过的痕迹。死者的旁边放着一封遗书，上面写着：“我患了不治之症，不愿意再连累家人，就来到这里自杀……”

布兰特刚才还愉快的心情，一下子变得很沮丧。他拿起电话，向警察局报案：“这里发生了谋杀案！”

姑娘的遗书上明明写着是自杀，布兰特为什么说她是被谋杀的呢？

推理分析

姑娘裙子上蜒蚰爬过的痕迹，引起了他的注意。蜒蚰生活在很潮湿的地方，而森林里很干燥，不可能会有蜒蚰，说明姑娘被杀害后，在潮湿的地方放了一段时间，再被凶手转移到这里来，伪造成自杀的假象。

人质照片

诺马西是一家照相机公司的总裁，最近，他研制成功一种新式照相机。为了筹备新产品的发布会，诺马西总裁忙了一个上午，到中午休息的时候，他才想起来，要给女儿打电话。女儿在北方读大学，现在放暑假了，说好晚上乘飞机回家。他想问女儿乘的是哪班飞机，他好去机场接她。女儿的手机里，却传来一个陌生男人的声音：“你想接到女儿的话，马上汇款 20 万元过来！”诺马西总裁心头一紧，知道女儿被绑架了。

福森特探长接到报案，立刻来到总裁办公室。诺马西总裁拿出女儿的照片，痛苦地说：“只要能让女儿平安回家，哪怕是倾家荡产，我也情愿……”

福森特探长看了看照片，上面是个漂亮的姑娘，特别是那双大大的眼睛，好像会说话，透出聪明活泼的神情。

探长说："我不仅要保证您女儿的安全，还要抓住罪犯，不再让他们为非作歹。所以现在最首要的，是要查出罪犯是谁。您马上给绑匪打电话，就说没有问题，但是为了证明女儿还活着，必须给您女儿拍一张照片，用快递寄来，什么时候收到照片，什么时候汇钱。"

诺马西总裁按照探长的要求，给绑匪打了电话，贪婪的绑匪答应了。第二天，探长拿到了照片，很快就查出了罪犯。

福森特探长为什么看到照片就能查出绑匪是谁呢？

推理分析

绑匪在拍照的时候，面对着总裁女儿，福森特探长只要把照片放大，就能从总裁女儿的大眼睛里，看到绑匪的脸。

作案的电话

一天下午，在英国首都伦敦的一条街上，有座房子忽然爆炸起火。警察和消防队员赶到现场，及时扑灭了大火。

经勘察，这场火灾是煤气爆炸引起的，在现场发现一具老人的尸体，他是在卧室中被发现的。经过解剖，他的健康状况良好，但在煤气爆炸前服用过安眠药。

在他卧室中，有煤气罐漏气的现象。但使警方调查人员百思不解的是，煤气为什么会爆炸？引起煤气爆炸的火头是从哪里来的？

在爆炸之前，这个地区停电了，不可能因漏电而起火。警方怀疑被害人的外甥有作案可能。理由是被害人有大量的宝石和股票，都存在银行里，他立下遗嘱，全归外甥继承。老人的外甥也许是想早日继承这笔遗产，而老人却很健康，所以才下了毒手。

而在这房子爆炸前后，他都不在现场，而是在离现场 10 公里远的一家饭店里。服务员还证明，他在饭店里还打过电话，也就是说，老人的外甥不可能是作案者，那么，谁是作案者呢？

警方不得不将几位专家请来破案，其中有电话发明者贝尔。负责破案的警察局长向各位专家介绍完案情，贝尔先生站起来说：“肯定是他的外甥利用电话作的案！”

推理分析

嫌疑犯可以先在老人的电话机上安放一个能使电话线短路的装置。然后，他让老人吃下安眠药，等老人入睡以后，他就打开煤气灶的开关，让煤气跑出来，他则乘车到那饭店去。

当他估计老人房间里已充满煤气时，就在饭店里打电话到老人家。这时电话机中有电流通过，却遇到电话线短路，就溅出火花，引起煤气爆炸。电灯线和电话线是两路的，电灯停了电，电话还是通电的。

一位老兵的自杀

在纽约郊区，有一座破旧的公寓。公寓里住的都是一些靠救济金生活的可怜老人。冬日的一天，管理员发现一个多星期没看到三楼的乔泰里特了。乔泰里特是一位退伍老兵，在二战中被炮弹炸断了左腿，子女又都失业了，只好独自住在这座破公寓里。

管理员于是来到三楼，敲了几下门，但房间里没有一点反应。门从里面反锁住了，管理员用钥匙也无法打开，便报了警。

等到警方赶来，用工具砸开房门后，人们便看到里面恐怖的一幕，乔泰里特被一根绳子直挺挺地吊在屋子中间，已经去世很多天了。屋子里尽是令人窒息的难闻味道，窗子也关得紧紧的。只有换气风扇在不紧不慢地转动，发出单调且刺耳的声音。

警方随即展开了调查。

他们发现乔泰里特距离地面有1米，而且身下没有任何用来垫或踩的物品，只有一条腿的老兵是无论如何也不能凭空跃起1米高的，地上也没有潮湿的痕迹，说明不是用冰块一类的物品做垫脚。

警方断定这是一起谋杀案。可据大楼管理员和其他老人的回忆，最近没有人来找过老乔泰里特，况且门是反锁的，窗子也关得紧紧的，如果是他杀的话，凶手怎么逃离现场呢？

负责调查的警官查了半天，也没有找到任何线索，他不由感叹道：“这真是一起超完美谋杀案！”

“我觉得老乔泰里特是自杀的，”赶来察看现场的探长听到警官的感叹，忍不住说道，“我刚才调查过，乔泰里特在死前两个月为自己投了巨额保险，他如果被谋杀，保险公司就要向他的遗产继承人赔付200万美金的保费。”

“可是，他是如何自杀的呢？”警官反驳道，“他只有一条腿，是无法够到离地近3米高的绳圈的。”

探长没有说话，只是仔细地搜查了房间。他在废纸篓里找到一张被揉得皱巴巴的纸团，展开一看，是一张化学品商店出具的收据，再看到转动的风扇，他立刻明白了老乔泰里特的良苦用心——他想用自己的死换取子女们更好的生活。

可惜，他精心布置的他杀现场还是被探长识破了。乔泰里特是如何自杀的呢？

推理分析

老乔泰里特在化学品商店购买了一大块干冰，然后踩在干冰上自杀了。干冰是固态的二氧化碳，受热不会融化，而是直接气化，生成的二氧化碳由换气扇排出去。当尸体被发现的时候，二氧化碳早已排光，干冰也消失得无影无踪。

飞来的小偷

一天，日本的一位富翁在东京城外别墅里举行宴会，别墅里绿树成荫，百鸟齐鸣。客人们一边谈天说地，一边品尝着美味佳肴，一个个显得十分高兴。

一位女宾在去洗手间洗手时，把钻石戒指放在外间靠窗的桌子上，等出来时，钻石戒指却不见了。

门是关着的，洗手间在三楼，也没有人来过，别墅里的仆人都忠实可靠，何况，失窃之前也没有一个仆人上过楼。再说窗子外面也没有梯子，难道小偷是从天上飞下来的？

大富翁为此事很生气，认为这事又一次丢了他的面子。因为在他的别墅里，已经第三次发生这样的事了，他非要查个水落石出不可，他拿起电话就准备报警。

这时，从宾客中走出一位名叫山田吉木的中年人，他是位动物学家。他听那位女宾讲了事情的经过，又听富翁讲了以前发生的两起失窃案件的经过，胸有成竹地说："先生，你别报警，这件事让我来试试吧！"

山田吉木先生在别墅四周转了转，指着一棵大树上的喜鹊窝说："派个人爬到树上，到喜鹊窝里查查看。"

一位机灵瘦小的仆人很快就爬上大树，他将手伸到喜鹊窝里一摸，大声叫道："金耳环、钻石戒指、项链，都在这儿哪！"

"这是怎么回事？"富翁问道。

山田吉木说出了一番话，富翁方如梦初醒。

你知道山田吉木说了什么话吗？

推理分析

山田吉木说："有些鸟儿，如喜鹊、松鸡等，它们喜欢闪闪发光的东西，有时候会把这些东西衔回窝里，我根据这点，才怀疑是喜鹊干的呀！"

鞋印的证明

伦敦郊外有一所专门关押死刑犯的监狱，那里守卫严密，被押到那里的犯人一般都是最凶的歹徒。

这天，波洛来到监狱看望当监狱长的好朋友加森，当他经过阴森狭长的走廊时，忽然听到有人大声叫唤："放我出去，我是无辜的，我没有杀人！"

顺着声音，波洛发现一个相貌清秀的金发青年眼睛布满血丝，声音嘶哑，正拼命捶打着牢门。

"这是怎么回事？"波洛问道。

"吉恩，杀人犯，"加森简单地回答，"他杀了两名在森林公园里巡逻的警察，结果被捉住了，这样严重的罪行，当然要被判死刑。"

波洛说道："可是他说他是无辜的，看上去他也不像杀人犯。"

加森笑了起来："我的大侦探，到这里的人有一半说自己是无辜的，有四分之一的人看上去不像小说里的标准坏蛋。"

波洛还是觉得有点不对，因为到了死刑监狱还坚持声称自己是清白的，其中一定有问题。他提出应该仔细核对一下吉恩的卷宗，加森拗不过，只好把吉恩的卷宗拿来。

根据卷宗的记载，3 个月前森林公园里发生了一起惨案，在一个雨夜，两名巡警被人袭击。他们的尸体在第二天才被发现，当时已经天晴了。大雨清除了凶手留下的所有证据，警方在现场只找到一个陷在泥土里的鞋印。

警方立刻搜查了整个森林公园，在 1 平方公里以内，只有吉恩一个人声称自己是被大雨困住了。警方马上把吉恩的鞋子和取得的鞋印石膏模型做对比，发现完全吻合。

虽然这种款式的鞋子有很多人穿，但是大小完全相同、又同时出现在犯罪现场的可能性非常小。因此，吉恩被逮捕，而法院判他死刑，再过一星期就要执行了。

加森看完以后说道："事情很清楚，现场只有他一个人，鞋印又完全吻合，他也没有不在场证据，这个案件没有什么疑问。"

波洛气愤地站起来说道："恰恰相反，这些糊涂警察！难道他们没有一点科学常识吗？他们的关键证据——鞋印，其实只能证明吉恩是清白的！"

你是否也为波洛的结论感到惊讶？为什么鞋印能够证明吉恩的清白呢？

推理分析

天晴的时候，阳光直接照射到土壤，在让泥土变干的同时，也会让留在泥土上的鞋印收缩，一双 40 码的鞋印，大约会收缩半码。

因此，如果鞋印模型和吉恩的鞋子完全吻合的话，只能说明吉恩是清白的，凶手应该穿比吉恩大半码的鞋子。

郁金香的秘密

纽伦克豪华酒店的大厅里，正在举行盛大的派对。忽然，人群里传来一声尖叫：“天啊，我的宝石不见了！”

原来是著名的电影明星沙玛露。她大声叫着说：“我的一颗价值连城的钻石不见了！我看到小偷跑上楼去了，可是只看到他的背影！”

很多年轻人自告奋勇地要为沙玛露小姐找回她的宝石，他们立刻沿着楼梯往上搜。第一间被敲开的房间的住客是位商人，他看上去风度翩翩。

“先生，你刚才在哪里？”有人问他。

“我不喜欢吵吵闹闹的，所以就躲在房间里看书，”商人说道，“我一直在看桌子上放着的那本书呢！”

大家抬头一看，果然看到桌子上放着一本厚厚的书，书的旁边还放着一盆黄色的郁金香，郁金香闭合的花瓣在灯光下显得非常美丽。

“沙玛露小姐的钻石被偷走了，”一个人向商人解释，“我们要把这个小偷找出来！你有什么线索吗？”

“我刚才听到一阵脚步声，然后隔壁房间响起了开门的声音，会不会……”商人说，“我并不是怀疑隔壁的客人，但是我一直待在房间里，他却有可能出去过。”

正当大家都急着要去其他房间察看时，一个眼尖的年轻人忽然叫起来：“快看，郁金香的花瓣张开了，”他指着商人，“哈，原来你在说谎！看来你就是小偷！”

你知道年轻人为什么这么说吗？他说的到底对不对呢？

推理分析

细心的人一定会发现，郁金香的花瓣有变化！开始的时候，它是闭合的，而到人们要离开的时候，花瓣却张开了。原来，郁金香能够感应到光线的变化。它在受到光照的时候会张开花瓣，而在黑暗中却会把花瓣闭起来。

商人口口声声说自己在看书，可是人们进来的时候，郁金香的花瓣是闭合的，说明不久之前屋里还是一片黑暗。有谁能在黑暗里看书呢？所以，商人在撒谎，他很可能就是小偷。

救命的闹钟

凯乐是名优秀的特工，他也被敌方的情报部门视为眼中钉，曾经遭受到多次的暗杀，可他凭着机智勇敢，一次次地躲过了这些危险。这次，S 国情报部门得知凯乐在海边度假，就派出本国最出色的暗杀者列托夫谋杀凯乐。

列托夫没费多少力气就找到了凯乐。跟踪后的第三天，列托夫搬到了凯乐住的酒店，在凯乐房间的对面住了下来，他决定晚上动手。

列托夫在自己的手枪上装好消音器，在傍晚时候，他用万能钥匙打开凯乐的房门，溜进了房间。他看了看表，距离凯乐回来还有大约一个小时时间，便打开床头灯，搜索房间里的物品。搜索了一会儿，没有发现什么有价值的东西，列托夫把灯关了，静静地等凯乐回来。

15 分钟后，外面传来了凯乐开门的声音。听走路的声音有点立足不稳，像是喝醉了似的。走进走廊的时候，凯乐好像稍微迟疑了一下，接着，列托夫看到一个黑影扑进卧室，他立刻开枪，准确地击中了那个黑影。

正当列托夫以为大功告成的时候，忽然，他又听到一声枪响，然后一阵剧痛让他倒在地上。凯乐打开灯走了过来，微笑着说：“对不起，刚才进来的是我的衣服——我一进门就知道有客人来过。”

列托夫痛苦地低下头，他大声问道：“为什么……为什么你知道有人来过？”

凯乐拿起床头的闹钟晃了晃说道：“你很不走运，如果不开灯的话，现在倒下的人就是我了。”你知道凯乐是怎么知道有人来过的吗？

推理分析

细心观察是最重要的，有时能够挽救自己的生命！

闹钟一般都在指针上涂有荧光粉，方便晚上醒来的时候察看时间。如果长期不用的话，荧光会非常暗淡，甚至看不到，而刚刚被台灯光线照射过的荧光则非常明亮，所以凯乐一进门，看到荧光很明亮，就知道有人来过了。

惩凶的煤气

德比到处流浪，他每天靠在街头替人画像勉强糊口。他经常在外面风餐露宿，就算很劳累的时候，他也不想回他的那个简易顶棚的家。对他来说，家是一个让人担惊受怕的地方，尤其是楼下的桑切斯在家的时候。

那是个不足 15 平方米的小屋子，里面又脏又挤，每当风雨来临时，薄薄的墙板很可能随时都会被卷走。楼下的流氓桑切斯却非常恼火德比的这个简陋的落脚点。在他看来。屋子以上的空间都应是他私人拥有的。

从德比搬进去的那天起，他就开始处处刁难德比，甚至威胁说要把德比杀掉，硬逼着德比搬走。为此，德比吓得整夜没有合眼。

天气预报说晚上将会有大雪，德比今天不回家恐怕是不行了。德比无奈地走上了回家的路。刚刚上楼，穷凶极恶的流氓桑切斯就把德比堵在楼道里，恶狠狠地说道：“穷画家，我不是警告过你别再回来吗？当心我今天就杀掉你！”德比惊恐地绕过他，爬到楼顶，躲进小顶棚里熬了一夜。

第二天，一阵警铃把德比惊醒。德比连忙起身，只见桑切斯的屋子已经被警察围住，里面散发出一股刺鼻的气味。又过了一会儿，桑切斯被抬了出来，法医过去测量了心跳血压，摇了摇头，在他身上盖上一幅白被单。

警察得知德比和桑切斯结怨的情况后，他们搬开德比的床，只见床下的楼板竟然被割掉了一大块。原来，桑切斯趁德比不在的时候，割下了位于德比床下的天花板。昨天，他趁德比熟睡的机会，对准天花板上的洞，打开了煤气罐。

众所周知，煤气应当会从洞里源源不断地进入德比的屋子，最终把德比毒死。可奇怪的是，德比安然无恙，而躲在浴室里的桑切斯却因为煤气中毒而死亡。

德比觉得有点不可思议，可是事实又摆在眼前。你知道是什么原因吗？

推理分析

由于煤气比空气轻，一般认为煤气应当往空中飞，但是，它在空气中并不是呈一般直线上升的。由于空气对流的影响，煤气会首先在空中扩散，然后和空气混合在一起。期待煤气在空气里笔直上升到楼上，只是桑切斯一厢情愿的想法，这个歹毒的想法使他最终葬送了自己的性命。

吃人的老虎

玛莉美丽热情，她是动物园的驯兽师，负责训练狮子和老虎等猛兽。这些平时非常凶猛的猛兽，一看到玛莉就变得温顺听话。在玛莉的调教下，老虎和狮子学会了钻火圈、滚球等节目，成了动物园的大明星。

每次动物园举办表演，最后一个压场节目都是由玛莉和老虎来表演：老虎张开血口，玛莉把头伸进老虎嘴里。

这天，正是动物园举办表演的日子，游客们从四面八方赶来，观看玛莉的驯兽表演。老虎和狮子在玛莉的指挥下既机敏又驯服，让观众们发出啧啧的赞叹。

终于，最后一个节目来了，玛莉要像往常一样把头伸进老虎嘴里去，观众的心都提到嗓子眼，玛莉却一点也不慌——她和老虎已经配合了不知道多少次，是不可能有危险的。

在玛莉的指挥下，老虎顺从地张开了大口，玛莉优雅地给全场观众鞠了一躬，然后返身弯腰，把头伸到老虎嘴里，观众席发出了潮水般的掌声。

就在玛莉把头抽出来的一刹那，老虎嘴角上翘，做出了微笑一般的恐怖表情。接着，老虎将嘴一合拢，玛莉顿时倒在血泊之中！

观众们顿时惊呆了，老虎好像也受惊了，它吐出玛莉，不停地用舌头舔她的脸。其他驯兽师飞快冲上去把玛莉救出来，但玛莉因为颈部血管破裂，失血过多，已经死了。

动物园园长无论如何不能相信这样可怕的事实，最有天赋的驯兽师玛莉竟然被自己驯养多年的老虎咬死！这是完全不可能的！

他强烈要求警方调查，可是警方说事情已经非常清楚，玛莉被老虎咬死，全场观众都亲眼目睹，这有什么好调查的呢？无奈之下，动物园园长找到了布莱尔侦探，请他来调查这个离奇的事件。

布莱尔静静听完了事情经过，问道："当天老虎喂饱了吗？老虎的情绪很差吗？"

园长肯定地答复道："老虎在表演前绝对喂饱了，情绪也非常好！何况就算饿着肚子或者心情很糟，它也不会袭击玛莉。他们之间有很深的感情。"

这就奇怪了，布莱尔心想。他继续问道："那么，还有什么其他特别的事情吗？"

"倒是有一件事情，"园长说，"不知道重要不重要。有观众告诉我，老虎在合上嘴以前，露出了微笑一般的表情。"

微笑？真是莫名其妙！布莱尔琢磨着。可是，老虎为什么合上嘴前笑一笑呢？忽然，他想到了什么，大声说道："我明白了，玛莉是被人害死的，这个凶手真是太聪明了！"

"是吗？"园长连忙问道，"那么凶手到底是谁呢？"

布莱尔胸有成竹地答道："很可能就是玛莉的发型师！"

为什么布莱尔能根据老虎的微笑推测出凶手呢？

推理分析

这是个极端凶残和聪明的凶手！他想除掉玛莉，可又没有机会，于是借老虎来行凶。他想办法在玛莉的头发上涂上了一些有刺激性气味的药品。老虎闻到药品的味道，忍不住想打喷嚏，于是露出笑一般的表情。由于喷嚏的力度过大，玛莉的脖子被咬断，凶手的目的也就达到了。

牵牛花的证明

清晨，城西的化工厂里火光冲天！熊熊的火焰吞没了厂房，到处都散发出灼人的热浪。经过消防队员一上午的奋战，大火终于被扑灭了。但堆放了很多易燃品的化工厂也几乎化为灰烬。

事后，警方在火场发现了明显的纵火痕迹。这是一起人为纵火案！经过多方调查，了解到农场科研人员皮特和化工厂老板有过节，两个人还差点打起来。今天凌晨，一个拾垃圾的老太太说看到过皮特，但由于当时天还没亮，老太太无法肯定那到底是不是他。

一定要找到皮特！为了保险起见，警长请来侦探安吉斯助阵。他们马上指挥警察包围了皮特家。开门的是一个斯斯文文的中年人，他戴副眼镜，穿着米色条纹的衬衫，一点都不像丧心病狂的纵火犯。“你是皮特吗？”警长问道。

“是的。你们有什么事吗？”他问道。

“我们来调查一起纵火案。请问今天凌晨大约4点，你在哪里？”

皮特不慌不忙地回答：“我在家里啊！我一个人住，没有人可以证明，不过我倒可以自己证明自己。”

皮特把警长带进了屋子，拿出一叠照片说道：“正巧，我今天凌晨早起，拍摄我种的牵牛花的情景，牵牛花总是在凌晨4点左右开花，一个小时以后开花结束，这是我拍下的照片。”

警长仔细察看了照片，确实是今天凌晨拍摄的；他又核对了拍照用的相机，确定没有自动拍照的可能。为了保险起见，他询问安吉斯："他所说的关于牵牛花开花的时间，确实是这样的吗？"

安吉斯点点头："没错，牵牛花是一种开花时间性很强的植物，每天开花确实是皮特所说的时间。从绽放到开花结束，大约需要45分钟。"

"这么说，这件案子和皮特没有关系了，"警长放下了手中的照片，"4点45分拍照才结束，而这时候火灾已经发生了，皮特的不在场证明是成立的。"

安吉斯微笑着摇了摇头："不，恰恰相反，我觉得皮特就是纵火狂。想想看，在凌晨4点，谁会离开温暖的被窝，起来给牵牛花拍照？"

"可是，他有不在场证据啊！"警长看着那些照片，有点摸不着头脑了。你知道皮特是怎么制造出不在场证据的吗？

推理分析

事物都是两方面的。作为判断基准的证据，也可能成为洗脱罪名的依据。这个案件中，皮特试图用牵牛花的开花时间来为自己做不在场证明，可这恰恰暴露了他心虚的一面：开花的时间可以方便地改变，最简单的做法，就是用一个纸罩套住花蕾，开花时间就往后延迟了。皮特纵火后迅速回家摘掉纸罩，拍下开花过程，想用这些照片来证明自己不在场，可他凌晨为花拍照的反常行为引起了安吉斯的怀疑。

克娄巴特拉的眼泪

布兰妮是一位臭名昭著的女盗，警察们一心想把她绳之以法，可总让她溜掉了。这天，她又精心策划了一次偷窃行动，企图盗窃G公爵的遗孀秘藏的一件稀世珍宝——重达50克拉的大钻石"克娄巴特拉的眼泪"。可是，不巧布兰妮因病卧床不起。于是她叫来两名助手丽卡和沙布，命令他们说："你们俩去替我偷来，这是考验你们是否顶用的时机。'克娄巴特拉的眼泪'藏在卧室的秘密保险柜里。”

“怎么打开保险柜呢？”

“保险柜上有相当复杂的密码锁，要是我去的话，怎么都能将锁打开，可对你们来说就不那么好对付了。所以不管用什么办法都行，只要打开保险柜的门就行。G夫人现在外出旅行，那是一座空房。”

于是，那两个助手便带了氧气切割机和高压氧气瓶，溜进了那所房子，从卧室的墙上揭下了一张油画，便露出了保险柜。虽然很小，但却是钢制的，又镶嵌在墙壁上，所以将保险柜搬走是不可能的。

“喂！丽卡，干吧。”于是，两个人马上操起氧气切割机开始干了起来。灼热的火焰很快将保险柜的门烧红，不久便像糖稀一样开始熔化。“还差一点儿，沙布，再加把劲。”很快，保险柜门就被切割出一个大洞。“好了，已经可以了。”丽卡顺着洞往里一看，里面却什么也没有。只有一小堆灰烬。“真怪，哪有什么‘克娄巴特拉的眼泪’呀？”“什么！你说的是真的？”沙布很吃惊，套上耐火手套伸手进去一摸，里面果然是空的，两个人像泄了气的皮球，回到布兰妮那里。

“怎么？没有钻石？你们俩究竟怎么打开保险柜的？”布兰妮追问道。“用氧气切割机。用那个没什么大动静……”“真是蠢货。再大的声响也不要紧，那是座空房，为什么不用电钻？”布兰妮痛骂了两人一顿。

丽卡和沙布出了什么错呢？

推理分析

钻石被烧成灰了。保险柜里的那一小堆灰就是“克娄巴特拉的眼泪”。钻石是地球物质中最坚硬的，其成分是纯晶体的碳。如果温度超过八百五十摄氏度就会燃烧。氧气切割机的火焰温度高达两千摄氏度，所以用如此高温的切割机去切割小小的保险柜柜门时，致使保险柜中的钻石燃烧变成了二氧化碳。

麦克被关在哪个国家

某国谍报员麦克到夏威夷度假。他万万没有料到，从他到达夏威夷那刻起，他就被人秘密跟踪了。

这天他在下榻的宾馆洗澡，足足泡了 20 分钟，才拔掉澡盆的塞子，看着盆里的水位下降，在排水口处形成旋涡。

漂浮在水面上的两根头发在旋涡里好像钟表的两个指针一样，由左向右旋转着被吸进下水道里。

从浴室里出来，他边用浴巾擦身，边喝着服务员送来的香槟，突然感到一阵头晕，随之就困倦起来。

这时他才发觉，香槟酒里被人放了麻醉药。但为时已晚，酒杯掉在地上，他也失去了知觉。不知睡了多长时间，麦克慢慢清醒过来。发觉自己换上了睡衣躺在床上，床铺和房间的样子也完全变样了。

他从床上跳下地找自己的衣服，没找到，只有一件肥大的新睡衣挂在椅背上。这说明他已经被绑架了。

写字台上放着一张纸，上面写着："我们的一个工作人员在贵国被捕，我们需要用你去交换。现正在交涉之中，不久就会得到答复的。望你耐心等待，不准走出房间。吃的、用的房间内一应俱全。"

麦克立刻想了起来，最近，本国情报总部的确秘密逮捕了几个敌方的间谍。其中与自己能对等交换的只有两个人，一个是加拿大的，另一个是新西兰的。那么，自己现在是在加拿大还是在新西兰呢？

房间和浴室一样都没有窗户，温度及湿度是靠空调控制的。他甚至无法分辨白天还是黑夜，真像置身于宇宙飞船的密封室里一样。

饭后，他走进浴室，泡了好长时间，身体都泡得松软了。他拔掉塞子看着水位下降。他看见被擦掉的胸毛有两三根在打着旋儿由右向左逆时针地旋转着被吸进下水道。他突然想到了在夏威夷宾馆里洗澡的情景，情不自禁地嘀咕道："噢，我明白了。"

麦克被监禁在什么地方呢？

推理分析

麦克被关在新西兰。在北半球的夏威夷宾馆里，拔下澡盆的塞子，水是由左向右呈顺时针方向旋转流进下水道。而在这个禁闭室，水是由右向左逆时针流下去的。所以，麦克弄清了当地是位于南半球的新西兰。水的旋涡受地球自转的影响，北半球水的旋涡是由左向右顺时针旋转，南半球则相反。

炸弹为什么没有爆炸

某国谍报机构有一名间谍，代号为008。在位于赤道附近的东南亚K国机场以当机械师来掩护自己的身份。他在机场的具体工作是给大型客机涂漆和修理。

有一天，K国总统将乘专机出访日本。008收到间谍总部的密令，要他在总统归国前将其暗杀。008立即将高性能的塑料炸药弄成板状，按照机翼上航徽的形状切好，然后再在上面涂上相同的涂料。这样别人看起来就与机身上的航徽一模一样了。因为机翼有油箱，所以炸弹一爆炸，就会引爆油箱，刹那间整个飞机就会爆炸起火。

之后，008号间谍将炸药的电源开关安装在主起落架的缓冲装置上，一旦着陆时的冲力压缩主起落架的缓冲器，炸弹开关就会启动，因为开关与机翼的塑料炸弹用导电涂料代替电线相连接。为了不使代替电线的导电涂料的电流漏到机体上，在导电涂料的周围，他又涂了一些绝缘材料。这样一来，一旦起飞，这架飞机就无法再着陆了，因为着陆的同时炸弹就会发生爆炸。

当日，专机载着总统直飞日本。专机到达东京的情形，电视台通过卫星正在进行转播。此时，008号间谍正在电视机前高兴地等待着看自己杰作的结果。很快，电视画面上出现了成田机场，机场正下着大雪。专机在纷纷扬扬的雪中出现了。不知为什么，电视里的专机很平稳地滑向跑道平安着陆，然后静静地停下，没发生任何事情。安装了塑料炸弹的机翼上的航徽清晰地出现在电视屏幕上，008号间谍明明知道飞行中塑料炸弹是不会因空气摩擦而脱落的，可他实在又不明白这塑料炸弹为什么没有爆炸呢？

推理分析

因为成田机场在下雪。如果飞机高速在雪中飞行，即使是柔软的雪花，也会像坚硬的沙子一样发生摩擦的。由于雪的这种摩擦，镶嵌在机翼上的塑料炸弹及导电涂料像是被用锉刀锉掉了似的都脱落了。008号间谍身在热带国家，所以没有考虑到日本早春降雪这一特殊情况。

植物的血型

一个大雨滂沱的夜晚，戴尔独自驾车从约克郡返回伦敦。四处漆黑一片，山路上只有汽车远光灯射出的白色光柱扫来扫去，劈劈啪啪的雨点敲在汽车玻璃上，发出单调刺耳的响声，烦得令人发狂。眼看已经晚上9点，离伦敦还有一百多英里，戴尔心情糟糕透了，要是知道这鬼天气会忽然下雨，他是无论如何也不会赶回来的。可是，现在人已经在路上，开回去也是同样多的路，只有硬着头皮往前开了。

戴尔一边小心地驾驶，一边伸手摸烟盒，想抽支烟平静一下情绪，可是身上的烟盒里竟然空空如也。他稍微侧身，用左手握住方向盘，右手开始在工具箱里翻找。他记得这里似乎还有一些烟。就在他的手指碰到烟盒的时候，刺目的远光灯影中忽然出现了一个农夫！这个过路的农夫似乎没有预料到，这么恶劣的天气山路上还会有汽车行驶，走到路中间才看到戴尔的车子疾驶而来，这时候闪躲已经来不及了，农夫呆呆地张大了嘴，发出惊恐的叫声。

该死！戴尔拼命踩下刹车，同时往左边猛打方向盘，他根本没想到路上有行人，所以车速很快。刹车皮死死咬住车轮，响起刺耳的刮擦声，可大雨和惯性却让失去了动力的汽车继续飞速前进，接着，戴尔听到一声沉闷的响声，汽车又朝前滑了近百米，才擦着山崖停了下来。

戴尔慌忙下车察看，只见那个农夫已经被撞得血肉模糊，呼吸心跳都没有了。他顿时觉得手足冰凉，想不到自己竟然撞死了人！一道闪电从天际划过，惊雷好像在耳边响起，戴尔恍惚看到农夫坐了起来，正冲自己冷笑……他吓得大叫起来，连滚带爬地回到汽车上，开到最大马力，慌不择路地开始逃窜。一开始，他还沿着公路飞奔，后来，在一个转弯处由于车速过快冲出公路，车子开到了路边的牧场里。戴尔好像发了疯一样狂奔，眼前只有农夫惨白的脸，耳边不断响起沉闷的“蓬蓬”声，他完全不辨方向，车子将牧场里的草碾得七零八落也完全不管。

这样不知道过了多久，直到天亮太阳出来，直到汽油耗尽，戴尔才停了下来。不久，他发现远处飞来了警方的直升机。原来，警方天明的时候发现一个农夫被撞死在路边，根据汽车留下的痕迹，很快就找到了戴尔。戴尔被逮捕，可是，警方在他的汽车轮胎上竟找到 A、B、O 三种血型，而死去的农夫是 B 型血，也就是说，戴尔很可能还撞死了另外两个人！

戴尔惊呆了，他虽然因为害怕而几乎陷于半疯狂的境地，但还是清楚地记得自己撞到一个人，但警方根据轮胎上的血型检验报告，准备起诉他三项过失杀人罪，亲爱的读者，你觉得这件事情的真相到底是怎样的？究竟是戴尔在慌乱的状态里连续撞到三人，还是他只撞到了一人？可如果他只撞到一个人的话，为什么轮胎上会有三种血型呢？

推理分析

人类有不同的血型，然而科学家们发现植物体内也存在类似的“血型”。最早发现植物血型的是一位日本的法医。他在对死者的血型进行化验时，突发奇想，对死者枕头里的荞麦皮顺便也进行了化验，结果他惊奇地发现，荞麦居然也有与人相似的血型——AB 型。

当然，这里所说的植物的“血”，与人体中的血液有很大的差别，实际上是植物体内的汁液。

所以，轮胎上的血型是牧场上的植物留下的，戴尔只撞到农夫一个人。

曝光的胶卷

探长尼罗·沃尔夫接了一个案子，他仔细研究案情后，便根据委托人的述说，派助手古德温去拍摄这个案子的现场照片，以作为物证。到吃晚饭时还不见古德温回来，沃尔夫焦急地等待着，不知不觉已经喝了许多杯啤酒，好不容易才把古德温等回来。

“你怎么这么晚才回来？是不是躲到哪儿偷懒去啦？”探长有点生气地说。

“我怎么会偷懒呢。回来的路上，我突然牙痛起来，就去看了牙科大夫。做了 X 光检查，说是牙龈化脓了。”古德温回答道。

探长说：“你的牙怎么样我管不着，我关心的是你去拍摄的照片怎么样了？要知道现在离开庭的时间可不多了。”

“请放心，我已拍下了那些有决定性作用的照片。有了这些照片，到开庭时，我们的委托人一定能胜诉的。”

古德温非常自信地说道，同时，小心地从上衣口袋里拿出那架像打火机一样大小的超小型照相机。

“很好，马上就去冲洗，要快，因为一小时后委托人就要来取这些照片的。”沃尔夫催促道。古德温立即到暗室去冲胶卷，但不可思议的是，胶卷已经全部曝了光，底片上一片空白。

“混蛋！‘起决定性作用的照片’在哪儿？怎么向委托人交代呢？”沃尔夫怒不可遏。

古德温瞠目结舌，困惑不解，好一会，才咕哝着：“这……真是邪门……”

“要你这样的蠢材当助手，我这名探的牌子早晚有一天得砸了。”沃尔夫奚落了古德温几句，然后道出了胶卷曝光的真相。

曝光的原因是什么呢？你能猜出问题出在哪儿吗？

推理分析

除了铅外，X 光射线能穿过任何金属物质。古德温做 X 光检查时，放在贴身口袋里的照片被 X 光照射，装在相机里的胶卷，在 X 光照射下当然会曝光。

被风吹走的邮票

格罗斯是位有名望的集邮家，他喜欢大海，因此他把自己的寓所建筑在大海旁边，前后都有窗子。

他常常站在窗户前欣赏大海的美景。闲暇时他喜欢坐在写字台前整理他的邮票，这些邮票都是他精心收集来的。他有两张珍贵的邮票，这两张邮票常常让他爱不释手。

这天上午，他将这两张珍贵邮票放在写字台上，写字台前的窗子当时正开着，不料风太大，与这扇窗子相对的窗子突然被风吹开，这样风就从一个窗户进，往另一个窗户出，把一张珍贵邮票吹到了窗外，带进了大海。等到格罗斯发现时，邮票早已无影无踪了。

格罗斯为此神情沮丧，情绪低落，因为失去的那张邮票十分宝贵。风停半小时之后，他的朋友侦探霍尔来访。格罗斯约他到房前的海滩上散步，他们一边走，一边谈了这件令人惋惜的事。

海滩上有不少海鸥在迎风飞舞，霍尔一边听一边低头观察一只海欧留在沙滩上的足迹，从足迹看，这只海鸥起飞时面朝大海。海滩上还留有很多海鸥的足迹，都是面朝大海起飞的。半小时前海水退潮时没有抹掉这些足迹，说明海鸥飞走的时间在海水退潮之后。

霍尔侦探问：“是您亲眼见到邮票被吹到窗外的吗？”格罗斯说：“不，是秘书告诉我的。当时海水正在退潮，于是我出去看海水退潮。就在我临时离开的时候突然刮来了一阵风。我的秘书说幸好他及时赶到按住了另一张邮票，否则另一张邮票也会被吹进大海。”

霍尔问：“你肯定邮票是在海水退潮以后被风吹走的吗？”

格罗斯说：“当然可以肯定，因为海水退潮完了以后才起风的。”

霍尔说：“那这张邮票还在。”

格罗斯惊讶地问：“你说什么？”

霍尔肯定地说：“那张邮票并没有被风吹进了大海里。”

霍尔根据什么做出了这样的判断？

推理分析

海鸥是逆风起飞的，海鸥起飞时足迹的方向证明风是从大海吹来的，而不是从陆地吹向大海，所以那张邮票绝不会被穿堂风吹进大海。

大科学家的金冠测试

有一天，古希腊西拉古斯的国王赫利翁，让大臣找来了一个工匠。国王拿出一块金子对工匠说道:

“看见没有，这是一块纯金。我命令你一个月内用它给我锻铸出一顶金冠。”

“遵命，小人一定在一个月内给大王锻铸出一顶世界上最漂亮的金冠来，请大王放心。”

“好，你下去吧！”

“是。”

“慢着！”工匠刚要走，又被国王叫住了，“你要知道，我可是一国之王，我绝不希望日后戴一顶不纯的金冠。”

“小人明白。请大王放心，小人绝不敢三心二意。”工匠一副忠心耿耿的样子。

工匠本是个十分贪心的人，嘴上虽那么说了，可心里想的却是另外一回事儿。他想，平时替别人锻铸个金银首饰什么的，掺点假，搞点名堂，也不过是小打小闹，没多大油水。这块金子可是送到嘴边的肥肉，哪有不吃的道理呢！大不了，铸完金冠远走他乡。对，就这么干，这样，他便在熔铸金子过程中，往炼金炉里扔进了几块铜……

工匠自以为事情做得隐秘，却不料被国王派出监视的暗探看见了。

一个月后，当工匠把金冠捧献到国王面前时，国王冷笑着对工匠说道:

“你好大的胆子，竟敢往金子里掺铜块，还不知罪吗？”

“小人不敢，一定是有人看见大王如此信任小人，便生嫉妒之心，造谣诬陷，妄想借大王的手来杀死我！”

“你敢保证自己没往金子里掺假吗？”国王进一步追问道。

“敢！小人深知这锻铸金冠的事绝非儿戏，怎敢拿自己的脑袋开玩笑？”工匠心里害怕得要命，嘴上却还是咬得很硬。

“来人，传证人进宫！”

国王一声令下，暗探来到宫中。他指着工匠对国王说道：“我亲眼看见他把铜块扔进了炼金炉里！”

“你看错了，那是我为了使金砖熔化得快，事先用斧子剁碎的小金块。”

“不对，铜块和金砖的颜色不一样，我绝不会看错！”

“那就怪了，我是在夜晚熔炼的金子，你怎么能看得清楚呢？”

两个人唇枪舌剑地争论了一阵，结果还是无法证明工匠是否往金子里掺了假。

怎样才能把这件事弄清楚？国王也犯了愁。这时，一个大臣告诉国王，大科学家阿基米德来到了城里。国王一听，非常高兴，连忙传令请阿基米德进宫。

阿基米德来到宫中，听了国王的讲述后笑笑说：“这件事很容易搞清，大王只要把这顶金冠借我用几天，再给我一块金子和一块银子，我就能把事情的真相告诉您。”国王高兴地答应了。

半个月后，阿基米德果然用自己出色的实验，揭穿了工匠往金子里掺假的骗局。

阿基米德是怎样揭穿工匠的欺骗行为的呢？

推理分析

阿基米德叫人锻铸了一顶金冠、一顶银冠，它们的重量和那个工匠所锻铸的金冠完全一样。然后，他做了一个对比实验，他先把银冠浸到一缸水里，缸里的水立刻就溢了出来；然后他又把那个工匠锻铸的金冠浸在水里，溢出的水就少一些。阿基米德从重量相同的物体比重大小与排水量多少成反比，以及金子的比重大于银子这两个前提出发，对三顶王冠排水情况进行了测试，果然得出了工匠在锻铸金冠中往金子里掺假的结论。

偷钻石的学者

十八世纪，在瑞士的一个小镇里，发生了这样一个奇怪的案子。

镇子里有一个很著名的珠宝店，这里收藏着很多稀世珠宝。然而最引人瞩目的，还是珠宝店老板比尔收藏的那颗罕见的黑钻石。据考证，这颗黑钻石曾经镶嵌在上个世纪某王子的王冠上。后来被一个技术高超的盗宝人从王宫中偷盗出来，便流落到民间，后来被比尔所收藏。比尔为了招揽生意，让人特意制作了一个檀木小箱，专门存放这颗黑钻石。

有一天太阳落山的时候，省城三位绅士忽然来到珠宝店，想要看看这颗黑钻石，一饱眼福。这三位绅士都是远近闻名的人物：矮胖子叫威尔斯，是个制鞋商；瘦高个子叫李伯特，是个船厂老板；年纪最大的白胡子老头叫司蒂克，是个著名的学者。

比尔热情地把他们让进了店里，对三位客人说道："请跟我到收藏室去看吧！"

三位客人跟着比尔来到了收藏室。他们看见收藏室里有五六排陈列架，上面摆放着各种各样的珍宝，满屋珠光宝气，让人目不暇接，眼花缭乱。

比尔把三位客人领到角上的一个陈列架前，从架子上一只深紫色的檀木箱里，小心翼翼地取出那颗黑里透红的黑钻石。

"太好了！的确是一件稀世珍宝！"

"真棒！我还从没有见过这种成色的钻石！"

"啊，难怪有人为了它竟不惜性命呢！"

三位客人围着比尔，眼睛紧盯着那颗黑钻石赞不绝口。

比尔望着眼前这三张面庞，心里得意极了，脸上也露出了掩饰不住的笑容。

"怎么样？这在全瑞士也是绝无仅有的吧？"

"是这样。可您能不能详细地给我们讲讲这颗黑钻石的来历呢？"年老的学者问道。

"那好吧，咱们到客厅里坐。"比尔说着把黑钻石放回到檀木箱里，盖好箱盖，然后用一张涂满糨糊的纸条把箱子封好。

三位客人又随比尔来到了珠宝店豪华的客厅。比尔刚要回答老学者提出的问题，却发现三位客人的右手指都有点小伤。一问才知道：威尔斯昨天晚上参加一个舞会时手被门挤伤了；李伯特昨天检查了一艘刚刚造好的轮船，不小心被一根铁链条砸伤了；而老司蒂克则是晚上睡觉时手被蚊子咬肿了。比尔还看见他们手上都擦抹着碘酒。

这点小伤并没有影响三位客人的兴致，他们和比尔谈得很投机。谈话间，威尔斯、李伯特和司蒂克都先后出去上过卫生间。但回来后，又继续加入到那趣味盎然的谈话中去了。

就在他们谈兴正浓的时候，比尔的老朋友希威先生来访了。生人初次见面，自然都要客套一番，希威先生和先来的三位客人一一握手。他是著名的化学博士，刚刚出国参加了一个国际性化学会议回来。比尔知道希威先生来这里也是想看看那颗黑钻石，便让先来的三位客人稍坐，自己领希威先生来到了收藏室。他撕下那湿漉漉的白纸封条，打开檀木箱一看，顿时惊呆了："我的上帝啊！"原来檀木箱里的黑钻石不翼而飞了。比尔惊吓得昏厥过去。

"快醒醒……"希威先生急忙把比尔唤醒，将他扶到一把靠椅上，并安慰他说："不要着急，事情会弄清的！请您把事情的经过给我讲讲好吗？"

比尔绝望地叹了口气说："事情再简单不过了。半小时前，黑钻石还在檀木箱里，可是突然就不见了！"

希威先生看了看空木箱，又问道："这期间别人来过吗？"

"您来之前，我曾陪坐在客厅里的三位客人来过这里，但离开这间屋子时，是我亲手贴上的封条呀！此后别人再没来过。"

"回到客厅后，那三位客人离开过吗？"

"对了，"比尔忽然想起来了，"他们都先后上过卫生间，可能是那个时候……"

听到这里，希威先生说："好吧，咱们去问问他们。"

比尔和希威先生来到了客厅，当比尔伤心地把黑钻石被盗的消息告诉三位客人后，希威先生不冷不热地说："聪明的先生们，比尔先生的这颗名贵黑钻石一定在你们谁的口袋里吧？我想我是不会猜错的！"

三位客人你看看我，我看看你，都做出一副无可奈何的样子说："您可不能瞎猜疑，这简直像在听一个神话故事！"

"完了，我的黑钻石再也找不回来了！"比尔顾不得脸面，悲伤地哭起来。

希威先生注意着三位客人的表情变化。蓦然，他的目光落在了老学者司蒂克的右手上，不禁惊呼出声来："就是他！就是他！"希威先生一步跨过去，紧紧抓住了司蒂克的右手碗：“就是你盗窃了比尔先生的钻石，快交出来吧！”

司蒂克只得从内衣兜里掏出了那颗名贵的黑钻石。

希威先生根据什么断定司蒂克就是盗窃黑钻石的人呢？

推理分析

希威先生从比尔的嘴里得知，这三位客人受伤的手上都抹过碘酒，他又想起檀木箱上湿漉漉的封条。他知道碘酒和糨糊碰到一起就会发生变化，变成黑色。因此，他注意观察三位客人的手，发现司蒂克右手处有一片黑色。这便证明了偷盗钻石的就是司蒂克。

幽灵的声音

英国大侦探洛奇一天来到法国度假，正当他在海滩上欣赏海景的时候，突然发现了一位奇怪的男子。

只见他脸色苍白，坐在海边好像努力回忆着什么，脸上的表情恐惧而痛苦，仿佛回忆起了什么非常恐怖的事情。洛奇很奇怪，于是走到他身边坐下来问道：“朋友，有什么我可以帮助你的吗？”

这个男子好像被吓了一跳，他猛然往后一缩，浑身颤抖起来。

“我没有恶意，”洛奇连忙安慰他，“我只是想帮助你，有什么就告诉我吧。”

男子仔细看了看洛奇，结结巴巴地问：“你有胆量帮我吗？你相信我吗？我碰上了幽灵！”

“有这样的事情？”洛奇一下子来了兴趣，根据他的经验，所谓幽灵、鬼怪，其实都是人们自己想出来的。“我一点也不害怕，相反，我还是对付幽灵的好手！”洛奇大声说，“快告诉我，我一定可以帮你。”

男子听到这里，一把抓住洛奇的手：“这件事情实在太可怕了！我是豪华客轮拉夫伦茨号上的一名大副，上个月在返航的路上，拉夫伦茨号撞上了暗礁，船底破了一个大洞，迅速下沉。当时正是深夜，我根本来不及通知所有旅客，只能带着靠近指挥室的十多名旅客撤离到救生艇上。”

“后来呢？”洛奇的思绪跟随他的叙述回到那个恐怖而漆黑的夜晚。事故、沉船、撤离，真是惊心动魄的经历。可是幽灵又是怎么回事呢？

“后来，我放下救生艇，决定回去再救一些人出来，”那名男子继续说道，“可当我再次返回甲板的时候，听到了龙骨断裂的可怕声响，海水铺天盖地漫过来，我只好转身跳下大海，拼命向前游。我知道，如果我不及时离开，就会被轮船下沉时带起的旋涡卷入海底！”

“我最擅长仰游，我拼命游啊游呀。不知道游了多长时间，忽然听到了一声惊天动地的响声！那声音可怕极了。轰鸣混合着炸雷，简直就是幽灵的怒号！我连忙抬头一看，只见拉夫伦茨号从中间断开，火花四溅，发出了惊天动地的爆炸声。我被气浪震得晕了过去，后来被赶来救援的海岸巡逻队救起来。”

“这就是你说的幽灵的声音吗？”洛奇若有所思地问道，“可能只是你太过惊慌，听到了爆炸声而误认为是幽灵的号叫呢？”

“是的，那是来自海底幽灵的号叫，”男子显然着急了，“你要帮我必须先相信我！我问过其他生还的人，他们都只听到一声爆炸，而我听到两声巨响！我没有记错，清清楚楚！”

洛奇沉思了一会儿，忽然笑了起来。他问道：“当时其他生还者都在救生艇上，只有你不在，对不对？”

“是这样的，”男子疑惑地回答，“难道幽灵是来自海底的？”

洛奇大笑起来，他拍拍那名男子的肩膀：“我看你是自己吓自己，其实根本没有什么幽灵！”

“可是我明明听到了两声巨响！”那个男子坚持说。

“对，一点没错。”洛奇点头赞同。

“但是除了我以外的所有人只听到一次爆炸！”男子带着哭腔说。

“这也没错！”洛奇微笑着，“你们都没有听错！”

亲爱的读者，你能解开这个恐怖的幽灵之谜吗？既然洛奇说男子和其他幸存者都没有听错，那么另一声恐怖的巨响是哪里传来的呢？

推理分析

洛奇不愧是大侦探，他说得很对，男子和其他人都没错，男子确实听到了两声巨响，其他人则只听到一声爆炸。这并不是什么幽灵在作祟，而是因为水传播声波的速度要快于空气，是空气的五倍。男子仰泳的时候耳朵是埋在水里的，他首先听到了由水传过来的爆炸声，当他抬头察看的时候，耳朵离开海水，又听到了空气传导过来的爆炸声。由于心情紧张和水传导的失真，男子把第一次爆炸的声音误认为是幽灵发出的怒号。

洞穴里的财宝

“你很兴奋，就像即将获得一笔意外之财，从你眼中的亮光，我推测你很快就要变成富人了。”朗波侦探对前来找他的朋友戈德温说。

一脸兴奋的戈德温说：“老朋友，你真聪明。”戈德温是一个年轻的英国人，不屑于工作，总盼望能够得到一笔意外横财，能在一夜之间变成巨富。“只要我有一万元，我就会发一笔财，你有一万元吗？”

“那是什么把戏？”朗波侦探问，“是天上掉下来的横财吗？”

“和天上掉下来的横财差不多，”戈德温一边神秘地说一边悄悄地打开了一个袋子，得意洋洋地从里面拿出一个闪亮的银烛台，“你看，这是一个纯银的烛台，它可不是那种普通的烛台呀，是宝贝！”他停了停，又指着烛台的底部说道：“你看，它的底部刻了些什么？”

朗波侦探把烛台倒过来，看到底部刻了“伊迪小姐”这个名字，不禁有些惊讶地说道：“这就是 1960 年沉没的伊迪小姐那艘船上的宝贝吗？”

“你很有眼力，这正是 1960 年沉没的那艘船上的宝贝！当时伊迪小姐号是葬身海底了，但是情况并不像大家认为的那样糟，船上人员并没有全部葬身海底。”戈德温神秘地回答，“当时有四个人趁船还没有在暴风雨中翻覆，就偷窃了一大笔财物逃走了，他们盗窃了许多金银财宝！”

“然后他们游到了岸边，把赃物藏在一个洞穴中，”戈德温继续说，“但是暴风雨造成山崩，堵住了入口，把三个水手埋在里面。而第四个名叫菲尼亚斯的水手却逃走了。这些年菲尼亚斯一直在筹借一万元，好买下洞穴所在的那块上地。”

“噢，我明白了，你是想向我借钱，好买下洞穴所在的那块土块，然后和那个名叫菲尼亚斯的水手一起打开洞穴，取出里面的财宝，这样赃物就可以你们两个人平分，而不是四个人分了，是吗？”朗波说道这又有些疑惑地说，“只是，你怎么知道那个菲尼亚斯不是骗子呢？”

“昨天晚上，他带我悄悄到了那个洞穴，”戈德温说，“我们在洞穴里面测量了很久，确定方位后，我们就试着挖掘了一会儿，搬开许多沙土和小石头后，就发现了这个闪亮的银烛台，这是真实的东西吧？上面刻的是伊迪小姐的名字。”

“这的的确确是真实的东西！但是我认为这是菲尼亚斯为了骗你才把它放在洞穴旁的。”朗波肯定地说道。

朗波是怎么知道的呢？

推理分析

如果这座纯银的烛台自从1960年就放置在那里，那么它会生锈，而不是“闪亮”。

黑衣人是怎么死的

在一个寒冷的早晨，有一个身穿黑衣、头戴黑帽、戴着墨镜、手提一只大大的黑皮包的人，径直向市中心走来。此人穿着奇怪，神情也非常特别，走在寂静的大街上，立刻引起了警察奎尔的注意。于是，奎尔悄悄地跟了上去，黑衣怪客穿过大街，转过小巷子，拐进居民区，进了一家大饭店。奇怪的是他并没有去登记处，而是走进了洗手间，随手将门轻轻地关上了。这一切都被奎尔清楚地看在眼里。他点燃一枝烟，然后找了一把椅子，坐在离门口几米远的地方偷偷监视着，想等黑衣怪客出来。好在屋里的气温比外面要暖和得多，因此奎尔并不感到很冷。

5 分钟、10 分钟、20 分钟过去了，洗手间的门依旧没开，而且里面毫无动静。奎尔怀疑此人跑了，于是拔枪上前敲门，但里面没有回应，继续敲了几遍仍旧毫无声响，情急之下他用力撞开了门，眼前的一切使他惊呆了：屋里只有一具尸体躺在血泊之中，黑衣、黑帽、黑眼镜、黑皮包扔在一边。奎尔马上向警察局报告，警察来后仔细查验了现场，发现死者是被锐器割裂血管而死，胸前的衣服有被水浸湿的痕迹。但奇怪的是找遍了整个洗手间包括下水道也没发现任何凶器，黑皮包也空空如也，而且洗手间没有其他出入口，门窗也完好无损，并且警察奎尔就坐在门口守着，因此绝不可能是其他人将其谋杀的。检查结束，只发现血里掺和着点点水迹。

警察调查得知此人已经购买了大量人身保险，如果死于意外或者他杀，其家人将可以获得巨额保险赔付。但说他自杀又找不到凶器，警察对此百思不得其解，于是只好请大名鼎鼎的朗波侦探来协助破案。朗波侦探仔细检查了现场和死者的伤口后，很快就发现了蛛丝马迹。朗波侦探说：“他是自杀的！”

你知道这人是怎么死的吗？

推理分析

死者系自杀，凶器是藏在黑包里的冰刀。此人先在家中用水制作了冰刀，带到洗手间自杀后将冰刀藏进胸前的衣服里。由于胸前体温高，冰刀被迅速融化了。

失踪的弹头

萨尔茨是一个小城，它又是个著名的城市，它的出名，是因为那里盛产盐。

“萨尔茨”在德语里就是“盐”的意思。这里开采出来的盐，质量好，价钱便宜，商人们都来采购，再卖到全国各地，人们又把它叫做“盐都”。

萨尔茨出名的另一个原因，就是它还是旅游胜地。那些开采以后留下来的盐矿，就好像是很大的溶洞，走在里面，洞壁的盐晶体在灯光下，闪耀出奇妙的光彩，五颜六色，分外好看，吸引了世界各地的游客。

这一天，有一批游客来到萨尔茨，其中有个叫艾华特的男子，在参观盐洞的时候，不断吹嘘自己如何有钱，还跷起手指，炫耀他的钻石戒指。导游暗暗地为他担心，因为这样露富，会引起坏人注意，很可能会招来杀身之祸。

游客们游览了盐矿，就回到旅馆，早早休息了。第二天早上，游客们来到餐厅吃早饭，艾华特却没有来。导游有些紧张，预感到出事了，他奔到艾华特的房间里，看到艾华特倒在地上，胸口有一个弹孔，人已经死了，水龙头还在“哗哗”喷着热水，手指上的戒指不见了。

导游急忙打电话报警，威尔逊探长带着法医来到现场，经过检查，估计死亡时间是昨天晚上 10 点多。从伤口来分析，是气枪射击的，不过死者身上只有一个弹孔，也就是说，子弹从胸口射入身体以后，没有穿出。奇怪的是，法医解剖了尸体，还是找不到那颗子弹头。

那么，子弹头到哪里去了呢？威尔逊探长苦苦思考着，终于找到了答案。

你认为杀死艾华特的子弹头到哪里去了呢？

推理分析

凶手用盐块做成的气枪子弹，射入死者心脏后，盐块逐渐溶化，就找不到了。

会抓贼的盲人

摩恩探长有个好朋友，是一位著名的钢琴家，曾经在钢琴比赛中得了很多大奖。更加令人钦佩的是，他还是一个盲人，也许是看不见的缘故吧，他的耳朵却非常灵敏，人们都说他是“金耳朵”。

有一次，有个富商举办宴会，摩恩探长和钢琴家都参加了。富商请钢琴家表演一段曲子，钢琴家坐到钢琴前，弹起了欢快的圆舞曲，人们跳起了舞。忽然，乐曲停止了，钢琴家说：“你的钢琴有个琴键音不准。”

富商尴尬地笑了，只好播放唱片。大家又开始跳舞，就在这时候，房间里的灯全部熄灭了，周围一片漆黑，紧接着，楼上传来“扑通”一声，好像什么东西翻倒了。富商惊叫起来：“楼上的书房里有贼！”人们也惊叫起来。摩恩探长大声说：“请安静！”大家静了下来，紧张地屏住了呼吸，只听到时钟“滴答滴答”的声音。

盲人平时就不用眼睛看东西，没有灯光对钢琴家来说毫无影响。他让探长搀着，悄悄地来到二楼书房门口，轻轻推开房门，里面一片漆黑，什么都看不见，小偷躲在哪里呢？钢琴家听了一会儿，凑近探长的耳朵，小声地说：“你摸着我的食指，那就是坏人躲藏的方向。”探长点点头，便朝那个方向扑过去，只听“哎哟”一声，有一个人应声倒下了。

富商点着蜡烛来了，看到落地大座钟的前面，躺着一个男子，正捂着腹部呻吟着，银箱里的钱撒了一地，摩恩探长马上明白了，盲人为什么能“看”到罪犯。

钢琴家实际上是靠“金耳朵”，听出了坏人躲在哪儿的。那么，现场有什么迹象，能让钢琴家“听”出坏人的位置呢？

推理分析

盲人进房时，听到了大座钟的“滴答”声，忽然声音一下子变微弱了，说明窃贼挡住了座钟，他就指示探长朝大座钟的方向扑过去。

游船上的谋杀案

狂风怒号，海浪滔天，台风就像一个喝醉了酒的狂人，在肆意地发着酒疯，把海水搅得天昏地暗。海面上已经看不见任何船只了。渔船都避到港湾里，落下了帆，抛下了锚，等待着台风过去。

这时候，海岸警卫队接到 SOS 求救信号：有一艘游船，被困在大海里，随时有沉没的危险！海岸警卫队立刻派出救生快艇，冒着大风大浪，向出事的海域驶去。天漆黑一团，再加上十几米高的海浪，冲撞着快艇。小艇就像一片树叶，一会儿被抛上半空，一会儿又被压到浪底。几小时以后，快艇来到了发出信号的海面上，打开探照灯，四处搜寻着。

忽然，负责观察的水手叫起来："快看！那边有人！"探照灯"刷"地照射过去，在雪亮的光柱下，可以看见有一艘小游船，在海面上飘荡，一个男子在用力挥手，旁边还躺着一个人。救生艇赶快靠过去，经过了无数次的努力，终于把他们救了上来。可是，另一个男子已经死了，他的头上有一个大窟窿。

活着的那个男子满头大汗，他擦了一把汗，喘着气说："我叫保罗，已经三天没有喝上淡水了。两天前，我和汤姆驾着小帆船，出海去游玩，我们只顾高兴，来到离海岸很远的地方，这时候，船出了故障，无法再行驶了，又遇上了台风。船上没有食品和淡水，我们都又饿又渴，今天，汤姆实在忍不住了，到船舷边舀海水喝，脚下一滑，头撞到铁锚上死了。幸亏你们来了，不然我也没命了！"艇长听了他的话，立刻命令士兵："他就是凶手，马上把他监禁起来！"

艇长为什么会怀疑那个男子是凶手呢？

推理分析

两天没有喝水的人，是不可能满头大汗的，说明那个男子在撒谎。实际上是他为了独吞淡水，把汤姆杀害了。

一条龙舌兰做的绳子

威勒是著名的植物科学家，他为了寻找珍贵的野生植物，率领一支考察队，来到荒无人迹的原始森林。考察队里有个小伙子，是刚刚毕业的大学生，名字叫罗纳，他是第一次参加考察活动。

森林里，参天的大树把阳光挡住了，显得非常阴暗和闷热。考察队员小心翼翼地行走着，走在最前面的，是科学家伍德，他挥舞着柴刀，砍掉碗口粗的野藤，为后面的队员开路。忽然，罗纳惊叫起来："蛇！一条大蛇！"只见一条大蟒蛇，横躺在前面，伍德说："它吃饱了，正在睡觉呢，咱们绕开它走。"大家绕开巨蟒，快步向森林深处前进。由于紧张，罗纳绊倒在一丛植物上，手上刺得很疼。伍德赶紧把他拉起来，指着这些植物说："这是龙舌兰，遇到水就会猛烈收缩，当地人用它做绳子，绑东西很派用场呢！"

中午11点钟，大家坐下来吃午饭，11点半，威勒队长和伍德去前面查看地形。

12点钟，威勒队长回来了，这时，天上下起了雨。威勒说："山洪就要来了，我们回营地吧！"这时，大家发现伍德不见了。

威勒队长说："罗纳，你到前面去看看，伍德怎么还不回来？"罗纳跑到前面，发现伍德被人捆在一棵大树上，脖子上还勒着一道绳子，已经断气了。考察队里的医生立刻赶来进行检查，医生查明伍德是在12点钟死的，便问威勒："12点钟的时候，你在哪里？"威勒说："我和大家在一起呀。"医生仔细看了捆绑伍德的绳子，对威勒说："我敢肯定凶手就是你！"

威勒当时是和大家在一起的，他怎么会有作案时间呢？

推理分析

威勒听气象台预报，知道中午有雨，就在12点以前用龙舌兰做的绳子捆绑了伍德，绳子沾到雨水后猛烈收缩，勒死了伍德。

重要证据

格林是个好吃懒做的家伙，他原来做送奶工，可是他嫌很早就要起床，不能睡懒觉，就辞职不干了。后来又想开出租车，他向邻居波特借钱，买了一辆汽车，才干了两个月，有一次，他喝得醉醺醺的，驾驶着出租车上了路，只听“哐当”一声，撞上了电线杆，车子报废了，人也送进了医院。经过医生抢救，总算捡回了一条命。

格林出院以后，波特来要他还钱，可是格林没有了工作，还欠了医院一大笔医药费，哪里有钱还债呢？波特就警告说：“我给你三天时间，到时候再不还钱，我来烧你的房子！”

三天过去了，中午的时候，波特接到格林的电话，让他马上去拿钱。波特可高兴了，在电话里说：“你这个家伙，敬酒不吃吃罚酒，一来硬的，就有钱还啦！”吃过午饭，波特得意地嚼着口香糖，来到了格林的家。他按了门铃，里面传出格林的声音：“是谁呀？”波特吐掉了口香糖，说：“是我，波特！”

格林马上开了门，热情地倒了一杯啤酒说：“喝一杯凉快凉快。”趁波特仰脖子喝的时候，格林举起啤酒瓶，狠狠地砸在波特头上，波特头一歪，就断了气。到了晚上，格林趁着天黑，把尸体抛进了河里。

第二天，汉斯警长敲开了格林的门，说：“我们在河里发现了波特的尸体，有充分的证据，证明波特在死之前到你这里来过。”格林说：“不可能，我已经三个月没有见过他了！”汉斯哈哈大笑说：“就凭你这句话，就说明你在撒谎！”

波特留下了什么证据，证明他曾经来过格林家呢？

推理分析

波特吐在格林家门口的口香糖，上面有波特的齿型和唾液。

喜欢吃纸的羊

小贝蒂的爸爸是一个警察，受到他爸爸的影响，小贝蒂从小就有一个理想，长大以后，要像爸爸那样，当一名勇敢的警察，开着警车，带着手枪，去破案子、抓坏人，多神气啊。

小贝蒂住在农场旁边，那里养了很多羊。小时候，小贝蒂折了一架纸飞机，在草地上飞着玩，草地上，一大群羊正在吃草。纸飞机飞呀飞呀，飞到了羊群里，就再也找不到了。小贝蒂哭了，放羊的叔叔告诉他，纸飞机一定是被羊吃掉了。听说羊喜欢吃纸，小贝蒂觉得很好玩，咯咯笑了起来。

这一天，农场里发生了凶杀案，农场主卡罗倒在地上，头部中了一枪，已经死了。小贝蒂的爸爸接到报案，来到现场调查。他在离卡罗 10 米远的羊圈里，发现了一把手枪，好像是凶手逃跑的时候，匆忙中扔掉的。他还听说，卡罗的农场亏损了很多钱，卡罗最近在保险公司保了险，如果发生意外死亡，保险公司要赔很大一笔钱，留给儿子，可是，如果他是自杀的话，保险公司是不赔偿的。

小贝蒂的爸爸想，会不会是卡罗为了骗到保险金，开枪自杀的呢？可是手枪离卡罗有 10 米远，他在中弹倒下之前，是不可能把枪扔那么远的，那么，他如果是被人杀害的，现场又找不到凶手的脚印。他想了很久，实在想不出合理的答案。

突然，聪明的小贝蒂说了一句话，揭开了事情的真相。后来在羊圈里，终于查到了确凿的证据，证明卡罗是自杀的。

小贝蒂说了一句什么话，揭开了卡罗自杀的谜底呢？

推理分析

小贝蒂说："羊喜欢吃纸呀！"原来，卡罗用纸条绑着手枪，将纸条的另一头放在羊圈里，然后开枪自杀，羊一口一口吃纸条，把手枪拖到羊圈里了。

寻找赃物

凡尔赛博物馆失窃了一批价值连城的艺术珍品。波拿巴探长率领一个小分队，以迅雷不及掩耳之势，抓住了几名重要的罪犯，可是却没有找到那些艺术品。

这时，主犯招认艺术品被农场主福斯，用一个大铁箱装起来，然后埋在石磨的下面。警察冲到福斯的农场，福斯的眼睛闪出一丝惊慌，朝院子里那两个篮球场般大的晒谷场瞟了一眼，立即镇定下来，委屈地说自己从来没有触犯政府法令，对于今天发生的一切，他要请农场主协会的律师提出控告。

警察们把磨房里的石磨移开，在下面挖了个又宽又深的坑，直到坑底已见到了生土，也没有见到主犯所说的那个大箱子，眼看再挖下去也没有什么意义了，波拿巴探长便跳进坑底想找到一些线索。他看到坑壁上的泥土，中间有一段跟别的不同，就用手捧了一把，见里面还残留有完全新鲜的小麦梗，就猜到一定是福斯嗅到了什么风声，早已把铁箱转移了。

可是铁箱会转移到什么地方去呢？树底下？麦田里？床底下？没有目标怎么去找呢？本以为轻而易举的事，现在变成了难题。

探长脑子飞快地转动着，他一点一点回忆福斯的一举一动，突然一拍大腿，招呼警察们说："这里不用再挖，跟我到院子里去。"

来到院子里，探长叫警察们去打水，把晒谷场分成若干块，一块一块地浇上水，水浇到泥土上，很快往地里渗，大约是好久没有下雨的缘故吧，浇上一块，干一块，场地上只不过因为吸了水分，颜色变得深了一些。

福斯在波拿巴的监视下，一声不吭地瞧着警察们做这种看来毫无意义的事。终于，当水浇到刚才福斯站过的那块场地时，探长突然宣布："停！"他指着一块颜色更深的泥地，叫警察往下挖，自己却回头朝福斯瞧去。他看到，福斯脸色惨白，惊恐万分。

不久，一只铁箱挖出来了，里面正是那批珍贵的艺术品。

请问，探长怎么知道铁箱埋在这里呢？

推理分析

当探长发现福斯已经转移了赃物时，立即想起他当初曾惊慌地朝晒谷场投去一瞥，那里肯定是他转移铁箱的地方，在那里埋铁箱比磨房更为安全，谁也不会注意到人来人往的地方。可是晒谷场这么大，要全部挖掘实在是太难了。

干的泥土地，渗水一定很快。但是如果下面有只铁箱，渗水的速度就会比其他地方慢，它上边的泥土积了水，颜色肯定与其他地方不同，这就是探长很快找到赃物正确地点的方法。

昙花的证明

7月11日上午10点30分，一辆运钞车准时停在了华尔街一家银行的大门口。银行的工作人员在全副武装的押运人员的陪同下，把五个装得满满的运钞箱抬到了车上。

就在押运人员收拾停当，准备上车的当口，一辆面包车突然从路旁冲了出来。面包车停在了运钞车跟前，从车上下来几个人，手里端着枪，还没等押运人员反应过来，枪就响了，押运员全都应声倒下。这几个人立刻把运钞车上的运钞箱搬到面包车上，然后一溜烟地跑了。

因为这一切来得太突然，仅仅发生在几十秒之内，缓过神来的工作人员清醒了，马上就报了案。

警察立刻就封锁了全城，开始检查所有可疑人员，很快就抓到了抢劫团伙当中的一个叫汉斯的人，这个人因为胆小怕事，马上就把抢劫团伙的成员全部招了出来，警察按图索骥，把那几个人全都抓了起来。

可是，这之中一个叫大卫的人，死也不承认自己参与过这起银行抢劫案，只是说自己以前与抢劫银行的汉斯一伙人认识，并说自己那天上午在朋友家赏昙花，根本没有作案时间。为了证明自己，他还拿出了一张当天与花合影的照片给警察看。

警察接过照片，见照片确是他与昙花的合影，而且在照片的下面还有一行小字06年07月11日10：35。

警察看了一会儿后不禁笑了起来，说道：“你可真够蠢的，你所赏的花有问题，我看这张照片你是伪造的吧！”

警察是如何从照片上发现问题的呢？

推理分析

昙花属于仙人掌科，花为洁白色，直径只有51厘米左右，夏日只开花一次，而且是从晚上8点左右开花，4个小时后便开始凋谢。罪犯的照片显示的时间是上午，所以，不能作为白天不在场的证明，只能说明他是罪犯。

牡蛎黄的证明

谷村武治是东京一所大学的生物教授，住在浅田公寓B座22层。

谷村与他的妻子离婚已经几年了，唯一的女儿也判给了妻子，所以，他一直是一个人生活。

这天，学校里发现谷村已经有两天未来上班了，同事吉川便给他的家里打电话，可电话没人接。吉川隐隐约约觉得不妙，所以，一下班就急急忙忙来到谷村家，想看看谷村到底发生了什么事情。

吉川到了谷村家门口，正想抬手敲门，发现门是虚掩着的，他推门进去一看，不禁被眼前的情景吓得倒吸了一口凉气：谷村仰脸躺倒在客厅的地板上，身上有两处刀伤，地上一大堆血迹已经干涸了……吉川没敢多想，立刻打电话报了警。

警长矢村带着助手高桥来到现场之后，没有找到什么有价值的线索，但是谷村手里紧紧攥着的两个油炸牡蛎黄，却引起了年轻的警长矢村的注意。矢村暗暗琢磨：一个临死的人，为什么要紧紧抓住牡蛎黄？他是想暗示什么呢？

经过多天的走访调查，矢村带着助手高桥最终找到了两个嫌疑人：一个是死者的前妻，一家妇女杂志社的编辑久梅子；另一个是死者的堂弟，总在歌舞伎中扮演女主角的小林山夫。

矢村的调查结论认为，两个人都有杀死谷村的动机，久梅子非常爱自己的女儿，可以说是要什么给什么，谷村认为这对于女儿成长很不利，就在前段时间向法院提出收回抚养权，久梅子很可能由爱生恨杀死了谷村。

而小林山夫向来心术不正，不务正业又极爱赌钱。前阵子他又输了很多钱，来向谷村借，谷村把他训斥了一顿后赶出了家门。他也很有可能对谷村心怀不满，为了报复杀死谷村。

但是，矢村也发现两个人不可能是一同作案，只能其中之一是凶手，可这两个人究竟谁是凶手呢？矢村一下子陷入了僵局。

就在他犹豫不定的时候，他一下子想起了谷村手上的那两个牡蛎黄，同时也想到了谷村生前是生物系教授，于是，他马上赶到图书馆，翻阅了百科全书，然后，他果断地认定凶手就是在歌舞伎中女扮男装的小林山夫。

矢村警长在百科全书中看到了什么，就完全认定了小林山夫就是凶手？

推理分析

矢村在百科全书当中查到，牡蛎是一种雌雄同体的生物，也就是说牡蛎这种生物体存在着两种生殖功能，他会因时间的不同，来改变自己的性别。由此，矢村便断定了谷村手中拿着牡蛎黄就是在指证杀害自己的凶手是小林山夫。

鸵鸟之死

W国为了庆祝建国50周年而举行了一系列盛大的庆典。除了鲜花、彩车、巡游外，动物园还特地从非洲订购了一批珍稀动物，免费向公众巡展一星期。

这次从非洲运来的动物中，不仅有鸵鸟、大象、狮子这些大家都熟悉的动物，还有白犀牛、山地大猩猩等难得一见的珍贵品种。每天赶来参观的人络绎不绝，动物园里出现了从来没有过的热闹场面。

今天是最后一天免费开放的日子，当动物园的大铁门打开后，排在最前面的孩子们便欢快地叫起来，一窝蜂地朝前冲过去。

忽然，从人群中传来孩子惊恐的尖叫声，大人们连忙跑上来一看，也吓了一大跳，只见两只新运来的鸵鸟倒在血泊之中；更刺眼的是，凶手残忍地剖开了鸵鸟的肚子。

警察在第一时间赶到了现场，他们经过仔细检查，在一个不起眼的地方发现了被锯断的铁栏，地上还找到了麻醉枪的弹壳。凶手显然早有准备，他锯断栏杆，用麻醉枪制服鸵鸟，迅速作案并离开，没有留下任何指纹和有价值的线索。

警察局长一边察看现场，一边忍不住咒骂：“该死的凶手！为什么用这样凶残的手段来对付两只鸵鸟？”

一同赶来的侦探华生点头说道：“不错，你说到了点子上，为什么？”

警察局长愣了一下：“不知道。也许凶手是心理变态吧？”

华生摇头说道：“显然不是，凶手的目的并不是杀死鸵鸟，因为他使用了很专业的麻醉枪，他的目的是剖开鸵鸟的肚子！”

警察局长有点糊涂了：“可是他为什么要这么做呢？你的意思是，这是一桩悬案？”

华生笑笑说：“不，凶手已经找到了，很可能就是运送动物的公司，这应该是一桩走私案。”

华生为什么说这是一桩走私案呢？

推理分析

鸵鸟没有牙齿，所以拥有不同寻常的胃，它大量吞食小石子，用胃里的小石子来弄碎食物帮助消化，这种小石子不排泄，会留在胃里。因此走私犯觉得这是个很好地从南非走私钻石的机会，他们让鸵鸟吞食了大量钻石，等运到国内，再想办法杀死鸵鸟，取走钻石。

凶残的狼犬

多柯和卡特尔都是出了名的赌徒，他们每天都混迹于大大小小的赌场中。

在上周六以前，两人从来没有碰到过。

上周六，多柯从旧金山开车到加州，路过一个叫“豪赌十天”的大型赌场时，他看到一个西装笔挺的瘦高个儿朝他走了过来，其他赌徒纷纷让开。瘦高个儿礼貌地握了握他的手说道：“我是卡特尔，难得看到你这样的高手光临加州，我们俩来赌一把怎么样？”

两人都知道对方是厉害角色，所以第一把就押上了所有的钱。然而，意料之外的事发生了，多柯轻松获胜，而卡特尔瘦长的脸阴郁得好像有暴风雨要来临。他喃喃地说道：“年轻人，你会付出代价的，一定会的！”

多柯并没有太在意，他带着赢来的钱，喜滋滋地回到了加州。他住在加州一座可以看得见海景的别墅里，邻居玛利亚小姐是位医生。

就在他回去的几天后，玛利亚小姐敲开了多柯的门，她告诉多柯她要离开一段时间，请多柯帮忙照看她的狗。这是一条彪悍的狼犬，多柯非常喜欢大狗，于是愉快地答应了玛利亚小姐的请求。

第二天，佣人来帮多柯打扫别墅，可无论她怎么按门铃，都没人应答，佣人立刻报了警。警察进入别墅的时候，发现多柯被狼犬咬死在电话旁，身上的衣服都被咬碎了。而玛利亚小姐就好像从人间蒸发了一样，再也找不到了。

警方发布了通缉令，终于，玛利亚小姐在意大利被发现。她承认这条狗是别人送来的，同时还给了她 5 万美金，唯一的条件是请她说服邻居多柯收养这条狗。

现在情况变得更加复杂：玛利亚小姐只是被人利用，而送狗的人才是真正的谋杀犯！经过照片辨认，玛利亚小姐认出狗是卡特尔送来的。警方迅速传唤了卡特尔，他并不否认狗是他的，可是他辩解说案发时自己身在旧金山，距离加州有一天路程，无论如何不可能给狼狗下达咬死人的命令，因此，这是一桩纯粹的意外事件。

警方经过调查和试验，终于发现了卡特尔杀人的方法，法院最终判定卡特尔谋杀罪名成立。这可奇怪了，远在数百里以外的人如何控制自己的狗呢？

推理分析

按照条件反射学说的道理，给狗喂食的时候敲打饭盆，时间一长，只要一敲饭盆狗就以为要喂食了，因而也就显得异常兴奋。

卡特尔深深知道这个反射学的道理，便训练了一只狗，而他给狗提供的指示是电话铃，只要听到电话铃响，狗就会按照训练的方法攻击人。因此，卡特尔身在何处并不重要，他只要打一个电话，就能让一只温顺的狼犬变成杀人的工具。

萨斯城的绑架案

在海滨小城萨斯，最近发生了一起性质极为恶劣的绑架案。

被绑架的是萨斯城著名演员多恩的小女儿琳达，今年刚满13岁，上小学五年级。星期一的早上，琳达的妈妈像往常一样，开车把她送到学校，简单叮嘱几句就离开了，可是晚上再去学校接琳达的时候，学校的老师告诉他，孩子已经被人接走了。

晚上，正当多恩一家人找小琳达快要找疯了的时候，一名自称是绑匪的人打来了电话，说琳达在他们手上。为了让多恩一家人相信他们的话，并确定小琳达还活着，他们还让小琳达和父亲通了话。绑匪提出要多恩一家支付30万英镑，并不许多恩报警。多恩一时慌了神儿，为了保证女儿的安全，他竟然真的没有向警察求助，而是按照绑匪的要求，自己去指定的地点交钱了。

本指望绑匪收到钱后就会放了小琳达，可绑匪见多恩真的没有报警，而且很快就把钱给送来了，不禁起了更大的贪心，不但没有把小琳达放回来，反而要求多恩一家人再拿30万英镑来才肯放人。

这样，多恩就不得不向警察求助了。警察接到多恩的报案后，立刻组成了破案小组，由多利警官全权负责。

为了尽快抓到凶手，同时确保小琳达的安全，警察局出动了大量的警力，对全城进行搜查，最后在郊外一家废弃仓库里，找到了非常虚弱的小琳达。

被放出来的小琳达告诉警察，绑架她的是两名中年男子，他们本想跟琳达的父亲再要 30 万英镑以后，就逃之夭夭，可突然听到风声，说警察正在全城搜捕他们，于是这两个人赶紧带上钱，往海上跑去了。

“不好，罪犯要从海上逃跑！”多利警官知道，离萨斯城不远的海域就是公海，罪犯一旦逃到公海上，警察就拿他们没有办法了。于是，多利警官立即一边带领人马向海边赶，一边调遣直升飞机前来增援。

这时，在海边，两名罪犯已经驾驶一艘汽艇跑出了一段距离。警察来到海边后，马上也找到一艘汽艇，两名便衣警察立即跳了上去，开始全速追赶罪犯，前来增援的直升飞机也赶到了，多利警长坐上直升飞机，在空中做指挥。

警察的汽艇开得很快，眼看就要和罪犯齐头并进了，只要再快一点儿，就可以包抄到罪犯的前面。可是，公海已近在眼前，超过去拦截已经来不及了，这样的话，只有将罪犯当场击毙，可两位便衣警察身上并没有带枪，怎么办？警长多利决定，用直升飞机将罪犯所乘坐的汽艇击沉。

此时，已是晚上 7 点钟左右，天色已经黑了下来，从直升飞机上根本分辨不出哪艘快艇是自己人，哪艘是罪犯的，驾驶员正不知向哪艘快艇投弹才好，在这关键时刻，多利警长冷静地观察了海面上的两艘汽艇，然后果断地下令道：“向左边的那艘开火！”

结果证明，多利警长的判断是对的，那么你知道多利警长是凭什么分析出左边的那艘是罪犯的汽艇呢？

推理分析

多利警长是通过汽艇后面水波纹的大小情况来判断的，汽艇开得越快，其接触水的面积就会越小，引起的波纹就会越小。由于警察的汽艇比罪犯的开得快，所以警察汽艇后面的波纹就比罪犯汽艇后面的波纹小。多利警官在关键时候利用波纹的科学知识将罪犯的汽艇分辨出来了。

寻找毒品

圣马丁警官是K国缉毒部门的负责人，从一年前上任到现在，已经有数十名毒贩被他抓捕归案，在K国边境地带公开的贩毒活动完全消失。

许多毒贩只好潜逃到和K国接壤的L国境内，他们把基地搬到了警备松懈的L国边境，然后每天派小股人马外出兜售，最后到L国境内成交。

他们知道圣马丁的缉毒分队只能对自己国境内的犯罪活动进行打击，不能越界抓捕罪犯，便和圣马丁玩起了“猫和老鼠”的游戏。

每当圣马丁出动警员准备抓捕的时候，他们就立刻逃到L国，缉毒队员只能干瞪眼。

圣马丁经过长时间的秘密策划，制定了一个代号叫做“袋鼠”的秘密行动。他们决定趁着夜色，快速到毒贩在L国的藏身地点，一举把所有毒贩都缉拿归察，然后把所有的毒品都带回销毁。当然，这样的行动必须速度很快，否则惊动了L国的话，将引起外交上的麻烦。

这天夜晚，圣马丁和缉毒队员们悄悄潜入L国境内，缉毒队员在不到一分钟的时间里，就把毒贩全部抓获。

在这个时候，查缴毒品却遇上了麻烦。毒贩们把毒品混进木头里，在整整七根大木头中，只有一根是挖空藏有毒品的，可是到底是哪一根呢？

要是没找到毒品的话，是无法给毒贩定罪的，毒贩非常清楚这一点，他们死活不肯说。

一位下属提醒圣马丁，装有毒品的木头一定比普通木头轻，其余六根普通木头都是一样重的，可以在现场用一块钢板和一个水泥墩做成简易天平，逐个检验，从七根大木头里挑出藏有毒品的一根。

这是个不错的办法，可这时他们要尽快离开L国，没时间一根一根地测量。在紧要关头，圣马丁稍微思索了一下，便用最简单的方法完成了七根木头的比较，找出了藏有毒品的那根木头，顺利完成了任务。

聪明的读者，你知道圣马丁是怎样找出藏有毒品的木头来的吗？

推理分析

其实，只要称两次就能得出结论。先把一根木头放到旁边，另外六根分别放到天平的两边，每一边有三根木头，如果两边平衡，那么显然旁边这根木头就藏有毒品；如果一边比较轻，那么取轻的那边，用同样的办法再做一次，就可以得到正确的答案。

被杀的猫头鹰

夏季的一天下午，著名昆虫学家法布尔正在院子里观察蚂蚁的生活环境，巴罗警长走了进来。他摘下帽子擦着汗说："法布尔先生，你知道吗，格罗得先生把他那只心爱的猫头鹰杀了，并且剖开了腹部。"

"昨天晚上，格罗得先生家里来了一个巴黎客人，叫巴塞德，也是位钱币收藏家，是来给他鉴赏几枚日本古钱的。正当他们在书房互相谈论珍藏品、相互鉴赏的时候，巴塞德发现带来的日本古钱丢了三枚。"警长接着说。

"是被人盗走了吧？"

"不是的，书房里只有他们二人，肯定是格罗得先生偷的，巴塞德也是这么认为的。但追问格罗得时，格罗得却当场脱光了衣服，让巴塞德随便检查。当然没有搜到钱币，在书房内搜个遍也没有找到。"这位警长仿佛自己当时在场一样绘声绘色地说着，法布尔仍在埋头观察蚂蚁的队列。

"格罗得偷古钱的时候，巴塞德没看见吗？"

"没有，他正在用放大镜一个一个地欣赏着格罗得的收藏品，一点儿没有察觉。不过，那期间格罗得一步也未离开自己的书房，更没开过窗户，所以，偷去的古钱不会藏到外面去。"

"那么，当时他在干什么？"

"据说是在鸟笼前喂猫头鹰吃肉。"

"那古钱究竟有多大？"法布尔先生走到警长跟前坐了下来，看上去他对这个案件也产生了兴趣。

“长 3 厘米，宽 2 厘米，共三枚。再能吃的猫头鹰，也不可能把这种东西吃进肚里吧。但是，巴塞德总觉得猫头鹰可疑，认定是它吞了古钱，主张剖腹查看，而格罗得却反问，如果杀掉还找不到古钱又怎么办？能让猫头鹰再复活吗？”

“这可麻烦了。”

“被他这么一说，倒使巴塞德为难了，当夜也没再说什么，上二楼客房休息了。谁知今天早晨一起床，格罗得就将那只猫头鹰杀掉并剖开了腹部。”

“可是，连古钱的影子也没见到。”警长接着又说下去。

“那么，是不是深夜里换了一只猫头鹰啊？”

“不，是同一只猫头鹰。巴塞德也很精明，临睡前，为了避免格罗得掉包，他悄悄地在猫头鹰身上剪短了几根羽毛。并且在今天早晨还对照检查过，认定了没错。”

“真是细心呀。”

“如果猫头鹰没有吞食，那么，三枚古钱到底还会掉到哪儿呢？又不能认为在猫头鹰肚子里融化，真是不可思议。巴塞德也无可奈何，最终还是报了案。所以，刚才我去格罗得的住宅勘察时，也看到了猫头鹰的尸体。”

“先生，你对这个案件是怎么想的？”警长接着说。

法布尔慢慢站起身来说：“回答很简单，格罗得巧妙地藏了古钱。”

“可是他藏在哪里了呢？”警长疑惑地望着法布尔问道。

推理分析

法布尔望着警长疑惑的脸，笑道：“我在采集昆虫标本时，常常发现大树底下有小鸟和老鼠的骨头，抬头一看便会发现猫头鹰的巢穴。猫头鹰抓住小鸟或老鼠后是整个吞食的，然后把消化不了的骨头吐出来。”

停顿了一会儿，法布尔又说道：“格罗得在食饵肉中夹上三枚古钱喂了猫头鹰，猫头鹰是整吞的。第二天早晨，猫头鹰吐出不消化的古钱，格罗得将它们藏起来，然后再杀了猫头鹰，并剖腹检查，好证明自己的清白。”

寻找血型

一天晚上，传媒大亨约翰的大儿子布路斯彻夜未归。

第二天清晨，布路斯的尸体在高尔夫俱乐部的更衣室里被人找到，警察们立刻来到了现场。

经过警方的鉴定发现，布路斯衣服上留下的血迹中，不仅有他自己的 A 型血，还有另一种 AB 型血。警察们断定这很可能就是凶手留下的，那么，凶手到底是谁呢？

警方在调查中发现，布路斯的弟弟库克斯正为争夺继任父亲公司总裁的位置和他闹得不可开交，而库克斯在案发的当天便神秘失踪了，他的血型无法确定。

警察们又了解到布路斯的夫人安娜是 B 型血，可以排除她作案的可能，值得注意的是，安娜的哥哥弗吉在案发的第二天也消失了。

所以他的血型也无法确定下来。经多方推理验证，案件所有涉及到的人员，就只有这些。

警长觉得案件非常棘手，所以便去请教尼克侦探。尼克仔细听完整个案件的所有细节，坐在摇椅上沉思起来。突然他抬头问：“有没有弄清约翰是什么血型？还有约翰的夫人？”

“这倒没有。”警长摇摇头说，“可这和他们有什么关系吗？他们总不至于杀死自己的孩子吧？”

尼克胸有成竹地说道：“事情已经很明显了，去询问一下约翰和夫人的血型，我们就能确切地判断出凶手到底是谁。”

警长猛然明白了尼克的意思，他紧紧握住尼克的手说：“我明白了，不愧是大侦探，真厉害！”

警长回到警察局以后，立刻查验约翰和他夫人的血型，经法医鉴定，约翰是 O 型血，而他的夫人是 AB 型血。

聪明的读者，现在你能够凭借自己的知识，判断出谁是凶手吗？

推理分析

约翰是O型血，而他的夫人是AB型血，这样库克斯就只可能是A型或者B型血，所以他不是凶手。既然库克斯对不上血型，那么只有找另外的人，而在几名当事人中，只有安娜的哥哥弗吉消失了，也就必然成为怀疑的对象，一查血型果然是AB型。

在案件侦破过程中，血型是非常重要的线索，根据科学规律，血型是可以推导的，这对案件侦破具有非同寻常的意义。

根据血型学的研究，父母的血型与子女的血型，只能存在以下关系：

<table>
<tr><th>父母血型</th><th>子女血型</th></tr>
<tr><td>都是O型</td><td>O型</td></tr>
<tr><td>都是A型</td><td>A型和O型</td></tr>
<tr><td>都是B型</td><td>B型和O型</td></tr>
<tr><td>A型和B型</td><td>A型、B型、AB型、O型</td></tr>
<tr><td>A型和AB型</td><td rowspan="3">A型、B型、AB型</td></tr>
<tr><td>B型和AB型</td></tr>
<tr><td>都是AB型</td></tr>
<tr><td>O型和AB型</td><td>A型和B型</td></tr>
</table>

劫匪的圈套

由于生意失败，杰克和米勒把他们几年的积蓄全亏光了，还欠下了巨额债务。现在他们住在一间又破又黑的小窝棚里，每天还有一大堆的债主追在后面。

杰克再也无法忍受这样的生活，决定铤而走险，抢劫保险公司每天下午5点准时开出的运钞车，然后再带着钱远走高飞。他拉米勒一起干，答应事成以后分给他一半的赃款，米勒考虑再三，终于同意了杰克的方案。

在运钞车经过的路程中，有一段是两个街区的交界地段，行人稀少，很少有巡警出现，杰克和米勒决定在这里下手。

这天下午 5 点以后，运钞车和往常一样从远处缓缓驶来，直到转过弯的时候，司机才猛然发现前面有块巨大的石头！转弯已来不及，运钞车狠狠地撞倒石头上停了下来。

与此同时，杰克和米勒挥舞着手枪冲了上去，逼迫两名押运员趴在地上，接着他们一人扛起一袋钱，跳上早就准备好的摩托车，风一般的溜走了。

这时，身后突然想起了一阵警笛声，原来刚巧有巡警路过，看到撞坏的运钞车，立刻开足马力追了上来。杰克和米勒拼命踩油门，甩开了巡警开的那辆老式警车，巡警立刻通知其他巡警封锁所有公路出口，看来杰克和米勒是插翅难逃了。

杰克也想到了这一点，他和米勒立刻丢弃摩托车拐到乡村农田里，接着往田埂上逃窜。这时，他们发现一座空无一人的农舍，农舍外有口很深的古井，杰克突然想到了一个办法。

他对米勒说："我们一直这样跑，终归是要被抓住的，不如到农舍里去。我假装是农舍的主人，一会儿警察来的时候，你就用防水袋套住钱，含上根吸管，躲到水井里去。要是我不幸被抓住，钱就全部归你。"

米勒有点犹豫："这样行不行呢？警察恐怕没有那么好愚弄吧？再说井水那么深——"

杰克打断了他的话："笨蛋，难道你想被抓住吗？井水深怕什么，我会给你一根很长的管子。"

听到远处隐约响起来的警笛声，米勒只好同意了。杰克把一根长 3 米、口径不足 2 厘米的管子交给米勒，帮他捆扎好钱放下井里，他自己却没有向他说的那样装扮成农舍的主人，而是到田地里躲藏起来。

半小时后，警察开始搜查这座村庄。虽然杰克隐蔽得很好，可是警犬还是凭借灵敏的嗅觉迅速找到了他。杰克马上就把米勒供了出来，当警察把米勒从水井里打捞上来的时候，发现他早就溺死了。

警长询问了米勒躲到井下的前后经过，对杰克说道："你真是心狠手辣啊，为了独吞钱财而杀了他！现在，除了抢劫，你又添了一项故意杀人的罪名。"

聪明的读者，你们知道警长为什么这么说吗？米勒好好地待在井底，为什么说是杰克杀了他呢？

推理分析

管子只有2厘米宽，却有3米长，这样狭窄的空间根本无法完成空气交换，米勒吸入的正是他自己呼出的气体，所以在井水里溺死了。杰克想借这个机会除掉米勒，自己独吞劫款，可他的奸计还是被聪明的警长识破了。

飞机机翼上的炸弹

一天晚上11点，一架波音767大型客机正由波士顿飞往西雅图途中，这时大多数乘客都睡着了，只有少数乘客还醒着，而这班飞机的一个空姐却注意到坐在20排B座的身穿黑色西服的秃顶中年男人，显得非常焦虑。他不停地左右张望，又好像在犹豫什么。

空姐悄悄叫来机上的乘警商量，他们越看越觉得可疑：飞机上的温度维持在舒适的25摄氏度，可是这位乘客还捂着厚厚的毛衣和外套，难道他在隐藏什么东西？出于安全的考虑，乘警走到他面前说："先生，需要帮忙吗？"

这个男人吃了一惊，结结巴巴回答道："不、算了、不、不要！"

他的表现更加重了乘警的怀疑，乘警不禁加重了语气："可以请你到机舱后面来一下吗？我们有事情需要你配合。"

那个男人一下子变得脸色惨白，他缓缓站起身，突然，他从腰间掏出手枪，叫道："举起手来，转过身去，不要靠近我，滚开，都滚开！"

就在乘警按照持枪者要求转过身去的时候，坐在21排B座的一名小伙子，趁持枪者不备，猛然勒住了他的脖子，一只手钳住手枪，乘警迅速将手枪夺了过来。

就在乘警向21排那位见义勇为的好青年道谢的时候，持枪男子冷冷地开口说话了："别高兴得太早，这注定是一班飞向地狱的班机，我早就在飞机上绑上了气压炸弹，只要飞机从万米高空下降到海拔2000米以下，炸弹就会把飞机炸成碎片。"

乘警连忙跑到舷窗边一看，机翼下方果然有两枚黑色的炸弹！怎么办？在万米高空根本无法拆除炸弹，而飞机不可能永远不降落，汽油是会耗尽的！难道只能束手待毙吗？乘警忙将这个坏消息告诉了机长，机长思索了一会儿，果断地掉转了航向。

一个小时后，飞机呼啸着降落在机场，全体人员安然无恙，持枪男子目瞪口呆，他实在想不通，灵敏的气压炸弹怎么会没有爆炸。聪明的读者，你知道这是怎么回事吗？

推理分析

既然气压炸弹是在海拔 2000 米以下爆炸，那么只需选择海拔 2000 米以上的高原着陆，就能挽救全机乘客的生命。比如墨西哥城，海拔高达 2300 米，飞机选择在那里降落是安全的，不需要采用另外的防护措施。

纵火者的谎言

英国的基正大街和其他地方一样，有宽敞的柏油马路，各种各样的商店和住房。唯一不同的是，基正街 001 号到 700 号房屋全是精致的木质房屋。住在 322 号的吉姆先生很满意自己的住所。

这天夜里，吉姆先生被爱犬的狂吠惊醒。他睁眼一看，只见火苗正从屋子的每个角落蹿出来，滚滚浓烟熏得人睁不开眼。吉姆吓得光着脚丫抱起爱犬，夺门而逃。

火虽然被扑灭了，但在这场可怕的大火中，有 20 幢房屋被完全烧毁，30 多幢遭到严重破坏。警察调查发现，大火是从吉姆先生的邻居、321 号德雅丽女士家中开始的，由于现场已经完全毁坏，起火的原因无法查明。好不容易逃了出来的德雅丽女士，听到丈夫和孩子没能从火海中生还的消息后，悲痛得晕了过去。

过了一会儿，德雅丽女士精神状态好了一点，警察开始询问她起火的原因。

德雅丽说："我们昨晚参加一个朋友的派对，一直到深夜才回家。回来以后，我丈夫和孩子都说很饿，我就去给他们煎牛排。正在牛排快煎好的时候，我忽然听到孩子大哭起来，连忙放下牛排跑到客厅里，原来孩子手掌被玻璃划破了。我丈夫这时也跑了过来，他把孩子带到浴室清洗包扎，而我返回厨房。没想到，我出去的时候忘记关闭煤气灶，火焰顺着油，已经在锅里烧了起来！"

"只是在锅里烧？那很容易扑灭啊。"警察说道。

德雅丽痛苦地捂住脸说道："这时我犯了个不可饶恕的错误！我当时完全慌了，随便提起一个桶就朝油锅浇过去，谁知道，桶里面也是油！整个厨房一下子就着火了，我甚至都来不及通知丈夫和孩子……"

警察停下记录，和吉姆对视了一下，缓缓说道："德雅丽女士，你因为涉嫌纵火被捕！"

警察为什么说德雅丽涉嫌纵火呢？

推理分析

水比油要重，因此如果油着火的时候用水去浇，反而达不到灭火的效果，而在着火的时候迅速倒上一桶油，正在着火的油会因为缺氧而停止燃烧。德雅丽说倒上油导致整个厨房都着火显然是在说谎，她很有可能就是纵火犯。

救命的指南针

特工霍金成功窃取了贩毒集团的情报，可是在逃跑的时候被一颗不起眼的子弹打中了，蜂拥而来的毒贩牢牢抓住了他。

现在的他被关在阴暗潮湿的地牢里，中弹的左臂疼痛剧烈。难道，他就要死在这里吗？要知道，明天天亮的时候，贩毒集团的老板就会回来，他屡次栽在霍金手里，这次他一定会亲手杀死霍金的。

这时，看守地牢的小胡子男人说："霍金，我不能帮你逃走，但是你可以自己逃。出去以后，往北8公里就是市镇，那里有警察局。"说完，他从窗外扔进来一根钢锯。

"为什么帮我？"霍金又惊又喜。

小胡子叹了口气说道："我本来是个安分的渔夫，被他们用枪指着头拉来贩毒。我故意拖拖拉拉，他们就让我来守地牢。算了，不多说了，你动作要快点，我3个小时以后换班。"

小胡子走后，霍金对准地牢铁栏，飞快地锯起来，不一会儿，两根铁栏就被锯断了。他强忍剧痛，弯腰钻出铁栏，沿着地牢后门溜出了贩毒分子营地。一路狂奔，不知道跑了多久，他才气喘吁吁地停了下来。

这时他发现自己在一片茂密树枝互相缠绕的原始森林里，一丝阳光也看不见，那么，哪里才是北面呢？要是找不到北面，他最终会饿死在森林里。

怎么办？霍金把浑身上下搜了几遍，也找不到一样能够指示方位的东西。口袋里只有一根回形针、一个打火机、一块丝织手巾，这些东西根本帮不上忙。

突然，霍金看到地上有一滩积水，他灵机一动，马上用手上的东西制了一个指南针，找到了方向，逃出了森林。

霍金的指南针是怎样做的呢？

推理分析

从回形针上拗下一段，在丝织手巾上用力摩擦，这样针就具有磁性。把针在额头上擦两下，沾上一点油，再放入水中。

油的张力能让针浮在水面上，而磁极的作用会让针尖摇晃，当摇晃停止后，针尖所指示的方向就是北方。当然，针尖所指的磁场的北极，和地理上的北极是有误差的，距离北极圈越近，误差就越大。

古堡里的黑影

在印度，只要一提起浩瀚的塔尔沙漠中那座高大而神秘的古堡，人们就不寒而栗。近几年来，凡过路商人和马队夜宿古堡，都送掉了性命，连骡马都不能幸免。到底古堡里的杀人凶手是谁，用的是什么凶器，一直没有人知道。

当局调来全印度最有名气的侦探和警察，当夜也大都死在古堡大厅里。经高明的法医验尸，很难找到致死的痕迹。警方无奈，只好在古堡大门口贴下告示："过往行人一律不准在夜间留宿。"

有一天，英国著名探险家托桑来到古堡，一心想探明究竟，探险队员全都荷枪实弹地进入古堡。待天亮警察赶来时，托桑和他的人马已全部遇难，印度警方继而发出紧急布告：

凡能破古堡疑案者，赏金一万卢比。

但布告发出后迟迟无人问津。一年后的一天，终于来了个白发银须、衣衫褴褛的乞丐，自称弗理加尔，他郑重地提出能破此案。警察局长半信半疑，只得吩咐刑侦科长："派人盯着这个送死的老家伙，看他搞什么鬼名堂。"

刑侦人员发现那个老头买了一个大铁箱、一只猴子和一副渔网，这使经验丰富的警察局长百思不得其解。

夜幕降临，弗理加尔驾驶马车奔进那座令人望而生畏的神秘古堡，眼前漆黑一片，堡内死一般寂静，老乞丐摸进托桑遇害的大厅，他先给猴子注射了麻醉药，并将它放进渔网里，然后自己钻进铁箱，牢牢地抓住渔网的网绳。

老乞丐这样做到底是为什么呢？

推理分析

午夜，只见一团团黑影从古堡顶部飞下来，向猴子猛扑过去，只听苏醒过来的猴子一声惨叫，弗理加尔迅速收紧渔网，古堡内又静了下来。

次日早晨，他从古堡里胜利走出，指着渔网对围观者说："凶手就在里面，它就是这种奇特的红蝙蝠，长着像钢针一样锋利的嘴，夜间出来觅食，趁人畜不备，瞬间能将尖嘴插入人和动物的大脑吸食脑汁，可立即致人死命。由于红蝙蝠具有这种杀人绝招，所以难以在死者尸体上找到伤处。”

当局正要论功行赏，老人拿出了证件，原来这位“乞丐”正是英国剑桥大学著名生物学教授汤恩·维尔特。他观察古堡研究红蝙蝠已经 20 多年了，这才一举破获神秘古堡的百年疑案。

开锁大盗

杰姆斯是著名的开锁大盗，在他看来，没有打不开的保险柜，而打开最新式的保险箱则是最具挑战、最刺激的事情，只有在开锁时，他散乱的思绪才会高度集中到一个点上。

这天，杰姆斯在街上闲逛，突然听到身后有人叫他。他回头一看，原来是警察局的詹姆探长。

“我已经洗手不干了，”杰姆斯冲探长挥挥手说道，“我现在可是个老实的生意人。”

探长摇摇头说：“今天我可是花钱请你去开保险箱，怎么样？”

杰姆斯疑惑地看着探长，詹姆接着说：“是这样的，皇室定做了三个用来放机密文件的保险箱，做保险箱的人夸口，说只要有谁在半个小时内能打开这三个保险箱，就愿意付给他 3 万英镑。刚好，出来就碰上你了，这方面你是老手啊，3 万英镑酬金可不少呀！”

想到那 3 万英镑，杰姆斯有些动心了，他对自己的开锁技艺绝对自信，出道以来，他还没有碰到过 10 分钟内打不开的保险箱，绝大多数看起来十分坚固的保险箱，他只要花一两分钟就可以轻松搞定。更重要的是，他很想看看最新的保险箱究竟是什么模样，于是，他和詹姆探长一起来到了警察局。

三个用特种钢材铸造的、闪烁着金属光泽的保险箱整齐地排列在办公室中央，精密的锁加上智能密码，看起来完全没有破绽。

杰姆斯在壁炉旁暖了暖手，立刻开始动手，厂商代表则用一只有机玻璃沙漏开始计时。杰姆斯在开第一个保险箱时遇到了麻烦，他足足花了 15 分钟，尝试了 20 种不同的方法，直到第 21 种方法才把保险箱打开，由于有了经验，第二个箱子只花去他 7 分钟时间。这时，厂商代表示意他暂停。

“我请你停下的原因，是告诉你酬金就在第三个保险箱里。”他阴阳怪气地说，“现在，开始最后一次冲击吧，你还剩下 8 分钟。”接着，他把沙漏挪到了壁炉旁边，开始重新计时。

杰姆斯通过刚才两次经验，他对这种保险箱已经了如指掌。他顺利地解开密码，打开了第三个保险箱，看到了里面厚厚的现金。

“亲爱的杰姆斯，我很佩服你，可是你超时了。”厂商代表说道。杰姆斯回头一看，沙漏的刻度上显示为 9 分钟！他完全不敢相信自己的眼睛！

忽然，杰姆斯灵机一动，明白了沙漏走快的原因，他大声对厂商代表说：“我已经知道你动了手脚，酬金还是我的！”

厂商代表听说后，顿时面如土色，只好把酬金付给杰姆斯。你知道他动了什么手脚吗？

推理分析

狡猾的厂商代表利用热胀冷缩的道理，使沙漏里的沙漏得快。沙漏被放到壁炉旁边以后，受热膨胀，虽然只是微小的变化，但足以让通过小孔的沙子数量增加，从而增加了计时的时间。

因此，杰姆斯实际用的时间远远小于 9 分钟，他应当得到酬金。

清晰的指纹

露丝不但文章写得好，更能为精彩的文字配上美丽的插图，因此她的书大受欢迎，连续 5 个月排在畅销书榜第一位。可是因为出版商用很低廉的价格买下了版权，她只有眼睁睁看着自己的书热卖，别人大把大把赚钱。

这天，警察局汤姆斯局长告诉她，版权代理人玛莉小姐两天前在公寓被害，凶残的凶手对她连开了 10 枪，玛莉当场身亡。根据调查，当天晚上和玛莉接触过的人只有露丝、印刷厂负责人卡罗和玛莉的前夫刘易斯，警方把他们都请到警察局，协助调查。

露丝听到发生这样的惨剧，吓得哭了起来。她告诉汤姆斯局长，当天晚上 8 点左右她去过玛莉那里，两人讨论了重新签订版税合同的事情，玛莉还倒了一杯冰镇的松仁露给她喝，大约 5 分钟后她就离开了。

卡罗则挥动着有力的手，显得很激动，强调自己是完全无辜的。他当天在 8 点左右去过玛莉家里，准备向玛莉讨回欠印刷厂的费用，可是玛莉只礼貌性地给他倒了杯冰镇苏打水，根本不谈还钱的事情。他一怒之下就骂骂咧咧地离开了，楼下看门的老头能证明这一点。

刘易斯虽然因为财产问题和玛莉离婚，可是离婚后他们还是好朋友，听到玛莉被害的消息后，刘易斯悲痛欲绝，他回忆说，那天晚上玛莉的情绪很不好，他喝了杯白水，安慰她几句就离开了，想不到竟然发生了这样的悲剧。说到这里，刘易斯难过地痛哭起来。

汤姆斯局长看着眼前三个都可能是凶手的人，无法做出判断。一方面他们都没有足够的杀人动机，另一方面现场没有留下任何线索，凶手连弹壳都收走了，就连使用过的玻璃杯上，都只有玛莉一个人的指纹，指纹虽然非常清晰，可对案件并没有多大帮助。

汤姆斯局长只好求助于波斯侦探，波斯听完后，沉思了一会儿问道：“案发那天晚上，我记得很热，大概有 37 摄氏度，是吗？”

汤姆斯局长一回忆，确实是这样，波斯接着又问道：“杯子上被害人的指纹十分清晰吗？如果是这样的话，凶手就找到了。”汤姆斯局长有些莫名其妙，就凭这样就能认定罪犯吗？

波斯是怎么找到罪犯的呢？

推理分析

根据三个人的说法，露丝和卡罗都喝的冰镇饮料，而刘易斯喝的是白水，在炎热的天气里，冰镇饮料会让杯子迅速结出一层水露，这样玛莉小姐留下的指纹就应该是模糊的。所以，凶手是喝了白水的刘易斯，他喝的是常温饮料，对玻璃杯没有丝毫影响，杯子上才留下了清晰的指纹。虽然凶手做了精心的掩饰，但百密终有一疏。

防盗专家的盗技

尤氏投资财团决定在沿海某市投入巨资发展事业。为获得最大的广告效应，财团决定在该市最大的国际会议中心展示厅，举办一个全面展现尤氏投资财团实力的展示会。

展示会将尤氏财团在全世界各地的企业及其产品、服务等做了精美的展示，首日参观人数即突破10万。

展示会中展示尤氏南非钻石采矿业部分展柜中，有一只命名为“圣母珠”的展柜最为引人注目，因为柜内安放着号称150克拉的巨钻“圣母珠”，其价值据称超过千万美元。

为安全起见，财团特从国外专聘防盗专家为“圣母珠”制作了展示柜，柜体全部由特殊防弹玻璃组成，数十公斤打击力的铁锤和子弹都无法击碎穿透。“圣母珠”展柜边，还特别安装了监控仪，任何对“圣母珠”的偷盗动作都将尽收“仪”底。

然而，就在展会举办的第四天，也即元宵节那天晚上，盗贼趁着震耳欲聋的爆竹声，用铁锤击碎防弹玻璃，盗走了巨钻“圣母珠”。

监视仪显示了盗贼作案的全过程，可盗贼蒙了面，尤氏财团董事长因此对此地治安状况，提出了尖锐的批评意见。

岂料董事长话音未落，看完监控录像的该市警察局长斯特便指出：盗贼就是尤氏财团请来安装展示柜的防盗专家！而理由仅仅是因为盗贼用铁锤敲击时一下子就确定了敲击点。可是，尤氏财团的董事们不明白，那防弹玻璃经过试验，是击不碎的啊！盗贼使用了什么高超的盗技，击碎了防弹玻璃？

警察局长斯特又是怎样一眼认定盗贼就是防盗专家的呢？

推理分析

因为根据防弹玻璃的科学属性，整体的防弹玻璃是难以摧毁的，但是，如果玻璃上有了微小的缺陷，那么只要略用外力，便会将防弹玻璃击碎。而能知道这微小缺陷的人，只能是防盗专家，所以就应该是尤氏财团请来的防盗专家。

火车站谋杀案

每天有成千上万的旅客通过伦敦火车站，然后去到英国各地。今天，亚当斯侦探也在熙熙攘攘的人群中，他准备到曼彻斯特去度假。

“对不起，请让一让。”身后有人礼貌地说。亚当斯侦探连忙让到一旁，只见一个身穿黑色长裙的贵妇，推着轮椅走了过来，轮椅上坐着一位老人，他蜷缩在轮椅里，表情十分僵硬。

“有什么需要帮忙的吗？”亚当斯侦探询问道。

“谢谢，我想不用了，”贵妇婉言谢绝，她叹了口气说道，“这是我的父亲，他偏瘫已经有一年多了，现在，我打算带他去曼彻斯特治病。”

亚当斯侦探接着彬彬有礼地说：“曼彻斯特吗？正巧我也去那里，要不结伴同行吧，如有什么需要帮忙的地方，我一定尽力效劳。”

贵妇婉言拒绝了亚当斯侦探的好意。她推着轮椅，慢慢消失在人群中。看着她的背影，亚当斯侦探忽然觉得有点不对劲，可到底哪里有问题，却又也说不上。转眼开车的时间到了，一列从远处开来的火车此时也呼啸着马上就要进站了，亚当斯侦探拿起行李准备上车。

突然，尖利的刹车声响彻车站，刹车片在铁轨上摩起阵阵火花，伴随着旁边乘客的尖叫，刚刚进站的火车以飞快的速度撞上了出现在铁轨上的那辆轮椅，那位可怜的老人当场死亡。

亚当斯侦探马上停住要上车的脚步急忙赶过去，见刚才的那位黑衣贵妇正坐在地上哭泣。她嘶哑地号哭，自责地拍打着自己的脸，然后开始对火车司机怒骂。几位乘客试图安慰她，但是她的情绪始终无法平静。警察迅速赶到，一位年轻警员开始向她了解情况。

黑衣贵妇哭诉道：“刚才我好端端在等车，送我父亲到曼彻斯特治病。谁知道火车进站的时候，一股强大的气流向我吹过来，把我一下子向外吹，我一时站不稳，跌倒在地上。而我父亲的轮椅顿时失去控制，一下子冲下站台，卡在铁轨上！然后……都是这该死的站台设计，我要告这该死的火车站！”

“女士，很遗憾你说的是假话，”亚当斯侦探在一旁冷冷地说，“不管你是因为遗产还是其他的原因下这样的毒手，你都不能逃脱法律的制裁。警察先生，你应该立刻拘捕她。”

你知道亚当斯侦探是怎样知道她在撒谎的吗？

推理分析

火车进站的时候，由于车速很快，所以会在火车周围形成强大的低气压，但是这样的气压不会将人向后吹倒，反而会把穿宽大衣服的人吸过去。因此，贵妇显然在说谎。而且她送父亲到曼彻斯特治病，竟然没有携带任何行李，这更让人怀疑她早有预谋，治病只是个幌子而已。

小偷的智慧

上周起，号称日本最完美的钻石“天皇之星”在东京市博物馆展出，这是日本最美、最名贵的钻石了。

为保证钻石的安全，博物馆在本来就戒备森严的展览厅里又新增红外线监控系统，只要有人在非开放时间进入展厅，红外线就会立刻感觉到他的移动，警卫甚至可以在电视屏幕上清晰地看到进入者的图像。博物馆馆长放心地说，钻石进了博物馆，比进了保险箱还安全。

深夜，经过一天劳累后的警卫们都打起了瞌睡。一个小偷悄悄地溜了进来。那个小偷先不急于走进展厅，而是从口袋里摸出一面小镜子，小心翼翼地沿着墙角来到第一个发射仪面前。他再次观察了发射仪的方向，然后用最快的速度把小镜子竖在发射仪面前，一个小小的红点开始在镜子中央闪烁。

他知道现在这个发射仪发射出来的红外线会被全部反射回去，这等于让红外线装置变成了瞎子。用同样的方法，小偷很快搞定了所有的发射仪，他立刻来到大厅中央一个人高的宝石展柜前。

“天皇之星”在暗淡的光线里发出夺目的光彩，小偷拿出笔记本电脑，开始破译展柜的密码。5 分钟后，密码成功破译，展柜悄然无声地打开了。

就在小偷把“天皇之星”拿到手上的时候，忽然四周警铃大作，博物馆的大灯一下子全部打开，照得大厅亮如白昼，四名全副武装的警卫冲了进来。

“放下钻石，放下钻石！”警卫大叫。

"该死！原来钻石下面还有压力感应系统！"小偷开始为自己的鲁莽而后悔。他把钻石揣进口袋，高高举起双手。

"把身上所有的东西扔过来。"警卫高声喊道。

小偷把身上装工具的包、电脑、手表甚至钥匙都扔了过去。

"把钻石放回去！"警卫对他的合作表示满意，继续高声喊道。

小偷犹豫了一下，忽然一猫腰钻进展柜，举起用来托钻石的花岗岩底座，把钻石放在下面，大声叫道："不要逼我，否则我砸碎钻石！"

警卫顿时面如土色，他们没想到事情会发展成这个样子。经过短暂讨论，一个警卫按下了遥控开关，展柜迅速关上。现在，轮到小偷傻眼了。

"既然你不愿意出来，那就在防弹玻璃里过一夜吧。"警卫笑道，"晚安，先生，明天会有人来收拾你的。"

第二天，当博物馆警卫带着警察走进大厅的时候，他们惊讶地发现小偷竟然划开玻璃，带着钻石逃走了！

小偷所有的工具都被收缴，他是怎么跑出去的呢？

推理分析

愚蠢的警卫忘记了钻石是世界上最坚硬的物品，小偷只要用钻石就可以划开玻璃，轻松逃走。至于花岗岩底座，因为是大面积冲击玻璃，反而很难让防弹玻璃碎裂。

一辆黄色的轿车

莱克探长正在吃饭，突然，电话铃响了。莱克探长接完电话说："唐人街的点心店被抢了，我要赶到现场去。"

探长一边收拾东西，一边接着说："有人正好看见哈波特从店里跑出来。"

"哈波特不是关在监狱吗？"探长太太说。

"是的，不过，他判了 5 年徒刑，刚被放了出来，目击者只是看了他一眼，也有可能看错了，我得问问哈波特本人去。”

警车在城西角的公路上停了下来，探长看见院子里停放着一辆黄色的轿车，一个高个子青年站在大门口，怀里抱着一个一岁半左右的赤脚小男孩。

探长大声命令哈波特：“把孩子放下，举起手来！”

哈波特把光脚丫子的小男孩放在黄色轿车的挡泥板上，然后举起手问道：“探长先生，这是为什么？”

“唐人街的点心店被抢了，1 小时前，有人看见你从那家点心店里跑出来。”

哈波特听了哈哈大笑：“1 小时前我根本不可能在唐人街，我整天都——”

哈波特刚说到这儿，探长突然大叫一声：“危险！”一个箭步冲到小男孩跟前。

原来小男孩不知什么时候爬到汽车引擎罩上去玩，不小心滚到引擎罩边缘，眼看就要掉下来了。探长冲过去抱住了小男孩。

“啊，谢谢你，探长先生，”哈波特说，“这是我的外甥。”

探长接着问：“你要如实告诉我今天你在哪里。”

“我今天一早就开车到远离本市几百里的海滨去了，要说 1 小时前，我还在路上拼命赶路呢，您这会儿来，我才到家里 5 分钟。”

探长看了看手表：“这么说，你 12 小时开车跑了将近 1000 公里路程。不过，6 点前后，你遇到过谁没有？”

“我 4 点左右加过油，买了个汉堡包，然后我就直接回家了，点心店的抢劫案和我一点关系都没有。”

“你说的都是实话吗？”

“句句属实，坏事我早就不干了。”

但探长马上指出他是在说谎。请问，你知道这是为什么？

推理分析

哈波特说他今天开了这辆黄色的轿车 12 个小时，如果真是这样，汽车引擎罩就应是非常烫的。而刚才那个小男孩光着脚丫子在上面爬来爬去，说明车的引擎罩是冷的。这样可以肯定哈波特在说谎。

咬过的苹果

威廉探长接到一位科研所所长的报告，说他刚接到一个恐吓电话，要他把一份绝密文件交出来，否则就要他的老命。没有办法，他只好请探长晚上 7 点到他家，再详细谈谈情况。

晚上 7 时，探长准时赶到所长家里，按了门铃，却不见回应。他见房间里灯亮着，无意之中拧了一下门把手，发现门竟是开着的。探长冲进屋里一看，只见所长昏倒在沙发下面，旁边扔着一块散发着麻醉药味的手帕。

这时，只见所长慢慢地睁开了朦胧的双眼，本能地摸了摸自己的衣服口袋，失声叫了起来："完了，那份绝密文件被人抢走了！"

探长一听，忙问："是什么人？什么时候？"

所长看了看手表，说："大概 30 分钟前，我一边看电视，一边吃苹果。听到门铃响了，我以为你来了。不料一开门，我被两个男人用枪顶了回来，开口就向我要那份密件，我佯装不知，他们立即用手帕捂住我的嘴和鼻子，以后我就什么也不知道了。"

果然，所长咬过一半的苹果正在电视机下面，电视机电源已断了。探长从电视机下面拣起了那只苹果，瞧了瞧说："所长，是你自己卖给他们的吧！"

所长一听，大吃一惊，说："我？岂有此理！""你别演戏了，罪犯就是你自己！"探长看了所长一眼，把手中的苹果扔在他面前。所长一看，脸色变得灰白，无可奈何地把藏在冰箱里的大包美金交了出来。

请问，你知道探长是怎样识破所长的假象的吗？

推理分析

探长识破所长诡计，就是靠那只苹果。

原来，在苹果表皮的细胞里含有一种氧化酵素。平时，它被细胞膜严密地包裹着，不与空气接触，一旦细胞膜破了，氧化酵素就与空气中的氧发生氧化作用，结果导致苹果变色。

所长咬过的苹果还没有变色。如果真像所长所说 30 分钟前被人麻醉昏倒的话，那么苹果的颜色应该会变。

影星之死

参加完电影节后，青年影星麦克尔便来到了好友史密斯和他的太太为他准备的家庭宴会。

当他一走进客厅，亲朋好友纷纷过来向他表示祝贺，他们频频举杯，尽管麦克尔每次只喝一点点，但是还是觉得有点头重脚轻了。

已经注意麦克尔多时的史密斯拍了下手，用叉子叉上一个沾了调味汁的大虾走上前去："麦克尔，今晚我们为你准备的家庭宴会还满意吗？来来，别光顾着喝酒，吃一个大虾吧。"他脚步踉跄，一个趔趄，手中晃动着的叉子就把虾上黑红的调味汁溅了麦克尔一领带，雪白领带立即污迹斑斑。

"哎呀，对不起，真对不起。"

"不，没什么，一条领带算不了什么……"麦克尔毫不介意，取出手帕欲将上面的污迹擦掉。

这时，史密斯夫人走了过来，说："用手帕擦会留下印子的，洗手间里有洗洁剂，我去给你洗洗。"

"不用了，夫人，没关系，我自己去洗，夫人还是去应酬其他客人吧。"

因有史密斯在场，麦克尔假装客气一番，然后迅速朝洗手间走去。洗洁剂就在洗手间的架子上放着，他将液体倒在领带上擦拭污迹，擦掉后立即回到宴会席上，边喝着威士忌，边与人谈笑风生。突然，他身子晃了一晃便倒下了，威士忌的杯子也从手中滑到地上摔碎了。

宴会厅里举座哗然。急救车立即赶来，将麦克尔送往医院，但为时已晚。死因诊断为酒精中毒死亡。

这时，警察来到了医院，调查了详情后，又来到史密斯家里，经过一番查验，认定史密斯是杀人凶手。

推理分析

洗洁剂中含有四氯化碳。四氯化碳是一种无色无味的液体，作为油脂类液剂，被用于衣服的干洗等。但是人饮酒过度时，一旦吸入这种气体，就会导致死亡，而且不留明显的证据，所以往往被误作酒精中毒。为了让麦克尔吸入这种气体，史密斯故意在他领带上溅上调味汁。酒醉了的麦克尔用这种洗洁剂擦拭领带上的污迹时，吸入了足量的四氯化碳有毒气体。

沙滩上的椰蟹

波普医生和新婚妻子良子去日本冲绳度蜜月。沿着金色的沙滩，他们边观赏海滨火红的夕阳沉入大海时奇妙壮观的美景，边向耸立在海边的几棵椰子树走去。

突然，妻子惊叫一声，指着椰子树下的一个物体让他看。波普跑过去一看，是个身着泳裤的青年倒在椰树下死了。青年的太阳穴被打破，流出来的血已经凝固。尸体旁边有一颗大椰子，椰子上沾着血迹。椰树下的沙地上留着大螃蟹爬过的痕迹。

“这可能是椰蟹爬过的痕迹。”大学海洋生物专业毕业的良子指着地面的痕迹说。

“椰蟹？那就是说当这位青年在树下睡觉时，有一只椰蟹爬上椰树，用自己的大剪刀剪断椰柄，掉下来的椰子正好落在睡觉的青年人的头上。”波普抬头望着椰树说。那棵树上还挂着几颗椰子。

外科医生波普用手触摸检查尸体，判断死者是当天下午 2 点至 3 点钟期间死亡的。

“我看，根据死亡时间，可以判断这不是一起意外死亡事件，而是杀人案件，我认为罪犯是用椰子打击被害人头部，然后，伪装了树下椰蟹的足迹。”妻子果断地说。

良子为什么认为不是意外事件而是杀人案件呢？

推理分析

椰蟹有夜间出来活动的习性。椰蟹这类大型甲壳类陆生寄居蟹，白天钻进海岸的洞穴内，几乎不出来，只在夜间出来活动。因此，绝不会发生大白天爬到椰树上把椰子剪掉而伤到在树下睡觉的人的事情。这说明伪造现场的罪犯根本不懂得椰蟹的生活习性。

谁是纵火犯

独身画家安格尔和他的小猫生活在树林深处的一所房子里，已有30年了。

一次，想到外地旅行的画家将这所房屋投了高额保险金后，就将猫留在了家里。结果他刚外出了15天，就接到电话说他家发生了火灾，幸亏下了一场大雨，树林的树木潮湿火势未能蔓延开，否则损失的可不仅仅是他的房子和那只可爱的猫了。

从着火现场看，小猫被关在密封的房间里，因没有猫洞无法逃脱而被活活烧死。现场勘查结果表明，起火点是一楼六张席子大小的和式房间。可是，房间里没有任何火源，也没有漏电的痕迹。煤气开关紧闭，又无定时引火装置。

细心的火迹专家在清理书架上面的地面时发现了一个破碎的鱼缸，在烧焦了的席子上发现有熟石灰，于是火迹专家断定，这是一起故意纵火案。

那么是谁纵的火呢?

推理分析

放火的是画家，他把猫关在密闭的房子里，只给了猫很少的食物。饿得没办法的猫就去抓书架上的金鱼缸，鱼缸倾斜落了下来，洒出来的水正好浇在石灰上，生石灰遇水发生化学反应，产生强热变成熟石灰，然后熟石灰的热能燃着了书架上的书籍和席子。

被打翻的鱼缸

探险家沃尔，每到一个地方就会带那个地方的特色鱼回家。他家的客厅里摆放着各种形状的鱼缸，里面养着他从世界各地搜罗回来的鱼，他的家里简直称得上是一个鱼类博物馆了。

一天夜里，沃尔夫妇外出，只留下一个佣人和两个女儿在家，知道了这种情况后，一个卖观赏鱼的家伙偷偷地溜进了沃尔的家。因为他对沃尔家的鱼觊觎已经很久了，所以他一进去首先将室内安装的防盗警报电线割断。

然而，他的运气不佳，被起来上厕所的佣人发现，在黑暗中，他们发生了激烈的搏斗。不小心将很大的养热带鱼的鱼缸碰翻掉在地板上摔碎了。就在他将匕首刺进佣人的胸膛之时，他也摔倒在地。慌忙爬起来时，突然“啊！”的惨叫一声，全身抽搐当即死亡。

听到打斗声和惨叫声的两个女儿立即拨打电话报警。

警察勘察现场发现，电线被割断了，室内完全是停电状态。鱼缸里的恒温计也停了电。但是盗贼的死因却是触电死亡。

当刑警们迷惑不解之际，接到女儿电话的沃尔也急忙赶了回来，他一看现场，就指着湿漉漉地躺在地上死去的那条长长的奇形怪状的大鱼说：

“难怪呢，即使没电，盗贼也得被电死。这就叫多行不义必自毙。”

推理分析

地板上躺着的是电鳗。

电鳗属于硬骨类电鳗科的淡水鱼。生存于南美洲的亚马孙河及奥里诺科河流域，长成后，身长可达2米。尾部两侧各有两处发电器官，电压可高达650—850伏。如果碰到它会受到强电流的打击。连猛兽也会被电死，更何况是人呢。

在黑暗中，当佣人与盗贼搏斗时，将大鱼缸碰翻掉在地板上摔碎，电鳗便爬到地板上，而且碰到了盗贼的身体使其触电死亡。

无字借条

山田的老同学突然来访，向他借了 10 万日元。老同学说三个月后归还，结果当山田拿着借条去找老同学要钱的时候，他傻了。那借条是张白纸。

老同学讥讽山田财迷心窍了，拿张白纸条来敲诈自己的老同学，气得山田不知道该怎么办。于是他找到了在警察局工作的同学青山，让他来给断断理。

“你借钱给他时，有没有第三个人，如果有就可以作证。”

“哎呀，就是没有啊，要是有我能这么被人耍吗？”

“这样吧，山田君。我相信你的为人。把这张纸拿到化验科，如果是他在借条上做了手脚，那就好说了。”

当他们拿着借条要求化验科的松本做个化验时，松本说不用化验了，这是那些骗子惯用的伎俩，问题是出在了墨水上。

那么，山田的老同学是用什么手法使借条的字迹消失的呢？

推理分析

骗钱者，在淀粉溶液里加上两三滴碘，制作成墨水灌进钢笔里，用此来写借条。这样一来，灌进钢笔里的东西就会成为像蓝墨水一样的液体。但这种液体写的字，四五天后就会因化学反应而彻底消失。

软件专家的电脑

托尼是位开发软件的电脑专家，近来他的运气很差，喝凉水都塞牙。因为连续几次开发软件都以失败告终，老板已经暗示了他好几次了，再这样下去不仅他得滚蛋，整个公司都得完蛋。因此托尼压力很大，想想这几年来自己的辉煌战绩，再看看目前的处境，他感到心灰意冷，请了假后就躲到他的别墅去了。

他的手机不通，座机也打不通，担心他压力太大想不开做蠢事的老板就派人去别墅看他，结果去的人发现他死在他的电脑旁，便立刻向警方报了案。

警方来到别墅后，发现托尼的电脑开着，屏幕上显示的是一份遗书，桌子上还倒着一个喝过咖啡的杯子。经检验，咖啡里边掺了毒。另外还发现地上的电脑插销没插，死者死亡的时间是在两天前。最后警方确定这是一起凶杀案件，并不是死者自杀身亡的。

那么，警方是怎样确定的呢？

推理分析

屏幕上显示的虽然是一份遗书，但电脑的插销没插，也就是说电脑用的是内存电池，而这种电池最长的工作时间为 10 个小时。既然死的时间是两天前，那么电脑早该停止工作，也就不可能把遗书显示出来。

男爵之死

一英国男爵特别喜爱印度的瑜伽术，为此，他买下一所练身房，经常和四个印度人一起在里面练习瑜伽。出人意料的是，有一天男爵被发现死在练身房里。

事情是这样的：两星期前，男爵单独进入练身房作瑜伽修行，为了不受外界干扰，他把门窗都从里面上了锁。由于瑜伽修行需要好几天时间，所以事先在练身房内已准备了充足的食物和水。

但是，两星期后他仍未出现，四个印度人向警方报告。警察赶来，撬开紧锁的门，才发现男爵已直挺挺地死在床上。旁边准备好的食物和水几乎都没动过。

练身房的门窗从里面上了锁，任何人都无法进去。天花板离地有 15 米高，床上正上方有一个方形的采光窗，窗上有铁栏杆，所以外面的人即使把窗上的玻璃卸下来，人也不可能钻进去。可以说，这间练身房几乎是一间与外界隔绝的密室。

那么，男爵为什么会饿死呢？当地警察查来查去也查不出原因，最后不了了之，认为男爵是绝食身亡。

男爵夫人对警方的这一结论大为不满，于是请来了一位名侦探。名侦探立即前往练身房作现场调查，结果发现，男爵躺着的那张床在近期内有被移动过的痕迹。

“夫人，”名侦探说，“请问男爵是否有恐高症？”

“是的，他只要站到高处，就会恐惧得双腿打战，眼睛发直。”

“哦，既然如此，男爵不幸身亡的悬案也就可以了结了。”名侦探说完，立即通知警方逮捕那四个印度人。

请问，凶手为什么是这四个印度人呢？

推理分析

夜晚趁男爵在床上熟睡之际，四个印度人爬上练身房的屋顶，卸下采光窗玻璃，从铁栏杆之间放下四根头上系着钩子的绳子，分别钩住床的四只脚，然后把床连同睡在床上的男爵高高吊起。男爵有恐高症，被吊起来后惊吓而死。

结婚纪念日

69 岁的批发商奥利弗，十分喜欢 25 岁的酒吧女老板多丽丝，并娶她作了妻子。奥利弗是个亿万富翁，在好几个国家都有产业。前妻刚死不久，他精神受到巨大伤害，便准备把家族庞大的产业交给前妻的两个儿子打理，自己和年轻漂亮的多丽丝过几年轻松快乐的日子。但多丽丝早就有自己的意中人，她之所以和男友分手而同意和奥利弗结婚，并不仅仅是为了和他过几年快乐日子，而是盯上了他那庞大的产业。因为她知道，一旦奥利弗去世，她将会以妻子的身份继承一大笔财产。多丽丝无时无刻不盼望这一天早日到来。

这一天终于如愿以偿地来了。这天是奥利弗和多丽丝结婚两周年的日子，他们俩喝酒庆祝了他们的结婚纪念日，然后二人一起到屋外散步。后来奥利弗回屋洗澡时，死在自己家中的浴室内。多丽丝惊慌失措地打电话告诉了奥利弗的儿子，要他们赶快回来。奥利弗的儿子赶来后认为父亲死得蹊跷，便向警方报了案。警方根据调查结果，推断其为意外死亡，死因是心脏麻痹：因为死者具备心脏麻痹而死的一切症状。而且，奥利弗在死前曾饮过白酒，进入热气腾腾的浴室中，引起心脏麻痹导致死亡是理所当然的事。

但奥利弗的儿子仍旧不相信警方的结论，于是他们请了有名的侦探大卫先生，大卫先生仔细检查后认为这是一起巧妙的谋杀案。经大卫侦探调查，凶手正是多丽丝。同时，根据解剖，发现死者胃内除了酒精之外，还残留有安眠药的成分。多丽丝到底是以何种手段杀害死者，又伪造出一副意外死亡的情景呢？

推理分析

多丽丝首先在浴缸里放进冷水，再加入大量冰块，将饮进掺有安眠药白酒的奥利弗放入浴缸中。在此种情况下，死者发生了心脏麻痹而致死。凶手多丽丝此时再注进热水，作为掩饰。

撒谎的肯特

肯特在圣诞之夜请他新结识的摩西小姐到一家旅店共进晚餐。摩西小姐聪明活泼，美丽动人，肯特十分爱慕。两人聊了一阵，肯特发现摩西小姐对自己不大感兴趣，两人不久就离开了旅店。饭后心情沮丧的他在街上闲遛，遇见了名探罗克。

罗克问他为什么心情沮丧，独自一人在街上闲逛？肯特说了宴请摩西小姐的事。罗克问他在餐桌上同摩西谈了些什么，肯特说：“我向她讲了一个我亲历的惊险故事。那是去年圣诞节前一天的早上，我和海军上尉海尔丁一同赶往海军在北极的气象观测站执行一项特别任务。那是一项光荣的任务，许多人想去都争取不到的。但可惜的是，我们在执行任务过程中，遇上了意外情况，海尔丁突然摔倒了，大腿骨折，情况十分严重。我赶紧为他包扎骨折部位。十分钟之后，更可怕的事情发生了，我们脚下的冰层开始松动了，我们开始脱离北极，随着水流向远方的大海漂去。我意识到这时我们已经是前途渺茫，随时都有生命危险。特别是此时天气异常寒冷，滴水成冰，如不马上生火取暖，我们都会被冻死的，但是火柴用光了。于是我取出一个放大镜，又撕了几张纸片，放在一个铁盒子上，铁盒子里装了一些其他取暖物。我用放大镜将太阳光聚焦后点燃了纸片，再用点燃了的纸片引燃了其他取暖物。感谢上帝，火燃烧起来了，拯救了我们的生命。更幸运的是，四小时后我们被一艘经过的快艇救了起来。人人都说我临危不惧，危急关头采取了自救措施，是个了不起的英雄。”

罗克听后大笑起来：“你说谎的本事太差了，摩西小姐没有对你嗤之以鼻，就已经够礼貌的了。”

肯特讲的海上遭遇有什么地方不对头？为什么罗克说肯特是在撒谎呢？

推理分析

在圣诞节前天，肯特是无法利用太阳光在北极圈内生火的。因为从当年十月到大约第二年三月期间，北极圈里是没有阳光的。

第 4 辑

用博物思维玩出推理脑

培根说：“知识是力量的源泉。”熟悉福尔摩斯的人都知道，福尔摩斯不仅拥有足智多谋的韬略、敏锐而精细的逻辑判断能力和广泛的科学素养，而且还拥有着广博的人文知识和生活知识。这些人文知识和生活知识，帮助他破获了一次又一次的奇案怪案。正因为如此，马丁菲多便指出，福尔摩斯的脑袋简直就是一座装满了各种知识的仓库，是一部贮满了大千世界的百科全书。也正因为这些特点，福尔摩斯的这种知识破案故事，很快便形成了一种类型，传遍了全世界，并深刻地影响了东西方的侦探形象。而这种类型的故事，由于有了百科知识的介入和杂糅，又使得它智力开发和增长见识的功效格外突出。所以，阅读并领悟知识破案故事，应该成为人们启迪心智和学智的一个解码器，它能让人在享受推理解疑的乐趣中，学到许许多多的真知灼见，学到林林总总的常理知识。尤其是它在训练提升人的脑力的过程中，更能让人学会有如福尔摩斯那样的洞察一切的博物思维，从而参透和掌握大量的人文智慧和生活智慧，使人真正成为一个博学多闻、学富五车的福尔摩斯。

一条大红的龙虾

日本横滨有一家专门经营龙虾的餐馆，老板是一个非常善良、慷慨的人。

一天，人们突然发现老板在厨房里被人杀死，而且他的衣服兜里的现金也全被人掏走。十分悲伤的老板娘马上就打电话报了案。

几分钟后，警长矢村带人来到了餐馆。

老板娘一边哭一边对矢村说道："警长啊，我丈夫可是一个慷慨热心的人啊！每当有流浪汉来我们餐馆时，我丈夫总是给他们东西吃。我丈夫现在惨遭不幸，我认为一定是那个穿黄上衣的人干的，我在十分钟之前看见他和我丈夫在厨房说话了的！然后就发生了这事。"

老板娘说完话，便领着矢村来到人群当中，指着一个身着一件又脏又破的黄上衣的人说道："就是他，你们可别让他跑了。"

矢村警长上下打量一番这个人，估计此人就是一个流浪汉，于是问道：

"老板娘刚才说的话，你都听见了？"

穿黄上衣的这个人马上辩解道："尊敬的警长先生，我刚才的确是在这儿了的，可我都什么也没干。刚才一个戴围裙的人说要给我东西吃，我看见他把一条大红龙虾放在锅里，他还告诉我 20 分钟后来吃呢！所以我就站在这等着。"

矢村听罢，笑了笑说道：

"你不用狡辩了，你就是凶手！"

矢村警长是如何发现这个人就是凶手的？

推理分析

龙虾只有煮了以后才会变成红色的，老板怎么会把已经煮熟的龙虾再煮一次呢？显然这个人在说谎。

邮轮上的日本国旗

英国豪华邮轮“伊丽莎白”号首次远航日本。“伊丽莎白”号是传媒大亨威廉花了 3000 万英镑，向西班牙造船厂订购的。这艘超豪华邮轮长 260 英尺，有三层舱休和双层甲板，能够为 80 名贵宾提供舒适惬意的旅程。

威廉邀请了世界传媒集团的大亨们乘坐“伊丽莎白”号远航日本，并享受最新鲜的生鱼片和鲑鱼大餐。大亨们对这艘“游艇之王”赞不绝口，德国传媒集团的总裁加伯德甚至用嫉妒的口吻说，把全世界报纸的利润加起来，也只够造两艘“伊丽莎白”号。

威廉得意地笑了，同时他还告诉大家现在已经进入日本海的航程。大亨们听说已经来到日本领海，纷纷挤上甲板，想看看这个岛国的面貌。让他们失望的是，别说白雪皑皑的富士山，连小片陆地都看不到。

既然没有什么特别的风景，大家又重新回到客厅，讨论起如何提高数字电视技术的枯燥问题。忽然，加伯德惊叫起来，他的公文包不见了！

人们一下子全都围拢过来，大家都知道公文包失踪对一个总裁来说意味着什么，那里面不但有大量现金、信用卡和空白支票，还有许多机密资料和信息，这些信息的价值是无法估量的。

威廉非常恼火，他找来船上所有的护卫，发誓要找出窃贼。经过仔细回忆，每个人都互相证明了自己刚才都在甲板上。也就是说，偷走公文包的人只可能是船上的船员。

威廉立刻把船上的 5 名船员叫了过来一一询问。船长说，刚才他在驾驶舱里一直没走开过，有录像带可以作证；技师说他一直在机械舱保养发动机，好让发动机能一直保持 37 节的速度，可是没人可以证明；电力工程师告诉威廉，他刚才在顶层甲板更换日本国旗，挂上去以后发现挂反了，于是重新挂了一次，有国旗可以作证；还有两名船员说他们在休息舱打牌，互相可以作证。

威廉听完，立刻指出了其中一个人在说谎，并且让他交出公文包。聪明的读者，你知道谁在说谎吗？

推理分析

电力工程师在说谎。日本国旗是白底加太阳的图案，无所谓正反的区别，更别说出现挂反这种事情了。所以，电力工程师根本没有重新挂国旗，他有足够的时间作案。

冰层上的报案人

许多游客都喜欢到苏格兰来欣赏冬天的景色，这里不但有冰天雪地的景致，而且还可以在滑雪场上尽情运动。

有一年，大侦探大卫和助手汉斯也离开了潮湿多雾的伦敦，来到滑雪场附近的朋友家里，白天滑雪，晚上看书，准备在这里度过一个惬意的冬天。

这天，大卫和汉斯到屋外散步，当经过一片小树丛的时候，忽然从树丛后面跳出来一个全身上下湿漉漉的黑衣男人。看到大卫和汉斯，他立刻大叫起来："来人呀，有人落水了，快来帮忙救人呀！"

"怎么回事？"汉斯连忙跑过去，热心地问，"谁落水了？在哪里？"

那个男人抓住汉斯的手说："我和朋友出来散步，我们从结冰的湖面上走过，一块薄冰忽然裂开，我的朋友掉了下去，天啊！我没有拉住他，随后我跳下水去，也没有找到他在哪里，只好跑来找人帮忙，我们快去救他吧！"

大卫和汉斯二话不说，立刻和那个男人一起向湖边跑去。他们穿过树丛，越过土丘，然后在冰面上艰难跋涉。看到那个男人的衣服都快结冰了，大卫连忙把自己的大衣脱下来给他穿上。

半小时以后，他们终于到达了发生事故的地方。由于大雪不止，破裂的冰层上已经结了一层薄冰，经过了这么长时间，看来失足落水的人已经没有生还希望了。

"杰克，我的朋友，我来晚了！"那个男人扑倒在地，伤心地大哭起来。

大卫拉住他说："省省吧，你这出戏倒是演得不错。可惜却碰上了我们。你虽然精心策划，但还是留下了破绽。"

汉斯有些不解地问道：“死者没打捞上来，冰层破裂不像人工切割的样子，你怎么判断他的朋友是被害死的呢？”

大卫微笑着说：“不错，冰层的确是自然破裂的，但这并不能说明他的朋友是失足掉下去的。根据我的判断，很有可能是被他杀害以后，扔到水下去的！”

你知道大侦探大卫为什么能识破杀人犯的诡计吗？报案人在哪里露出了马脚呢？

推理分析

黑衣男人出现的时候浑身湿漉漉的。而事发地点距离他出现的地方有半小时路程，如果他真是跑出来求救的，应该全身都冻得结冰才对。因此，可以判断出朋友是他推下去的，或者在别处杀害以后再推下去的。而他自己则在旅馆里弄湿衣服，出来呼救。

欢快的热带鱼

昨天晚上英国伦敦下了一场大雪，到今天早上气温降到了零下五摄氏度。就在下起了大雪的昨天晚上，伦敦某公寓发生了一起谋杀案，百万富翁詹姆斯被人谋杀了，从现场看显然是谋财害命，因为詹姆斯存放在家中的现金和宝石都被洗劫一空。据法医鉴定，詹姆斯的死亡时间大概在昨晚 11 点左右。

第二天，警察查到了一个嫌疑犯，那是一个独身女人，据调查此人平时生活不大检点。警察来到她家，询问她昨夜 11 点左右不在作案现场的证据，这个独身女人回答：“昨晚 10 点钟左右，我正在家中独自一人看电视，那个旧电视机突然间出了毛病，造成短路停了电，房间里顿时一片黑暗。因为我缺乏电的知识，无法自己修理，于是我就给电厂的电工打了个电话，请他们第二天早晨 8 点钟来帮我修理，那个电工答应了，然后我就吃了片安眠药提早睡觉了。今天早晨 8 点，我担心那个电工忘记了，于是又给那个电工打了电话，电工说马上就到，10 分钟后电工来了，他告诉我说是门口安装电表那儿的保险盒里的保险丝烧断了，他帮我换了保险丝，然后把电闸合上去就有电了。”

警察当即给那个电工打了电话，电工证实她昨晚和今天早上确实给他打了电话，他也确实在今天早上来帮她更换了保险盒里的保险丝。她说的是真的吗？警察一边思索，一边扫视整个房间。很快，警察的目光落在了水槽里的几条欢快地游动的热带鱼上，便马上识破了她的谎言。

警察发现了什么呢？

推理分析

看到水槽里的热带鱼欢快游动，警察便识破了这个女人的谎言。因为在下大雪的夜里，若果真停了一夜的电，那么水槽里的自控温度调节器也会断电，到清晨时，水槽里的水就会凉，热带鱼也就会冻死了。

熔化的巧克力

美国总统罗斯福曾当过私人侦探。有个夜晚，罗斯福接到考古学博士卡恩打来的电话：“罗斯福先生，不好了，古代玛雅文明的黄金假面被盗了。”

两小时后，博士的秘书驾车来到罗斯福家。秘书一边开车，一边向罗斯福讲述：被盗的黄金假面，是从墨西哥的尤卡坦半岛古代玛雅金字塔里发掘出来的，现为亿万富翁卫斯理所有，卡恩博士是为了研究才将它借来的。汽车在路上足足用了一个半小时才到达卡恩博士的研究所，这时已是深夜 11 点了。

秘书请罗斯福在客厅稍事休息，自己上二楼研究室去请博士。罗斯福刚要坐下，就听到楼上传来惊叫声：“哎呀，不得了啦！博士自杀了！”

罗斯福大吃一惊，飞快地奔上二楼，只见天花板下的铁管上拴着一根绳子，博士的头颈套在里面，用来垫脚的椅子摔倒在脚下。室内除了写字台、书橱等研究用具外，还有一张铺着电热毯的简易木床，再无其他陈设。

“他大概是感到黄金假面被盗，责任重大才自杀的吧？”秘书说道，脸色吓得苍白。

罗斯福摸了摸死者的面颊和手，发现尸体还很热。他感到奇怪：室内相当冷，怎么死者的体温与生前几乎完全一样？这样的体温，表明人死还没超过一小时。

罗斯福把博士的工作服口袋检查了一下，发现仅有半块没吃完的锡纸包着的巧克力，但已经熔化了。他拿着它，思忖了片刻，然后指着秘书说：“杀人犯就是你！你在开车来接我之前，先将博士杀死，然后再把他伪装成上吊自杀。由此看来，盗窃黄金假面的也是你。”

罗斯福是怎么知道秘书就是凶手的？秘书又是如何杀害博士的呢？

推理分析

秘书杀死博士，并造成他自杀的假象，然后就用电热毯将吊着的尸体紧紧裹着，一切弄妥之后才去接罗斯福。三小时后，秘书与罗斯福一起回到研究所。他先让罗斯福在会客室等候，自己走上二楼，迅速把电热毯取下铺到床上。这样即使死去了三个小时，尸体也不会变凉。但是由于放在口袋里的巧克力也随着身体一起变暖而熔化，因此，罗斯福识破了秘书的诡计。

晚十一点的月光

美国总统林肯在出任总统之前，曾经当过律师。

有一天，林肯得知自己亡友的儿子阿姆斯特朗被人诬告谋财害命。诬告者为了陷害阿姆斯特朗，用金钱收买了一个叫福尔逊的证人。证人硬说自己亲眼看到了阿姆斯特朗谋财害命。因此，已经初判有罪。

在复审案件的时候，林肯以被告的辩护律师的身份出现在法庭上。

林肯看了一眼故作镇静的福尔逊说："福尔逊先生，请您把证词说一遍。"

福尔逊看见林肯为阿姆斯特朗出庭辩护，心里慌极了。但他已为人所用，只得装腔作势地说："十月十八日（相当于我国农历九月初八或初九）晚上十一点钟，我在月光下清楚地看见阿姆斯特朗用枪击毙了死者。"

于是，按照美国法庭的惯例，被告的辩护律师和原告证人进行了一场面对面的对质。

林肯："你发誓说认清了阿姆斯特朗？"

福尔逊："是的。"

林肯："你在草垛东面，而阿姆斯特朗在草垛西边的大树下，两处相距二、三十米，能看清楚吗？"

福尔逊："看得清清楚楚，因为月光如昼。"

林肯："你肯定不是从衣着方面认清的吗？"

福尔逊："不是的，我肯定认清了他的脸庞，因为月光正照在他的脸上。"

林肯："你能肯定时间在十一点吗？"

福尔逊："能肯定，因为当时我回屋里看了座钟，那时是十一点一刻。"

福尔逊的话音刚落，林肯就站起来大声宣布："我不能不告诉大家，这个证人是个彻头彻尾的骗子！"

法庭上的人们为之愕然。于是，林肯当众揭穿了福尔逊的伪证。福尔逊吓得目瞪口呆，浑身发抖，只好在众人的一片咒骂声中，承认了自己是被原告收买来诬陷被告的。这样，阿姆斯特朗无罪释放，而原告诬陷他人的罪行却反倒被确认。从此，林肯成了全美国最有名望的律师。

林肯是怎样戳穿福尔逊的伪证的呢？

推理分析

林肯首先指出，十月十八日晚应是上弦月，月亮到十一点钟时已经下山了，哪儿来的月光呢？林肯又指出，即使证人记的时间不准，就算月亮还没有下山，但那时的上弦月也是在西方。阿姆斯特朗的脸如果朝西，月光可以照到他的脸上，而在草垛东边的福尔逊却根本无法看到；如果阿姆斯特朗的脸朝东，那么月光就只能照在他的后脑勺上，福尔逊怎么能看到月光照在他的脸上呢？所以，林肯据此断定福尔逊是在作伪证。

凶手的身份

在旧金山的一家旅馆内，有位客人服毒自杀，名探詹姆接到报案后前往现场调查。

被害者是一位中年绅士，从表面迹象看，他是因中毒而死。

“这个英国人三天前就住在这里，桌上还留有遗书。”旅馆负责人指着桌上的一封信说。

詹姆小心翼翼地拿起遗书细看，内文是用打字机打出来的，只有签名及日期是用笔写上的。

詹姆凝视着信上的日期——3.15.89，然后像是得到答案似的说：“若死者是英国人，则这封遗书肯定是假的，我相信这是一宗谋杀案，凶手可能是美国人。”

詹姆凭什么这么说呢？

推理分析

詹姆是看了信上的日期后，才推断凶手可能是美国人。因为英国人写时间是先写日期，再写月份的。但美式写法刚刚相反，是先写月份，再写日期的。

敲错门的小伙子

夏威夷是一个美丽的地方，每年来这里度假的人络绎不绝。

米高探长今年也来这里度假，他住在海边一家四层楼的宾馆里。这家宾馆三、四两层全是单人间，他住在404房。

这天，游玩了一天的米高草草吃了晚餐便回到房间，想洗个热水澡，早点休息。正当他走进浴室准备放水时，听到了两声“笃笃”的敲门声，米高以为是敲别人的房门，没有理会。一会儿一位陌生的小伙子推开房门，悄悄走了进来，原来米高的房门没有锁好。

小伙子看到米高后有些惊慌，但很快反应过来，彬彬有礼地说：“对不起！我走错房间了，我住304。”说着他摊开手中的钥匙让米高看，以证明他没有说谎。米高笑了笑说：“没关系，这是常有的事儿。”

小伙子走后，米高马上给宾馆保安部打电话：“请立即搜查304房的客人，他正在四楼作案。”保安人员迅速赶到四楼，抓到了正在行窃的那个小伙子，并从他身上和房间里搜出了首饰、皮包、证件、大笔现钞和他自己配制的钥匙。

保安人员不解地问米高：“探长先生，你怎么知道他是窃贼？”米高笑了笑说：“等我洗完热水澡后再告诉你！”

你知道这是怎么回事吗？

推理分析

小伙子的敲门露了馅儿。因为三、四层全是单人间，任何一个房客走进自己房间时，都不会先敲门的。

谁是新娘

新婚不久的丹麦商人霍克来美国洽谈生意，不料遇上车祸，不幸身亡。

霍克在美国的朋友立即发了份电报，请新娘来美国料理后事。

没几天，新娘来到了美国。但令人奇怪的是，来了两个，她俩都说自己是霍克的新娘。

这使霍克的朋友很为难，他没有见过霍克的新娘，只知道新娘是个钢琴教师。无奈，他只得请来私人侦探大维来辨真假。

大维来后询问得知，霍克拥有一大笔财产。按照法律，他的妻子将继承这笔遗产。现在两位新娘中的一个一定是想来骗取这笔遗产的。

两位女士一个满头金发，另一个皮肤浅黑。大维看着她们，沉思片刻说：“两位女士能为我弹一首曲子吗？”浅黑肤色的女士马上弹起了一首世界名曲，她的双手在琴键上灵巧地舞动。大维发现，她左手戴着一枚宝石戒指和一枚钻石婚戒。接着，金发女士也弹了一曲，琴声同样悦耳动听，大维注意到她右手上只有一枚钻石婚戒。

大维听完演奏，走到浅黑肤色的女士身边说：“你不要再冒充新娘了，快回去吧。”这位女士听了，辩解道：“你凭什么说我是冒充的呢？难道我弹得没她好吗？”大维说了一番理由，浅黑肤色的女士没趣地溜走了。

你知道大维说了什么理由吗？

推理分析

结婚戒指戴在左手是美国的风俗，戴在右手是丹麦的风俗。大维让她俩弹琴，一是看她们的琴技；二是为看清她俩如何戴结婚戒指。

有问题的足球

1992 年 7 月 18 日，大毒枭兰地连闯四国，马上就要将价值一百万美元的海洛因带进毒品价格最高的美国了。他把毒品藏在一只新足球内，足球上有好几个世界著名球星的签名，看到这样的足球，谁还会贸然剖开检查呢？

然而他在纽约机场遇到了反毒专家——警官康纳利。康纳利甚至没有掂一掂足球的分量，仅是看了看网兜里的足球，就说：“先生，请你到毒品检查站来一趟，你的足球有问题。”

兰地急坏了，大声说：“球星签名的足球，有什么问题呀？”

试问：康纳利是怎么说的呢？

推理分析

康纳利平静地说："球星中有英国人、德国人、巴西人、意大利人，怎么都用英文签名呢？"

冒牌的英雄

在苏联的列宁格勒流传着这样一个感人的故事。纳粹德国集结了上百万军队，对苏联发起闪电进攻，被誉为"欧洲之窗"的列宁格勒被纳粹70万大军包围。

希特勒在列宁格勒城下集结了1000多辆坦克和6000多门火炮，并且切断了列宁格勒和其他城市的联系，企图迅速占领这座历史悠久的名城。

英勇的列宁格勒军民开始了长达900天的列宁格勒保卫战。在誓死守卫列宁格勒的部队中，有一位名叫星巴克的法国人，他从小在苏联长大，对苏联深厚的感情让他留在战火中和苏联人民共同守卫列宁格勒。

一次，德军一个连进攻苏军守卫下的医院，当时医院里的预备队都被调去支援其他阵地，仅剩下几名士兵、医护人员和伤员。星巴克让士兵和医生迅速带伤员撤离，他自己则独自承担起掩护的重任。

德军一个连发起了三次攻击，甚至动用了火炮，才攻陷医院。他们无论如何想不到，掩护医护人员成功撤离、抵抗了一个多小时的，竟然只是一个法国人！而在医院被攻陷后，大多数列宁格勒人都认为星巴克牺牲了。

战争胜利后，为了缅怀这位英雄，列宁格勒居民为他建造了一座雕塑，还以他的名义设立了基金，专门帮助退伍的老兵。

在基金成立的庆祝会上，一位退役的将军饱含深情地向人们讲述了星巴克的英雄事迹。就在大家都在怀念英雄时，一个老头站起来说道："其实，我就是星巴克，我没有死！"

会场的气氛一下子沸腾了！原来英雄没有死！主持人马上邀请星巴克上台，为大家讲述自己的传奇经历。

他告诉大家，德军攻占医院的时候他受了重伤，神志不清，当他再次醒来的时候发现自己身在医院里，随后，他作为战俘被押送到集中营，在集中营里一直待到战争结束。

接着，星巴克回忆起自己小时候在列宁格勒的幸福时光。列宁格勒是一个美丽而安静的都市，他就出生在这里。他的父亲 1911 年就来这里做生意，开了一家叫做“列宁格勒”的木材店，做木材加工生意。到他出生的时候，商店已经开得很大很大……

忽然，人群中有个年轻人站起来打断了他的话：“你不是星巴克，你是个骗子！”

在场的人全都惊呆了：这是个 20 岁不到的小伙子，他怎么可能知道星巴克究竟长什么样呢？难道他有未卜先知的本领？小伙子把自己的理由一讲，大家终于恍然大悟。

你知道是什么让小伙子看出这是个冒牌星巴克的吗？

推理分析

一个优秀的侦探必须拥有全面的知识，包括历史知识。1911 年的时候，俄国还在沙皇统治下，当时的列宁格勒叫做圣彼得堡，星巴克的父亲不可能在那个时候就开一家名为“列宁格勒”的木材店。

被窃的手提包

沙娜小姐下了飞机，乘车径直来到了巴黎闹市区一家豪华的旅馆。

“小姐，您好！”女招待员殷勤地迎上来，接过了沙娜小姐的手提包。

“谢谢！”沙娜小姐这时才感觉到有些累了。她跟女招待员来到了二楼的一个单人房间。

“小姐，您休息吧，有事尽管吩咐。”女招待员把手提包放在床头柜上，退了出来。

“等等！”沙娜追了出来，“我没有别的事，只是请您明天早上给我送来一杯热牛奶，只要一杯！”

“好的，我记住了。”女招待员微笑着走下楼去。

沙娜小姐回到屋子里，打开了手提包。那里面装着许多精美的首饰。她是代表公司来这里参加国际博览会的。如果这次成功的话，她将得到一笔可观的奖金。她把首饰又依次检查了一遍，发现一路上没有损坏什么，便放心地笑了，于是她上餐厅吃了点饭，又洗了个澡，便睡下了。

第二天早上，她醒来睁开眼睛一看表，已经快七点钟了，便急忙穿好衣服，按电铃叫女招待员送牛奶，然后，来到了洗漱间。她刷过牙，刚要洗脸，听见房门开了。她以为是女招待员送牛奶来了，便没在意。然而，她涂抹在脸上的香皂还没用水冲洗净，就听见外面“扑通”一声。她急忙跑出洗漱间，朝外面一看，吓得惊叫起来。原来，女招待员躺在房门口，失去了知觉，头上有一道殷红的血迹。再往床头柜上一看，更是大吃一惊，那个装有许多贵重首饰的手提包不见了。沙娜惊愣了片刻，忽然明白过来，猛地冲到门口，大声呼喊：

“来人啊，快来人啊！有人抢东西啦！”

很快，整个旅馆都被惊动了，胖经理和各个楼层的女招待员先后都赶来了。

胖经理让人把受伤的女招待员扶到了床上。她已经醒过来了。随后，胖经理又亲自打电话向警察局报了案。

十分钟后，警长哈尔根领着两个助手赶到这里。他察看了现场，没有发现什么，便把沙娜叫到跟前，简单询问了案发的经过。哈尔根那满不在乎的神情似乎在告诉人们，他对这个案子并不感兴趣。最后，他来到了受伤的女招待员身旁。

“请问您好些了吗？”哈尔根关切地问道。

“好些了，只是还有些晕。”女招待员不知是因为受了惊吓，还是因为头部受伤流了点血，此时脸色白得像一张纸。

哈尔根点燃一支香烟，又问道：“小姐，您能把刚才见到的跟我说说吗？”

“可以。”女招待员把身子支起来，半倚在床上说道，“刚才，我按小姐的吩咐端来了一杯热牛奶。可是刚进屋，就从门后窜出一个男人，照着我的下巴就是一拳。我一下子被打倒在地，以后就什么都不知道了。”

“那个人长得什么样你看清了吗？”

“事情来得太突然，我没看清他的脸，只看见他拎着小姐的那个手提包。”

哈尔根点了点头，没再问什么。忽然，他走到床头柜前，端起那杯热牛奶问沙娜小姐：

“小姐，您早上总是要喝热牛奶吗？”

“是的，这是从小养成的习惯，不喝杯热牛奶，全天都会不舒服的。”

“是吗？那您今天为什么不把这杯热牛奶喝了呢？”

“是啊，您不说我都忘了。”

“凉了吧，小姐？我去给您热热。”女招待员殷勤地说。

哈尔根忙用手按住了牛奶杯，用一种嘲讽的口吻说道：“不用了，我看沙娜小姐即使喝不上这杯牛奶，今天也会舒服的。您说是吗？亲爱的女招待！”

“您这是什么意思？”女招待员惶惑地问道。

“小姐，别做戏了。这件事您最清楚，快说出您的同伙吧！”

听了这话，女招待员瘫软在床上。原来，正是她勾结一个盗贼，盗走了沙娜小姐装首饰的手提包。

警长哈尔根怎样发现女招待员就是作案分子的呢？

推理分析

如果女招待员端着热牛奶进屋时脸上让人打了一拳，那杯牛奶早就洒了。可是哈尔根看见那杯里的牛奶满满的，这不合常理，便断定女招待员一定说了谎，由此破了案。

超车的规定

西德电影演员克里夫人向保险公司申明，她的那辆“奔驰”被盗，要求索取一辆新“奔驰”的保险金。斯蒂尔受保险公司的委托，来到克里夫人家里调查了解事件的全部经过。

克里夫人见这位西德有名的大侦探来到家中，忙把他让到了沙发上。

“听说您的那辆‘奔驰’是去日本东京拍电影时被盗走的，对吗？”斯蒂尔点燃了一支香烟，然后开门见山地问。

“是的。因为拍片需要，我就用船把它运去了，没想到……”克里夫人白皙的脸上掠过一丝苦笑。

“所以，您向保险公司提出了赔偿损失，是吗？”

“是的，是这样。”

“好，那就请您再讲述一遍事件发生的经过，我也好向委托人作出交代。”斯蒂尔透过清幽的烟雾，发现夫人的眉梢动了一下。

夫人叹了口气说道：“事情再简单不过了，以至于我还没弄清是怎么回事，汽车就没影了。”

“请您说得具体些。”斯蒂尔从兜里掏出了笔记本。

克里夫人眯缝起眼睛，思忖了片刻说道：“那天导演宣布休息一天，我就独自一人开着‘奔驰’去东京西郊玩了半天。在回来的路上，我以正常车速行驶着。在离市区不远的一个拐弯处，一辆客货两用车从我的左边超了过去，并挡住了我的车道。我很生气，想下去叫他们让开，可是刚一打开车门，就听见一声轰响，我失去了知觉。等醒过来睁眼一看，我已躺在了医院的病床上。我并没伤着哪里，只不过是轻微脑震荡，第二天导演接我出院了。但是，我的‘奔驰’也无影无踪了。”

听完克里夫人的讲述，斯蒂尔笑了。他做了个滑稽动作说道：“您总算是不幸中的万幸了！”

“什么，你这话是什么意思？”克里夫人惊愕地望着斯蒂尔。

“我是说，您又可以向保险公司索取一辆‘奔驰’的保险金了？”斯蒂尔微笑着望着她。

“啊，是这样，那是当然的了！”克里夫人也笑了，那是发自内心的笑。

忽然，斯蒂尔把脸一沉，厉声说道：“遗憾得很，你这个骗子，跟我到法庭上去领保险金吧！”

斯蒂尔是怎样识破克里夫人的骗局的呢？

推理分析

世界上有少数国家规定，车辆左侧行，右侧超车，日本就是这种规定。所以斯蒂尔听克里夫人说那辆客货两用车从她的左侧超车，便知道她在说谎，于是，揭穿了她的骗局。

六头被打死的斗牛

三月二日，西德某城警察局局长莱特交给刑侦科长埃塞勒一个任务，让他审查一个麻醉毒品走私嫌疑分子。埃塞勒让人把嫌疑人带到了自己的办公室里。

“你叫什么名字？”埃塞勒用目光打量了一下站在自己面前的中年人问道。

中年人似乎漫不经心的样子，干咳了两声答道：“库特迈，一个守法的商人。”

“守法？你到葡萄牙和西班牙干什么去了？”埃塞勒盯视着库特迈。

“先生，我昨天才乘飞机从葡萄牙回来。”说着，库特迈从上衣兜里抽出护照递过去，“请看，护照上有日期。”

埃塞勒并没有查看他的护照，而是不无揶揄地说道：“这张护照并不能证明你是昨天从葡萄牙回来的，你还可能是从别的国家回来的，甚至还可能是偷越国境跑过来的。”

“别开玩笑了，先生！”库特迈装出一副无可奈何的样子。

“你还有什么可以证明，你昨天确实是在葡萄牙的吗？”

库特迈眼珠转了转说：“先生，您一定知道，人们可以拿着联邦德国的护照去葡萄牙的里斯本旅行，在边界上是不用签证的。”

“这说明不了什么。”

“还有，”库特迈像变戏法儿似的手里又捡出一张纸片，伸到了埃塞勒的眼前，“先生，我昨天曾在里斯本斗牛场观看了一场精彩的表演，这是入场券，上面的日期写得清清楚楚。”

埃塞勒看了看那张淡黄色的入场券，冷笑着问道：“你都看见什么了？”

库特迈听到埃塞勒这样问他，心里有些发慌。但他立即平稳了一下心情答道：“我正赶上开场仪式，那场面真是前所未见。斗牛士轮番上阵，很快，先后就有六头牛被打死拖了出去。”

“不要再说了，全部是谎言！”埃塞勒用手止住了他。

“你……”

“对不起，你被拘捕了，请吧，库特迈先生。”

刑侦科长埃塞勒是怎样识破库特迈的谎言的呢？

推理分析

葡萄牙的斗牛开场仪式一般是在复活节的第二天举行，而复活节又总是在四月，从来不在三月。另外，里斯本的斗牛并不溅血，因为葡萄牙的法律明文规定，在斗牛中禁止将牛杀死。

“飞贼”盗宝

在日本的一幢摩天公寓里，正在睡梦中的私人侦探段五郎突然被电话铃声惊醒，他拿起话筒，听见里面传出一个女人尖细的声音：

“喂，我是山林久美子，我的一枚价值五百万日元的钻石戒指丢失了，请你快来！”

段五郎立即驾车赶到公寓，又乘电梯来到九楼山林久美子的房间。

“钻石戒指是什么时候发现没有的？”段五郎端详着坐在自己面前的这个著名女电视演员。

“就是刚才。我参加一个舞会回来，刚洗完澡，就发现放在梳妆台上的戒指不见了，前后总共不过十几分钟。”

段五郎来到梳妆台旁，发现上面有一根火柴，便问道：“这火柴是您放的吗？”

“不是。”山林久美子摇了摇头。

“只丢了一枚戒指吗？”

“是的。”

段五郎拿起那根火柴仔细地看着，心里也感到很奇怪：这根火柴是盗贼不慎遗失的，还是……他抬起头来，蓦地，目光停在了开着的窗户上。

“您洗澡时，这窗户也这样开着吗？”

“是的。可这是九层楼上，什么样的窃贼能从窗户爬进来呢？”

段五郎也想，从地面到窗户少说也有二十七八米高，而且窗户框上还安有铁栅栏，人是不可能进来行窃的。

“您刚才是不是忘记关门了？”

“不，门是锁好了的。”

“真是怪事儿！”大名鼎鼎的私人侦探段五郎也感到莫名其妙了。他又拿起了那根火柴仔细察看。突然，他高兴地叫起来：“原来是这样！小姐，这楼里有谁养鸟吗？”

“鸟？”山林久美子被段五郎问得怔住了，但她还是立即回答出来：“四楼的山本养了一只鹦鹉，三楼的黑田养了一只猫头鹰，八楼理惠小姐还养着一只信鸽。”

“太好了，我知道谁是盗贼了，请跟我去讨回您那枚戒指吧！”

段五郎很快抓到了盗贼，山林久美子也找回了自己的钻石戒指。

段五郎是怎样推断出盗贼的呢？

推理分析

段五郎发现火柴杆上似有牙咬的痕迹，而且非常明显，不是人牙的形状，因此推断出可能是罪犯训练某种鸟类作案。罪犯让它进屋作案时叼根火柴，是为防止它发出叫声。但是公寓里有人分别养着鹦鹉、猫头鹰和信鸽，又是谁叼走了钻石戒指呢？段五郎又想到盗案是在夜间发生的，因此盗贼一定是住在三楼的黑田，是他训练猫头鹰盗走了山林久美子的钻石戒指。

列车劫案

在墨尔本开往堪培拉的列车上，500 万元待销毁的旧纸币被抢劫一空。案发时间在半夜 2 点左右。负责押运的安全员贝尼头被打破，脸被划伤。经验丰富的施纳格警官奉命登上了列车。

在案发的第四节 8 号包厢里，除发现两支吸了一半的香烟外，再没有其他任何可疑迹象。

施纳格询问案发时的情况，贝尼说："我从登上列车就没跨出包厢的门，饭和水都是列车员送来的。

后半夜 2 点左右忽然有两个人闯了进来，他们一高一矮，戴着面具，只露出眼睛，他们手上戴着手套，没等我开口，那个高个子就一拳把我打倒在地，用枪抵住我，临走时又将我打昏。等我醒来时，发现钱箱不见了。我立刻高声大喊，向列车长报了警。"

施纳格听完了之后，拿起那两个烟头问道："这是你抽的吗？"

"不，是他们抽的。他俩进来时每人嘴里叼着一支香烟。"

"很好！这两只烟头会给捉拿案犯提供有力证据。"施纳格说完又问道，"那么你脸上的划伤是怎么回事？"贝尼答道："这是高个子强盗打我时他手上的戒指划破的。"

施纳格听完，立刻将贝尼抓了起来，并说出了原因，贝尼只得乖乖地低下头。

施纳格认定贝尼是劫匪的依据是什么？

推理分析

第一，既然两名劫匪进门时头戴面具，只露出眼睛，怎么可能嘴里叼着烟呢？第二，既然歹徒带着手套，又怎么可能用戒指划破贝尼的脸呢？

钓具的破绽

韩国首都首尔位于汉江下游的右岸，居住在该市的高利贷主李光健，其唯一的乐趣就是钓鱼，以此来消愁解闷，也可减少几分孤独。

有一天，他照例起得很早，收拾好钓具放到车子里正要出发时，金子民却突然冒了出来——他从李光健这里借了不少高利贷。

“你借的那笔钱，明天就到期了，可别忘了呀。”李光健提醒说。

“今天只能还上利息，本金还没凑齐，能不能再宽限一个月？”金子民说。

“好吧！谁叫你是我的朋友哩。”李光健收下利息后正准备开收据，这时，金子民从身上取出早已准备好的铁扳子，照着李的头部猛地砸去，对方哼也没哼一声就断气了。

金子民把刚交的利息又拿了回来，并从保险柜中取出借据，然后将李的尸体用毛毡裹好塞进小车后排座位，驱车朝汉江上游奔去。

他顺着汉江支流开到偏僻的远离村庄的清流河滩上，从车上卸下尸体，把死者口袋里的现金及手表等值钱东西全部掏光后，将尸体扔进了浅水滩。

不巧，金子民对钓鱼是个门外汉，连如何把鱼线拴在鱼竿上都不知道，就更不用说装坠子和鱼饵了。他想，与其乱装一气，不如不去动它，就按李光健事先准备好的样子扔在了沙滩上。这样倒可以造成李光健刚到钓鱼场，正准备钓鱼时遭到歹徒袭击而被害身亡的假象。

以前，金子民开车兜风路过此地，曾见过两三次李光健在这儿钓鱼，不管怎么说，这里像是李光健垂钓的地方。

金子民伪装好现场后，将李的汽车也留在这里，赶紧离开，并绕了很大的圈子上了干线公路，乘公共汽车回到首尔市内。

第三天，倒在河滩上的李光健的尸体被发现，负责办案的警察也是个钓鱼迷，他将丢在河滩上的钓具拿到手里查看后，便果断地说：“死者并不是在此河滩被害的，是出来钓鱼前被杀，而后尸体又被转移到这里的。凶手大概是对钓鱼一窍不通的外行。”

请问，凶手金子民到底留下了什么破绽？

推理分析

留在现场的钓具鱼竿、鱼线、鱼钩、坠子、鱼饵等，实际上是用于钓海鱼的，也就是说，李光健那天是准备去海边钓鱼。

因为金子民以前见过李光健在河里钓鱼的情况，便错以为他这次也是去河边钓鱼，所以把尸体转移到河滩上。尽管首尔离海边很远，但也常有人去海边钓鱼。

金子民没有向被害人确认一下“今天是去钓海鱼呢还是去钓河鱼”，这就使伪造现场露出了很大的破绽。

珠宝店里的表

波兰某城市的一家小珠宝店关门停业了三天。店员们都利用这三天假日出城探亲，第四天上午刚开店，便走进来一位顾客。他让店员打开橱柜，要看里面的手表。店老板丘吉从账桌那边走过来，打开橱窗，让他选择。这位顾客拿起一块表摆弄了一阵，问了价钱，说要考虑考虑，就走了。这位顾客刚离开不一会儿，丘吉发现橱窗里靠门的那边少了一串名贵的珍珠项链。他愣了片刻，立即吩咐店员关门闭店，而后打了报警电话。

没出五分钟，巡警韦尔奈赶到了珠宝店。丘吉迎上去说：“我相信盗贼在你们警察局是挂了号的，他的动作太神奇了，连我也没有看出来。”说完，他耸了耸肩，现出一副苦相。

韦尔奈问道：“那个人长得什么样？”

丘吉眯起眼睛：“很平常，个子高高的，戴一副茶色眼镜，衣着很考究，不过，脸面吗……我没看清。”

“如果他是惯偷，档案里一定有他的指纹，这店里也会留下的。”

“怕不会的，我看见他刚放下表，就立即戴上了手套。”

“那么表上一定会有的。请告诉我，那个人动了哪块表？”

“这谁知道。橱柜里挂着一百多块表，凡是来买表的顾客都要摆弄一番，哪块表上能没有指纹。”

“不，我认为这并不像您说的那样困难。”

巡警韦尔奈说着，已经用镊子夹起一块表：“这就是那个人动过的那块表。”

然后，韦尔奈在那块表上取下了罪犯的指纹。很快，韦尔奈便根据这一线索，查出并逮捕了罪犯。

韦尔奈是怎样找出那块留有犯罪分子指纹的手表呢？

推理分析

盗窃犯动过的表区别于橱柜里其他表的唯一特征是它在走动。别的表，即使假日前有人看过，上过弦，这时也早该停了。因为珠宝店停业放假三天。

伪造的照片

星期六下午 2 点左右，亿万富翁哈利的家中进了窃贼，古埃及的秘宝被盗走了。

侦探摩尔马上就赶到了，检查了一番现场之后，摩尔认为从作案手段看，很像是女盗贼莉达所为。于是，侦探摩尔很快找到了莉达。当问及不在现场的证明时，莉达拿出一张照片，做了以下的回答：

“如果是星期六下午 2 点，我正在赛马俱乐部呀，这就是当时的照片，我正在上马时朋友给拍下来的。你瞧，纪念塔的大钟指的是 2 点吧？所以我可不是罪犯吆。”

可是，摩尔侦探只扫了一眼照片，便看出了其中的名堂。

“这张伪造的照片是骗不了人的，这是上午 10 点钟拍的。”

那么，照片上的什么地方不合情理？

推理分析

从右侧上马是不对的。西方的骑术，哪怕是左撇子也必须从马的左侧上马。莉达的照片，为了把上午10点弄成下午2点钟，就有意将底片翻过来洗，却忽略了上马的位置。

宋朝的瓷瓶

一天，住在日本名古屋的一位少女神情忧郁地走进矢村侦探事务所，说有件非常棘手的事情请求他帮助。

原来少女父母双亡，留下一份颇丰的遗产，其中最有价值的是一只中国的宋朝瓷瓶。不料，她的叔叔看中了这只花瓶，称愿花一千万日元买下来。因是父母遗物，她没有同意。后来叔叔说，要她把花瓶借给他一天，让他从各个角度把花瓶拍下来，以便自己随时可以观赏，少女只好把花瓶借给了他。第二天，少女上叔叔家取花瓶时，叔叔却板下脸，说他昨天已经把一千万日元给她了，并说当时有女佣在场，可以作证。

矢村很同情少女的遭遇，就接受了少女的请求，他对少女说："现在你陪我去见你叔叔。"

到了她叔叔家，叔叔指着那只花瓶，对矢村说："这是我花了一千万日元从她手里买下来的。我真奇怪，我明明是从皮夹里拿钱给她的，她怎么说我没有给她呢？好在我的女佣在场，她可以作证。"

"是的，"站在一旁的女佣接口说，"我亲眼所见，每张日元的面值都是一万元。"矢村沉思片刻，又问女佣："你确确实实看清了吗？"

"是的，我确实看得一清二楚。"

一听女佣斩钉截铁的回答，矢村冷冷地对少女的叔叔说："姑娘说得对，你根本没有给她钱。如你还坚持的话，那么，咱们就上法庭，我可以出示证据。"

果然，叔叔一听要上法庭，乖乖地把花瓶还给了少女。

矢村是怎么识破少女叔叔的谎言的？

推理分析

女佣说他亲眼所见，每张日元的面值都是一万元。如是真的，那么一千万日元就有一千张纸币，皮夹子里怎么能放得下？这显然是谎言。

深夜的恐吓信

坐落在 W 大街的一幢大厦在凌晨 1 点突然着火，浓烟是从 1015 房间冒出来的，消防队员从房间里救出了梅西，而她的老师费莱蒂却被烧死了。

经法医鉴定，费莱蒂是因中毒而亡，时间大约是起火前一小时。这说明有人杀害了费莱蒂，又纵火制造了假象。

警方调查得知，费莱蒂因为和丈夫邦迪闹离婚，一个月前搬到梅西处居住，夫妻两人因财产问题一直未达成协议。蒙特警官认为邦迪有作案嫌疑，立刻带人前往邦迪的住处。

此时已是凌晨 4 点了，绘画师邦迪仍在挑灯创作，蒙特说明来意，邦迪说："我知道你们会怀疑我的，这不奇怪，其实我也是受害者，你看，我收到了一封恐吓信。"

说着，从口袋里掏出一封信，递给了蒙特警官，只见上面用打字机打着："知道你是杀害费莱蒂然后又纵火的凶手，如果不想让我说出真相，你必须在明天下午 7 点带 40 万现金，到市中心地铁入口处见面，不许报警。"

蒙特看完信，想了想问道："起火时你在哪里？""一直在这里绘画。"邦迪答道。

蒙特厉声地说道："不！你就是凶手！"说着，让手下将邦迪抓了起来，邦迪还想反抗，说自己无罪，蒙特警官说出了原因，邦迪顿时哑口无言。

你知道是什么原因吗？

推理分析

案发刚过三小时，邦迪不可能在深夜收到这封邮局送来的信，显然信是早就准备好的。

桅杆上的白布

最近，劳尔探长一直在调查市政府官员詹姆森被害的案子。这天黄昏，他驾车来到海边的港口，踏上一只帆船，找到了涉嫌者鲍里金。

鲍里金听劳尔探长说他的朋友詹姆森被人杀害后，惊得嘴里的雪茄差点掉下来。探长向鲍里金询问出事的时候——也就是那天下午2点至4点，他在什么地方。

鲍里金歪着头想了想，说："哦，那天天气很好，中午12点我驾船出海办事，不料船开出两个小时后，发动机就坏了。那天海面上一丝风也没有，船上又没有桨，我的船被困在大海上，无法靠岸。情急之下，我在船上找到了一块大白布，在上面写上'救命'两个黑色大字，然后把桅杆上的旗子降下来，再把这块白布升上去。"

"哦？"劳尔探长很有兴趣地问，"有人看见它了吗？"

鲍里金笑着回答："说来我也挺幸运的。大概半小时后，就有人驾着汽艇过来了，那人说，他是在3英里外的海面上看见我的呼救信号的，后来，他就用汽艇把我的船拖回了港口，那时已近黄昏了。"

鲍里金说完，轻轻地呼了口气，谁知劳尔探长却对他说："鲍里金，假如现在方便的话，请马上随我到警局走一趟。"

鲍里金的脸刷的白了："这是为什么呀？"

你知道这是为什么吗？

推理分析

白布和旗子一样，没有风绝对不可能飘起来，人们当然也就无法看清楚上面的字。鲍里金正是在这个问题上露出了马脚。

七发子弹的左轮手枪

一天，有五个歹徒手持六响左轮手枪，从富国银行抢走 200 万美元后向城西逃窜，银行的保安部长雷顿闻讯，跨上摩托车向目标追去。

雷顿走时忘了带手枪，保安部的凯利马上召来几名保安，开车前去援助，一阵枪声将他们引到了荒无人烟的山沟，等赶到时只见五名歹徒倒在地上已经死了，雷顿的左臂也受了伤。凯利忙从地上拾起被抢的银箱，搀扶着雷顿，胜利而归。当晚，富国银行为雷顿举行庆功会，一些地方官员和刑警队长麦斯也被邀请来了。宴会上，银行董事长举杯感谢雷顿，并请他向大家介绍勇斗歹徒的经过。

雷顿面带微笑，走到台前："我追上时，他们正准备分赃，一个望风的歹徒发现了我。朝我连开两枪，打中我的左臂，我冲上去夺过了手枪，一枪将他打死。另外四个歹徒一看全向我扑来，我躲在岩石后连开四枪，将他们打倒在地，这时，援救的人马到了……"

话音未落，麦斯神态严肃地走到雷顿面前说："你演的戏该收场了，你和那帮歹徒其实是一伙的！"嘉宾们听了，大惊失色。

经过审查，雷顿果真是歹徒的同党。他独自去追，其实是去分赃，后见援助的保安人员赶来，因怕露出马脚，便打死了同党，又故意打伤了自己。

请问，麦斯队长是怎样识破骗局的？

推理分析

歹徒使用的是六响手枪，雷顿说歹徒向他连开两枪，他夺过枪又打死了五个歹徒，这样就从六响手枪打出了七发子弹，这就是破绽所在。

古老的壁画

考古学家维尔那教授，正艰难地行走在荒僻的山区里，他的身边，是一个皮肤黑黑的青年人。他们背着沉重的器材，拉着旁边的树枝野藤，一步步手脚并用，在陡峭的山崖边，小心翼翼地往前摸索。

今天早上，黑皮肤青年人找到维尔那教授，神秘地说："昨天傍晚，我的一只羊走丢了，就在山上到处寻找，忽然发现有一个山洞，我就走了进去。借着一点日光，看到洞壁上有很多画，可是看不清楚，洞里阴森森的，可怕极了，我就逃了出来。听说您是研究古代壁画的专家，我可以带您去。"维尔那教授一听，这也许是重大的考古发现啊，就马上答应了。他生怕别人知道以后，把功劳抢了去，就谁也没有告诉，跟着青年人出发了。

几天过去了，维尔那教授没有回来，黑皮肤青年却来到考古研究所，拿出一张照片说："我在一个山洞里，发现了最古老的壁画，可以卖给你们。"研究所的专家一看，只见照片上是一面山洞的石壁，上面画着古代原始人的生活场景：几只小鸟停在大树上，大树下面是飞奔的小鹿，有一群矮小的野人，正在追赶一只庞大的恐龙，还有太阳、月亮和星星。专家问："这张照片是哪里来的？"青年人说："是一个考古学家拍的，他还说，这是最古老的壁画，很值钱的。"

专家听了，悄悄去报警："我们这里有一个骗子，他还可能谋杀了教授！"警察赶来了，马上对黑皮肤青年进行审问，结果查明了，是黑皮肤青年杀害了教授，还想用教授拍的照片来骗钱。

专家为什么会发现黑皮肤青年是个大骗子呢？

推理分析

恐龙绝迹几百万年以后，才有人类出现，壁画上却有原始人追杀恐龙的画面，教授看了应该知道壁画是假的，不可能说这是最古老的壁画，暴露了青年人在撒谎。

阳台上的枪杀案

新一届奥运会就要举办了，各个运动队都在抓紧训练。住在体育公寓里的运动员们，就连星期天也不休息了，利用一切机会，争分夺秒刻苦练习。伊里杰夫是国家体操运动员，曾经连续两届拿到了奥运会体操冠军，所以这一届体操比赛，人们都指望他获得“三连冠”呢。

星期天清晨，伊里杰夫很早就起床了。他住在公寓的六楼，有一个很大的阳台，阳台的一角放着训练器械。他来到阳台上，一会儿压压腿，一会儿弯弯腰，一会儿双手倒立，一会儿引体向上……对面阳台上，有个小朋友看得直叫好，可是喝彩声刚落，“砰”的一声枪响，伊里杰夫就倒在阳台上，不动弹了。小朋友吓得蒙住了眼睛，大声喊：“爸爸爸爸，对面的叔叔被打死啦！”

麦克奎尔探长接到报案，直奔现场。他检查了尸体，发现子弹是从背后射进去、从小腹穿出来的，有一颗弹头嵌在阳台的地板上，和死者的伤口完全吻合。探长挖出弹头，发现这是小口径步枪子弹头，是专门用于射击比赛的。

探长又作了进一步的调查，得知在这幢公寓的二楼，住着一位射击运动员，人称“神枪手”，就对他进行询问。“神枪手”生气地说：“探长先生，你不应该怀疑我，因为我听说子弹是从他后背进去，下腹部出来的，凶手显然是从上面往下射击，我在二楼是没有办法射中他的啊！”

探长问了他的邻居，证明他早上确实没有出门。

那么凶手究竟是谁呢？

麦克奎尔探长很快心里就有了答案。

从现场情况分析，你认为麦克奎尔探长会说谁是凶手呢?

推理分析

凶手就是射击运动员，他趁伊里杰夫练习倒立的时候，从二楼阳台往上射击。

门口的烟头

埃格勒先生是画家，他原来只是一个普通的美术老师，通过几年刻苦努力，终于成为闻名全国的画家。埃格勒非常勤奋，这么些年来，只要一有空，就拿出画板画笔，叼上一支香烟，埋头画画。他的烟瘾很大，虽然吸烟使他老是咳嗽，不过他还是觉得不吸烟的话，创作就没有灵感了。

埃格勒出了名以后，他的办公室和家里的电话，整天铃声不断，一会儿电视记者来找他采访，一会儿画展开幕要他去剪彩，一会儿美术协会请他去作报告，他忙得焦头烂额。

星期天上午，埃格勒先生刚刚起床，电话铃又响了，对方说："不好意思打扰，我是人寿保险公司的业务员，想占用您一点时间……"埃格勒先生对保险不感兴趣，不过作为名人，他也不能显得没礼貌啊，就说："很对不起，我现在没有空。"对方不等他挂电话，赶紧说："那我下午来，只用您两分钟，再见！"

埃格勒先生摇摇头，刚挂上电话，电话铃又响了，他拿起话筒生气地说："我下午也没有空……哎哟，是老朋友啊，下午有空有空，我等着你！"原来，这次打来电话的，是他以前的一位老朋友，过去他们经常在一起抽烟聊天。

就在这天下午，画家被人杀害在家里。摩恩探长来到屋里，发现烟灰缸里有一堆烟头，房门口有一支吸了一半的烟头。他还了解到，下午来过两个人，一个是保险公司的推销员，一个是画家的朋友，他马上推测出谁是犯罪嫌疑人了。

你能推测出谁是犯罪嫌疑人吗？

推理分析

是推销员，因为如果是画家的老朋友，他们经常在一起抽烟，没有必要在门口把烟头掐灭。

205 舱的客人

玛丽号游船航行在大海上，遇上了特大风暴，游船在风浪中东摇西晃，好像是一只大摇篮，一会儿冲上浪尖，一会儿又跌进浪底。乘客们都受不了啦，扶着栏杆哇哇呕吐，福森特探长躺在床上，两手紧紧抓住床，才没有滚到床底下去。

一直到上午 10 点钟，风浪过去了，游船才渐渐平稳下来。船长立刻指挥着水手，检查游船的设备，服务员们来到各个船舱里，给乘客们送上早饭。可是福森特探长什么都不想吃，他倒头继续睡，迷迷糊糊听到“砰”一声响，以为暖瓶摔碎了，紧接着船长冲进来说：“发生了枪杀案，请您帮忙调查！”

被枪杀的是 205 舱客人。探长先从邻近客舱开始调查。204 舱住着一个中年人，他说：“刚才风浪太大，我小便一直憋着，等到船不晃了，就赶紧往厕所跑，枪响的时候，我正在厕所里。”

206 舱住的是个作家，他说：“我在写一本侦探小说，出版商等着要，我写了一个通宵，刚才正写到紧要关头，忽然听到枪响。”他拿出一叠书稿，上面的一行行字整整齐齐，密密麻麻。

探长又来到 203 舱，这里住着一位年轻人，他吞吞吐吐地说：“我刚才……路过 207 舱，看见门开着，桌上有一个钱包，我拿了就溜，这时候听到枪响……”他慌张地交出钱包。

船长说："我们再去207舱看看吧。"福森特探长说："我看就不用再查了，嫌疑人就在这里。"

福森特探长认为谁是犯罪嫌疑人呢？

推理分析

犯罪嫌疑人是206舱的作家，因为在船摇晃的情况下，他是不可能写出整整齐齐的字的，说明他在撒谎。

停在路中央的救护车

福森特探长来到警察局，准备查找一份资料，忽然接到报警电话："中心银行闯进来三个蒙面匪徒，抢走了几十万现金，然后开车逃走了。"他马上和警察们一起，用最快的速度，冲出办公室，跳上了警车，向中心银行驶去。

一路上，行人和车辆听到警笛声，纷纷避让开，眼看就要到达目的地了，却听到前方也传来警笛声，不过那是一辆救护车发出的。

探长看到救护车停在路中央，旁边围了很多人。他跳下警车一打听，原来刚才有个男子，不遵守交通规则，乱穿马路的时候，被卡车撞得头破血流，正好这辆救护车路过，人们就把救护车拦下来，想把伤员送到医院去。可是救护车上跳下来一个医生，说他们要赶着去救另外一个病人，不肯救这个男子，于是在马路上争吵起来。

福森特探长马上对医生说："救死扶伤是你们医生的责任，再耽搁下去，病人就要没命了。快把伤员送到医院！"医生没有办法，招招手，救护车上又跳下来个医生，把伤员抬上担架，推进了救护车，关上车门，拉响警笛开走了。

警车继续前进，探长却还在牵挂着那个伤员，因为在关车门的一刹那，他看见伤员的头朝外，脑袋上还在流着血，救护车能不能及时赶到医院呢？伤员能不能抢救过来呢？

忽然，福森特探长大叫一声："我们上当了！"他马上掉转车头，追赶那一辆救护车。

福森特探长为什么要追赶救护车呢？

推理分析

救护车在抢救伤员的时候，按规定应该把伤员的头朝里、脚朝外，救护车上的医生却弄反了，说明医生是假冒的。实际上救护车上的"医生"就是罪犯，他们抢劫银行以后，冒充医生开着救护车逃跑，却被福森特探长识破了。

阁楼门口的蜘蛛网

纳罗森是一个抢劫犯，他心狠手辣，非常狡猾，曾经抢劫了中央银行，还杀害了两个保安。莫尔警长花了三年的时间，才把他抓到。他被判了无期徒刑，关进了监狱。

这一天，中央银行又发生了抢劫案。根据现场遗留下的痕迹，发现罪犯的特点竟然和纳罗森的一模一样。就在这时候，传来一个惊人的消息：纳罗森越狱逃跑了，抢劫银行的，就是纳罗森。

莫尔警长想，当年是他把纳罗森抓住，送进监狱的，纳罗森绝不会善罢甘休，一定会来报复自己的。于是，他写了很多海报，贴在邮箱上用挑衅的语言，故意激怒纳罗森，约他某日上午 8 点钟，到 A 地和自己决一死战。A 地是一个废弃的仓库，上次纳罗森就是在那里被抓住的。

那一天早上 8 点钟，莫尔警长来到仓库，凭他的感觉纳罗森也已经来了，他拔出手枪，勇敢地推开门，冲了进去。仓库里黑黑的，脚下杂草丛生，里面传来了纳罗森的声音："你来吧，老子不怕你！"他迅速追了进去。可是，一直走到仓库的尽头，也没有看到纳罗森。仓库里有一个小阁楼，会不会在上面呢？他靠近阁楼一看，上面结满了蜘蛛网，纳罗森不可能进去。

就在这时候，莫尔警长忽然想到，纳罗森就躲在阁楼上，正在暗处瞄准自己！他连忙蹲下来，“砰”的一声枪响，阁楼里射出来一颗子弹擦过他的耳朵，纳罗森果然在阁楼上！莫尔警长反手一枪把纳罗森打死了。

阁楼口明明布满了蜘蛛网，纳罗森是怎样进去的呢？

推理分析

狡猾的纳罗森抓了几只蜘蛛，提前一天躲进阁楼，然后把蜘蛛放在阁楼口，蜘蛛吐丝结网，封住了阁楼口。

口袋里的金币

凌晨的时候，小镇的街上静悄悄的，空无一人。今天是星期天，又是阴冷的下雨天，大人们不用上班了，小孩不用上学了，现在都裹在温暖的被子里，呼呼地睡大觉呢。

老警长海金斯驾驶着警车，在大街上巡逻。密密的雨滴敲打着车窗玻璃，发出“啪啪”的响声。眼前变得很模糊。警长开了大灯，缓缓地行驶着。忽然，前面十多米远的地方，有一个黑影从墙角蹿出来，那是谁？海金斯警长踩了一下油门，快速追了过去。

那黑影穿过一条马路，拐进一个角落里。海金斯警长刹住车，打开车门，睁大眼睛一看，原来那是一条野狗，真是虚惊一场！他回到警车里，擦了擦脸上的雨水，自言自语地说：“哎呀，年纪大了，眼睛不管用了，该退休啦。”

海金斯警长正要开车离开，忽然看见地上还有一个黑影。会不会看错了？他跳下车跑过去一看，原来是一个老头！经过检查，老头已经死亡，后脑勺上有一个窟窿，血流满地。外衣口袋里，有一枚金币和一张纸币。这时候，旁边有个人影一晃，原来是送奶工吉列。他弯腰一看老人，惊叫起来：“哎呀！果然出事了！”警长一问：“你怎么知道他会出事的？”

吉列说：“老头有一个坏习惯，喜欢把金币放在口袋里，弄得叮当响，好像很有钱。我警告过他，这会招来坏人抢劫的，刚才我看到他又在把口袋里的金币弄得叮当响……”

海金斯警长打断吉列的话说：“你有杀害老人的嫌疑，请上警车吧！”

海金斯警长为什么怀疑吉列杀害了老人呢？

推理分析

老人的口袋里只有一枚金币，不会发出叮当的响声，说明吉列在撒谎。

女教师之死

贝尼卡是一个女教师，她为人善良大方，别人有什么困难，她总是热情地帮助。在学校里，她深受学生和同事们的爱戴，年年被评选为先进。她有一个姐姐，比她大 5 岁，可是贝尼卡的爸爸总是说：“贝尼卡比她的姐姐更懂事呢！”

有一天早上，上课的时间已经过了，可是贝尼卡却没有到教室里来。学生们都觉得奇怪，这可是从来没有过的呀！他们去找教务主任，教务主任打电话到贝尼卡的家里，电话没有人接。教务主任不放心，赶到她的家里，拼命按门铃，却没有人来开门。

教务主任觉得有些不对劲，只好打电话给警察局。哈里警长接到电话，几分钟后就赶到了。他问清楚了情况，凑近房门，看了看门上的“猫眼”，那是一个探视孔，房间里面的人，可以通过“猫眼”看到外面的人，但是外面的人却看不到里面的人。

哈里警长又按了几次门铃，还是没有人开门，他叫来大楼管理员，打开了房门，这才发现贝尼卡穿着睡衣，倒在血泊中，胸口插了一把刀。根据检查，死亡的时间大约在昨天晚上 8 点钟。大楼管理员查看了记录，然后告诉哈里警长：“昨天晚上，先后有两个人来找贝尼卡，一个是 7 点 50 分来的，是她的姐姐，另一个是 8 点 10 分来的，是她的女同事玛莎，两个人都说，按门铃以后没有人开门，以为贝尼卡不在家，就离开了。”哈里警长思考了一会儿，对身边的警员说：“来访的两个人当中，有一个就是杀害贝尼卡的凶手！而这个人就是她姐姐！”

哈里警长为什么说她的姐姐就是凶手呢？

推理分析

凶手是她的姐姐，因为有人敲门，贝尼卡会先通过“猫眼”看来访者是谁。如果是同事，出于礼貌，贝尼卡一定会更衣后才开门，只有是自己的姐姐，才会穿着睡衣开门。

台阶上的老裁缝

一天早上，警长哈里在大街上巡逻。他是一个老警察了，对这里的每条道路、每户人家，都非常熟悉。他慢慢走着，碰到熟人，就微笑着说一声：“早上好！”人们看到他，也都感到很亲切，似乎有了安全感。

哈里警长拐了个弯，前面有一幢面向大街的小楼，住着老裁缝戈里先生。戈里先生的手艺相当不错，据说总统出国时穿的服装，都是他做的呢。哈里警长想，下个星期儿子要举办婚礼，应该做一套黑色礼服，对了，就找戈里先生吧。

哈里警长正这样想着，突然，前方传来一声枪响。他抬头看去，只见戈里先生站在他家的台阶上，脸朝着家门，慢慢地倒下去。哈里赶紧奔过去，发现老人的背上中了一枪，鲜血从伤口涌出来。戈里先生喘息着睁开眼睛，嘴唇颤抖着，好像要说什么，却没有说出来，就停止了呼吸。

哈里警长放下老人，转身查看四周，看到马路对面有两个人，就大声命令：“我是警察！你们都举起手，慢慢走过来！”

两个人走了过来，哈里警长开始询问。其中一个是年轻人，他说：“我是个司机，刚上完夜班回家，听到枪声，回头一看，有个老人慢慢地倒了下来，其他的，我就什么也不知道了。”另外一个是中年人，他说：“我每天早上都要跑步锻炼，刚才正好跑过这里，随意地瞥了一眼对面，看见老人正在锁门，忽然枪响了……”哈里拿出手铐，铐住了中年人，严厉地说：“你有枪杀老人的嫌疑，跟我到警察局去说清楚吧！”

为什么哈里警长认为是中年人枪杀了老人？

推理分析

老人脸朝门站着，别人不会知道他是在锁门还是在开门，只有一直盯着老人看的人，才能知道老人是从里面出来，正在锁门，所以中年人是嫌疑犯。

雨夜的报案

在一个风雨交加的深夜，大地笼罩在漆黑的夜幕中。小镇上的人家，都熄了灯入睡了，只有几盏路灯，射出昏暗的灯光。这时候，警察局里却灯火通明，高斯警长和几个警员，正守候在电话机旁值班。因为根据经验，越是这样的天气，越是会发生案子。

果然，电话铃声响了。对方是一个男子，他好像受到了很大的惊吓，颤抖着声音说：“警察……局吗？不、不好了，我在……小镇的河边，发、发现了一具尸体……”高斯警长马上带上两个警员，驾着警车冲进雨幕，往河边飞驰而去。

在车灯的映照下，远远看见河边有一个人影，高斯警长他们下了车，打着手电筒，来到小河边。这时，他们看清了那个人影。他是一个瘦高个儿，全身上下，从头发到衣裤，都是水淋淋的，完全湿透了。他脸色苍白，神情很紧张。高斯警长拍拍他的肩头，让他先稳定一下情绪，自己蹲下来查看尸体。过了一会儿，瘦高个不那么紧张了，开始报告说：“刚才我在河边走，忽然脚下一滑，跌进了河里，幸好我会游泳，游到岸边的时候，被什么东西绊了一下，仔细一看，竟然是一具男尸！”一个警员问：“天这么暗，你看得清是男尸吗？”瘦高个儿说：“幸好我口袋里带着火柴，我划亮了火柴一看，他的脖子上有两道刀伤，浑身都是血，已经死了，我害怕极了，就赶紧跑到电话亭，给你们报案了。”

另一个警员还想问什么，高斯警长却果断地说：“不用再问了，他就是嫌疑犯，把他铐上，回警察局！”

为什么高斯警长会怀疑报案人就是凶手呢？

推理分析

报案人从河里游上来，衣服全部湿透了，火柴肯定划不着了，说明他是在撒谎，是他自己杀了人，再假装报案，想蒙混过关。

谁安放的录音机

希耳公司研究开发出一套新软件，将要应用在空军的战斗机上。这是国家一级保密的项目，国外的情报机关不惜重金，要收买公司的人员，窃取软件的情报。这天下午1点钟，在公司的会议室里，举行了新软件的论证会。

会议是在绝对保密的情况下召开的，会议开到一半，有个工程师不小心把笔掉到地上了，他俯下身子去拾，却发现桌子底下有个奇怪的小盒子，拿起来一看，竟然是用来窃听的微型录音机！

总工程师马上宣布会议暂停，并向警方报了警。摩恩探长迅速赶到现场，他先检查了录音机，录音带上开始没有声音，2分钟以后，听到轻微的关门声，又过了10分钟，听到很多人进来的脚步声和说话声。摩恩探长推测，安放录音机的时间，大约是在12时45分。根据调查，当时有可能进入会议室的，一共是两个人。探长和经理一起，在经理室分别找他们谈话。

首先进来的是女秘书，她说：“我12点40分进会议室，把文件放在桌子上，就马上离开了。”经理看了看她的脚，生气地问：“公司规定上班应该穿平跟鞋，你怎么穿高跟鞋？”女秘书红着脸说：“今天起床晚了……赶着上班，穿错了。”

接着进来的是男清洁工，他说：“我进会议室擦了桌子，就出来了。”探长还没有问话，经理指着他脚上的网球鞋，生气地责问：“你怎么也不按规定穿平跟鞋？”清洁工支支吾吾地说：“我……中午去打网球，忘了换鞋了……”询问完了，摩恩探长告诉经理：“我知道微型录音机是谁放的了。”

你认为谁是放录音机的罪犯呢？

推理分析

是清洁工。他穿的是网球鞋，录音带上不会留下脚步声，而女秘书穿的是高跟鞋，如果是她作案，录音带上一定会留下高跟鞋的脚步声，因为她最终要取走录音机，不会担心脚步声被录下来而轻轻走路。

南美洲的大象

非洲撒哈拉沙漠，是世界上非常著名的沙漠探险地。为了能够征服它，无数的勇士来到这里，进行挑战极限的活动。

一天，负责救助的当地警察布鲁姆和他的助手正在沙漠腹地开车进行巡视，突然，他看见沙漠中躺着两个人，布鲁姆急忙停下车，来到了两个躺着的人跟前。他用手一摸，发现两个人都早已死亡。两个人的背上都挨了数刀。

布鲁姆马上开始检查尸体，从两个人的兜里，布鲁姆发现了这两具尸体的身份：两个人都是美国人，住在纽约，是美国一家沙漠探险俱乐部的会员。

布鲁姆让助手继续清理现场，然后，他便将这两具尸体的资料传到了总部。总部马上通过国际电报，通报给了美国纽约警察局。

纽约警察局对这起案件极为重视，马上成立了专案组，由汉斯担任组长。

经过仔细的调查，汉斯认为死者之一的麦劳斯先生的侄子约翰有重大嫌疑。于是，汉斯便驱车来到了约翰的住所。约翰很友好地接待了汉斯。他把汉斯让进屋里，然后问道：“尊敬的汉斯先生，你找我有什么事吗？”

“是的，找你核实一件事。你叔叔麦劳斯先生最近去了哪里？”

“他去了非洲，又去探险了。”约翰回答道。

“我听说你也去了非洲，是陪你叔叔一同去的。”汉斯问道。

“不，我没有去非洲。本来我打算去的，可是，就在我要陪叔叔去非洲的时候，我的几个喜欢旅游的朋友硬要我陪他们一同去南美洲，我只好放弃了非洲，而去了南美洲。”

说到这，约翰从柜子里拿出了一张照片，又继续说道：“你看，这是我在南美洲与大象照的合影！”

“够了。亲爱的约翰先生，我看你叔叔的死，就是与你有关。”接着，汉斯指着照片上的大象说了一番话，约翰不得不低下了头，并承认了叔叔就是他杀死的真相。

汉斯为什么讲了一番大象的知识，约翰就承认了犯罪事实呢？

推理分析

世界上亚洲有大象、非洲有大象，而南美洲却没有大象。

林肯手迹

索斯比拍卖行，是美国著名的拍卖行，曾经拍出过无数的艺术珍品。

这一天，索斯比拍卖行又是人头攒动，人们知道今天将有林肯的手迹当庭拍卖。对于收藏家们来说，能够收藏到林肯总统的手迹，那将是十分荣耀的。

上午 9 点，拍卖会正式开始。女拍卖师南希款款地走上拍卖台，她从一个卷轴里拿出一张残缺不全的破纸，然后说道：

“现在我把林肯的这份手迹上的内容，给大家念一念：‘在葛底斯堡的公共广场，乐队奏着乐曲，人声鼎沸，大家唱着国歌涌向……’下面的字迹已经被撕去了，看不到了。但最底下的签名却很清楚：‘阿·林肯’。下面请现场的收藏家们可以竞价了！”

“我出五十万！”

“我出一百万！”

“我出一百五十万！”

……

历史学博士弗莱也举起了手，他一直都在研究林肯，因此，对这份林肯的手迹更是情有独钟。于是他举起了右手，并直接就喊出了五百万的高价。

现场的所有人都被他的高价镇住了，情不自禁地放下了手，不再与他竞价，并欢呼着为他叫好。

这样，弗莱博士便顺利地拍到了林肯的手迹。当晚，弗莱博士十分高兴，他就请他的朋友检察官温斯特来到家里，让其欣赏林肯的手迹。

温斯特也为老朋友能够收藏到林肯的手迹而高兴，可当温斯特拿起手迹，展卷一读之后，脸当时就变了色，不禁说道：

“亲爱的老朋友，这份手迹一分钱也不值，因为它是假的呀！”

温斯特为什么说林肯手迹是假的呢？

推理分析

因为林肯执政时期，美国还没有国歌，《星条旗永不落》在林肯时代只是一首很流行的美国歌曲，直到 1931 年才正式被定为美国国歌。而手迹当中却说“唱着国歌”，显然这是假的。

一杯冰汽水

很小的时候，斯汀娜就喜欢听爸爸讲故事，她爸爸是探长，常常给她讲探案故事。受爸爸的影响，上大学的时候，她就学着写探案小说，然后寄给一家出版社，没想到，出版社竟然出版了。她的小说很快被抢购一空，于是，她一部接着一部写下去，很快成为畅销书作家。

有一天，斯汀娜很晚才回家。四周静悄悄的，她一边开门，一边还沉浸在小说的恐怖情节里：“开门的时候，身后蹿出一个黑影……”忽然，她觉得身后真的有个黑影，心口乱跳，马上仿照小说里的情节，掏出防身用的水果刀，回身向黑影刺去，黑影“扑通”倒下了。她仔细一看，竟然是大楼管理员，被刺中心脏，已经死了。眼看闯了大祸，她看看周围没有人，用她惯于编造情节的脑子，想出了一个逃脱的妙计。她回到家里，拉下了电闸，偷偷地溜走了。

第二天，斯汀娜接到福森特探长的电话，要她马上回家。她回到别墅，探长已经等在那儿了。探长说了发现凶杀案，问她：“昨天你在家吗？”斯汀娜是编故事的老手了，她说：“探长先生，我家里的电路坏了，电脑不能用，所以这三天里，我一直住在母亲家呢。”福森特探长点点头说：“你的父亲以前是我的上司，我是看着你长大的，你是不会干违法事的，哦，我忙到现在，渴坏啦！”斯汀娜一听，轻松地打开冰箱，倒了一杯冰汽水给探长。

福森特探长喝了一口，拿出手铐说：“很对不起，尽管你父亲是我的上司，不过你犯了罪的话，还是要逮捕你。”

福森特探长怎么会马上判断出是斯汀娜杀了人呢？

推理分析

斯汀娜说家里停电三天了，可是实际上只停了一个晚上，冰箱里的汽水还是冰凉的，福森特探长喝了以后，知道她在撒谎。

翻下悬崖的吉普车

西拉蒙是一名间谍，这一天，他得到一个消息：今天半夜里1点钟左右，S国的情报官，将要驾驶一辆吉普车，带着一份绝密文件，经过5号盘山公路。西拉蒙马上决定，在公路上堵截住情报官，抢走绝密文件。

夜深了，公路上几乎没有车辆来往。西拉蒙坐在一辆卡车里，关闭了车灯，隐蔽在路边。他看了看夜光手表，已经半夜 1 点钟了。这时候，远处传来汽车马达声，接着，灯光越来越近，他看清楚了，就是那辆吉普车。他立刻打开车灯，发动马达，打算去拦截，谁知道，吉普车“突突突”叫了几声，自己停了下来，情报官跳下车，骂了一句：“见鬼了，忘了加油！”

这真是天赐良机啊！西拉蒙一踩油门，卡车冲了过去，又“吱”的一声，在吉普车旁边刹住了。西拉蒙跳下车，拔枪对准情报官。那情报官拿了公文包，撒腿就逃，可是他怎么逃得过子弹呢？西拉蒙“砰砰”两枪，把情报官打死了。他打开公文包，拿走了绝密文件，然后，把尸体和公文包放进吉普车，又拿出事先准备好的汽油瓶，扔进驾驶室。最后，他把吉普车推下悬崖，“轰”的一声，山谷下面燃起了熊熊大火。

第二天早上，电视新闻里报道：“5 号公路发生车祸，一辆吉普车翻下悬崖起火，车和驾驶员被烧焦……”西拉蒙放心地笑了。可是他听到电视里又在说：“警方根据初步调查，认为这起事故是一个大阴谋……”西拉蒙吓出了一身冷汗，他不明白，警方从哪里发现破绽了呢？

警方是从哪里发现这起车祸是一个大阴谋呢？

推理分析

烧毁的吉普车上，油箱的指针正指在零的位置，表明吉普车在推下谷底之前，油箱里已经没有油了，不可能引起大火，暴露了翻车是人为制造的假象。

作案时间

在一座豪华的公寓里，有个老妇女被人杀害了。老妇人的丈夫是富翁，两年前在车祸中丧生，留下她一个人住在这里。她没有子女，只有一个外甥经常来看她，好在她的身体还硬朗，也没有请保姆照顾。谁知道祸不单行，现在她也遭遇到了不幸！

根据海尔探长调查的结果，老妇人的外甥嫌疑最大。因为从现场看，罪犯很可能是死者的亲属，而经常来看老妇人的，就是外甥密尔敦，而且他是唯一能继承财产的人，他会不会为了得到遗产，谋财害命呢？

探长立刻询问密尔敦先生，他是一位摄影记者，戴着金丝边眼镜，穿一套灰色的西装，夹着一只名牌公文包，看上去非常斯文。探长说："不瞒您说，您的犯罪嫌疑最大，首先您有犯罪的动机，您姨妈死了以后，您就可以继承遗产；其次您有犯罪的时间……"

密尔敦马上说："探长先生，请原谅我打断您的话，我并没有作案的时间啊！"他胸有成竹地打开公文包，拿出一张照片递给探长，继续说，"我姨妈遇害的时间，是在昨天上午9点钟，当时我正在海滨公园里摄影，巧得很，我还在公园的钟楼前，让人给我拍了一张照片，您看这张照片上，钟楼指示的时间，不正是9点钟吗？"

海尔探长看了看照片，上面的时钟确实指着9点钟。探长又仔细看了一遍，嘴角露出了一丝笑容，说："您的这张照片正好说明了您就是凶手。"

既然照片上的时钟指着9点钟，为什么海尔探长却认为密尔敦是凶手呢？

推理分析

照片上密尔敦的西装的纽扣都是在右边，而男西装的纽扣应该是在左边，说明照片故意洗印反了，时钟上9点钟实际上是下午3点钟。密尔敦有作案的时间。

池塘里的倒影

公园里有一个大池塘，里面养了很多鱼。公园的生意不太好，公园经理就想出了一个点子，在池塘的一角，划出了一块水面，专门让人来钓鱼。于是，很多人来到这里钓鱼，公园的门票收入大大增加，经理可乐坏啦。

俗话说“乐极伤悲”，好事有时候也会变成坏事。星期一一大早，公园经理刚来到办公室，就听值班员跑进来，上气不接下气地说：“不、不好了，池塘边……打死人了。”经理一听，脑袋“嗡嗡”响，马上往池塘边奔去，同时告诉值班员：“赶紧报警！”

池塘边，躺着一个老头，脑袋被砸破了，已经断了气。尸体的旁边，蹲着一个年轻人，哭哭啼啼地说：“是我打死了他，不过，我不是故意的，我以为他要打死我……”公园经理听得糊里糊涂，只好让人保护现场，等警察来了再说。

吉米警长很快赶到了，年轻人平静了下来，他告诉警长说：“我和老人是邻居，又都喜欢钓鱼，经常一起来钓鱼。最近，他丢了一大笔钱，听邻居说，他怀疑是我偷的，果然，他不再约我一起钓鱼了，可是今天一大早，他叫我一起去钓鱼，我还是答应了。刚才钓鱼的时候，我盯着水面上的浮标，忽然看到，水面上有他的倒影，他正举起一块砖头，往我的头上砸下来，我吓得赶紧躲开，抢过砖头砸过去，竟然把他砸死了。警长先生，我这算是正当防卫吧？”

吉米警长对年轻人说：“别自作聪明了，你是故意杀他的！”

年轻人的话里有什么漏洞？为什么吉米警长说小伙子是故意杀人？

推理分析

池塘的水是平面的，钓鱼的时候，是看不到身后人的倒影的，说明年轻人在撒谎。

酒吧里的枪声

半夜里，大街上已经空无一人了，只有几只流浪的小野猫，在垃圾箱边窜来窜去，寻找吃的。大街靠近公路的拐角处，有一个加油站，加油站的对面，开着一家小酒吧。公路上来来往往的汽车，都到加油站来加油，司机和旅客，都喜欢在酒吧里喝上两杯，歇歇脚，所以，小酒吧的生意还不错。可是，就在这半夜三更的时候，小酒吧里发生了人命案！

福伦警长接到报案，马上就赶到了现场。他看到一张桌子前，趴着一个中年男人，身体很强壮，头发乱糟糟的。桌子上淌着一大摊血，在昏暗的灯光下，显得特别恐怖。男子的左耳朵后面，有一个弹孔，子弹是从这里射进去的，穿进了脑壳，当场死亡。

开枪的人叫比克，他是小酒吧的老板。比克脸色苍白，紧张地回答着福伦警长的询问。比克说："我这里的顾客，南来北往的很复杂，一些流氓经常来这里捣乱，为了防止坏人抢劫，我准备了一把手枪，这是在警察局备过案的。"福伦警长说："这些我都知道，你就说为什么开枪杀人吧。"

比克点点头，继续说："就在 10 分钟前，酒吧里只剩下一个顾客，趴在桌子上一动不动，我以为他喝醉了，就跑过去，问他是不是不舒服。谁知道他一下子蹦起来，举起一把尖刀，要我把钱箱交给他！我急忙逃回柜台，拿出防身的手枪，他举着尖刀迎面扑上来，我只好开枪，我这是正当防卫啊！福伦警长等比克说完了，嘲笑地说："可是，你编的谎话里忘了一个细节。"

是哪一个细节，使福伦警长发现比克在撒谎呢？

推理分析

如果男子是正面扑上来的，枪弹不可能从他的左耳边射入，是比克开枪打死了男子，伪造现场。

一道密码算术题

国际数学家大会就要举行了，数学家赫利先生收到请柬，邀请他参加大会，并且演讲他的一篇论文。赫利是一位年轻的数学家，他的研究成果，轰动了世界，还被提名参加诺贝尔奖评选呢。

赫利先生并没有骄傲自满，他知道，他的成绩离不开亚森教授。赫利原来是一个穷学生，学习勤奋，对数学有着特别的爱好，可是，他连吃也吃不饱，更没有多余的钱买书了。于是，他天天带了最便宜的面包，待在图书馆里，查阅和抄录资料，一直到图书馆关门。亚森教授在图书馆里发现了他，主动收他做学生。在亚森教授的严格要求下，赫利进步飞快，才取得了今天的成绩。

这一天下午，赫利先生带着论文，来到亚森教授家里，想请教授做修改。他按了门铃，却没有人开门，他以为教授在休息，正打算离开，忽然发现门没有关紧，便轻轻推开门，走了进去。房间里空荡荡的没有一个人，桌子上堆着很多书，茶杯里的水还冒着热气，所有的迹象表明，教授不像是外出的样子，赫利想，可能教授去买面包或烟什么的，忘了锁门吧！

赫利先生就坐在沙发上，一边看论文，一边耐心地等。十分钟过去了，亚森教授还是没有回来。赫利先生有一些紧张，会不会出事了？他站起来，看了看教授的桌子，偶然地，发现一只计算器上，留着一道算术题：“101×5”。赫利先生感到奇怪，这么简单的算术题，教授还用计算器？他按了一下计算器，液晶显示屏上出现了答案，赫利先生一看，马上明白了，立刻抓起电话报警。

为什么赫利看了答案，就判断出教授出事了呢？

推理分析

101×5=505，“505”在计算器液晶显示屏上，就像紧急求救信号“SOS”，教授用这种办法表示自己被绑架了。

博物馆里的盗窃犯

国家博物馆里，正在举办国际文物展览。世界上最珍贵的文物，如今都集中在这里，而且只展出一周。这可是千载难逢的机会啊！来自世界各地的人们，纷纷来到这里参观，博物馆售票处的窗口前，天天排着长长的队伍。

博物馆越是热闹，博物馆保卫部门越是高度紧张。他们得到情报，有一个文物盗窃集团，正准备在博物馆下手。为了加强保卫工作，警卫们全部取消休假，日夜巡逻放哨。

这一天下午，天正下着大雨，有一个盗窃犯买了门票，走进了博物馆。他似乎对每个展品都很感兴趣，看得非常仔细，待了很长时间，实际上，他是在查看地形。博物馆关门的铃声响了，游客们纷纷离开，盗窃犯却悄悄躲进厕所里，爬到上面的水管上。到了半夜里，他从厕所里出来，摸清了警卫巡逻的规律。他趁警卫两次巡逻之间的空隙，溜到一个展架前，里面放着一只象牙杯子，那可是非洲的一件国宝啊！他用工具打开橱窗的锁，拿走了象牙杯子，换上了一只假的象牙杯子，然后逃回厕所里。

第二天早上，博物馆开门了，参观的人群蜂拥而入。盗窃犯从厕所里出来，混在参观的人群里。过了一会儿，他假装参观完了，跟着人群向门口走去。外面还在下雨，他打开了雨伞，这时候，一个警卫拦住他问：“昨天晚上，你躲在博物馆里干什么？”警卫为什么会看出他躲在博物馆里呢？

推理分析

外面正下着雨，其他人的雨伞都是湿的，而盗窃犯的雨伞却是干的，说明他不是从外面进来的。

搭车的小伙子

炎热的夏天，莱克警长驾驶着警车，在大街上巡逻。再过几分钟，他就要下班了。他想，回家的路上，千万别忘了买一个大蛋糕，因为今天是他女儿的生日。想到可爱的女儿，他的脸上露出幸福的微笑。

忽然，无线报话机响了起来：“莱克警长！莱克警长！第一银行发生抢劫案，罪犯乘一辆红色轿车，向A公路逃窜，车号是3008，请求立刻支援！”莱克警长一听马上开响了警报器，警车开足马力，闪电般地向A公路方向追去。

警车很快驶上了A公路。公路上的车辆不多，没有发现3008车号的红色轿车。前面就是岔路口了，应该向左转呢，还是向右转呢？莱克警长放慢了车速，拿不定主意，这时候，他看见路边有个小伙子，在朝他挥手。警长把车停在他面前问："你看见过一辆红色轿车吗？"小伙子说："我正要报警呢！我在这里等着搭便车，刚才看到过来一辆红色轿车，我朝它挥手，可是它一下子就冲过去，差点儿把我撞倒，我怀疑这车有鬼！"

莱克警长问："它是朝哪个方向去的？"小伙子手指右边说："朝那里！这样吧，您让我搭个便车，我来给您带路，我在火辣辣的太阳下，已经站了半个小时了，累死我啦！"

探长让小伙子上了车，飞速往右边的路追去。小伙子舒了一口气，从口袋里拿出一块巧克力，用力掰下一半给莱克警长。巧克力很硬很脆，莱克警长咯吱咯吱嚼着，突然，他一个急刹车，对小伙子说："你就是罪犯！"

为什么莱克警长吃着巧克力，会发觉小伙子就是罪犯的同伙呢？

推理分析

小伙子说在烈日下待了半个小时，可是巧克力却还没有熔化，说明小伙子在撒谎，故意等在岔路口，把警车引向错误的方向。

候选的小提琴手

金碧辉煌的大音乐厅里，演出马上就要开始了。为了保证演出质量，乐队的首席小提琴手演奏员，由格德和马里雷两个人担任。在每一场演出前半个小时，由指挥福兰特临时决定，到底让谁上场演奏。格德和马里雷是师兄弟，他们的演奏水平都差不多，不过格德更得福兰特的赏识，所以，他上场演出的机会更多一些。

今天的演出，听说最著名的小提琴大师要来观看，格德和马里雷都暗暗希望，自己能够上场演奏，万一能得到大师的赞扬，那以后就不愁不出名啦。

演出前半小时，福兰特作出了决定，让演奏水平更高的格德出场。格德先生听说以后，马上来到化妆间化妆，化完妆以后，他还要调试 3 分钟琴弦，然后才能上场演奏。可是，就在开场前的 10 分钟，人们发现格德不见了！剧场经理和乐团团长可急坏了，派人到处寻找，最后在堆放道具的小房间里，发现格德已经被人勒死了。

探长莱克来到现场，这时，离开场还有 3 分钟了。为了不影响演出，指挥福兰特只好决定，让马里雷准备上场。马里雷接到通知匆匆来到化妆间，一边化妆，一边伤心地说："放心吧，我一定会好好演出，来悼念我的师兄！"

上场的铃声响了，马里雷熟练地从琴盒里拿出小提琴，跑上台就演奏起来。莱克探长站在后台，一边观看演出，一边细心地向乐团团长了解情况。

演出获得了成功，马里德今天发挥得特别好，他看到小提琴大师微笑着向他点点头，表示赞赏。他谢完幕，兴高采烈地回到后台，莱克探长拍拍他的肩膀说："马里雷先生，请跟我去警察局吧！"

莱克探长从哪个细节上发现马里雷是杀害格德的嫌疑犯呢？

推理分析

小提琴手在临演出几分钟，都要调试琴弦，马里雷从琴盒里拿出小提琴就能演奏，说明他事先知道今天肯定要演出，证明他有谋杀格德的嫌疑。

数学家之死

"每个伟大的科学家在扬名前都很潦倒，伽利略是这样，爱因斯坦是这样，我也是这样。"这段话是笛生的开场白，他对所有人都这么说，然后请求别人赞助他的数学研究。

可笛生至今还没碰到赞助人。现在，笛生住在破旧的老公寓里，过着饥一顿饱一顿的生活。这幢老式公寓简直是整个街区最混乱的场所，住满了假释犯和地痞流氓。

但笛生并没有受到这些人的影响，仍每天闭门研究深奥的数学原理，对门外的事情毫不关心。公寓管理员米莉太太是笛生唯一的朋友，经常在他饿肚子的时候接济他。

这天，米莉太太想起已经好多天没有看到笛生了，便来到他住的 310 房间查看。敲了半天门没反应，她忽然发现笛生的房门下端有一摊血迹！血液从门里渗出来，已经凝固成深红色。米莉太太忍不住尖叫起来，飞快地跑到楼下报警。

警察破门而入，发现笛生身中六刀，已经在几天前去世了。他横卧在地上，手里抓着一根铁丝，铁丝被捏成圆形的样子。

凶手显然是个职业罪犯，他很老练地清除了自己的指纹和脚印，带走了凶器，没有在现场留下任何线索。根据米莉太太回忆，几天前似乎听到笛生屋子里传出激烈的争吵声。

“你能提供嫌疑人的线索吗？”警察询问米莉太太，“你觉得谁会做出这种残忍的事情？”

“这幢大楼里所有的人，”米莉太太说，“他们都是职业罪犯，要不是租金便宜，笛生也不会住到这里来，他是个多么好的人啊，总梦想能成为一个数学家……”说到这里米莉太太忍不住流下了眼泪。

“等等，”一个警察忽然说，“你说他梦想成为一个数学家？”

“是啊，”米莉太太哽咽着回答，“他整天数学数学的这么努力下去，他一定会成功的！”

“数学家……铁丝……圆……”警察喃喃自语，他好像想到了什么。几分钟后，他抬起头说道：“我已经知道凶手是谁了，让我们去逮捕他！笛生真是个聪明人，可惜啊！”

聪明的读者，你能读懂数学家留下的暗示，成功找到凶手吗？

推理分析

笛生在临死前抓住一根铁丝捏成圆，是在暗示警察杀害他的人和圆圈有关。大家知道，圆周率约为 3.14，所以他的意思是凶手住在 314 房间。这就是数学家特殊的思维方式，而聪明的警察经过思考，破译了他的“密码”，顺利破获了案件。

11月30日的遗嘱

汽车大亨库顿因心脏病发作抢救无效而去世。他的离开让库顿集团继任掌管者的竞争更加激烈。库顿的三个儿子米萨、吉尔斯和大卫都来到集团总部，等待律师宣布遗嘱，确定谁将最终成为这个庞大企业的总裁。

看到人都到齐了，律师当着兄弟三人的面，拆开一份密封完好的文件，里面是老库顿的亲笔遗嘱："如果我因意外事件死去，库顿集团由吉尔斯掌管。"落款时间是2001年11月30日。

吉尔斯有些惊讶，而米萨恨得牙痒痒的，却也无可奈何。突然，小儿子大卫站起来说道："等一等，我知道父亲在这份遗嘱后面又重新订立过一份遗嘱，因此根据法律，遗嘱内容应该以最后一份为准。"

"哦？"米萨一下子来了兴趣，他连忙追问，"后面一份遗嘱在哪里？"

"在家里客厅的保险柜里。我们现在就一起回去看看吧。如果两份遗嘱一致，那么我们公司就归吉尔斯管理。如果两份遗嘱不一致，那么就按照后面一份遗嘱的内容办。"大卫回答道。

于是，一行人驱车来到库顿先生的别墅。走进客厅，大卫取下挂在墙上的油画，顿时露出一个嵌在墙中的不锈钢保险箱，他打开保险柜，取出一份文件，同样是密封完好的。

大卫当着其他人的面打开文件，只见老库顿亲笔写道："我决定用这份遗嘱，推翻以前所立的一切遗嘱。我去世后，由大卫掌管库顿集团。"落款时间为2001年11月31日。

米萨的希望再次落空，他跳了起来说："不行，我不承认！你们一个买通律师，一个伪造遗嘱，我最老实，所以我最吃亏！"

大卫得意洋洋地说："你不承认也没办法，父亲就是这样分配的，你觉得不公平可以自己去找他理论。"

这时，吉尔斯哈哈一笑说道："大卫，知道为什么爸爸没把公司留给你吗？你很有经营头脑，可办大事的时候，老是糊里糊涂，这遗嘱一看就知道是你伪造的！"

聪明的读者，你觉得大卫的遗嘱是真的，还是伪造的呢？

推理分析

不论多么完美的谎言，在时间面前都显得不堪一击。大卫的疏忽在于，他只知道后一份遗嘱更具法律效力，却忘记了11月只有30天，根本就没有31日。

失窃的名画

爱德华太太很有钱，她一生最大的爱好是收藏名画。在她的收藏品中，最珍贵的有六幅，都出自艺术大师的手笔。

爱德华太太死后，由于没有子女，她的遗嘱指定侄子霍德斯继承所有遗产，但是，在遗嘱中，她特别注明这六幅画只限于家族收藏，不得出售或者转赠。

霍德斯对艺术一窍不通，他当然不会花大价钱来保管、收藏珍品油画了。他把大部分的藏品委托给拍卖行拍卖掉，而遗嘱中规定不许出售的六幅名画则让他大伤脑筋，捐给博物馆呢，舍不得；自己收藏呢，又没有兴趣。

一天，拍卖行委托大侦探波洛来调查委托藏品的真伪，波洛便来到别墅找到霍德斯先生。他按了很久的门铃，都没有人出来开门，他仔细看了看，房门是虚掩着的，不由有些担心，便推门走了进去。

别墅里到处静悄悄的，只有脚踩在地板上发出低沉的“吱呀”声。忽然，波洛听到二楼传来敲击地板的声音，他立刻跑上二楼，推开一扇沉重的木门，看到霍德斯先生被捆绑得严严实实，正在地板上不断挣扎。

“怎么了？出什么事了？”波洛连忙帮霍德斯松绑。

“那些混蛋！那帮歹徒！”霍德斯愤怒得脸都涨红了，他怒气冲冲地说道，“大约一个小时以前，一群歹徒袭击了这里！当时我正面对一幅名画欣赏，忽然一把冲锋枪顶到我脑袋上。接着，两个歹徒取下六幅名画，然后他们逼我把我面前的那幅画给他们。最后，我被枪托狠狠敲了一下，醒来的时候就被绑得死死的了！天呀，六幅稀世之宝啊！”

波洛看了看霍德斯的脑袋，果然有被钝器敲伤的痕迹。他遗憾地说：“这些狡猾的歹徒！那么，你有没有看到他们长什么样子？”

“我看到了。”霍德斯说道，“我从面前油画的玻璃框上看到，一个小胡子，两个——”

“霍德斯先生，”波洛打断了他的话，“看来无论是艺术还是撒谎，你都是门外汉。你这样做的目的是为了骗取保险金吧！”

聪明的读者，你知道霍德斯哪里露出破绽了吗？

推理分析

作为一个侦探，必须是一个博学的专家。稍有常识的人都知道：油画从来不用玻璃框，而用木框或者专用的画框装饰。

一条黄色工装裤

拉克斯通摩托车大赛是英国最引人注目的比赛。经过几天激烈预赛，夺魁呼声最高的是开麦基和乔纳费希摩托车队。

决赛前夕，整个营区万籁俱寂，只有四个摩托车队的营地里还透出暗淡的灯光。他们是紧挨在一起的格拉迪科队、开麦基队、苏扎基队和在他们上游处、相距200米的乔纳费希队。就在这时，一个黑影窜进开卖基队的车库里，不一会儿，一声脆亮的金属落地声惊醒了开麦基队的汤姆。他刚要蹑手蹑脚去抓，只见那黑影从通风管爬出，眨眼工夫，黑影直奔河边，等汤姆赶到河边，黑影早就无影无踪了。不过汤姆还是有收获的，在通风管口捡到一块黄色的碎片。

半小时后，警长莫里斯赶到现场。他召集来四个车队的队长，指着碎片对格拉迪科队队长说：“这是从你们车队的人穿的工装裤上撕下来的，这不会错吧？”格拉迪科队队长点点头，说：“这里一定有鬼，前几天我们多余的工装裤全给偷了。”

正说着，从门外走进一个瘦个子，他左手提着各种渔具，右胳膊上挂着一捆湿淋淋的东西，说：“有人要我把它交给莫里斯警长。”莫里斯接过来，打开一看，是一条黄色工装裤，裤腿上有一个破洞，与那块碎片正好吻合。“先生，你是从哪弄来的？”莫里斯问道。“我是乔纳费希队的杰克，我在靠近我们队营地的河边钓鱼拾到的。”“什么时候？”那人想了想说：“15 分钟前，我正在甩鱼钩时，忽然看见这玩意从开麦基队营地方向漂过来。”

格拉迪科队队长一听，说：“明显的栽赃，这是开麦基队惯用的方法！”开麦基队队长气得满脸通红，说：“我们疯了？自己给自己拆台？”

莫里斯警长制止了他们的争吵，说：“罪犯就在我们中间，我已经发现了他。”说完，犀利的目光直朝他射去。那人无可奈何地低下了头。

你知道罪犯是谁吗？

推理分析

罪犯是乔纳费希队的杰克。他们的营地处在开麦基队营地的上游，在乔纳费希队营地河边钓鱼的杰克却说工装裤是从开麦基队营地方向漂过来的。扔在河里的东西哪有逆水漂流的道理？

死在甲板上的船医

一天，私人侦探霍桑的好友巴布警长突然找上门来，一副愁眉苦脸的样子。

“警长，看你那脸色，是不是又碰到无头绪的案子了？”

巴布警长毫不隐瞒地说：“让你说着了，就是想来听听名侦探的高见。”

“这次又是什么案子呀？”

“万吨油轮上船医被杀的案子。”

这个案子霍桑已从报上得知了，万吨油轮“北星一号”满载原油，从波斯湾路经印度洋正在航行时，一天早晨，在船尾甲板上发现了船医的尸体，是被匕首刺中了后背。死亡时间推定在晚上 11 时左右。

“找到凶器匕首了吗？”霍桑问道。

“没有，偌大个万吨油轮，想藏把匕首，哪儿不能藏？”

“也许被凶手扔到海里了。”

“不管怎样说，案件发生在十多天前，而且现场又是偌大的印度洋，事已至此，我们下手侦破也为时太晚了。”巴布警长有些悲观。

“可是，在航行中的船上杀人，是一种密室杀人啊，凶手只有救生筏逃走，别无办法。”

“救生筏一只也没丢，而且船员一共是 40 名，一个也不少。”

“那么，凶手必在其中，有没有具备作案动机的人？”

“有两个人。”巴布警长从口袋里掏出笔记本边看边说道。

“一个是二等水手森姆，是个赌棍。出海期间，不是扑克就是纸牌，光输不赢，曾向受害人借了近 50 万元的债。”

“受害人一死，这笔钱就不了了之了吗？”

“嗯，恐怕是的，查过受害人的随身物品，没找到借据。”

“其他海员知道他借债的事吗？”

“大家都知道，听说船长曾警告过森姆，说如果再这样赌，就让他下船。对船员来说，下船就等于被解雇一样。”

“的确……那么另一个嫌疑犯是……”霍桑感兴趣地问道。

“报务员维柯。他是受害人的侄子，也是受害人唯一的亲戚，所以是遗产的继承人。”

“有多少遗产？”

“在郊外有一块很大的土地和房子。要是卖掉的话，是一笔可观的钱哪。”

“维柯手头拮据吗？”

“听说上个月在出海前出过一次交通事故，好像正苦于支付一笔赔偿费。”

“那么杀人动机是充分的。”

“可是，光有动机而无物证是难以确定谁是凶手的。”巴布警长泄气地说。

“看你说的，证据不是很充分吗？”

“哦，什么证据？”

“就是尸体呀。”霍桑肯定地答道。

请问，凶手是谁呢？理由是什么？

推理分析

凶手是报务员维柯。因为只有他才有继承权。如果维柯把叔父的尸体扔到大海里去，受害人就必然是下落不明，也就是失踪了。而根据有关规定，失踪不足一定期限（一般情况为失踪七年）在法律上是不能承认死亡的，也就是说在此期间，继承人不能继承遗产。所以维柯为了能够快速继承遗产，又能让人知道叔父已死，便故意把叔父的尸体放到甲板上，好让人们知道，叔父已死。

谁是投毒凶手

一家酒馆里有许多客人在悠闲地喝着香槟。中间的一张桌子上，三个男子正在谈笑风生。正在这时，酒馆内灯光突然灭了，到处一片黑暗。原来是停电了，酒馆老板急忙叫人点燃了蜡烛。点燃蜡烛后，人们继续喝酒交谈。忽然，中间那张桌子上的一位男子惨叫一声，倒在地上，气绝身亡了。

酒馆里出现如此重大的案件，这可了不得！酒馆老板急忙叫人报了警，并很快维持了秩序，不让人们走动，更不让人离开。

很快，大侦探希尔赶来了。他仔细检查了死者的酒杯，发现酒里有一种烈性的液体毒药。希尔知道，这种毒药一旦进入人的食道，可以马上置人于死地。

希尔问酒馆老板："今晚停电你们事先知道吗？""知道，前两天就在酒馆门前贴了通知，我早有准备，所以准备了许多蜡烛。"如此看来，凶手是早有预谋的，他知道今晚要停电，便准备了毒药，在停电的瞬间把毒放进了死者的杯子。而死者并不知道，喝了杯中的酒，从而致死。

希尔问清了案发的时间，又查看了这张桌子与其他桌子的距离，再仔细检查了四周地面，发现地上没有可疑物品，便断定凶手是同桌的人，否则不可能在一瞬间投毒。于是，希尔要求同桌甲和乙掏出他们所有的物品。甲掏出的物品有：手表、手帕，香烟、火柴、现金；乙掏出的物品有：手表、手帕、口香糖、金笔、日记本和现金。

人们心想，这能看出什么呢？可是，希尔却指着乙说：“是你害死了他！”乙听了大喊冤枉，其他人也觉得很奇怪。希尔为什么说是乙杀害了死者呢？

推理分析

凶手一定要用什么东西把毒液带来，而盛毒的容器没有被扔掉。因此只要查看一下同桌的另两个人所带的物品，便可知道谁是凶手了，只有乙的金笔可以装毒液。原来，凶手为了隐藏，把毒液藏在了金笔的软囊中，趁着停电，把毒液注入了受害者的杯中。

门口的卷毛狗

一天，梅格雷警官在一所住宅的后门看见一个可疑男子。“你等会儿再走。”梅格雷警官见那人形迹可疑便喊了一声。那人听到喊声，愣了一下，停下了脚步。

“你是不是趁这家里没人，想偷东西？”

“您这是哪儿的话，我就是这家的啊。”那个人答道。正说着，一条毛乎乎的卷毛狗从后门里跑了出来，站在那个人身旁。“您瞧，这是我们家的看家狗。这下您知道我不是嫌疑人了吧？”他一边摸着狗的脑袋一边说。那条狗还充满敌意地冲着梅格雷警官“汪、汪”直叫。

“嘿！梅丽，别叫了！”

听他一喊，狗立刻就不叫了，快步跑到电线杆旁边，跷起后腿撒起尿来。

梅格雷警官感到仿佛受了愚弄，拔腿向前走去，可他刚走几步，好像突然想起了什么，又急转回身不由分说地将那个男子逮捕了，嘴里还嘟囔着：“闹了半天，你还是个贼啊。”

那么，梅格雷警官到底是根据什么识破了小偷的诡计呢？

推理分析

梅格雷警官看到那条狗跷起后腿撒尿，便识破了那个男子的谎言。

因为只有公狗才跷起后腿撒尿，而母狗撒尿时是不跷腿的，然而，那个男子却用“梅丽”这种女性的称谓叫那条公狗。如果他真是这家的主人，是不会不知道自己家所养的狗的性别的，他也就不会用女性称谓去喊公狗。

由于这条狗长得毛乎乎的，小偷从外表上根本看不出它的性别，便随口胡乱用了女性的名字叫它。

凶手是男是女

时装模特儿戴尼娜小姐容貌俏丽，身材苗条且气度不凡，不但在英国家喻户晓，在全世界也很闻名。遗憾的是，她在生活上有些不检点，广交朋友，不分男女，有些品行不端的家伙登门招惹她，她也不介意。

一个星期天的下午，邻居乔治想向她借剪刀，就按响了她房门的门铃。按了半天，也不见有人开门，只听见里面有哗哗的流水声。他想，别是出了什么事，就报了警。一会儿，来了两个警官马克雷加和罗勃。他们把门踹开，循着流水声走进浴室，只见戴尼娜小姐赤裸着身体死在地上，淋浴头的水仍在流着。警官马上给法医挂了电话。一会儿，法医就驱车赶来了。

经过法医一番检查，认定她是被人用可乐瓶击中头部而死的，死亡时间推断在当天上午7时。邻居乔治说；“昨晚是星期六，晚上7时开始不断有人来戴尼娜小姐房里说笑跳舞。今天早晨就听见争吵声，但是听不清另一个是男是女。”

警官又检查了房间，发现床上很凌乱，床单一角已被掀起。马克雷加警官在室内踱了两圈后说：“这一点是肯定的，她昨晚留某人在这里过夜了，不知什么原因两人争吵了起来，结果她被那个人打死了。只是，戴尼娜小姐的朋友中有男有女，这两方面的人都得调查。”

谁都知道罗勃是个糊涂警官，这回他却表现得很干练。他果断地挥挥手说：“你真是个睁眼瞎子，看一眼现场就知道是男是女了，你还有资格当警官吗？”

马克雷加警官被骂懵了，嚷着问：“你说说，是男是女？”

罗勃警官说：“这不是明摆着吗？”他用手指着浴室一角那个盖子和坐垫都翻在上面的抽水马桶说了一番话，马克雷加警官不得不折服罗勃的分析判断，马上开始对戴尼娜小姐的朋友进行调查，很快就破了案。你知道凶手是男的还是女的吗？

推理分析

使用抽水马桶不必用坐垫的当然是男的。他一夜住在这里，肯定得上厕所。所以，凶手准是男性。

谁割断了进油管

一天早晨，斯凯岛上参加“海盗之行”的九名游客登上了“幸运”号机帆船。九名游客，五男四女。四位女客都已五十开外，在五位男客中，亨利 26 岁，是伦敦一家药店的老板；49 岁的摩尔是开杂货铺的，业余摄影爱好者，左腿微跛；考克斯莱是一位出租车司机，50 岁；匹克尔和莱斯特都已是 63 岁的老头，早已退休。他们此行的目的是效仿海盗，乘机帆船，顺海盗的踪迹，穿梭于赫布里奇群岛和岛屿之间，最后到达摩勒岛一百年前海盗的巢穴。

下午船靠岸了。九名游客登上了一条被人踩出来的小路，两旁是灌木丛林和长得齐人高的杂草。“看呀，亨利先生，真想不到在这荒岛上竟然还长这种植物。”女旅客海蒂拔起一捧杂草样的植物给亨利看。

“这是什么植物？”亨利问。“你不认识它？”亨利摇摇头。“这是款冬，一种药草，可入药。”海蒂介绍道。

步行了约七百米，一座颓败的古堡赫然耸立在游客面前。“这就是海盗曾住过的土堡，你们有 15 分钟时间在里面拍照留念。”船长吉力尔介绍完后便让游客走进古堡，自己则和四位工作人员来到旁边一幢木屋里，坐在桌前喝酒。

五点零二分，船长和伙伴们刚想离开，突然见屋外有个人影一闪，待他们跑出屋去，已不见踪影。回到古堡，时间是五点十分。此时，九名游客已准时集合在一起等他们了。

随后他们回到“幸运”号上，等待着开船返航，却发现发动机进油管被人割断了。船长明白，一定有人搞鬼，而此人就在九名游客当中。

那这人是谁呢?

推理分析

是亨利。根据有两条：一，亨利是药店的老板竟然不知道款冬这种常用的草药的疗效。这说明亨利并不是真正的药店老板。二，在五点零二分时，吉力尔船长见屋外有人影一闪，这肯定是一名游客，因为除游客外，四位工作人员都在屋内。待吉力尔等人回到古堡，九名游客全在。在短短八分钟内，这位游客要跑过杂草丛生的小路去船上把发动机油管割断，然后再回到古堡，一来一回奔跑约 1400 米，只有 26 岁的亨利这样身强力壮的年轻人才能做到。

神秘的旅馆幽灵

皇家大旅馆经理贝克斯刚要下班回家，助理苏顿匆匆走进他的办公室，向他汇报说：“刚接到警方通知，‘旅馆幽灵’已经来到本市，也可能住进我们的旅馆，让我们提高警惕。”贝克斯一惊：“这位幽灵有什么特征？”苏顿说：“据国际刑警组织掌握的材料是这样的：他身高在 1 米 62 到 1 米 68 之间；惯用的伎俩是不付账突然失踪，紧接着旅客报案大量钱财失窃；经常化名和化装。”

贝克斯摇摇头，说：“够吓人的！我们怎么办？如果窃贼真的住在我们的旅馆里的话，你要多加防范。昨天电影明星格兰包了一个大套间，她戴了那么多钻戒，肯定会是个大目标。大后天早晨还有八位阿拉伯酋长来住宿，你派人日夜监视，千万别出差错。”“是的，我已经采取了措施。根据国际刑警组织提供的报告，我们旅馆有四个单身旅客，身高都在 1 米 62 到 1 米 68 之间。第一个是从耶路撒冷来的斯坦纳先生，经营水果生意；第二个是从伦敦来的勃兰克先生，行踪有些诡秘；第三个是从科隆来的企业家比尔曼；第四个是从里斯本来的曼纽尔，身份不明。”“这么说，每个人都有可能是旅馆幽灵？”“可能，但您放心，我一定不让窃贼在这儿得手。”助理苏顿胸有成竹地答道。

第三天上午，八位阿拉伯酋长住进旅馆。苏顿在离服务台不远的地方值勤，暗中观察来往旅客。只见斯坦纳先生从楼上走到大厅门口，在大沙发上坐下，取出放大镜，照旧读他从耶路撒冷带来的《希伯来日报》。10 点，勃兰克和曼纽尔相继离开了旅馆。到了 10 点 10 分，电影明星格兰小姐发现她的手镯、珠宝都不见了。

苏顿顿时紧张起来，一边向警察局报案，一边思考谁是窃贼。这时，他又把眼光落在斯坦纳身上。斯坦纳好像根本不知发生了什么事，仍正襟危坐，聚精会神地借助放大镜看他的报纸，从左到右一行一行往下移。突然，苏顿眼睛一亮，立刻把斯坦纳带到了保卫部门。

一审讯，果然是斯坦纳作的案。苏顿是怎样看出斯坦纳的破绽的？

推理分析

斯坦纳在看《希伯来日报》，其实他根本不懂希伯来文。希伯来文与阿拉伯文一样，是从右向左书写的，而他却是从左到右一行一行地往下看，从而露出了破绽。

大画家的遗作

索斯比拍卖行，正在进行一年一度的日本美术拍卖会。

主席台上，拍卖师一连拍出了几十张画作。最后，到了全场压轴的顶级作品拍卖了。只见拍卖师高声说道："现在开始拍大画家道山的遗作——一幅素描画，底价为 25 万美元。"

"26 万。"一人喊道。

"27 万。"另一人喊道。

"28 万。"又有一人举起了号牌。

……

这时，在人群里有一个人站了起来，问道："请问拍卖师先生，能否让委托人将这幅素描的来历说明一下，好让现场的所有人能够了解它的真正价值！"

拍卖师一瞧，说话的是有名的侦探查理，知道他也是一位书画收藏家，便爽快地答应了。

很快，一名叫乔治的人走上台来，对台下的人说道：

"各位先生，三年前，道山和他的好友福山在一次旅行途中遇到暴风雪，道山不慎摔坏了髋关节，大雪掩埋了他的画具和作品，一连几天气温都在零下几十度。福山眼见道山伤势严重，便把道山背进了一个废弃的木屋里，用自己的两只手套堵住了窗上的破洞。道山预感到自己挺不了多久了，便叫福山找到一枝旧钢笔和一瓶墨水，然后为他的这位忠实的朋友匆匆地画了一张素描。之后便去世了。这张素描就是现在要拍卖的素描。"

"你认为你现在委托拍卖的这幅道山素描就是道山的遗作了？"查理问道。

"对，就是道山临终的遗作——一幅价值连城的遗作！"乔治肯定地回答道。

"可是，我要告诉你，这幅道山的遗作一分不值，因为它是一张伪作！"查理愤怒地说道。

查理马上走上台去，大声地向全场说出了他的理由，乔治一下子傻了。

推理分析

查理说道：“先生们，你们想一想，一连几天气温都在零下几十度，而且木屋的窗户上又有破洞，橱中的墨水早就冻成了冰块，怎么能马上用来作画呢！”

157 页和 158 页

居住在洛杉矶的洛克是一位大富翁，他有两个姐姐和一个弟弟，由于已到了晚年，便早早地写了遗嘱，准备将自己名下的公司和上亿元的股票及文物留给两位姐姐的孩子。他找来了著名大律师大卫，把自己的委托书交给了他。

不久，洛克突遭重病，很快就离开了人世。

就在洛克去世的第二天，洛克弟弟的孩子，也就是洛克的侄子罗伯特来到了律师行。他来到大卫面前，拿出了一份遗嘱，对大卫说道：“亲爱的大卫先生，我知道洛克先生曾给你留了一份遗嘱，不过，我现在要告诉你，我手里的这份遗嘱才是有效的，因为它的时间要比你手中的遗嘱的时间还要晚，这份遗嘱上写的遗产是由我来继承的。”

大卫一下子傻眼了，他查看了罗伯特拿来的文件，发现上面所写条款以及签名、盖章都没有错。大卫想了想，说道：“罗伯特先生，你的这份遗嘱是如何拿到手的呢？”

“我是在洛克先生家的《圣经》里找到的，那天，我去洛克家看望洛克，他已经不行了，便用最后的力气告诉我在圣经的 157 页和 158 页之间夹着他给我的遗嘱……”

“你在说谎！”大卫还未等罗伯特的话说完，就怒不可恶地怒斥道，“你这个骗子！我现在郑重地告诉你，如果你能把你手中的这份遗嘱放回原处，我就承认你是继承人！”

罗伯特顿时怔住了，只好交代了自己是在撒谎。

大卫为什么说让罗伯特把文件放回原处呢？

推理分析

因为 157 页和 158 页是一张纸的正反两面，罗伯特根本不可能在这两页之间找到遗嘱，也就无法放回原处。

衣架上的大衣

在冬天快要结束的时候，美国明尼苏达州蒙特班市的人们特别喜欢在家里聚会。这一天，该市最富有的女人艾玛·惠勒在她家里办了一个聚会，宾客来了很多，一直玩到凌晨。这时，艾玛突然发现价值连城的中国明代花瓶没有了，而花瓶原先就放在入口大厅的桌子上。

警察赶到时，宾客们都聚集到了客厅里，艾玛情绪激动得活像一条愤怒的牧羊犬。警察搜查了整个房间及客人们的汽车，没有找到花瓶。

“你们得去问一下客人了，”艾玛对探长说，“我想也不会有什么用处。在这样的聚会里，人们连自己做了些什么都记不住，更别说去注意别人的行动了。”

菲利浦·麦克斯走上前说：“我和朱莉·贝克尔一样，是最早一批到达的客人。我始终没有离开过房间。要是其他人没有注意到我，那是因为有一半时间我都待在卧室里看电视转播的棒球赛。”探长记录下菲利浦的话，然后让他走了。

罗德·史洛威茨第二个接受讯问。“我必须得回家了，”他先道歉说，“要是两点钟我还没喂我的双胞胎孩子吃饭，我妻子会打我的脑袋的。”罗德也声称从未离开过房间。“哦，”他又想起来了，“我曾出去一趟，上了二楼阳台，外面很冷，我一会儿就回屋了。”

朱莉·贝克尔第三个接受讯问。她也声称从未离开过房间，也没有看到什么异常现象。她说：“我一直在跟不同的人说话，还品尝桌子上丰盛的食物。”探长也让她走了。朱莉走到入口大厅，从挂满衣物的衣架上端取下自己的大衣。

“看来要用一整夜时间来找嫌疑人了。”艾玛抱怨说。

探长说：“不用了，我已经看到了一个嫌疑人。她就是朱莉·贝克尔！”

为什么认为朱莉·贝克尔是嫌疑人呢?

推理分析

朱莉·贝克尔说自己是第一批来到的客人，她也声称从未出去过。但当她出去取大衣时，探长发现她的大衣却在衣架的顶端。如果是第一批的客人，她的大衣一定应该是在衣架的最里端。

事实是，当入口大厅没有人在时，朱莉悄悄穿上了大衣，偷走花瓶，跑到外面把花瓶藏到了一个空的树洞里。等有人发现花瓶丢了时，朱莉已经回到房间了。

男扮女装的修女

穆摩是一个特大犯罪集团头目的前妻，联邦调查局在审理这起案子时，准备让穆摩出庭作证。为了保证她的安全，他们让穆摩住进了位于纽约曼哈顿闹市区的一个女修道院。探员们认为，没有哪一个不自量力的暴徒敢在女修道院开枪杀人的。

穆摩住进修道院的第二周，联邦调查局探员们的自信就受到了巨大的打击。穆摩的头颅被一颗0.44英寸口径手枪的子弹打穿了。枪声是在当天傍晚修女们做祷告的时候响起的。玛丽修女宣布了这个噩耗。“穆摩死了。”她说这话的时候，脖子上紧绷绷的硬领子随着她咽唾沫一跳一跳的。

探员们在三楼穆摩的房间找到了她的尸体。“我不知道凶手是如何在不被人发觉的情况下，进来杀了人又逃走的。”修道院院长颤抖着说。

“也许凶手既没有进来过，也没有出去过。”麦克马克探员回答说，然后，他又问院长，“近来有新的修女加入这个修道院吗?

“是的，新来了三个修女！”院长回答道。

第一个修女玛丽来到院长面前。“枪响时我在二楼，”玛丽修女说，“我赶快藏到了一个阴暗的角落里，害怕极了。几秒钟后，我看到朱莉安娜修女从三楼下来。她没有看见我，但我清楚地看到她手里拿着枪。她走过去后，我上楼发现了尸体。”

朱莉安娜修女是从新泽西州转院来到这里的，她承认她当时拿着一枝 0.22 英寸口径的手枪：“当我哥哥听说我要来这个修道院后，他让我带着枪防身，看来哥哥是对的。我听到枪响后，拿着枪下了楼，我什么也没看见。”

厄休拉修女当时正在三楼的洗手间里，她声称枪响后曾听到一个人的声音，一边走一边自言自语。厄休拉是最后一个到晚祷小教堂的修女。

听完三个修女的描述，麦克马克探员马上就指着玛丽修女说道：“你就是凶手！”麦克马克探员为什么说玛丽就是凶手呢？

推理分析

麦克马克发现玛丽修女说话咽唾沫时脖子上的硬领子一跳一跳的，麦克马克立刻猜出玛丽修女实际上是一个男人，跳动的领子表明这个人脖子上有喉结，因为男人才有突出的喉结。穆摩就是被一个假扮成修女的男人杀死的。

刷门廊的人

许多地方都有地痞，他们欺负当地的居民，犯下累累罪行。但很少有像克斯山庄的皮特那样招人恨，像他那样落得如此下场。

一天，皮特被人杀死在他的家里。巡警听到报案，立即赶到了现场。皮特的尸体就在他家后院的地上，身上满是刀伤，现场有搏斗的痕迹，血迹溅得到处都是。巡警立刻询问了周围的邻居，可是邻居们却都声称自己什么也没听见，什么也没看见。

这时，一名探长对其他的巡警说道：“很明显，他们在撒谎。命案发生时至少有三个人在附近，我们应该尽快跟他们谈一谈。”

探长先找到弗鲁姆，他刚刚刷完家里的门廊。弗鲁姆看上去是一个友好的年轻人，在与探长握手之前，他把手在自己十分干净的牛仔裤上擦了擦。探长注意到弗鲁姆腰带上别着的盒式录音机，脖子上还挂着耳机。“整个上午我都在外面刷门廊，这活儿很费事。我真的什么也没听见，什么也没看见。”他很抱歉地说。

探长接着又找到了奥尔森。他的花园与死者的花园只有一墙之隔。“我一直在除草、种花，进进出出屋门好几次。”他的手上、指甲缝里满是泥土，“我开着房间里的空调，杀人案一定是我在屋里的时候发生的。抱歉，我不能提供什么情况。”

探长找到的第三个人，名叫肯尼。这是个大肚子中年人。他对探长说道：“我当时正在梯子上擦窗户。”探长发现他的T恤衫还是湿的。而且从肯尼的院子里可以俯视死者的院子。肯尼说：“我从来不往皮特家的院子里看。我当时在考虑别的问题，什么也没看见。”

三个人全都不配合，但聪明的探长却马上对其他的巡警说道：“我已找到了犯罪嫌疑人，这个人就是弗鲁姆！”

推理分析

弗鲁姆声称整个上午都在外面刷门廊，然而他的牛仔裤却很干净。这是不符合常识的。对这个异常现象的解释只能是，弗鲁姆在干活的时候杀死了皮特，然后进屋换了一身衣服，又出来干完了活儿。为什么他要换衣服呢？因为他原来的衣服上溅满了皮特的血。

埃默里夫人的宝石

埃默里夫人是一位宝石商人，按照惯例，今年的新宝石展销会又由埃默里夫人主持操办了。

但会议一开始，就令埃默里夫人很失望，她本以为珠宝商们应该知道如何穿戴，但来的人好像都不知该如何打扮。波士顿来的罗德尼穿着一件 20 世纪 70 年代流行的衬衫。亚特兰大来的朱利穿着一身运动装，脚上穿着胶底跑鞋。杜塞尔多夫来的克劳斯的袜子竟然一只是褐色的，另一只是蓝色的。

尽管对来宾颇为失望，但埃默里夫人还是认真地向来宾介绍着展销的宝石：“我的宝石的品质跟以前一样好。请大家仔仔细细地观看，绝对没有次品。”

埃默里夫人一边介绍着，一边在心里琢磨着：今年的宝石展不像往年的那样隆重了，只要能把我精心准备的一块精美的绿宝石售出去，就可以了。所以她特意把这块绿宝石放在一些人造蓝宝石、石榴石、鸡血石中间，希望能衬托出绿宝石的光泽。

就在她津津有味地介绍时，突然间外面的街上发生非常强烈的撞车声，一下子把正听她讲解的人的注意力全部吸引到了街上，仅仅几秒钟，等埃默里夫人回过头来，发现桌子上所有的东西——包括不值钱的人造石榴石和那颗珍贵的绿宝石，全都不见了。埃默里夫人马上报了案，探长里尔带着助手就立刻来到了现场，里尔查看了一番后对埃默里夫人说：“街上的撞车事件一定是为了转移视线。”

很快，里尔就在一个胡同里，找到了一个布袋，打开一看，布袋里是闪闪发光的人造蓝宝石、鸡血石，可就是没有了那颗绿宝石。

“看来窃贼只想要绿宝石呀！我估计这一定是行内人干的。”探长说道。

听探长这么一说，埃默里夫人立刻恍然大悟，对探长说道：“我知道窃贼是谁了！”

推理分析

埃默里夫人想到了这个窃贼一定是个色盲，因为他当时没有只偷绿宝石，而是把所有的宝石全偷走，就是想让他的同伙从这堆里挑走那颗绿宝石。所以，埃默里夫人一下子就判断出了那个穿着一只褐色袜子，一只蓝色子的克劳斯就是个色盲，也就是行窃者。

寻找放哨的人

在一个极冷的一月的夜晚，格里利巡警刚巡视到市里一家商店的门口时，一只猫突然从他身旁蹿过，进了一个胡同。格里利注意看那只猫时，发现柯林斯珠宝店橱窗里有手电筒的光线闪过。

格里利立即请求支援，一辆警车随后赶到。三个警官都拔出手枪，封锁了商店的前后门。但为时已晚，盗贼逃跑了。警官们发现展橱已被打开了一半，这就说明，有人报信给盗贼。

“他们一定有放哨的。”格里利说。几秒钟后，他的判断得到了证实。警官们在珠宝店的地板上发现一部步话机，看来是盗贼丢掉的。“快！”格里利说，“刚才我看到有三个人在外面游荡，其中一定有那个放哨的……”

警察们迅速行动，搜查了十个街区，逮捕了三个在街上闲逛的人，格里利还能记住他们的样子。

“我正在等公交车，”第一个拄着白手杖，戴着墨镜的人说道，“我是一个盲人，在柯林斯珠宝店隔壁做会计工作，今晚我工作到很晚，听到了街上有动静，但我看不见。”

第二个人是一个妇女，她对警官说道：“我的车坏了。”她在夜晚的寒风中颤抖着说：“我走出来找修车铺，你们可以检查我的车，现在它还是坏的。”

第三个人是一个无家可归的酒鬼，他手中拿着喝了一半的威士忌酒瓶，瓶中的酒在零下的温度中已经有部分结冰了。“我正想着自己的事情，”他含糊不清地说，“想找一个暖和的地方睡觉。”

“一个盲人，一个陷入困境的开车的人，一个酒鬼。”格里利对他的同事们低声说，“我知道谁在替盗贼放哨了。就是那个酒鬼。”

格里利为什么说酒鬼是放哨的呢？

推理分析

因为酒是不会结冰的，所以酒鬼一定是假装的。他拿的酒瓶里装的肯定是有颜色的水。一个清醒的人有什么必要在街上闲逛，还要假装喝醉了呢？他一定是放哨的人。

李良审鹅

汉朝的时候，沛县有一个农民，家里养了几百只鹅，大家都叫他“鹅大王”。他手脚很勤快，天天到河塘里捞螺蛳，捻碎了给鹅吃，所以他喂养的那些鹅，只只身肥体壮，人见人爱。

这一天，鹅大王早早就起来，挑着两大笼子鹅，到城里去卖。不多一会儿，大半的鹅就卖完了。鹅大王觉得肚子饿了，就挑着剩下的几只鹅，来到一家饭店。他把鹅放在饭店的院子里，然后吃早饭。吃完了，他提着鹅笼要走，饭店老板却拦住他，说鹅是他店里养的。

鹅大王和饭店老板争吵起来，有个老人说：“大伙儿也别争了，还是到县衙门去，请县老爷判个是非吧。”鹅大王挑着鹅笼，和饭店老板一起，来到了县府，人们也都跟着去，想看个明白。

县官是个昏官，听了两个人的诉说，也不知道谁在撒谎，急得满头大汗。这时候，人群中有个叫李良的书生，悄悄对县官说：“我只要审一审那几只鹅，一定能查出真相。”县官以为他在胡闹，可是转念一想，就让他审吧，我也可以趁机脱身啦。

李良在地上铺了一块白布，把鹅都赶到白布上面，然后大声问鹅：“快快告诉我，谁是你们的主人？”鹅哪里听得懂他的话，都伸长了脖颈，“昂昂”地拼命叫，李良侧过耳朵，好像在很认真地听。就这样，过了半个时辰，鹅真的告诉了大家，谁是他们真正的主人。

鹅当然不会说话，可是李良是怎样让鹅“说”出真相的呢？

推理分析

过了一会儿，鹅在白布上拉屎了。凡是有生活常识的人都知道，乡下的鹅吃稻谷，拉出的屎是绿的，而城里的鹅吃米饭，屎是黄的。因此，只要看白布上的鹅屎的颜色，就知道谁是鹅的主人了。

被毒死的新郎

东汉的时候，洛阳城里有一对新婚夫妻，两人非常恩爱。一天，新郎出门不在家，新娘听到有人敲门，开门一看，原来是娘家的邻居曹醉。他是个大官的儿子，好吃懒做，品行不好，曾经向新娘求过婚，新娘没有答应。

曹醉嬉皮笑脸地说："咱们是老邻居了，为了恭喜你新婚，我特地来送一份礼！"他送给新娘一只乌龟，说这是很珍贵的野味，新郎吃了，可以大补身体。新娘相信了他的话，再三道谢，还回送给曹醉很多礼物。

晚上，新娘烧了给新郎吃，新郎吃了两块，突然大叫一声："痛死我啦！"捂住肚子在地上打滚，一会儿便七窍流血死了。新娘吓得大哭起来，邻居们赶紧去报了案。

当时，曹操在洛阳担任地方官，他的知识很丰富，知道有一种晒腹龟，龟肉里有毒，人吃了以后就会丧命，可是很多人并不知道。为了弄清真相，曹操来到新娘家里，问清了乌龟是曹醉送的，心里明白了一大半。可是，如果马上把曹醉抓来，他肯定会说不知道晒腹龟有毒。怎样才能让他自己认罪呢？

第二天，曹操大摆宴席，招待当地的大官富人，曹醉也来了。他毒死了新郎，以为可以把新娘抢到手了，心里非常得意，就大吃起来。曹操让人端上来一大盘肉，对曹醉说："这是我新打来的野兔肉，你尝尝吧。"曹醉吃了一口，连声说："好吃好吃！"他正吃得津津有味呢，曹操接着说了一句话，把曹醉吓得酒也醒了，主动招供了害死新郎的真相。

曹操说了哪一句话，让曹醉自己认罪了呢？

推理分析

曹操说："这不是野兔肉，而是晒腹龟肉。"曹醉吓得哭着说："晒腹龟肉有毒，我要死啦！"等于承认故意毒死了新郎。

审狗

王之涣是唐朝著名的诗人。有一年，他在文安县做县官，一天，他正在县府里批阅文件，忽然听到门外有个妇人在哭，就放下笔，让差吏请她进来。

妇人哭着说："昨天晚上，吃过晚饭以后，我在厨房里忙着洗刷，小姑在她的屋子里绣花。突然，我听到小姑在喊救命，便赶紧奔过去，在门口撞上一个人，他用衣服蒙住脸，只露出眼睛，赤着膊，想往外逃，我想抓住他，可是被他挣脱了，只是在他的背上狠狠抓了一下。到了小姑的屋里，看见她已经被掐死了，家里人回来以后，都怀疑是我害死了小姑，我冤枉啊！"

王之涣对妇人说："你先别哭，只要抓住罪犯，就能弄清楚真相了。当时家里只有你和小姑吗？"

妇人点点头说："家里人都出去看戏了，只有我和小姑在家。"王之涣又问："你再好好想想，还有其他人吗？"妇人想了想说："没有别人了，除了我们俩，院子里还有一条黄狗。"

王之涣问："你没有听到狗叫吗？"妇人说："是呀，我也很奇怪，以前只要有陌生人来，它叫得可凶啦！"

王之涣听了，生气地说："那黄狗没有尽到看门的责任，来人，把黄狗抓起来，本官要亲自审问黄狗！"

听说县官要审狗，四邻八舍的人都感到稀奇，一传十，十传百，全都赶来看热闹。王之涣面对黄狗，大声喝道："黄狗听着，快把凶犯给我找出来！"不多久，他就查出了凶手。

王之涣为什么要审狗？他是怎样查出凶手的呢？

推理分析

黄狗没有叫，说明凶手是熟人。通过审狗，可以吸引村里的人都来看热闹，这时留下所有的熟人，再看谁的背上有抓痕，谁就是凶手。

藏在水中的银子

唐朝至德年间，有位商人租了一条船送货到外地做生意。当船在长江行驶的时候，这位商人怕身边的银子失窃，便趁人不注意的时候，把银子藏在货物中间，不料却被船上一位年轻的船夫发现了。当船行了一段路程，停靠在一个码头休息时，商人们都上岸买东西去了，那年轻的船夫，便趁人不备，将银子偷出来，又将货物按原样放好。

第二天，船到了目的地。那商人卸货时，发现银子不见了，便在船上翻了几遍，也没找到银子。商人便拉着船夫来到县府。县府派人重新对小船进行搜查，也没找到银子。船夫反说商人诬告陷害，要求县府治商人的诬告罪。

案子上告到州刺史那里，刺史阎济美便问商人："小船前一天停靠在什么地方？"商人说出了停泊的码头。阎济美便令差役立即赶到前一天小船停靠的码头，到水中打捞，结果果然捞到一只小箱子，里面全是银子。

经审问，才知道那年轻的船夫经常偷客户的银子。阎济美凭什么断定银子在小船前一天停泊处的水里呢？

推理分析

刺史认为：船夫要盗窃银子，必然是趁船停泊休息，大家都上岸去买东西的时候；既然船上没有，那么银子就只能藏水中。船夫是等待检查结束后，再偷偷返回去取赃物。

一瓮马蹄金

唐德宗元年的时候，凤翔有一个叫宋仁的农民，在田里耕地时，挖出了一个小口大肚子的瓮。他好奇地打开盖子一看，里面竟是满满一瓮金光灿烂的马蹄金。

"快来看哪，哥哥！"

宋仁的哥哥宋光听见弟弟的喊声，忙跑了过来。当他看见弟弟挖出了一瓮马蹄金时，惊喜得脸上泛起了红光：“太好啦，该咱穷哥俩时来运转了！走，抬回去！”“这可不行，”宋仁拦住了宋光，说道，“这满满一瓮马蹄金不知是谁家祖先留下的，咱们私自留下，那是要犯罪的。”

“那你说该怎么办呢？”“我看咱们应该马上抬到县衙去。”

“抬到县衙去？”宋光看着这迷人的马蹄金，真有点舍不得。他眼珠一转，说道：“还是弟弟说得对，是应该给县令送去，反正外财也改变不了咱这穷酸命。不过，我看应该先去个人给县令禀报一声，县令让咱们怎样处理咱再怎样处理。”

“好，我这就去县衙，哥哥可要看好大瓮啊！”

“放心吧，我一定看好它，你快去快回！”

宋仁快步来到了县衙。县令听说宋家哥俩在地里挖出了一个装着马蹄金的大瓮，又是惊奇又是高兴，忙派一个衙役随宋仁去取大瓮。

宋仁领衙役来到地头，只见宋光在烈日下汗流浃背地坐在那里看守着大瓮。衙役让宋家哥俩用绳子套好，穿根扁担，把大瓮抬到了县衙。

县令打开瓮盖一看，果然是满满一瓮马蹄金，高兴地对宋家兄弟说：“你们拾金不昧很令人敬佩，本官要呈报都督府，重赏你们！你们先回去吧。”

宋家兄弟二人离开县衙后，县令感到这瓮马蹄金实在太贵重，唯恐库吏大意出错，便命人把大瓮暂时抬到了自己的住室。

第二天，县令派人把挖出一瓮马蹄金的事报告了凤翔太守李勉。李勉接到报告，当即派了一个府吏前来验收马蹄金。县令请府吏坐在大堂上，命人从自己的住室里将大瓮抬出来，放在堂上当众开验。谁知，把大瓮打开一看，满座皆惊：瓮里面哪还有什么马蹄金，已经变成了满满一瓮土块。府吏顿时心中生疑，铁青着脸问道：

“这里面的马蹄金呢？”

“这……”

“这什么？你好大的胆子，竟敢用土块换走马蹄金，该当何罪？”

“卑职实在是冤枉，昨天那瓮里面明明装的是马蹄金，可不知为什么……”

“简直是一派胡言，如不从实招来，定要报告太守，从重论处。”

县令有口难辩，看着那瓮里的土块，心想，现在说什么也没有用了，纵使你有一百张口，还能把土块说成马蹄金？唉，认了吧！想到这里，县令说道：

“我招，那马蹄金是被我偷换了。”“哼，果然如此，马蹄金被你藏到什么地方去了？”府吏鄙夷地盯视着县令。

“藏……藏到了粪堆下面。”

“把粪堆给我扒开！”

府吏一声令下，粪堆被扒开了，可是并没有找到马蹄金。府吏一怒之下，让人把县令绑上押回到府里，交给太守李勉亲自来处理。

这天，李勉把幕宾袁滋招来，征求他对此案的意见，只见袁滋思忖了一会儿，对李勉说道：

“县令要是真想贪赃，就不会把此事上报给您，现在他承认马蹄金被自己藏起来了，可是找不到马蹄金，这简直不合情理，此案一定另有文章。”

李勉本来对这件事也有怀疑，听袁滋这么一说，觉得很有道理，便让袁滋重新审理此案。

袁滋向县令详细询问了事情发生的经过。当他听说大瓮是两个农夫抬来的时候，心里顿时想出了一个主意。一经试验，果然证明这瓮马蹄金是被宋光换走了。于是，将宋光抓到公堂，重责了四十大板。

原来，宋光见宋仁挖出了一瓮马蹄金，便起了贪心。他借让宋仁报告县令的机会，把马蹄金换成了土块，只在瓮口上留下了几锭。县令看见的就是那上面的几锭。可是，县令让宋家兄弟把大瓮抬到自己的住室后，宋光又趁人不注意把土块上面的那几锭马蹄金也偷走了。

袁滋是怎样知道马蹄金被宋光偷换走的呢？

推理分析

袁滋让人把大瓮里的土块取出来，一数共有二百五十块。他又让人去府库支取了一些金子，找来一个银匠，按土块大小铸成二百五十块金锭，再用秤称其重量。还没称上一半，就已经有三百多斤。按此推算，若全部称完，少说也有六七百斤。袁滋心里明白了：这么重的大瓮两个人怎么能够抬动呢？这瓮里的金子在抬到县衙之前就已经被人偷换了，而且很可能就是那两个抬瓮人。于是袁滋先找到了宋仁，听了宋仁的叙述，便知道可能是宋光偷换了马蹄金。把宋光抓来一审，果真如此。

换刀擒凶

唐昭宗年间的一天，一艘从北方来的货船在广州城的海湾靠了岸，年轻的船主带了一个仆人从船上走下来，想游览一下海滨城市的风光。他们来到市区，好奇地东问问，西看看，不知不觉地来到了一所大宅院的门前。这时，一个长得十分漂亮的姑娘从大院里走出来，差点儿和船主撞个满怀。船主礼貌而谦和地说道："小姐，没撞着吧？我这里赔礼了！"

当姑娘看见向自己赔礼的是一个英俊的小伙子时，脸上泛起了红晕。

姑娘走了，船主还愣愣地站着。突然，他招呼仆人，紧跟姑娘而去。

姑娘穿过几条街，来到了一座青砖瓦房前，刚要推门进去，被从后面赶上来的船主挡住了。

船主抹了把脸上的汗水说道："小生多有冒犯，请问小姐姓名？"

姑娘见是刚才那个险些和自己撞在一起的英俊小伙，便笑笑说道："我叫翠玲，不知官人找我有何事，请进家门说吧！"

船主一听，高兴万分，忙随姑娘进到院子里。姑娘的父母不在家，院子里很幽静。船主让仆人守在院门口，自己和姑娘交谈起来。客套了几句之后，船主便向翠玲表明了自己的倾慕之情，并约定晚上还来此处幽会。翠玲也被小伙子的潇洒举止迷住了，满口应允。

太阳落山后，多情的姑娘打开院门，盼望着情人早点儿到来。

这时，姑娘看见有人朝这里走来，便高兴地迎了上去。可是来人并不是船主，而是一个盗贼。盗贼以为自己被人发现，姑娘是来捉自己的，便挥刀砍去，将姑娘砍倒在地，然后扔下屠刀仓皇逃走。

事有凑巧，盗贼刚逃走，船主来到了姑娘家。他不知小院里发生了如此大案，摸黑去寻姑娘。还没走几步，就觉得脚下一滑，"扑通"一声摔倒在地，身上沾了许多湿漉漉的东西。他刚要爬起来，又听见身边有一种奇怪的声音，用手一摸，竟摸在了姑娘被砍断的喉头上，吓得他跳起来，窜出院去。他不敢怠慢，奔回岸边，连夜开船离开了广州。但是，他没能逃脱，很快就被知府派出的人追踪抓住了。

知府杨大人升堂问案。可是不管怎样施以重刑逼问，船主就是不承认姑娘是他杀死的。无奈，案子被送到了广州刺史刘崇龟的府上。

刘崇龟是个很善断案的人，他亲自带人来到杀人现场进行勘察。他发现杀人凶器是一把样子古怪的屠刀，便传令叫城内所有的屠夫都带着屠刀到一个空场上集合，说要举办一个空前盛大的宴席。屠夫们没有敢不来的，他们在空场上等了一天，直到天黑下来时，刘崇龟才来到他们面前，告诉大家说宴席改在了明日，让他们把屠刀留下来，编上号，明天早上再来。屠夫们走后，刘崇龟便让人继续按计划行事……第二天，杀人凶手赵四便被抓住了。

刘崇龟是通过什么办法捉住杀人凶手赵四的呢？

推理分析

屠夫们走后，刘崇龟让人用盗贼在姑娘家留下的那把杀人屠刀，换走了摆放在操场上的一把屠刀。

第二天，屠夫们按前一天的编号站在了自己的屠刀面前。这时，有一个屠夫对刘崇龟说："大人，这把屠刀不是我的，是赵四的。"刘崇龟让人逮捕了赵四，一审问，那天晚上杀死姑娘的果然是他。

拼贴的诬告信

唐睿宗李旦做皇帝的时候，实际上是太后武则天掌权。徐敬业等一些朝臣反对武后临朝参政，在扬州树起了大旗，要武后下台。武则天大怒，杀死了徐敬业，并铲除了徐敬业的余党。

平息了扬州叛乱，武则天去掉了一块心病，心里很高兴。可是这一天，湖州佐史江琛叩见武则天，并呈递给她一封信。武则天打开信一看，吃惊不小，原来是刺史裴光寄给徐敬业的一封反叛密信。武则天十分震惊，命人立即将裴光捉来问罪。

裴光被捉到京城后，御史杨公对他进行了审问。

杨公把那封信递到裴光面前问道："这封信是你写的吗？"

裴光看了看信，感到很奇怪："这信上的字确是我写的，可这信不是我写的呀！"

“这话怎样讲呢？真是笑话！”

“确实很奇怪，我也解释不通，但是这有什么办法呢？”

杨公把案情报告了武则天，武则天认为裴光是在狡辩，便换了御史李公再审裴光。可是李公审过后，结果依然。武则天又让御史齐公去审，也是如此。这时，有人对武则天推荐说，尚书张楚玺很会办案，可让他去审理此案。武则天便立即召见了张楚玺，命他迅速把案件审清。

张楚玺受理此案后，查阅了案卷，也感到很奇怪。他想，如果认定这封信是伪造的，可是裴光却承认信上的字是自己写的；如果认定这真是裴光写的反叛密信，可他又不承认，而且再找不出任何证据。张楚玺反复琢磨，也猜不出这其中的奥妙。

转眼十天过去了，张楚玺怕武则天因案件未查清怪罪下来，心急如焚，坐卧不安。这天夜里，他分析案情，又是一宿未合眼，直到东方渐亮，才迷迷糊糊地睡去。不知过了多长时间，他醒来睁开眼睛一看，已经中午了。他感到浑身很疲乏不想起床，又从枕边拿起那封反叛密信思考起来。忽然，他发现信上面出现了一小块一小块的暗影。他很奇怪，忙把信对正了阳光，仔细一看，惊喜得差点叫出声来。原来，信在阳光的投射下，凡是有字的地方，纸色都比较深；无字的地方，纸色都比较浅。张楚玺断定，这封反叛密信一定是伪造的。

当天，张楚玺把被告裴光和原告都传到府上，重新审案。张楚玺问裴光时，裴光回答得如前日一样。随后，张楚玺又转向江琛说道：“此案我已经完全查清，现在我再提醒你一句：你告裴光谋反，如若被查实是诬告的话，后果你自然清楚。”

江琛犹豫了一下，答道：“卑职揭发叛贼是为国尽忠，早已将生死置之度外，望大人明察！”

“嘿嘿！”张楚玺冷笑两声，然后厉声说道：“卑鄙小人，伪造密信诬陷无辜，却装出一副正人君子的模样，还不从实招来！”

“大人，卑职冤枉！”江琛“扑通”一声跪在地上。

张楚玺气愤地说：“冤枉？我给你当场验明这封伪造信！”

在事实面前，江琛吓得浑身发抖，脸色惨白，只得如实交代了诬告裴光的罪行。原来，江琛平日与裴光不和，但裴光是他的上司，又没有办法整治他。徐敬业被杀后，江琛看准了这是个诬陷裴光的好机会，于是，他让心腹偷来了一些裴光的书信，并请来一个粘补技术很高的工匠，剪下上面的字，拼贴成了这封反叛密信。

张楚玺把案情呈报武则天后，武则天下诏将江琛斩首示众。

张楚玺是怎样验明伪造信的呢？

推理分析

张楚玺命衙役取来一盆清水，将反叛密信放入水中。不一会儿，就看见信上的字一个个分离开了。他就这样验明了这封信是剪字拼贴而成的伪造信。

褡裢风波

宋朝的时候，开封城里商业繁荣，大街小巷到处是酒店、饭馆。城东有一家“大福贵”酒店，那里的酒菜质量好，价格也公道，再加上老板的服务热情，所以生意特别好。

这一天，酒馆里来了一个商人，他的肩上搭着一个褡裢。什么叫褡裢呢？就是一个长长的布口袋，是古代人专门用来放钱的。老板热情地招呼他入座，他把褡裢取下来，想找挂的地方。老板指指桌子下面的横挡，那里有拳头那么大的间隙，老板说：“还是挂这里安全。”商人就把褡裢挂在横挡上，点了酒菜，慢慢吃起来。商人吃喝完了，就醉醺醺地走了。老板在收拾桌子的时候，发现桌子的横挡上，还挂着那条褡裢，打开一看，里面有三十文铜钱。他想，一定是商人喝醉了酒，忘了拿走了。他便把褡裢保管起来，等着商人来拿。

第二天，商人果然来了，他接过褡裢，没有向店主道谢，反而说：“咦，我的褡裢里的钱怎么少了呢？”店主大喊冤枉，两人争吵起来，就让县官来断案。县官来到了现场，先问商人：“你把褡裢忘在哪里的？”商人指着桌子横挡说：“就挂在这上面。”县官又问：“那么，褡裢里原来有多少钱？”商人信口胡说：“有三百文哪！”县官便命令店主：“你为什么要偷他的钱？

补足他三百文！”酒店老板明知冤枉，但是不敢违抗，只好拿出钱，把褡裢装得满满的。商人正在得意呢，只听县官大喝一声：“你这个人恩将仇报，诬陷好人，还不从实招来！”

你知道县官是怎样揭穿商人谎话的吗？

推理分析

褡裢装满了三百文钱，变得鼓鼓囊囊的，根本无法挂到只有拳头大空隙的横挡上，说明商人在说谎。

飞来的爹

北宋的时候，泽州晋城有个叫曲宁的人。他父亲是个老员外，不久前死去了。

这一天，曲宁刚刚吃过早饭，就看见门外走进来一个老汉。那老汉拉住曲宁的手，泪如泉涌，哭诉道：

“宁儿呵，咱们骨肉亲人到底相聚了！”

这是怎么回事？曲宁顿时怔住了。难道老父的亡灵又回来了？他揉了揉眼睛，看清了站在面前的这个老人自己过去并不认识，忙问道：“老人家，您认错人了吧？”

“怎么会呢？不要叫我老人家，我是你亲爹呀！”老汉一副诚恳的样子。

“亲爹？我爹不久前刚刚过世，您……”曲宁越发糊涂了。

“唉——”老汉长叹一声，娓娓地讲述了下面一段话，“你爹我原本是个游方郎中。三十多年前的一天，你母亲生下了你，可正巧那时我在外行医。你母亲生下你后不幸得了重病。咱家平时积蓄很少，为了治病，又为了能让你活下去，你母亲只好把你卖到了曲员外家。等我行医回来时，你已经被曲家抱走了，我当时想去曲家把你赎回来。可想到他家财大势大，闹不好人财两空。再一想，曲家是因为没有儿子才把你买去的，也亏待不了你，所以就作罢了，后来，你母亲想你，不知偷偷去看你多少次，现在，咱们骨肉能相聚了，可你母亲在两年前已去世了……”

说到这里，老汉已泪流满面，曲宁也失声痛哭起来，片刻，他抹去泪水，忙把老汉搀进上房，让家人备酒备菜。

曲宁的妻子听说后，让人暗地把曲宁叫了出来。

她对曲宁说：“这事太突然了，千万别闹出笑话来呀！你没问过他有什么凭证吗？”

曲宁听妻子说得有理，又回到上房问老汉：“老人家，您有什么凭证，能证明你是我亲爹呢？”

老汉一听这话，生气地说：“想不到我等了这么多年，就等来了你这么一句话！既然这样，咱们还是一刀两断吧！但是，我是不是你的亲爹，还是应该让你知道的。”说着，老汉从怀里掏出了一本药书，递到曲宁眼前：“这上面的字是我那年回来时写的，你自己去看吧！”曲宁接过药书，果然见书的后面清清楚楚地写着两行小字：“我妻经中间人刘三将亲生儿卖给曲诚老员外。× 年 × 月 × 日。”

曲宁把药书上的字给妻子看后，妻子还是不信，她说：“你不妨把药书拿给县太爷程颢去鉴别一下，他若说是真的，为妻也就信了。”

没有办法，曲宁只得把药书拿到了县衙。

程颢看了看药书，又看了看曲宁，问道：“你今年少说也有三十几岁了吧？”

“是的，小人今年三十七岁。”

“我记得曲老员外过世的时候高寿七十三，对吗？”

“正是。”

程颢笑了：“这么简单的事情，还用来问我吗？”

曲宁不明所以，疑惑地望着程颢。

“去你家的那个人是个骗子，根本就不是你的亲爹。”

“那他为什么来行骗呢？”

“很快就会清楚的。”程颢说完，派两名捕快立即去曲家把老汉押到公堂。一审，这个老汉果真是一个盗贼。他想冒充曲宁的亲爹大窃曲家！

程颢是如何破了这个案子的呢？

推理分析

首先，程颢发现药书虽旧，但上面的字迹很清楚。按老汉说的，把儿子卖给人至今已有三十几年，他在外行医，药书随身常用，翻摸了三十几年，字迹不可能还这样清楚。程颢又想到，按曲诚年龄与曲宁相比，曲诚得曲宁时不到四十岁，怎么会被称为“曲老员外”呢？程颢由此断定这个字是刚写上去的，药书凭证是伪造的。

巧辨方头锨

宋朝时的一天，瓜农蔡小二挑着两筐西瓜到集上去卖，邻村的几个瓜农也来这里卖瓜。

“甜瓜，甜瓜，吃一口甜掉牙！”邻村那几个人伸长脖子喊着，人们只是看看他们的瓜，就转身来到了蔡小二的瓜摊前。

人们看见蔡小二不用挑，随手拿起瓜切开，个个都是红沙瓤的。

“尝尝，没关系。”蔡小二笑眯眯地让人们品尝自己种的西瓜。

“好瓜，真是好瓜！”一个老汉拿起一块西瓜，咬了一口，连声称赞道。

不一会儿，蔡小二的两筐西瓜就卖光了。他刚要走，却被邻村那几个卖瓜的叫住了。

“喂，听着点儿，从今往后再也不许你到这里来卖瓜了，不然……”邻村一个长得黑胖的瓜农说道。

“为什么？”蔡小二转身，气愤地问道。

黑胖子凶狠地斜了蔡小二一眼说：“什么也不为，就为了我这瓜！”

蔡小二一看，黑胖子筐里的瓜还是满满的，一个也没卖出去。可他又一想，这也不怨我呀！谁叫你种的瓜个不大、味儿不甜了。再说天下哪有这个理呀，这地方只许你卖瓜，不准别人卖。这小子也太霸道了，非治治他不可。想到这儿，他对黑胖子说：

“不行，明天我还来这里卖瓜！”

听了这话，黑胖子胡子都气得竖起来了："那好，咱们走着瞧！"

蔡小二回到家里，趁着天没黑，很快把两亩地的瓜数了一遍，已经有二百五十六个瓜熟了。他心想，这回好了，他黑胖子来偷一个西瓜我也知道，然后再告他去。

就在这天晚上，蔡小二的瓜地里果然出事了，不是丢了西瓜，而是有人把二亩地的西瓜秧全从根上砍断了。当蔡小二看见地里的一片惨景时，眼睛都直了，半天才明白过来，坐在地头失声痛哭起来。

乡亲们闻讯都赶来安慰他。

"这是哪个损小子干的，真缺德！"

"真是的，眼看到手的银子全完了！"

"哭有什么用，还是去告他吧！"

"对，听说胡县令很善断案，不妨找他试试！"

蔡小二听着大家的议论，心里也在思忖着：这瓜田被毁的事，没有任何一个人看见，就是报与胡县令，怕是也难断清。可是他又一想，事情已经到了这一步，不如去碰碰运气，没准胡县令真有办法呢！于是蔡小二当天就赶到县衙报了案。

胡县令果然办事认真，是个清官。他问蔡小二：

"平日谁与你有仇？"

"没有啊！"

"你再想想，尤其是种瓜的人？"

蔡小二想起昨天卖瓜的情形，便一五一十地对胡县令说了。

胡县令思索了一会儿，便让蔡小二领他来到了瓜地。

听说胡县令亲自来到瓜地断案，老百姓都纷纷前来观看。

只见胡县令在瓜地里东扒扒，西看看，不一会儿，从地里走出来，命令衙役："把附近所有瓜农使用的方头锨都找来。"

衙役们领命而去，很快就把附近几十家瓜农的方头锨都收来了。胡县令又让把这些方头锨每个间隔一步排列开来，然后命令道：

"凡是方头锨的主人，都站在自己锨的后面。"

很快，每个方头锨的后面都站了一个人。他们都是瓜农，那个黑胖子瓜农也站在队列中。胡县令果然手段高明，很快把黑胖子从队列中揪了出来。在事实面前，黑胖子只得如实招供，是他嫉妒蔡小二，怕自己的瓜卖不出去，才趁夜晚毁坏了蔡小二的瓜园。

胡县令是怎样巧断这起毁瓜案的呢?

推理分析

胡县令看见瓜秧都被砍断，便想到应该从作案工具着手破案。他凭经验知道，毁瓜者若是用镰刀砍的，地面上不会留下印迹；若是用锄头砍的，瓜秧被砍断的地方应该是斜茬。所以，他就根据瓜秧断口处是直茬的情况，认定毁瓜者用的一定是铁锨。但是铁锨有圆头的，也有方头的。于是，他又查看，发现地下入土印迹的深度一样，便断定为方头锨。可是还得在这几十把方头锨里找出那把砍断瓜秧的锨呀，于是，胡县令又逐个用舌头舐方头锨。当他舐过黑胖子的方头锨时，感到舌尖又苦又涩，便断定毁坏瓜田是黑胖子所为。

伪造的契约

宋朝眉州有一个叫王刚的小伙子，家中唯有老母一人，靠祖传的一亩良田维持生活。谁知这一亩良田被本州的一个豪门大户孙延世看中了。此人心毒手狠，仗势欺人。他暗中盘算很长时间，终于想出一条毒计。

春耕时，一天清早，王刚带上干粮，扛着锄头，高高兴兴地来到自己的地里干活。他还没走到地里，远远看见有两个中年汉子正在自己的地里翻地。他急忙跑过去，上前问道：

“这是我的地，你们是不是弄错了？”

“是我家老爷派我们到这块地干活的，没错。我们只管干活，别的你去问我家老爷好了。”两个中年汉子说完，继续翻地。

“你家老爷是谁？”王刚急了，气愤地大声问道。

“豪门大户孙延世？”两个中年汉子答话中含有几分得意。

王刚听后，急忙转身朝孙家奔去。

“孙延世你出来！”王刚站在孙家大门口喊着。

过了一会儿，孙延世晃晃悠悠地从里面走出来，说：

“啊，是王刚啊！有话好说，何必发这么大的火……”

“你为什么叫人到我家地里干活？”王刚气冲冲地对孙延世说。

“那地已经是我的了。不要在这里胡闹，赶快离开吧！”

“什么？你胡说，我去告你！”

“愿意告你就去告，我等着。”孙延世摆出一副不屑一顾的样子说。

两个人到了县衙，孙延世抢先对知县大人说：“去冬我和他立下契约，将他的一亩地转卖给我，这小子小小年纪就敢赖账，请大人做主，查明真伪。”

知县大人立即叫差役跟孙延世回家将契约取来，并展开细看。只见白纸黑字，朱红大印，上面确确实实写着王刚把地转卖给了孙延世。

知县辨不出这个契约的真伪，就上报给了州府，州府立即责成御史章频来核办此案。章频办案经验丰富。他仔细查看那张契约，很快发现这份契约上的字和印章与一般契约不同，便断定这是一张伪造的契约。他立刻传孙延世受审，孙只好供认伏罪了。

章频是怎样发现契约上的字和印章与一般的契约有所不同呢？

推理分析

一般的契约都是先把文字写好，然后再盖印。而这份契约却是字写在印鉴上，所以章频推断，一定是孙延世先偷了王刚的印盖上，然后再写上字。经审，事实果然如此。

前胸与后背

南宋时，江西一带食盐缺乏。有一天，有位盲人买了半斤盐，正提着往家走，忽然被人猛地从手中夺走了。盲人大喊：“捉贼！”听到有人跑去捉贼，盲人便顺声音追去。追不远，就听到四五个人的叫喊声，和两个人的厮打声。

等盲人走近，就听到一人说：“你为什么抢人家的盐？”另一个人说：“是你抢了人家的盐，还动手打人！”二人互相指责，又互相谩骂。盲人也无法分辨谁是好人，谁是抢劫犯。

众人正在七嘴八舌议论时，恰巧湖襄提刑宋慈路过这里，见许多人围观争吵，便令人上前问明情况，宋慈手下有个办事干练的小吏，听后马上说：“这事不难，古代有现成的案例，苻融就曾经安排两人赛跑，谁跑赢了，谁就是好人。”宋慈看见两人已经互相打得鼻青脸肿，伤痕累累了，说二人赛跑赛不出真实的成绩，便说不行。

小吏忙回答说：“大人如果担心负伤后，跑的速度不真实，不如将二人押解回衙，等二人养好伤，再跑也不迟啊。”宋慈笑了笑说：“何必这样麻烦呢？我自有办法。来人，将二人上衣脱掉，查看伤势！”手下人一拥而上，将二人衣服脱掉。只见一人鼻子流血，前衣襟洒满鲜血，胸部被打得青紫一片；另一个人被打得后背发青，还有指甲抓伤的痕迹。宋慈便冲那后背负伤的人说：“这个就是抢劫犯，给我捆上带走！”众人一起上前，去绑那后背负伤的人。围观的人都用疑惑的目光看着这位提刑官。后来一审问，果然那人就是抢劫犯。提刑官是凭什么断定此人就是抢劫犯呢？

推理分析

凭二人负伤的部位。好人追赶坏人，必然从后背抓，坏人回身反抗，一定会当胸打在好人前面。所以胸前伤重的是好人，背后伤重的是坏人。

一字之差

清朝年间，有一个商人娶了一个妻子。商人是做运输生意的，经常要走南闯北。有一天，商人又要出远门了，对他的妻子说：“我常年不在家，父母年纪大了，需要你照顾，妹妹又非常任性，不会做事，这个家就全靠你啦！”

妻子的娘家很穷，所以她从小就很会做家务，砍柴、挑水、做饭，什么都干。她对丈夫说："你放心吧，我一定会服侍好公公婆婆，照顾好小姑的。"

商人走了以后，善良温柔的妻子，天天早起晚睡，忙里忙外地做家务，重活轻活什么都干，可是仍然要受到婆婆和小姑的欺负。原来呀，婆婆嫌媳妇的娘家穷，小姑本来就又懒惰又自私，看到嫂嫂要来当家，就处处跟嫂嫂作对。

有一天，小姑看见嫂嫂在河边洗衣服，就故意找嫂嫂的麻烦。她拾了一块石头，"扑通"一声扔在河里，水花溅了嫂嫂一脸，嫂嫂生气地责怪小姑，小姑就破口大骂，姑嫂俩争吵起来。小姑恶狠狠地举起洗衣用的棒槌，猛力砸在嫂嫂头上，嫂嫂一下子倒在河边，没有喊出一句话，就断气了。马上小姑就被抓进了衙门，县官经过审问，叫来专门写公文的书吏，写了判决文书："小姑用棒槌击死其嫂，判处绞刑。"婆婆闻听女儿要被处斩，赶紧拿出很大一笔钱，去收买书吏。那书吏收了钱，便偷偷地在判决文书的一个字上，又添加了一划。很快判决文书就呈报给了州府，州官看了以后，以为小姑是不小心砸死嫂嫂的，就改判了三年监禁。

几天后判决结果又传回到县衙，县官展卷一看，觉得非常奇怪，明明是砸死了人，杀人偿命，天经地义，为什么州官要改判呢？他不禁又重新查阅了上呈文书，终于发现是书吏动了手脚，便立刻查办了书吏，重新判小姑死刑。那么书吏在哪个字上加了一笔，使小姑的罪责减轻了呢？

推理分析

书吏在"用"字的一竖下面添加了弯钩，就成为了"甩"字，变成小姑无意地"甩棒槌"砸死嫂嫂了。

水盆里的铜钱

南京城里的秦淮河边，有一个夫子庙。每年元宵节，都要举行庙会。庙会上人山人海，有唱戏的，有看戏的，有卖东西的，有买东西的，还有看灯和猜灯谜的，真是好热闹啊。

在夫子庙的旁边，有一长溜商品摊子，商贩们扯开大嗓门，吆喝着招徕生意。游客们这边挑挑，那边看看，看中了什么好的，就大声讨价还价。这些嘈杂的声音，反而增添了节日的气氛。在这些摊子中间，有两个摊子紧紧挨在一起，他们一个是卖菜油的，一个是卖青菜的。卖油郎嘴勤手快，服务热情，所以生意特别好；而卖菜郎呢，总是把烂菜冒充好菜，还短斤缺两，所以生意冷冷清清。卖菜郎却认为，是卖油郎抢了他的生意，一直怀恨在心。

有一天，有人来买油，卖油郎忙着招呼顾客，身边的钱箱没有锁，被卖菜郎看见了，他悄悄跑过去，伸手偷了一把铜钱，塞进袖口里。卖油郎一转身，正好看见了，气愤地责问卖油郎："你为什么拿我的钱？"卖菜郎却反咬一口说："我没有拿，是你偷了我的钱！"

他们争吵起来，人们只好叫来了县官。县官问清了情况，对卖菜郎说："你把袖口里的钱拿来，让本官看看。"卖菜郎把钱交给了县官，县官看了一眼，皱着眉头说："哎呀，这钱也太脏了，还是先洗干净了，我再判吧！"

他让人把铜钱泡在水盆里洗，过了一会儿，县官看看水盆，马上就判断出是谁偷钱了。为什么县官看看水盆，就知道谁是小偷呢？

推理分析

卖油郎的手上沾了油，拿钱的时候铜钱上也会沾上油，县官看到水盆里的水漂着油花，就知道钱是卖油郎的了。

邱与丘

清乾隆二十四年的时候，广西苍梧县的县令王猛刚刚到任，就接到了一纸诉状。一向爱民如子的王猛看罢诉状，就将原告余阿吕和被告邱以诚传到县衙大堂。

王猛先询问原告余阿吕："余阿吕，你当着本县令和邱以诚的面，再将所告之事向本官陈述一遍！"

余阿吕说道："启禀大老爷，邱以诚曾在康熙五十五年的时候，从我这儿借走了二十两银子，当时说定是35年后还，可现在35年已经过去了，邱以诚却分文未还，而且还否认他向我借过钱，故而我才写了诉状，请大老爷做主！"

王猛听罢，说道："你的借据带来了吗？"

"小人已带来！"余阿吕从兜里拿出借据，呈给了王猛。

王猛展开一瞧，确实如余阿吕所说，并且借据上还签过字，画过押。

王猛将借据放在几案上，又问邱以诚：

"你可曾借过余阿吕的钱？"

"请老爷明断，小人从来未曾借过他钱，我记得在三年前曾经向他借过一个铜壶，因为我不识字，只认识自己的名字，所以当时还是他替我写了一张借据，他又写了我的名字，我就依葫芦画瓢地照着他写的我的名字的样描了一个我的名字。大人，他手中拿的借据一定是我借铜壶的证据。"

在邱以诚回话的时候，王猛察言观色地注视着他，觉得这个邱以诚是个正人君子，是断断不会借钱不还的。

想到这里，王猛不禁把几案上的借据又拿了起来仔细地观看。

看着看着，王猛突然明白过来，他一拍惊堂木，大喝一声："大胆的余阿吕，你竟敢伪造证据欺骗本官，还想诈人钱财，还不从实招来，免得皮肉受苦。"

余阿吕还想狡辩，王猛说出了借据中的破绽后，他一下子垮了下来。

王猛是怎么看出借据有问题的呢？

推理分析

"邱"字在雍正初年以前，只作地名使用，而姓氏中一律用"丘"，而不用"邱"。到了雍正初年，为了避孔子（丘）的讳，作为姓氏的"丘"，才一律改为"邱"。而借据上写的时间是清康熙五十五年，那个时候，"丘"还不写作"邱"。由此，县太爷王猛肯定那张借据是后来写的，也就是在"丘"改成"邱"之后的事。

一坛红枣

有一个商人积攒了不少钱。有一天，他要外出去做生意，家中没有其他人，于是他把一坛银子假说是红枣，封好了托邻居保管，说是很快就回来。

可商人一去，竟三年没有回来。一天邻居打开坛子，只见白花花的银子，就全部拿出来占为己有。

不久，商人回来了，邻居在坛子里装满红枣，照原样封口以后，还给商人。商人打开一看，银子变成了红枣，就问：“坛子里的银子呢？”

邻居回答说：“你交给我时说的是红枣，哪里来的银子呢？”

两人说不清，理不明，争吵起来，就一同来到了县衙。

县官问邻居，邻居说：“他把坛子交给我时说是红枣，根本就不是银子。”

县官仔细看了看那坛红枣，把桌子一拍，要邻居立刻把银子交出来，否则要用大刑。

这时，邻居大呼冤枉，否认拿到银子。于是县官讲出了道理，使邻居无话可说，只好低头认罪。

县官是如何判定的呢？

推理分析

县官说：“商人外出三年，红枣早已干枯霉烂，现在红枣新鲜完好，明显是才放进去的。”这时邻居无话可说，乖乖地交出了银子。

替罪的瞎子

一天，一位瞎眼的中年男子来到县衙自首，说他因生气不慎失手打死了年老的父亲，要求胡县令给他治罪。胡县令听罢，便带领衙役一同去现场勘察。

到了瞎子家，只见一位白发老翁面朝黄土，倒在血泊中。胡县令验尸时，发现死者后脑勺有三个伤口，这些伤痕有规则地分开排列着，那老翁自然是招架不住来自三个不同部位的致命袭击。胡县令看到这一切，对瞎子说："你杀了人，是要抵罪的，你这一去可再也别想回来了。家里还有什么人？叫他来和你诀别！"

瞎子脸色阴沉，过了一会儿，才低声说："家里还有一个儿子。"胡县令便派人传唤他儿子来。

儿子来了，畏畏缩缩地站在瞎眼父亲身旁，一会儿看父亲，一会儿看众人，又不时瞟着倒在血泊中的祖父，双手不停地绞在一起。此时，胡县令大声说道："你们父子有什么话快说吧，今天可是最后的机会了。"

听罢这话，儿子抓住父亲的手，低头呜咽起来。父亲也哭着对儿子说："儿啊，以后可要好好做人。只要你今后好好过日子，父亲此去也没有什么牵挂了。不要想念我，我眼睛瞎了，也不值得想念。"说罢，瞎子就扭过脸去。那儿子神色凄然又慌乱。胡县令喝令儿子退下。

过了一会儿，胡县令又叫瞎子退下，传那儿子上来。胡县令铁青着脸，高声喝道："刚才你父亲把一切都招认了，是你打死了你祖父，还想让父亲来抵罪。你知道该当何罪吗？还不快招供！"那儿子"扑通"一声跪倒在地，哆嗦着说："我确实打死了祖父，但我父亲去投案完全是他自己的主意，这跟我不相干，请大人饶命！"说完连连磕头。

原来他家共有四口人，他还有位叔叔，那老翁由于大儿子是瞎子，所以常常偏袒小儿子，这孙子就记恨在心。有一天，趁祖父一人在家的时候，孙子抱起石头砸死了祖父。父亲回来后知道了，不禁吓坏了，为了保住这条根，就想出了这么个替罪的主意。

胡县令是凭什么知道儿子是杀人凶手的呢？

推理分析

父亲是瞎子，如果发怒打人，一般是乱砸一气；而祖父的三处伤口排列整齐，显然是明眼人干的；父子诀别时，儿子举动反常，说明是父亲替罪。

父与子

清朝康熙年间，忠若虚任余姚县令。他一天到晚坐在官府大堂上，开门听理诉讼，到了半夜也不休息。无论事情大小，倘若有所冤屈，都可起诉。一经起诉，就立即判断是非曲直，从不积压案件。

一天傍晚，一个中年人来控告其子不孝。

忠若虚马上升堂，一审问，得知父子两代都是以皮匠为业。根据父亲控诉，儿子不守本分，家里常常缺米少柴，而他游荡无度，如果教训他，他就更加无法无天。

忠若虚闻听原由，不禁心中有数，便慢慢地说："你们父子俩吃过晚饭没有？"父子俩都回答说："没有。"于是忠若虚就吩咐每人给钱 200 文，很关心地说："拿去，吃了饭再听审。"于是父子俩都出去了。

到了夜里二更天，忠知县突然宣布继续审案。忠知县先把父亲叫到堂上问道："这位父亲，200 文你用去多少？"

中年人回答道："还剩 30 文。"

忠知县疑惑地又问道："现在菜很便宜，你只吃一碗饭，为何只剩 30 文？"中年人叩头说道："我有久治不愈的老毛病，饭后要吸一口鸦片烟，需用一钱左右，也在这里面开支了。"接着忠知县又传儿子上堂，问道："200 文你用去多少？"

儿子回答道："我只用去了 30 文，还有 170 文。"忠知县又是疑惑地问："你为什么要这样节俭呢？"儿子非常淡然地回答道；"饭是饱肚子的，既然吃饱了就不用再花钱了。"

询问完了儿子，忠若虚已经全都明白了，于是他就对父亲说："我已明白你们父子来打官司的情由了。你的儿子只是一个皮匠，整天忙碌不停，还不足以供应你的需求，因此你就告他不守本分。现在本应惩罚你谎骗之罪，只是当你儿子的面给父亲用刑，你的儿子必不忍心，我也不忍心这样做。你立即回去，妥善处理好父子关系，努力做一个好老百姓。"父亲听了这段话，感动得抱着儿子哭泣起来，叩头拜谢而去。

那忠知县凭什么断定是其父诬告其子的呢？

推理分析

忠若虚拿出200文钱，让父子二人出去吃饭，就是在测试父子二人平时的生活作风。如果吃饭用的银子多，说明他们平时生活浪费；吃饭用的银子少，说明他们平时生活节俭。父子两人的用钱多少，一下子便可知道控告的正确与否。

蓄意谋杀案

警官霍金一走进死者阿尔马的办公室，宾格就迎上前说：“除了桌子上的电话，我什么也没碰过。我立即就给你打了电话。”

阿尔马的尸体倒在办公桌后面的地毯上，右手旁边有一支法国造手枪。

“你快说这是怎么回事！”警官急切地追问。

“阿尔马叫我到这儿来一下，”宾格说，“我来到之后他立即破口大骂他的妻子和我。我告诉他一定是他弄错了。但他在气头上已经变得无法自制。突然，他歇斯底里地大叫：‘我非杀了你不可！’说着，他拉开办公桌最上面的抽屉，拿出一支手枪对着我就开了枪，幸好没击中。在万分危急之中我不得已只好自卫。这完全是正当防卫。”

警官将一支铅笔伸进手枪的枪管中，将它从尸体边挑起，然后拉开桌子最上面的抽屉，小心翼翼地将枪放回原处。

当晚，警官对属下说：“宾格是一名私人侦探，他的手枪是经注册备案的。我们在桌子对面的墙上发现了一颗法国造手枪弹头，就是宾格所说的首先射向他的那颗。那支枪上虽留有阿尔马的指纹，但他并没有持枪执照，我们无法查出枪的来历。现在可以立案指控宾格蓄意谋杀了。”

你知道宾格在哪儿露出了马脚吗？

推理分析

宾格声称他除了电话什么也没碰过，并且说阿尔马冲动地拉开抽屉，拿出手枪抢先向他射击。但是，即使是一个最稳重细致的人，在这种情形之下也不会先关上抽屉再开枪，警官不是发现抽屉是关着的吗？

发难名探

富有的贵妇人沃夫丽尔太太闲得百无聊赖，竟动起了难倒名探哈利的念头。

这天，凌晨2时，哈利接到沃夫丽尔太太的男管家詹姆斯的告急电话，说“夫人的珠宝被劫”，请他立刻赶来。

哈利走进沃夫丽尔太太的卧室，掩上门，迅速察看了现场：两扇落地窗敞开着。凌乱的大床左边有一张茶几，上面放着一本书和两支燃剩 3 英寸的蜡烛，门的一侧流了一大堆烛液。一条门铃拉索扔在厚厚的绿地毯上，梳妆台的一只抽屉敞开着……

沃夫丽尔太太介绍说：“昨晚我正躺在床上借着烛光看书，门突然被风吹开了。一股强劲的穿堂风扑面而来。于是我就拉门铃叫詹姆斯过来关门。不料，走进来一个戴面罩的持枪者问我珠宝放在哪里。当他将珠宝装进衣袋时，詹姆斯走了进来。他将詹姆斯用门铃的拉索捆起来，还用这玩意儿捆住我的手脚。”她边说边拿起一条长筒丝袜：“他离开时，我请他把门关上，可他只是笑笑，故意敞着门走了。詹姆斯花了 20 分钟方挣脱绳索来解救我。”

“夫人，请允许我向您精心安排的这一劫案和荒唐透顶的表演致意。”哈利笑着说。

请问：沃夫丽尔太太的漏洞在哪里？

推理分析

烛液全部流向门的一侧说明，如果门真的如沃夫丽尔夫人所述敞开那么久，烛液就不会如此逆着风口向一边流。

烟袋的主人

古时候，有王李两人，因一管旱烟袋来到衙门请县令明断。李说烟袋是他重金所买，王说烟袋是他家祖上传下来的宝贝，已用二十多年了。两人争执不休。

县令说:“这梨木烟袋确实不错，我也喜欢，这样吧，我出20两银子买下了，你们每人再在堂上各抽3袋烟，然后各取一半银子回家去吧。”

抽烟时，姓李的那个人吹不出烟灰，就用一根小竹片将烟灰挑出；而姓王的却将烟袋用力地在地上磕打以磕出烟灰。县令见后，就把烟袋判给了姓李的那个人。

你说县令是怎么知道烟袋的主人是姓李的那个人呢?

推理分析

因为姓李的人很爱惜烟袋，而姓王的人虽然嘴上说是自己家的传家宝，但他用力地磕烟袋里的烟灰，一点都不爱惜烟袋，所以可以推断他是说谎的。

小错误很致命

阿尔夫警官开车来到一座公寓前。他要找一个名叫安格莉卡的人。

开门的正是安格莉卡，她将阿尔夫让进屋说："先生有何贵干？"

"太太，您认识一个叫哈里希的人吗？"

"哈里希？我从未听说过。"

"我刚从拘留所来，他说认识您。"

安格莉卡很镇定地抽了口烟，说道："我真恨不能将你从窗子里扔出去！"

阿尔夫用手指着她说："哈里希从银行抢走了 19 万马克，但我们很快就将他抓获了。我们和他长谈后，他已说出将钱给谁了。"

"我不认识哈里希，对银行抢劫案也不感兴趣！"

"那为什么哈里希会说，他将钱给了您呢？您又将钱藏在什么地方了？"

安格莉卡气得大叫道："我要说多少遍，我根本就不认识什么路德维希·哈里希！"

阿尔夫笑着说道："太太，很遗憾，你刚才犯了个小错误。请跟我们走吧。"

你知道安格莉卡犯了什么错误吗？

推理分析

那位太太一再声称她不认识哈里希，但她却知道哈里希的全名是路德维希·哈里希，很显然，她是认识此人的。

美国西部开拓时代的故事

这是发生在美国西部开拓时代的事情。一队为寻找肥沃土地而迁徙的车队行进在暮色中，车队的人都又累又饿，想马上安营扎寨野宿。

但带队的头儿却阻止道："这一带常有印第安人出没，在这宿营很危险。根据地图标记，再往前走 3 英里就有我国军队驻守的城堡，我们到那里住宿。"

听了头儿的话，车队又继续前进。天色完全黑了下来，幸好还有明亮的月光，隐隐约约看到了前面的城堡，车队的人都很惊喜。也许正是军队休息时间，没有一丝灯光，但可以看见城堡上军旗招展飘动着。车队的人马上来了精神，兴奋地叫喊着。

“等等！那座城堡有情况，也许遭到了印第安人的洗劫，我们快掉头往回去。”头儿命令道。众人都十分不满意，头儿只好把自己的想法和大家说了。大家听完都十分佩服头儿的智力，马上掉头往回走。

你知道头儿的想法是什么吗？

推理分析

头儿是根据飘扬的军旗判断的。因为在欧美的军队，对军旗有这样的规定，即在夜里要降下军旗。此时夜中仍然有军旗在飘扬，说明城堡里的军队已遭到不测。极有可能印第安人已经占领了城堡。印第安人不知道这一欧美式军规，忽略了降旗。

被害的妻子

一名警察和他的妻子到一个滑雪胜地去度假。警察的妻子被发现摔死在悬崖下面。

在度假胜地工作的售票员与当地警方取得了联系，这名丈夫以谋杀罪被逮捕。售票员怎么知道这是一起故意杀人案的？

提示：

1. 售票员从来没有见过警察和他的妻子。
2. 如果没有售票员提供的信息，当地警方就不能逮捕这名警察。
3. 她是摔死的。
4. 她是个滑雪好手。

推理分析

警察给自己买了一张往返票，但没有给他的妻子买。售票员认为这很奇怪。当警方调查此事时，这名警察已经拿到了他妻子死亡的保险费。警察承认了这一切。

丽莎在撒谎

“快起床！”我冲进妹妹安妮的房间，“我们要迟到了！”

安妮嘟囔着爬起来，穿上羽绒服，戴上了厚厚的手套，和我一起出了门。我们约好了附近的几个女孩，一起出来铲雪。这几天这里下了好大的雪，把电线杆都压断了。几分钟前，输电线路才刚刚修好。

我们还没到约好的地方，就看到凯西正朝我们挥手，旁边还有好几个女孩，正在唧唧喳喳地说话。

“丽莎在哪儿？”我问，“她说好要来的。”

“我不知道。”凯西回答道，“我们一个小时前给她家打电话，但没有人接。”

“算了，不等她了，我们开始干吧。”

几个小时之后，大家都坐在我家的客厅里聊天，这时丽莎进来了。

“你上哪儿去了？”我问。

“我一直在家，你们干吗不给我打电话？”丽莎反问道。

“我们打了，但你没接！”凯西说。

“哦，那一定是我在用吹风机吹头发，没有听到电话铃响。”丽莎解释说。

“得了吧！不愿来就直说，何必撒谎呢？”凯西说。

凯西为什么认定丽莎在撒谎呢？

推理分析

丽莎不可能用吹风机吹头发，因为当时停电了。还记得输电线路是什么时候修好的吗？

找到窃贼

美国GH公司的经理金斯先生从巴黎返回旧金山，他从机场直接回到公司，刚刚走进办公室，女秘书就跟进来说她女儿今天生日，特来请假回家。金斯掏出钱包，从里面抽出20美元，让她给女儿买件生日礼物表示祝贺，顺手将钱包放在桌上，然后打了几个电话，处理了这几天积压的工作，办公室里来人不断。处理完工作，回到家时，发现自己的钱包遗忘在办公室了。他急忙返回公司，这时离下班还有10分钟，全体员工仍在工作，金斯先生推开办公室的门，钱包还放在桌上，但里面1.9万美元和各种证件不翼而飞了。

金斯先生赶紧给他的好友劳思探长打电话，请他来帮助找回丢失的钱物。不一会儿，劳思赶到公司，说有办法找到窃贼。他将所有的员工召集起来，说："今天你们的老板放在办公桌上的钱包里的钱和证件被人偷走了，遗憾的是窃贼不知道这是金斯先生设下的一个圈套，他想借此考察公司职员的忠诚。现在已经知道这个窃贼是谁了。"金斯接过话说："我请劳思探长来的目的，不仅要这个贼当众出丑，而且让大家明白法律对盗窃罪的严厉惩处。"话音刚落场内一片喧哗。

劳思探长又说道："现在我给每人发一根草棍，只有一根稍长一些，金斯先生已暗示我把这根发给那个窃贼，你们互相比比草棍的长短，就知道谁是窃贼了。"

不一会儿，果真找出了窃贼，并从他的柜子中搜出了丢失的钱和证件。

劳思是怎样找到窃贼的？

推理分析

员工们的草棍是一样长的。劳思故意说有一根稍长一些，小偷做贼心虚，怕当众出丑，就把自己的草棍掐去一截，这样唯有他的那根草棍比别人短一截，正好露出了马脚。

昨晚曾停电

一天晚上，一位女作家被发现死在她的住宅中。从现场看，死者生前似乎正在书桌上写作，她是被重击头部而死的。书桌上放着一个开着的应急灯，台灯是关着的。

警察问物业管理员是否停过电。管理员说：“昨晚 9 点左右曾停了约一小时电。我想她大概是用应急灯照明写作时被害的，她每天很晚才关灯。”

警察又问：“停电前后都有谁出现过？”管理员回答：“停电前死者的前夫来过，停电后他匆忙离开了大厦，我想他一定是凶手。”

“那来电以后还有什么可疑的人出入吗？”警察又问道。

管理员想了想说：“来电后有一名30岁左右的男子从死者住的那层楼下来，但我不知道他有没有进过死者的房间。”警察听到这里已经知道谁是真凶了。

推理分析

后来出现的那个男子是凶手。在停电期间，没有人会关上台灯的开关，而是在等着电力恢复。现在台灯关着，而应急灯开着，是被人故意布置成死者在停电期间被杀的假象。

金网球俱乐部的一夜

深夜，歹徒们把皇冠大街的路灯全部弄灭，随后撬门钻入金网球俱乐部，把俱乐部里珍贵的奖杯、奖品以及球拍等值钱的东西席卷一空。负责破此大案的霍克探长正苦于没有任何线索，这时有个抱着毛茸茸的小猎狗的中年男子来找霍克探长，说他目睹了一切。

霍克探长朝他点点头，请他把看到的一切讲一遍。

“情况是这样的。午夜刚过，我的‘拿破仑’，”他指指膝上的小狗说，“呜呜直叫，吵得我不能安睡，我不得不带它出去溜达。当我走到皇冠大街时，前面黑乎乎的。我继续往前走……刚要转到爱神街时，发现一辆卡车停在俱乐部门前——”“离你多远？”霍克探长打断了他的叙述。

目击者回忆了一下，回答道：“约 100 米，可以肯定，不会近于 100 米的。两个男子把许多东西从俱乐部里往外搬，放在卡车上，装满一车后，连车灯也没有打开，就悄悄开走了。”说着，他从口袋里取出一张纸片，“这是卡车的车牌号，我看见后马上记下的。我想你们会有用处的。”

霍克探长点点头，用一种令人捉摸不透的古怪神色，看看“拿破仑”，又看看目击者，随后转身对副手说：“塞克，今晚这儿有空房间吗？”

“有。”塞克奇怪地瞧了瞧霍克探长。

“那好，你可以把这位先生和他的‘拿破仑’关起来。不要怠慢这条小狗，给它喂点水。不管怎么说，狗是没有错的，而它的主人可是个非同寻常的见证人。”

目击者一听，顿时气愤得跳了起来：“你……这是什么意思？”

霍克探长笑笑说：“不管你是在瞎编，还是存心把我们引向歧途，你都不是一个诚实的人。”

请问：霍克探长为什么说目击者不是一个诚实的人？

推理分析

人的视力不可能在“黑乎乎”的夜晚看清 100 米以外卡车上的车牌号码。霍克探长一下子就抓住了这一破绽，识破了目击者的诡计。

狗叫声

深夜 1 点多钟，警方接到电视播音员晴川的报案，说是他妻子被杀了。山田警长驱车火速赶赴现场。这是一幢新宅，车库门前停放着一辆红色越野车。

山田下车走近大门时，突然有条狗汪汪地吼叫起来。那是一条狼狗，被一条长长的铁链拴着。“太郎，住声！”晴川走出门来时，那条狗便乖乖地蹲在他的脚下。

死者身穿睡衣，倒在厨房的地板上，是头部被打伤致死的。

晴川声泪俱下地向山田诉说：“我为一点小事和妻子吵了一架，憋着一肚子气跑了出去，在外面兜了两个小时的风，回来一看，妻子被杀了。那时是 11 点，我出去后大概妻子没关门，肯定是强盗闯进我家，被妻子发现，于是杀人后逃走了。”

“有什么东西被盗了吗？”

“放在柜子里的现金和妻子的宝石不见了。”

“去兜风时带上你的狗了吗？”

“没有，只是我一人去的。”

现场取证工作基本结束了。第二天一大早，山田警长就命令助手到邻居家了解情况。不一会儿，助手跑回来报告说：“西边的邻居家里有一个准备升学考试的学生，昨晚复习功课，整夜没睡。据他讲，没听到什么异常的动静。”

“也没有听到汽车的声音吗？”

“没有汽车声。”

“那我知道了，就是晴川杀了他的妻子。”

推理分析

狗不叫就是证据。如果真的有强盗潜入，受过严格训练的狼狗就会大声吼叫。然而，西边邻居家准备考试的学生只听到了汽车的声音，这说明凶手是狼狗熟悉的人，也就是狗的主人晴川。

福尔摩斯与时钟碎片

泰晤士河畔的一座公寓里发生了一起凶杀案。罪犯十分狡猾，福尔摩斯赶到作案现场，发现连时钟都被砸碎了。侦探找到了一块碎片，长针和短针正好各指在某一刻度上，长针比短针先进 1 分钟，但看不出具体时间。但福尔摩斯却从中分析出了作案时间，你知道是几点几分吗？

推理分析

作案时间是 2 点 12 分。短针走一刻度相当于长针的 12 分钟，故当短针正指着某一刻度时，长针必为 0 分、12 分、24 分、36 分、48 分等几个位置。研究两针的位置之后便可得出答案。

大摇大摆的小偷

深夜，某小偷入室行窃。他大摇大摆开了灯，坐到办公桌前，打开抽屉，但没翻动里面的东西就关好；接着他又打开了文件柜，拿出了几份重要文件，再把文件柜关好；他还打开了保险柜，取出了大笔的钞票，然后小心地关好。

小偷在出门之前，把所有用手摸过的地方都用手绢擦了一遍。临出门时，他又将墙上的电灯开关也擦了一遍。最后，用腿把门带上。

“除非有人取文件或打开保险柜，否则没人知道我来过吧！”小偷得意地想。

可是，第二天，第一个进房间的人就发现了昨晚这里有人来过。

你知道问题出在哪里吗？

推理分析

小偷忘了关灯，哈哈哈。

“二战”中的间谍

第二次世界大战期间，英国警方为了抓住潜入英国的纳粹间谍费尽了心机。这次，他们又遇上了难题。

原来，他们刚刚得到一份情报，说一个纳粹特务将从南美来到伦敦，随身携带了一笔 10 万英镑的巨款，准备发展间谍组织。英国警方对他进行了密切监视，并在他下船几个小时后故意制造了一次车祸，把他送进了医院。

趁此良机，警方仔细地检查了他的衣服和行李，结果，除了一个公文包里面放有几封他在英属圭亚那的朋友写给他的信之外，一无所获。根本就没有巨款的影子！

警方也考虑到这个间谍有可能玩其他花招，比方说通过邮局把钱寄给自己，但此时正值战时，邮递业务很不正常，因此这个办法行不通；他也可以将宝石吞入体内，但在医院里进行检查时，X 光机已经排除了这种可能性。

那么，这个间谍如何能够藏起这 10 万英镑呢？

推理分析

警方忽略了那几封信上的邮票。因为这些邮票都是稀有邮票，每枚价值都在数千英镑以上。

第5辑
用创新思维玩出推理脑

创造是智慧中最美丽的闪光点，有创意，才有生机。创新思维是长期积累的升华，是思维过程的高度简化，也是衡量一个人神经系统活跃性水平高低的标准，它具有跳跃性、发散性、独创性等鲜明特征，可以带给你灵感和顿悟。大脑是创新思维的发源地，如果你想让自己拥有无限的创新思维，就必须让大脑动起来，想别人所未想、见别人所未见、做别人所未做的事，从而取得创造性、突破性的成就。创新思维的诀窍在于多角度、多侧面、多方向地看待和处理事情，是进行推理活动时比不可少的思维活动。

还是头儿厉害

惯盗斯坦德展开文物馆的地形图对手下的人说："这次的活儿，是潜入本市文物馆盗窃馆内的文物。可是，那里警备森严，很难进去。正门和后门都设有监视岗哨，常有数名保安人员值班监视。文物馆周围都拉着高压电网，翻墙进入是不可能的，只能从监视岗哨前面进去。问题是如何躲过保安人员？"

"头儿！我有个办法。"说话的是个独眼龙。

"什么办法？"

"在下雨天的晚上，保安人员都会偷懒挤进监视室关上门躲雨，通过窗户监视外面。那监视室的墙上有个换气扇，如果把那换气扇的扇叶倒过来安装，再开换气扇时就会把外面的空气吸进室内。我们把麻醉毒气注入室内，保安人员就会因吸入毒气而昏睡，趁此机会我们就可以自由出入文物馆了。"

"可是，你怎么改装换气扇呢？"

"事先，我们从远处用来福枪击坏换气扇。那样，保安人员就会请附近修理店的人去修理。我们可以买通修理店，或者化装成修理工去上门修理。"独眼龙得意地说着，其他人也对这个主意表示赞同。

"真蠢！那怎么可能让保安人员昏睡呢？"斯坦德表示反对。

那么，斯坦德为什么会反对呢？

推理分析

即使将扇叶反过来安装，外面的空气也不可能进入室内。

换气扇的作用就在于将室内的浑浊空气排出。即使将扇叶反过来安装，外面的空气也不可能进入室内。因为翻过来调过去，扇叶的旋转角度还是相同的，照样还是将室内空气排出室外。要从外面往室内注入毒气，就必须改变换气扇叶的旋转方向。

伪造的现场

名声显赫的女演员维娜神情惨淡地向私人侦探哈利逊诉说："绑架者肯定是白天潜入房间的。因为夜间我们各房间的门窗都关闭了。半夜时，我在阳台上乘凉，突然见到一个人把那条带子放下去，扛着可怜的莎丽顺着带子溜下去了，他一定是把我女儿打昏了。"

哈利逊看到这间卧室里一条由床单和薄毯撕开后结成的长带子在床腿上缚着，另一头在窗外悬吊着，带子约有 12 英尺长，距地面不到一码。他问："房间里的东西移动过吗？"

维娜回答："没有。"

哈利逊走到室外，在街上叫来一个报童，给他半美元，让他模拟绑架者，顺着那条带子下去。当报童在窗外拉着带子下滑时，床离开墙壁，移动了几英寸。哈利逊笑着说："维娜女士，你是在演戏吗？"

请问：哈利逊侦探根据什么看穿了这个伪造的现场？

推理分析

如果绑架确实发生，那条由床上用品组合成的带子是承受不了绑架者和莎丽两个人的重量的。在这种情况下，会把床拽离墙壁，就像报童顺着带子下滑时出现的情况一样。

奇怪的来信

这个看上去有点古怪的题目取材于一个真实的故事。一家著名汽车制造公司的老总收到了一封奇怪的来信：

"这是我第四次写信给您，而且如果您不给我回信，我也丝毫不会抱怨，因为我看上去肯定是疯了，不过我向您保证，我所说的一切都是真的。

"我们家多年来一直有一个传统，就是每天晚饭后全家人要投票，选出用哪种冰激凌作为当晚的甜点。然后，我就开车到附近的商店去买。最近，我从贵公司购买了一辆新型号的汽车。此后怪事就来了。每次只要我去买香草冰激凌，回来时我的汽车就会发动不起来。而如果我买的冰激凌是其他口味的，那就万事大吉。不管您是不是认为我很蠢，但我真的想知道，为什么会有这种怪事出现呢？”

汽车公司的老总对这封信的内容深表怀疑，不过他还是让一位工程师过去看看究竟是怎么回事。工程师刚好在晚饭后来到写信人的家里。于是他们两人一起钻进汽车，开车到了商店。那天晚上那个男人买了香草冰激凌，果然当他们回到汽车上之后，汽车有好几分钟都发动不起来。

工程师又接连来了三个晚上。头一天，他们买了巧克力冰激凌，汽车发动得很顺利。第二个晚上，他们买了草莓冰激凌，也没有问题。第三个晚上，他们又买了香草冰激凌，而汽车再次罢工了。

显然，买香草冰激凌和汽车发动不起来之间肯定有一种逻辑上的联系。你能想出这是怎么回事吗？

推理分析

之所以会发生这种怪事，是因为那个男人的汽车出现了汽封现象：有一部分汽油被汽化了，阻碍了油箱里燃料的正常运行。只有在冷却足够长时间后，发动机才会恢复正常。当那个男人开车去商店时，由于香草冰激淋是商店里最受欢迎的冰激淋，所以被摆在最外面的位置，一下子就能拿到，这时汽车就因为没有足够的冷却时间而发动不起来了。而其他的冰激淋则在商店里面，需要花更多时间去挑选和付账，从而使得汽车刚好可以顺利发动。

中毒事件

一个寒冷的晚上，大侦探霍桑和友人坐在一家小酒店饮酒。

突然，隔壁桌上的一位丝厂老板呻吟着呕吐起来。他带来的两名保镖立刻拔出枪来，对准与老板同桌的一位商人。

霍桑急忙上前询问，才知道双方刚谈成一笔生意，丝厂老板已开出银票订货，双方共同喝酒庆祝，谁知竟然中毒了。那位商人举着双手，吓得不知所措。

霍桑走上前来，摸了摸温酒的锡壶，又打开了盖子，看清黄酒表面浮着一层黑膜，说道："果然是中毒了，我是霍桑，你们听我说——"

这时，丝厂老板摇晃着身子说："霍桑，救救我！他身上一定带着解毒药！快搜出来！"

霍桑笑着说："你错了！他身上没带解毒药！这酒是你做东请客的，他怎么有办法投毒呢？"

大家闻言惊呆了，难道酒里又没有毒了？

"有毒，"霍桑笑笑说，"凶手就在这里。"

你知道凶手在哪里吗？

推理分析

毒酒是温酒温出来的！这里的锡壶大多是铅锡壶，含铅很高。酒保为了讨好他们，把铅锡壶直接放在炉子上温酒，酒中就带上了浓度很高的铅和铅盐。黄酒上浮的那层黑膜有种金属的暗光，多饮几杯，就会出现急性铅中毒现象。

铁路公司诉讼案

从纽约开往洛杉矶的直达特快列车因意外情况不得不在芝加哥郊外滞留。司机长在倒车时刹车太急，以致旅客在车厢里像木桩子那样前仰后翻，从而导致数起对铁路公司的诉讼案。

一位名叫伦斯的旅客在诉讼中要求给予 10 万美元的赔偿。他声称：急刹车发生在晚上 9 点，那天气温虽高达 36℃，但因在下铺风大凉爽，加之旅途劳累，

8 点钟左右他就昏昏入睡了。他被突如其来的急刹车从铺位上抛了下来，一头撞在茶几上。因为剧烈的头痛，他不得不在芝加哥下车求医。他还向法庭出示了一张芝加哥医生出具的颅骨骨折的诊断书。

铁路公司保险员米尔对这张诊断书的真实性表示怀疑。他去请教名探理查德。理查德说："放心好了，你们不会遇到麻烦的。"

请问：理查德为什么这样说呢？

推理分析

因为兜风的铺位是面对列车前进方向的，列车在倒车的情况下急刹车，该铺位的乘客只会被墙板挡住而不会被惯性抛出。

盲人的经验

伊拉克首都巴格达的大街上，人流穿梭，热闹非凡。

这天，天气特别好。一个盲人拄着拐杖蹒跚地行走着，卖罐商人利拉的叫卖声把他吸引了过来。盲人翻了翻混浊的眼珠子问道："怎么个卖法？"

利拉又说了一套不知重复多少遍的话："白罐 2 元一个，黑的比白的结实耐用，要 3 元一个，现在只剩下 4 个白罐和 1 个黑罐了。"

"那我买一个黑罐。"盲人付给利拉 3 元钱。

此时，利拉蹦出个邪念来：他是盲人，就给他一个白罐。不料，盲人将它上下摸了一会儿，又伸手摸柜上其余 4 个，突然气愤地叫道："你这个奸商，怎么竟欺骗一个双目失明的人！"

利拉以为盲人受骗多了，见绳疑蛇，故意吓自己的，便狡黠地说："老人家，你就别疑神疑鬼了，我不至于坏到要欺骗你这样令人同情的人吧！"

"奸商！狡辩！"盲人更加气愤了。

过路行人纷纷围过来，知道事实真相后，一致指责利拉利欲熏心，道德沦丧。

利拉见众怒难犯，只好给盲人换了一个黑罐，并不停地打招呼，以示歉疚，但大家都觉得很奇怪：盲人的手怎么能分辨出颜色呢？

你知道是为什么吗？

推理分析

很简单，白罐子反射阳光，黑罐子吸收阳光。在阳光下晒一会儿，用手一摸，黑罐子比白罐子更热些。

毒蜂杀人案

在非洲某国，一名日本人被毒蜂蜇死了。

那天是星期六，在当地人中雇用的管家请了半天假，而当天晚上回来一看，主人死在院子里大树荫下的椅子上，地上丢着两个空啤酒罐和一些日本报纸。

警察接到管家的报案后立即赶来。

“是在凉爽的树荫下边喝啤酒边看日本报纸时被毒蜂蜇了，你瞧他的胸部还有被毒蜂蜇过的痕迹哩。”管家指着尸体对警察说。

所谓毒蜂，是非洲的一种蜜蜂。它产的蜜高出普通蜜蜂的 3 倍，但它的毒性很大，一旦被这种蜜蜂蜇了，多么强壮的汉子也会在地上打几个滚儿就死掉，所以它被称为杀人蜂。

“就算是被毒蜂蜇了，从他没来得及逃进屋里的状况看，大概是喝了啤酒醉醺醺地昏睡过去了。这附近有毒蜂窝吗？”当警察对周围一带调查一番以后，发现空房的院子里有一棵大洋槐树，树上有一个很大的毒蜂窝。当时已经是夕阳西下的时候，毒蜂都钻进了蜂窝里，警察轻轻地走到跟前一看，发现在另一个树枝上挂着一部微型录音机。

“这种地方谁会把录音机挂在这儿？”警察取下录音机，把磁带倒回一放，是盘音乐带。警察听了一会儿，突然想到什么，马上断定说：“这个日本人并非在院子里时偶然被毒蜂蜇死的，这是巧妙地利用毒蜂杀人案。”

请问：这位警察为什么只听了一会儿音乐，就能果断地识破罪犯的诡计呢？

推理分析

这部微型录音机里的磁带开头录着轻松柔和的华尔兹乐曲，可就在这首乐曲中间突然插了一段节奏紧张、刺激的现代音乐。毒蜂在听轻松柔和的乐曲时表现得温顺老实，而当突然听到这种强刺激的现代音乐时，便马上兴奋起来，野性大发。罪犯就是趁被害人睡午觉的时候，利用毒蜂的这种习性，将录音机里装上这盘磁带，让毒蜂袭击了他。

瑞香花朵

格林太太花了很多年时间种植一种名贵的灌木植物——瑞香。这种植物能开出十分美丽的花朵，而且由于非常耐旱，特别适合在当地种植。自然，这些瑞香也是格林太太最钟爱的宝贝。

这天，格林太太准备外出度假一个月。让她头疼的是，她需要有人照料她的花园。最后她决定请同事卡罗尔小姐帮帮忙。格林太太告诉了卡罗尔小姐该如何照料花园，还要她特别当心这些名贵的瑞香。

当格林太太度假回来时，她正好看见卡罗尔小姐在花园里，旁边站着许多警察，而那些名贵的瑞香却不见了。卡罗尔告诉警察，一定是有人偷走了它们，因为头一天晚上她还看到过这些瑞香。格林太太听到卡罗尔在对警察说，这一个月里，她一直在照料这些植物，每天都给它们浇水，所以它们显得比原先更美丽了。

格林太太冲进花园，打断了卡罗尔小姐的话。她对警察说：“卡罗尔小姐在撒谎！你们要仔细审问审问她。”

格林太太为什么这么肯定？

推理分析

瑞香是一种只需要很少水的植物，如果水浇得太多，它就会死的。卡罗尔告诉警察自己每天给它们浇水，而且它们变得更美丽了，她肯定是在撒谎。

选择概率

小王在街上遇到一个小赌局。那个摆赌局的人面前放着三个小茶碗。

他对小王说："我要把一个玻璃球放在一个小碗中，然后你猜测它可能在哪个茶碗中。如果你猜对了，我就给你 10 元钱；如果你猜错了，就要给我 5 元钱。"

小王同意了，他玩了一会儿，输了一些钱后，他计算了一下，发现自己猜对的概率只有 1/3，所以他不想玩了。

这时那个摆赌局的人说："这样吧，我们现在开始用新的方式赌，在你选择一个茶碗后，我会翻开另外一个空碗，这样，有玻璃球的碗肯定在剩下的两个碗中，你猜对的概率就大了一些。"

小王认为这样他赢的概率就大多了，于是他继续赌下去，可怜的小王很快就输光了。

你知道这是怎么一回事吗？

推理分析

其实小王仍然是在三个碗中选择一个，他选择正确的概率仍然是 1/3。在选择后再揭开另外一个空碗对他的选择没有任何影响。

刑期有误吗

一个德国纳粹间谍被捕了。在他的住处，搜出了许多氨基比林药片和牙签。

审讯开始了。

"你干吗带那么多氨基比林药片？"

"我常常偏头痛。那是一种解痛药。"

"你干吗带那么多牙签？"

"我牙齿不好，吃了肉，老塞牙缝。"

然而，经过暗地里的观察，他并没有饭后剔牙的习惯，偏头痛也没有经常发作。因此他被判处 20 年徒刑。

你知道这是为什么吗？

推理分析

氨基比林药片和牙签是秘密传递情报的工具。氨基比林药片，用水冲开后，便成了一种无色的"墨水"。用牙签蘸着，写在纸上，看不见字迹。用特殊的方法处理后，纸上的字才能清楚地显示出来。

圣彼得堡的雪花

18 世纪，俄国沙皇彼得大帝修建了圣彼得堡，并把它定为俄国的首都。下面这件怪事就发生在 1773 年的隆冬。当时圣彼得堡的一个舞厅正在举行一场盛大的宴会，点着上千支蜡烛。由于屋里的空气浑浊，有人晕倒了。大家赶紧打开窗户透气。结果，屋里竟然纷纷扬扬地飘起了雪花。

外面并没有下雪，雪花是从哪里来的呢？

推理分析

舞厅里温度很高，空气中充满了人和食物所散发出来的水蒸气。圣彼得堡地处寒带，室外十分寒冷。打开窗户后室内空气突然遇冷，水蒸气就凝结成雪花，而蜡烛燃烧后形成的灰尘正好就是水蒸气凝结时所需要的凝结核。

意外事件

卡特和麦迪到野外度假。卡特不小心划破了手臂，麦迪连忙从包里拿出一个小瓶子：“我这里有酒精，消消毒，可以防止感染。”随后的几天，卡特每天都用麦迪的酒精擦洗伤口。可是，卡特的伤口非但没有愈合，反而化脓了。卡特不禁埋怨麦迪：“你的酒精一定失效了，要么就是装的瓶子不干净。”麦迪感到很冤枉：这些酒精可是出来前专门到药店配的最纯净的酒精，瓶子也是药店给的，怎么会不干净呢？

推理分析

麦迪到药店配的是纯酒精，而纯酒精是不能杀菌的。只有含有一定水分的酒精才能起到杀菌消毒的作用。医用酒精的浓度为 75%。

马戏团的凶案

城里来了一个马戏团，大家都去看他们的表演，其中驯兽师拉特跟老虎的表演最受欢迎，他和女朋友——金发女郎梅丽也很快成了大家都很熟悉的人物了。

这天清晨，马戏团里突然传来一声尖叫，大家闻讯赶去，发现拉特俯卧在干草堆上，后腰上有一大片血迹，一根锐利的冰锥就扎在他的腰上。在他旁边，身着表演服的梅丽正捂着脸低声哭泣。

警察来到了现场。法医检查了拉特的尸体后告诉警官墨菲：“死了大约有七八个小时了。也就是说，谋杀发生在半夜。”

墨菲转过身，看了一眼梅丽，说：“请节哀。噢，对不起，你袖子上沾的是血迹吗？”

梅丽把她表演服的袖口转过来，只见上面有一道长长的血印。

“咦，”她看了一眼，“这一定是刚才在他身上蹭到的。”

墨菲问道：“你知道有谁可能杀他吗？”

“不知道……”她答道，“但也许是赌场里的鲍勃。拉特欠了他一大笔钱。”

第二天，墨菲找到了鲍勃。鲍勃承认拉特欠了他大约 15000 美元，可同时发誓说他已有两天没见过拉特了。

墨菲很快就抓住了罪犯。你知道这个罪犯是谁吗？

推理分析

罪犯就是梅丽。她自称血迹是“刚才在他身上蹭到的”，可那时拉特已死了七八个小时，他的血已经干了，不可能会蹭到她的袖子上。实际上，梅丽由于喜欢上了别人，想跟拉特分手，可拉特不同意，情急之下，梅丽杀死了拉特。

教授的凶杀案

半夜，正在熟睡的侦探波洛突然被一阵敲门声惊醒。开门一看，是住在楼下的哈里教授的外甥杰利。他十分不安地对波洛说：“今天哈里约我晚上到他家，我路上有事耽搁了，到他家时，我敲了半天门却一直没人应，不知发生了什么事。我不敢一个人进去，想请您跟我一起去看看。”波洛立即穿上外衣，和杰利出了门。

在路上，杰利告诉波洛：“最近，我舅舅的一项发明成功了，得了不少奖金，有人很眼红，我担心他会因此出事。”

正说着，他们已到了哈里家门口。波洛推开门，伸手去按墙上的开关，但灯却没有亮。杰利说：“里面还有盏灯，我去开。”说着，他独自走进了漆黑的屋子。

不一会儿，灯亮了。这时，他们发现教授浑身是血，躺在离门口一米远的过道上。杰利轻轻地叫了声：“天哪！”赶紧跨过教授的身体，回到波洛身边。

波洛立刻俯身察看，发现教授已经断气了。屋角的保险柜打开着，里面已空无一物。杰利惊恐地说：“这会是谁干的呢？’

波洛冷笑了一声，说：“别演戏了，杰利先生，凶手就是你！”

你知道波洛是如何断定杰利就是凶手的吗？

推理分析

杰利摸黑进去开灯，而教授的尸体横在门口，他却没有被绊倒，说明他早已知道那里有具尸体。显然，他对波洛说了谎。

凶手是自己

夏日的一个夜晚，出租车司机小李开着“的士”与女友外出后一夜未归。直到第二天早上，人们才在郊外发现了他的汽车，他和女友相互依偎着坐在后排座位上，却双双命归黄泉了。

接到报案，公安局刑侦队刘队长立即率人前来勘察现场。

“的士”停在高速公路不远的一块地势较低的草地上，发动机还在运转，车上的空调也开着，但门窗紧闭。“的士”车身、门窗完好无损，车内外也无搏斗的迹象，两人衣衫整齐，面容安详。因此可以断定，两人之死非外来袭击所致。

那么究竟谁是凶手？凶手又是用什么方法把两人杀死的呢？一连两天，刘队长苦苦思索，却始终不得其解。正当冥思苦想之际，法医的尸检报告送来了。

“凶手原来是司机小李自己！”刘队长看过验尸报告，心里的一块石头终于落了地。

你可知小李和女友的死因吗？

推理分析

汽油燃烧后的产物是有毒气体一氧化碳。由于小李在汽车静止的情况下，使门窗紧闭，发动机排出的一氧化碳在车内越积越多，死神也随之悄悄地降临到了他和女友的头上了。

绑架犯是谁

一位富商的儿子被绑票了，绑架者给富商打来了电话：“你儿子在我手里。想要他活着回去，就准备 5 万美元赎金，要旧的百元纸币，包成一个包裹，在明天上午邮寄到查尔斯顿市伊丽莎白街 2 号，西迪·卡塞姆收。必须按照我说的办，如果你报警，当心孩子的命！”

富商非常惊慌，为了保全儿子的性命，他只得向侦探波洛求救，请他帮忙。于是，波洛乘飞机来到查尔斯顿市，准备寻找线索。令他感到意外的是，绑架者所说的地址和人名都是虚构的。

难道绑架犯不要赎金了吗？绝对不可能。可是，既然地址和人名都是错误的，他怎么可能拿到钱呢？

波洛苦思冥想，突然他灵机一动，知道是谁干的了。第二天，他捉到了那凶犯，救出了被挟持的小孩。

你能推理出绑架犯是谁吗？

推理分析

绑架犯是邮局分管富翁所在地区投递工作的邮递员。在邮局里，邮件分拣后由邮递员送到每家邮箱里。如果地址错误，邮递员会把邮件退回去。能拿到这个地址错误的邮件的人，只有邮递员。

小汽艇上的凶案

“无畏号”小汽艇在风暴中东摇西晃，颠簸前行。

风暴暂息时，一号甲板上传来一声枪响。犯罪学家福德尼教授扔下那本他一直未能读进去的侦探小说，几个箭步就冲上了升降口扶梯。在扶梯尽头拐弯处，他看到斯图亚特·迈尔逊正俯身望着那个当场亡命人的尸体。

死者头部有火药烧伤。

拉森船长和那位犯罪学家马上展开了调查，以弄清事发时艇上每位乘客所在的位置。

调查工作首先从离尸体被发现地点最近的乘客们开始。

第一个被询问的是内森·柯恩，他说听到枪声时，正在舱室里写完一封信。

“我可以看看吗？”船长问道。

福德尼从船长的肩上望去，看到信笺上爬满了清晰的蝇头小字。很显然，信是写给一位女士的。

下一个舱室的乘客是玛格内特·米尔斯韦恩小姐。“我很紧张不安。”她回答说，由于被大风暴吓坏了，大约在枪响那一刻，她躲进了对面未婚夫詹姆斯·蒙哥马利的卧舱。后者证实了她的陈述，并解释说，他俩之所以未冲上过道，是因为担心这么晚同时露面的话，也许会有损于他俩的名誉。福德尼注意到蒙哥马利的睡衣上有块深红色的斑迹。

经过调查，其余乘客和船员的所在位置都无懈可击。

请问，船长怀疑的对象究竟是谁？为什么？

推理分析

内森·柯恩因涉嫌犯罪而被拘捕。因为在狂风巨浪中，要写出清晰的蝇头小字是不可能办到的。

失窃的宝石

侦探波洛接到了朋友安德鲁打来的电话：“请您务必来一趟，帮我找到那颗失窃的宝石！”

波洛来到安德鲁的家，被带到了一间密室。波洛扫了一眼，发现这间密室是圆形的，没有任何墙角。门左边有一个男仆，旁边是一张饮料桌，上面有五个加了冰的酒杯和两个瓶子。房间中央是一张小桌子，上面有一个空的首饰盒，宝石原本肯定就装在盒子里。在门左边是史密斯夫人，她站在一幅雷诺阿的名画前面。然后是穆勒先生，他站在一幅毕加索的画前面。在穆勒先生旁边是拉特先生，他正在看一幅伦勃朗的画。主人安德鲁就站在拉特身旁。在房间里面，再没有任何其他东西了。

“波洛先生，”安德鲁先生说道，“我邀请了一些客人来看我的收藏品。一开始，我给他们看的是我好不容易才收集到的一颗名贵宝石，它原本就放在这个盒子里。后来，他们都对我挂在墙上的画产生了兴趣，就站起来各自欣赏。”

“他们现在的位置就是我发现宝石丢失的时候所站的位置。您看得出来，我们都背对着宝石。由于大家都沉浸在这些画中，没有人注意到别人的行动。可我一转过身，就发现宝石不见了。’

“安德鲁先生，那个男仆当时在干什么呢？”波洛问道。

“当时我叫他给客人们准备点喝的。他正在调酒，我听到他在往杯子里放冰块。我搜过他的身体，他身上没有宝石。至于这些客人，我可不能搜他们的身，他们都是我的朋友。不过他们都没有离开过这个房间。”

波洛扫视了一下整个房间。房间里非常整洁，根本看不出来有什么地方能够把宝石藏起来。他沉思了一阵，突然眼睛一亮，因为他知道该到什么地方去找宝石了。

你知道宝石藏在什么地方吗？

推理分析

宝石是男仆偷的。房间里总共只有三位客人和主人安德鲁，所以根本不需要五杯加了冰的酒。原来，那位男仆乘人不备，把宝石偷了出来放在酒杯里，乍一看，就好像是一杯加了冰的酒一样。

被偷的世界名画

马格热衷于收藏世界名画。前不久，他又收集到荷兰画家柯南的一幅肖像画。他的朋友——画家力柯对此画也是爱不释手。力柯笑嘻嘻地对马格说道：“你不怕被人偷去吗？”

“我已经上保险了。”马格说。

几天后的一个晚上，探长戈迪从马格家门口经过。突然，一辆小车悄悄滑到马格家的后门，一个穿戴整齐的人匆匆从屋里走出来，塞给司机一个长筒形的东西。小车迅速开走了。

前后不到一分钟的交接，看来是预先有所安排的。

“不好。”戈迪探长暗叫一声，快步来到门口，刚敲了一下门，马格就在里面应声，随后管家打开了门。

戈迪上楼后看到马格站在散乱的床边，右脚插入裤腿，左脚还在外面。

“我听见外面有响声，正要穿上衣服出去看看。”马格有点惊慌，问道，“发生了什么事？”

“你家可能失窃了。”

马格大吃一惊，马上穿好裤子，光着脚跟戈迪冲下楼。

“啊，真的失窃了，那幅柯南的名画被偷走了。”马格万分沮丧，“我要把它找回来。”

戈迪望着这位朋友，说道：“别装了，这画是你自己拿出去的。”

戈迪探长说这话的依据是什么？

推理分析

一个用右手的人，脱裤子时通常先脱左腿的。而戈迪探长走进马格的卧室时，马格的右腿在裤腿里，而左腿还在外面，说明他当时正在脱裤子，不是像他自己说的是在穿裤子。

探长的判断

女乐手苏姗躺在一辆红色的小轿车里，身中两弹：第一颗子弹从右大腿穿过，在黑色的紧身裙上留下了一大块血迹；第二颗子弹是致命伤，射穿了她的胸部。车子就停在她的住宅门口，车内还有一把大提琴。

据洛克探长推断，她遇害的时间应该是在晚上 8 点左右，离她在国家音乐厅的演出时间仅差半个小时。

警方分别取得了三个人的证词。发现尸体的房东太太说：“苏姗打算出席音乐会但不参加演奏，因为她与邦德——乐队里的一个同事闹翻了。为此，她一个星期没有练琴，那把琴一直搁在车上没动过。”

邦德坚持说他与苏姗已和好，而且她答应参加演出并约定像以往那样 8 点 10 分驾车去接他，然后一起去音乐厅。但他空等了一场。

乐队指挥杰森说，乐队的女乐手演出时穿的是黑裙和白衬衣，男乐手穿的是白西装和黑西裤。他又补充说，苏姗能在不排练的情况下出色地演奏，因为音乐会的曲目已反复上演过多次。

听完三份证词后，洛克探长立即判断出谁在撒谎。你猜到了吗？

推理分析

洛克探长断定苏姗并不像邦德说的那样打算参加演出，因为一个大提琴手不可能穿紧身的裙子演出。

牙科诊所

伊大林·威廉斯医生在英国出生，小时候随父母移居美国，现在在纽约郊区的一幢大楼里开了家牙科诊所。

“多萝西·胡佛小姐昨天下午 3 点多钟来到威廉斯诊所镶牙。”巡警温特斯说，“就在医生给她的牙印模时，门轻轻地被推开了，一只戴着手套的手伸进来，手中握着手枪。

“威廉斯医生当时正背对着门，所以只听两声枪响，胡佛小姐被打死了。在案件发生一个小时后，我们找到了嫌疑犯。

“开电梯的工人说，他在听到枪声之前的几分钟，把一个神色慌张的人送到 15 楼，那个地方正是牙科诊所。据电梯工描述，我们认为那个人正是假释犯伯顿，他因受雇杀人未遂入狱。”

警长哈利问：“把伯顿那家伙抓来了吗？”

“已经抓来了。”温特斯答道，“是在他住所抓到的。”

哈利提审了伯顿，开头就问：“你听说过威廉斯这个人的名字吗？”

“我没听说过。你们问这干什么？”

哈利佯装一笑：“不为什么，只是两小时前，有位名叫多萝西·胡佛的小姐在他那里遇上了点麻烦，倒在血泊中。”

“这关我什么事？整个下午我一直在家睡觉！”伯顿回道。

“可有人却看见一个长得像你的人在枪响前到 15 楼去了！”哈利紧逼了一下，目光似剑。

“不是我，”伯顿大叫，“我长得像很多人。”他接着又说，“从监狱假释出来我从未去过他的牙科诊所。这个威廉斯，我敢打赌这个老头从来没见过我。他要敢乱咬我，我跟他拼命！”

哈利厉声道：“伯顿，你露马脚了，准备上断头台吧！”

你能猜出罪犯的申辩中何处露了马脚吗？

推理分析

罪犯声称自己从未听说过威廉斯，却又知道他是15楼牙科诊所的男性医师，还知道是个老头。哈利由此断定电梯工说的那人就是曾受雇杀人的伯顿又在重操旧业。

聪明的警长

海滨的一幢房子发生了盗窃案。警方接报后，立即赶往现场调查，并在附近拘捕了两个可疑人物。面对警长的询问，第一个人掏出了他的护照，声称自己是一个游客，与盗窃案毫无关联。而第二个人则不停地用手指比划出各种手势，嘴里还发出呀呀声，表明自己是个聋哑人。警察局的所有警察都不懂手语，无法进一步询问。正在不知所措时，警长对两个嫌疑犯说了一句话，他们都不约而同地站起身来。这时，警长立即知道谁是小偷了。

警长究竟说了一句什么话呢？

推理分析

警长说的是：“你们可以走了。”当第二个人起身离座时，警长便知道他是装聋扮哑的。

“流浪汉”

“二战”期间，各国间谍机构活动频繁，都希望在情报方面战胜对手，以利于在整个战争中获取主动。同时，反间谍机构也都在积极活动。一次，盟军反间谍机关收审了自称是比利时北部的一位“流浪汉”，他的言谈举止使人怀疑，眼神也不像是农民特有的。由此，法国反间谍军官吉姆斯认定他是德国间谍，可是他没有更有力的证据。吉姆斯决定打开这个缺口。

审讯开始了。吉姆斯提出的第一个问题是：“会数数吗？”这个问题很简单，“流浪汉”用法语流利地数数，没有露出一丝破绽，甚至在说德语的人最容易说漏嘴的地方，他也说得很熟练。于是，他被押回小屋去了。

过了一会儿，哨兵用德语大声喊：“着火了！”“流浪汉”仍然无动于衷，仿佛果真听不懂德语，照样睡他的觉。后来，吉姆斯又找来一位农民，和“流浪汉”谈论起庄稼的事，他谈的居然也颇不外行，有的地方甚至比这位农民更懂行。看来吉姆斯凭外观判断的第一印象是不能成立的了。然而，这正是吉姆斯的高明之处。

第二天，“流浪汉”在被押进审讯室的时候，显得更加沉着、平静。吉姆斯似乎在非常认真地审阅完一份文件，并在上面签字之后，抬起头突然说：“好啦，我满意了，你可以走了，你自由了。”

“流浪汉”长长地松了口气，像放下一个沉重的包袱。他仰起脸，愉快地呼吸着自由的空气，兴奋之情溢于言表。

吉姆斯由此断定“流浪汉”是德国间谍。为什么？

推理分析

吉姆斯说的那番话，用的是德语。他从“流浪汉”露出的笑容中，发现了破绽。“流浪汉”的真实身份暴露了，经过进一步审讯，他不得不承认自己是一个德国间谍。

吉姆斯利用人的心理，转移德国间谍的注意力，通过假释放的错觉，使他在无意之中露出得意忘形之色，这是一场典型的心理战。

关羽识信

相传，三国时期，为便于传递军情，无误战事，解决因目不识丁引起的不便，蜀将张飞曾费尽心机想出一个点子，他把信让心腹按自己的意思写好，之后再念给他听，并令另一心腹核准后，他在信的右下角用笔点个大点。

有一次，张飞给关羽的信落于曹操密探之手，密探拆开一看，原来是一个重要的军事情报，立即根据张飞原信的意思写了一封内容相反的信，细心的写信人还照样点了个黑点。不料关羽收到信后，立即就识破了信是伪造的。

你知道关羽是如何及时判明信的真假的吗？

推理分析

张飞性格鲁莽但也心细，他与刘备、关羽两位兄长约定：在信的右下方先用细针扎一个洞，然后再点一黑点。针洞是真正的暗记，而黑点则是掩盖针眼不易被发现，只有知情人才能辨识出来。这一秘密甚至连诸葛亮都不知，所以曹操的密探伪造信件一下子就被识破。

避暑胜地的盗窃案

法国戛纳是个十分有名的避暑胜地，冬天的气温也都在 10 摄氏度以上，气候宜人。不过，这年冬天却有些反常，早晚相当寒冷，地上常常会结起一层霜来。

这天，天气显得格外寒冷。傍晚，大画家米歇尔回到自己的别墅时，发现他的画被人偷了。窃贼是从靠近院子的那个窗户闯入的，在微湿的泥地上还留有一排鞋跟的锯齿状花纹，这显然是窃贼留下的。从足迹上看得出来，窃贼穿的是胶底鞋子。

这个窃贼到底是何时闯入的呢？是昨天早上、昨天半夜还是今天早晨？

推理分析

是今天早晨。因为现场留下的脚印十分清晰，可见是在下过霜后才踩上去的。如果小偷是在昨天上午或是昨天半夜潜入，所留下的脚印必定会因下霜的关系，被弄得模糊不清。

为何指控她

大律师奥尔森先生在自己的办公室里被人谋杀了。警察赶到现场，发现奥尔森的尸体躺在椅子上，他是被人从椅子后面用一根毒刺刺中心脏而死的。现场一片狼藉，但似乎没有少什么东西。在奥尔森先生的办公桌上有几张纸，上面沾了几滴咖啡。奥尔森先生并不喝咖啡，办公室里也没有任何装咖啡的东西。地板上扔着一双手套。奥尔森先生手上带的手表也摔坏了，上面显示的时间是 3 点 50 分。

奥尔森先生的秘书玛丽哭得十分伤心。她告诉警察，今天下午奥尔森先生总共有三个约会，分别是科尔顿先生（2 点 30 分）、路易斯小姐（3 点）和约瑟夫先生（3 点 30 分）。玛丽说，只有约瑟夫先生要了一杯咖啡，是装在一个纸杯里的。

警察在玛丽的废纸篓里找到了这个装咖啡的纸杯。玛丽说，约瑟夫端着咖啡杯进了奥尔森先生的办公室，出来的时候把杯子留在了她的桌子上，她顺手把它扔进了废纸篓。

警察对毒刺和纸杯进行了检查，发现毒刺上面没有任何指纹，而纸杯上则留有约瑟夫的指纹。

警察传讯了玛丽，指控她谋杀了奥尔森。这是为什么呢？

推理分析

奥尔森的手表不可能是在搏斗中摔坏的，因为奥尔森是被人从背后刺死的，所以，手表上的时间是个假象。现场的混乱和咖啡也是假象，因为实际上没有任何搏斗。最后，纸杯上只有约瑟夫一个人的指纹，可是玛丽明明告诉警察是自己把纸杯扔进废纸篓的，除非她戴了手套，纸杯上理应有她的指纹。所以，玛丽撒了谎。其实，她就是凶手。她戴上手套，用毒刺刺死了奥尔森，然后伪造现场，想嫁祸于约瑟夫，却不小心露出了马脚。

狡诈的走私犯

霍普是个国际走私犯，每年从加勒比海沿岸偷运大量钻石，从未落网。

根据海关侦查，6 个月前他曾在海关露面，开一辆新出厂的黑色高级蓝鸟敞篷车，海关人员彻底搜查了汽车，发现他的 3 只行李箱都有伪装的夹层，3 个夹层分别藏有一个瓶子：一个装着砾岩层标本，另一个装着少量牡蛎壳，第三个装的则是玻璃屑。

人们不明白他为什么挖空心思藏这些东西。更奇怪的是，他每月两次定期开着高级轿车经过海关，海关人员因找不到证据，每次都不得不放他过去。

迷惑不解的海关总长找名探洛里帮助分析，洛里看着“砾岩层、牡蛎壳、玻璃屑”深思着。

“这些东西有什么意义？”总长心急地问，“他到底在走私什么东西？”洛里点燃烟斗，沉思良久，恍然大悟，笑着说：“这个老滑头，你把他拘留起来好了。”

霍普到底在走私什么东西？

推理分析

霍普走私的正是他每月定期开过海关的高级轿车，他利用海关人认为走私物品会隐藏起来的心理意识，用 3 个神秘的行李箱当作转移海关视线的工具。当海关人员为此而头昏脑涨时，忽视了走私的轿车，霍普的障眼法也就成功了。

枪击案

刚刚发生了一起枪击案，枪响后，酒吧里只有哈瑞一个顾客。

哈瑞刚刚喝了一口咖啡，就看到三个人从银行里跑出来，窜过马路，跳上了一辆等在路边的汽车。

不一会儿，一个修女和一个司机进了酒吧。“二位受惊了吧？”善良的哈瑞也没有仔细打量这两个人，就说，“来，我请客，每人喝一杯咖啡。”

两个人谢了他。修女要了一杯咖啡，司机要了一杯啤酒。三个人谈起了刚才的枪声和飞过的子弹，偶尔喝一口杯子里的饮料。这时，街上又响起了警笛声。抢劫银行的罪犯抓住了，送回银行验证。哈瑞走到前边的大玻璃窗前去看热闹。当他回到柜台边时，那个修女和司机再次谢谢他之后，就走了。

哈瑞回到座位上，看着旁边空空的座位和杯子，有一个杯子的杯口处还隐约有些红色，他突然好像明白了什么，叫起来：“噢！这两个家伙是刚才抢银行罪犯的帮手！”说完赶紧报警。

请问，是什么东西引起了哈瑞的怀疑呢？

推理分析

杯口的红色，也就是唇印，一般修女是不会涂口红的。因为修女和司机进来的时候，哈瑞并没有注意看修女的唇，因此没有立即发现这个疑点。

老地质队员遇难

一个初秋的早晨，在一片森林里一棵大树下的一顶帐篷里，发现了失踪的老地质队员的尸体，他好像是在这儿被人杀死的。

然而，公安人员得知他是个老地质队员后，只看了一眼现场，就马上下了结论：

“罪犯是在其他地方作的案，然后又将尸体转移到这里来，伪装成死者在帐篷里被杀的假象。”

此结论的理由何在？

推理分析

公安人员一看帐篷支在一棵大树下，就断定为他杀。因为被害人是有经验的老地质队员，他不可能在野外将帐篷支在大树下，如果天气骤变，会有遭雷击的危险。

究竟发生了什么

侦探波洛接到了朋友杜弗斯打来的电话，杜弗斯对他说：“你一定得过来帮帮我，我刚才被一个窃贼打得人事不知。”

波洛踩着厚厚的积雪，来到杜弗斯的家里。杜弗斯正躲在一把宽大的沙发椅里。“好了，告诉我到底发生了什么。”

“你知道，我的谷仓已经空了好些年了。可是刚才，我突然听到谷仓那里不时地传来一阵阵的声音，好像有人在敲打谷仓的门似的。我走出去，想看看是不是有人在那儿，顺便检查了一下门上的锁。一切看起来都很正常。可是当我往回走的时候，我被窃贼在头上敲了一下，倒在了地上。一醒过来，我就赶紧给你打电话。”

波洛往窗外望去，在漫天飞雪之中，他清楚地看到了谷仓门口杜弗斯在不省人事时留下的痕迹。“根本没有什么窃贼，杜弗斯。让我告诉你究竟发生了什么。”

那么，究竟发生了什么呢？

推理分析

波洛在雪地上只看到了杜弗斯留下的脚印。他还看到，积雪从谷仓的屋顶不停地滑落下来，掉在了杜弗斯认为自己被袭击的地方。原来，可怜的杜弗斯被从屋顶掉下来的雪砸伤了，可他却把雪落下来的声音误认为是外人闯入的声音。

小镇的烦心事

小镇的居民近来遇到了一大堆的烦心事，不但犯罪率居高不下，而且失业率高涨，更糟糕的是，公交公司的工人由于工资太低，正在罢工。一切似乎都乱了套，而更加雪上加霜的是，一向乐善好施的布莱克夫人竟然被杀害了！警方在现场拘捕了两个嫌疑人——流浪汉菲利普和银行职员托马斯。

菲利普的供词如下：“我正在街上溜达，想找点吃的，突然听到一个妇女在尖叫。我跑过拐角，看到布莱克夫人躺在地上。托马斯正站在她身边。他一看见我，立刻拔腿就跑。于是，我就打电话给警察了。”

托马斯则是这样说的：“我正在坐公共汽车，准备去我常去的那家俱乐部找几个朋友玩扑克。刚下车，我就听到拐角处有人发出一声尖叫。我冲过去，看到菲利普正在用刀刺布莱克夫人的身体。我本想抓住他，但他却跑了。于是，我就叫了警察。”

根据供词，警方立刻发现了谁是凶手，并逮捕了他。

你知道凶手是谁吗？

推理分析

凶手是托马斯。公交公司的工人正在罢工，他不可能坐公共汽车去俱乐部。

“赌城”拉斯维加斯

拉斯维加斯是世界著名的“赌城”。有一天，一家赌场的老板邀请几个朋友来自己的赌场玩几把。那天晚上风雪交加，每个人都把钱放在自己面前的桌子上，这时灯突然灭了。当灯重新亮起来的时候，所有的钱都已经不翼而飞了。

为了把丢失的钱找回来，主人拿出了一把生锈的茶壶，上面绘有美丽的金鱼图案。他让大家排成队，在他关灯之后依次触摸这把茶壶。他说，当偷钱的人摸茶壶的时候，茶壶就会叫的。当大家都摸过茶壶之后，它并没有叫。这时，主人让大家都摊开双手。在看了每双手之后，他找出了偷钱的人。

他怎么知道是谁偷了钱呢？

推理分析

茶壶生满了锈，无论谁摸它，手上都会留下痕迹。偷钱的人心里有鬼，不敢去摸茶壶，所以手上是干净的。以此推断，手上没有锈迹的人就是偷钱的人。

职员的话

某单位的金柜存放着近几天的单位结算资金，因账目还未整理完，就没有存入银行。

就在整理完账目要送往银行的时候，金柜被盗，丢失近百万元。

警察查看现场时，发现窗户上的玻璃被打碎，玻璃碎片散落一地。金柜被盗贼切割开。警察询问负责看管的职员，职员回答：“我一直都很警惕，半夜的时候特意巡察了一次，那时窗户都关得好好的，我还把窗帘都拉上了，没有发现任何异状。”

但警察听完他的话，反而把他给抓了起来，你知道这是为什么？

推理分析

因为职员在说谎，如果小偷从外面撞碎玻璃进来的话，室内的玻璃碎片一定会因被窗帘挡住而散落在窗下，而不会散落一地。所以极有可能是职员监守自盗。

今年冬天的第一场雪

这是镇上今年冬天第一次下雪，雪下得很大，地上积雪很深，大约有 30 厘米左右。就在当天晚上，镇上那家小银行发生了失窃案，窃贼盗走了银行保险箱里所有的现金。

警察立刻开始调查，发现了一个可疑对象，他是个单身汉，两个星期前刚刚在银行附近租了一间平房。

第二天一早，警长带着两名警察来到了这个人的居住处。这间平房外表看上去很简陋，房子的屋檐上还挂着几根长长的冰柱。

这个男子打开门出来之后，警长对他进行了询问：“昨天晚上你在哪里？”

“我两天前就到外地去了，今天早晨刚刚回来，还不到一个小时。”

警长看了看他的屋子外面，厉声说道：“你在撒谎！”

警长为什么会这么说？

推理分析

警长是从屋檐上挂着的冰柱推断出来的。昨天夜里才下雪，第二天早上屋檐上就有了冰柱，说明夜里有人在屋里使用电暖炉之类的东西取暖。由于屋内屋外温差很大，所以屋檐上结起了冰柱。这个人既然是单身，所以昨天夜里他一定在家。他说今天早晨刚从外地回来，完全是在撒谎。

报案电话

电视明星小森秋子的经纪人打电话给私人侦探吉田，说他正同秋子打着电话，只听她一声惨叫，随后又有倒地的声音，再怎样呼叫也听不到她的声音了。经纪人请吉田快去秋子的寓所，他自己也马上去。

吉田赶到秋子的寓所，门没上锁，进门一看，只见客厅的电话机旁边，秋子倒在地上，背后插着一把刀子，电话筒扔在一边，时时传出微弱的通话断线的声音。

一会儿经纪人赶来了，吉田对他说：“我进入房间时已没有其他人，秋子在电话里没跟你说谁来了？”经纪人摇摇头。

吉田又问：“这个电话是谁先打的？”

经纪人答：“是秋子往我那里打的，当时我正在家里看电视。”

吉田再问：“在通话当中，你听到她一声惨叫，担心她的安全，于是马上给我打了电话，对吗？”

经纪人答：“是，是这样。”

吉田说：“你编造的这一套谎言无非是一个目的——让人们确认你不在被害现场。”

请问：吉田凭什么判断经纪人就是凶手呢？

推理分析

经纪人说秋子是在和他通电话时被人杀害的，于是他马上用自家的电话向吉田报案。这就暴露了他在说谎。因为通电话时，只要先拨电话不挂上话筒，电话就一直处于通话状态。